韩中翻译教程
（第四版）

张　敏　朴光海　〔韩〕金宣希　编著

图书在版编目(CIP)数据

韩中翻译教程/ 张敏,朴光海,(韩)金宣希编著. —4版. —北京:北京大学出版社,2021.8
(21世纪韩国语系列教材)
ISBN 978-7-301-32321-2

Ⅰ.①韩… Ⅱ.①张…②朴…③金… Ⅲ.①朝鲜语—翻译—高等学校—教材 Ⅳ.① H555.9

中国版本图书馆CIP数据核字(2021)第145703号

书　　名	韩中翻译教程(第四版) HAN-ZHONG FANYI JIAOCHENG (DI-SI BAN)
著作责任者	张　敏　朴光海　〔韩〕金宣希　编著
组稿编辑	张　娜
责任编辑	刘　虹
标准书号	ISBN 978-7-301-32321-2
出版发行	北京大学出版社
地　　址	北京市海淀区成府路205号　100871
网　　址	http://www.pup.cn　新浪微博:@北京大学出版社
电子信箱	zbing@pup.pku.edu.cn
电　　话	邮购部 010-62752015　发行部 010-62750672　编辑部 010-62759634
印　刷　者	河北滦县鑫华书刊印刷厂
经　销　者	新华书店
	787毫米×1092毫米　16开本　23印张　500千字 2005年1月第1版　2006年3月第2版　2012年7月第3版 2021年8月第4版　2022年7月第2次印刷(总第16次印刷)
定　　价	85.00元

未经许可,不得以任何方式复制或抄袭本书之部分或全部内容。
版权所有,侵权必究
举报电话: 010-62752024　电子信箱: fd@pup.pku.edu.cn
图书如有印装质量问题,请与出版部联系,电话: 010-62756370

前　言

《韩中翻译教程》是中国教育部认定的"十二五"普通高等教育本科国家级规划教材。本教材2010年获得首届"中国大学出版社协会图书奖(优秀教材)一等奖";2013年被北京市教委评为"北京高等教育精品教材";2016年荣获第一届北京大学教材奖。本教材适用于大学韩国语专业的翻译教学,也适合韩国语翻译爱好者自学入门使用。自2005年初版发行以来,已被国内外上百所大学选用为韩国语翻译必修课教材。

为了进一步提高韩国语翻译教学水平,使本教材符合新时代课程思政、立德育人的创新性教育理念,编者在认真听取各校师生宝贵建议的基础上,对《韩中翻译教程》(第三版)进行了修订。《韩中翻译教程》(第四版)保留了原教材以文体翻译为纲的特色,原有16课内容体系未变。编者对各课"翻译知识"的内容进行了补充;对各课"翻译练习"中一些过时的词语和例句进行了增减替换;对"翻译作业"中个别陈旧内容进行了更新;对第三版教材中的一些文字和翻译错误作了更正;对书后附录"韩国当代流行语"做了增补,使原有的68个新造词增至100个。

本课程将立德树人作为课程思政环节,教学目标不仅使学生通过课文讲解、知识积累、实践练习、翻译作业、总结归纳,快速掌握韩中翻译的一般规律与技巧,提高翻译能力,达到教学大纲中所要求的韩国语翻译水平;还注重在翻译训练中把学生培养成肩负历史使命和时代责任、捍卫国家利益的一代翻译人才。因此,编者不仅保留了原教材的特色,即翻译理论与实践的紧密连结、翻译技巧与课文练习的自然融会、翻译应用与外语教学的合理结合,还特别注意在中外文化比较、中国国情与外宣立场、时事热点与重点、双语能力提高几个方面对教程进行了认真修订。

中韩两国在地理环境、历史经历、传统文化、语言习惯、社会制度等方面有异有同,只有在文化的比较研究中,才能超越文化差异,达到跨语言和跨文化的沟通。外事无小事,翻译是国与国之间交际的桥梁,翻译不但需要掌握翻译技巧,还应熟知自己国家和对象国的国情时政、大政方针和外交政策,从而把握好翻译时语言的准确性、原则性和政策性。翻译是两种语言文化的转换活动,如果译者对本国语言知之不足,就不可能讲好中国故事、传递好中国声音。因此,要成为一名合格的译者,既要学习韩国语言,阅读韩国的材料,了解韩国国情,也要不断提升本国语言文化造诣,熟悉国内发展的最新动态,注重提高自己讲中国故事的政策水平和语言功底,才能达到翻译传播的目的和效果,真正为促进中韩两国之间在政治、经济、文化领域的交流发挥桥梁作用。

新时代的发展更需要具有国际化素质的翻译人才。从构建人类命运共同体理念出发,不断深化同周边国家的关系,开创对外交流的新局面,外语专业不仅要提供相应的翻译服务,还要对周边国家的语言、文学、历史、哲学、宗教、政治、艺术等领域展开深入的前瞻性国别及区域研究。翻译的双向训练正符合这种多领域、宽视野的跨界学习与研究过程。

编者相信,通过本教程翻译技巧与能力的训练,新时代国际复合型韩国语翻译人才必将能者居上、达人辈出!

编　者
2021年8月

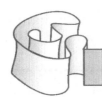

目 录

- 第1课 简历与自我介绍 ·· 1
  - 1.1 课文范文　이력서 ·· 1
  - 1.2 正误评析 ·· 4
  - 1.3 翻译知识　翻译的性质 ·· 7
  - 1.4 翻译练习 ·· 11
  - 1.5 翻译作业　자기소개서 ·· 17
  - 1.6 参考资料　이력서와 자기소개서의 번역 ··· 18

- 第2课 请柬 ·· 20
  - 2.1 课文范文　심포지엄 초대장 ··· 20
  - 2.2 正误评析 ·· 25
  - 2.3 翻译知识　翻译标准 ·· 27
  - 2.4 翻译练习 ·· 35
  - 2.5 翻译作业　초대의 말씀 ·· 40
  - 2.6 参考资料　'초대장'의 특징 ·· 42

- 第3课 致辞 ·· 45
  - 3.1 课文范文　심포지엄 축사 ·· 45
  - 3.2 正误评析 ·· 47
  - 3.3 翻译知识　专有名词与术语的译法 ··· 50
  - 3.4 翻译练习 ·· 54
  - 3.5 翻译作业　전시회 축사 ·· 58
  - 3.6 参考资料　'축사'의 문체적 요구 ··· 59

- 第4课 演讲 ·· 61
  - 4.1 课文范文　평화와 번영과 도약의 시대로 ······································· 61
  - 4.2 正误评析 ·· 63
  - 4.3 翻译知识　汉字词的译法 ·· 66
  - 4.4 翻译练习 ·· 72

4.5	翻译作业	2000 년 신년사 ··	79
4.6	参考资料	연설문과 연설가 ··	81

第 5 课 新闻 ·· 83
5.1	课文范文	양국 경제통상 협력 위한 연구팀 구성 ············	83
5.2	正误评析		85
5.3	翻译知识	外来语的翻译 ···	88
5.4	翻译练习		95
5.5	翻译作业	숫자로 읽는 우리 경제 ···························	99
5.6	参考资料	신문에 대하여 ··	100

第 6 课 社论 ·· 102
6.1	课文范文	한·중 문화교류의 현황과 전망 ···················	102
6.2	正误评析		105
6.3	翻译知识	词组的翻译 ··	109
6.4	翻译练习		113
6.5	翻译作业	교과교실제가 공교육 활성화 발판 되려면 ······	118
6.6	参考资料	사설에 대하여 ··	118

第 7 课 评论 ·· 120
7.1	课文范文	한·중 정상회담과 한·중 경제 협력의 미래 ······	120
7.2	正误评析		122
7.3	翻译知识	词汇翻译 ··	125
7.4	翻译练习		130
7.5	翻译作业	광고의 역할과 기능 ·································	135
7.6	参考资料	논평과 평론 ···	136

第 8 课 声明 ·· 138
8.1	课文范文	제2차 베이징 6자회담 의장성명 ··················	138
8.2	正误评析		140
8.3	翻译知识	定语及定语从句的翻译 ······························	142
8.4	翻译练习		150
8.5	翻译作业	대한민국과 중화인민공화국간의 외교관계 수립에 관한 공동성명 ······································	156
8.6	参考资料	성명(聲明)에 관하여 ·································	157

第 9 课 介绍 ·· 159
| 9.1 | 课文范文 | 김치 ·· | 159 |

9.2	正误评析		161
9.3	翻译知识	谓语的翻译	164
9.4	翻译练习		168
9.5	翻译作业	비빔밥	172
9.6	参考资料	설명문에 대하여	173

第10课　论文 ······ 175

10.1	课文范文	한국 현대 건축의 방향: 근대주의와 전통 사이	175
10.2	正误评析		177
10.3	翻译知识	语态的翻译	181
10.4	翻译练习		185
10.5	翻译作业	한·중 경제권에서의 성공적인 협력 모델	189
10.6	参考资料	논문의 기본적인 체제와 형식	190

第11课　协定与法规 ······ 192

11.1	课文范文	대한민국 정부와 중화인민공화국 정부간의 무역협정	192
11.2	正误评析		196
11.3	翻译知识	数量词的译法	199
11.4	翻译练习		204
11.5	翻译作业	한국 대외무역법	208
11.6	参考资料	계약서 번역에서의 유의 사항	209

第12课　记叙文 ······ 212

12.1	课文范文	중생을 일깨우는 진리의 종소리	212
12.2	正误评析		216
12.3	翻译知识	句子翻译方法	223
12.4	翻译练习		230
12.5	翻译作业	한강	235
12.6	参考资料	기사문을 쓰는 '육하원칙'	236

第13课　散文 ······ 238

13.1	课文范文	강원도	238
13.2	正误评析		241
13.3	翻译知识	复句的翻译	244
13.4	翻译练习		249
13.5	翻译作业	신록 예찬	254
13.6	参考资料	붓 가는 대로 쓰는 글	255

第14课 剧本 ······ **257**
- 14.1 课文范文 쉬리 ······ 257
- 14.2 正误评析 ······ 261
- 14.3 翻译知识 熟语的译法 ······ 266
- 14.4 翻译练习 ······ 270
- 14.5 翻译作业 엽기적인 그녀 ······ 276
- 14.6 参考资料 대중문화의 꽃 ······ 279

第15课 小说 ······ **281**
- 15.1 课文范文 운수 좋은 날 ······ 281
- 15.2 正误评析 ······ 284
- 15.3 翻译知识 拟声拟态词的译法 ······ 289
- 15.4 翻译练习 ······ 295
- 15.5 翻译作业 소나기 ······ 301
- 15.6 参考资料 '운수 좋은 날'독서 퀴즈 ······ 304

第16课 诗歌 ······ **306**
- 16.1 课文范文 강 ······ 306
- 16.2 正误评析 ······ 309
- 16.3 翻译知识 修辞格的翻译 ······ 313
- 16.4 翻译练习 ······ 319
- 16.5 翻译作业 님의 침묵 ······ 324
- 16.6 参考资料 시를 말한다 ······ 324

附录1 韩国主要地名 ······ **326**
附录2 韩国民俗用语 ······ **338**
附录3 韩国当代流行语 ······ **343**

1.1 课文范文

1.1.1 简历

이력서

사진 3cm×4cm									
	성명	한글	김식현		생년월일	1995.7.6 (남.여)			
		한자	金植玄		주민등록번호	851011-0000000			
	주소		서울특별시 서대문구 신촌동 134번지 (TEL.02-263-1234)						
학력	기간		학교명			전공 분야			
	2004~2010		서울시 종로초등학교 (졸업·중퇴)						
	2010~2013		서울시 종로중학교 (졸업)						
	2013~2016		서울시 종로고등학교 (졸업)						
	2016~2020		연세대학교 (졸업)			경영학			
경력	기간		근무지		직위	업무 분야			
	2002~현재		대한항공		사원	마케팅			
	~								
자격 및 면허	취득년월일		자격·면허명			시행처			
	2000. 1. 16.		자동차운전면허증(2종)			서울특별시			
신장	175cm	체중	70kg	취미	여행	특기	중국어	종교	무
가족사항	관계	성명	연령	출신학교		직업	근무처		직위
	부	김정환	56	서울대학교		회사원	삼성전자		이사
	모	이균희	53	이화여자대학교		주부			
	동생	김식민	18	서울고등학교		학생			

위에 기재한 사항은 사실과 틀림이 없습니다.
2020 년 5 월 15 일
성 명: 김식현

1.1.2　自我介绍

자기소개서

　　저는 경기도 수원에서 평범한 가정의 1남 2녀 중 장남으로 태어났습니다. 조그만 서점을 경영하시는 아버님께서는 정직과 성실을 좌우명으로 삼아 살아 오셨습니다. 어머님께서는 알뜰한 가정주부입니다. 아버지의 근면한 노력과 엄격함, 어머니의 알뜰함과 자상함 덕분에 저희 3남매는 비록 여유 있는 생활은 아니지만, 구김 없이 성장하였습니다.

　　어릴 때부터 저녁이면 아버님과 교대하여 서점 일을 해 오면서 공부를 하여 유신고등학교에 진학하였습니다. 이때부터는 학교 공부 때문에 서점 일을 많이 돕지는 못했습니다. 하지만 서점에서 틈틈이 읽었던 책들은 제 삶에 많은 지침이 되었습니다. 고등학교 진학 및 대학 진학 이후의 진로에 대해서 생각해 본 결과, 빠르게 발전하는 IT시대를 맞아 핵심 기술의 습득이 무엇보다도 중요하다고 생각하게 되어 서울에 있는 서울대학교 전자계산학과를 선택하게 되었습니다.

　　대학 입학 후 1년 동안 저는 독서 토론 서클에 가입하여 어릴 적부터 다져 온 책읽기를 지속하고, 전공뿐만 아니라 경제와 관련된 기초 지식과 영어 회화 공부를 착실히 하여 졸업 후 기술 경쟁 사회에서 인정 받는 전산 인력이 되기 위해 열심히 공부하였습니다. 대학 3학년부터는 본격적인 전공 수업을 하는 관계로 저는 2학년을 마치고 나서 군에 지원입대를 했습니다. 꼭 수업의 연결성을 위해서라기보다는 군 생활 속에서 강인한 의지력과 인내심을 길러 사회에서도 스스로 도전하고, 무엇이든 해낼 수 있다는 자신감을 키우기 위함이었습니다.

　　군 복무가 끝나고 학기가 시작되기 전까지 견문을 넓히고자 3개월 동안 국내외로 배낭여행을 다녀왔습니다. 남은 학기를 마친 후 제 전공을 살리고 사회적으로 필요한 사람이 되고자,비록 대기업은 아니지만 첨단 기술산업에 주력하는 도전적인 기업으로 알찬 성장을 거듭하여 왔고,특히 사원들의 복지와 신기술 개발에 관심을 쏟는 귀사를 선택하게 된 것입니다. 만일 저에게 입사가 허락되어 회사 첨단기술 분야의 경쟁력에 이바지할 수 있는 기회가 주어진다면, 성실하고 창의적인 자세로 회사의 발전을 위해서 열심히 일하겠습니다.

1.1.3　词汇注释

경기도(京畿道)	京畿道	수원(水原)	水原
장남(長男)	长子	정직(正直)	正直
성실(誠實)	诚实	좌우명(座右銘)	座右铭
알뜰하다	精打细算	근면하다(勤勉하다)	勤勉,勤奋

第1课　简历与自我介绍

엄격함(嚴格함)	严格	자상함(仔詳함)	仔细,细致,体贴
구김없이	顺利,一帆风顺	교대(交代)	轮流
유신(有信)	有信	진학(進學)	升学
지침(指針)	指南	보유(保有)	拥有,具备
서클(circle)	小组,社团	지속하다(持續하다)	持续
인정받다(認定받다)	得到承认	전산(電算)	电子计算机,电脑
본격적(本格的)	正规,真正,正式	의지력(意志力)	毅力
인내심(忍耐心)	耐性	견문(見聞)	见识,眼界
배낭여행(背囊旅行)	背包旅行	알차다	充实
복지(福祉)	福利		

1.1.4　参考译文

自我介绍

　　我出生于京畿道水原的一个普通家庭,我家兄妹三人,一男二女,我是长子。我父亲以正直和诚实为座右铭,经营着一家小书店,我母亲是一位俭朴的家庭主妇。我们的家庭虽不富裕,但父亲勤奋努力、教育严格,母亲勤俭持家、充满爱心,三兄妹愉快顺利地成长。小时候,每到晚上我就一边和父亲轮流看管书店一边看书学习,后来进入了有信高中。从高中开始,由于上学的关系,我不能经常在书店帮助父亲干活了,但以前利用空闲时间在书店读过的书却成了我的财富。念高中时,考虑到高中及大学毕业后的出路,为了适应IT时代的飞速发展,我认为掌握核心技术比什么都重要,于是便报考了首尔大学电子计算机专业。在大学一年级学习期间,我参加了课外读书小组,使从小就养成的读书习惯得以保持下来。为了毕业后在技术竞争的社会中成为受欢迎的计算机人才,我在学习专业知识之余,还扎实地学习了经济基础知识和商务英语会话。我们要从大学三年级正式开始学习专业课。完成二年级的课程以后,我志愿服兵役,与保持学业的连续性相比,我更希望在军队生活中培养自己坚忍不拔的毅力以及自身的耐性,以便今后独自面对社会的挑战,树立战胜万难的雄心壮志。服兵役结束之后到再次开学之前这段时间,为了开阔眼界,我参加了一个背包旅行,到国内外旅行了三个月。现在学业结束,为了专业对口、学以致用,成为对社会有用的人才,我选择来贵公司求职。贵公司虽然不是一个大企业,却是一个致力于高科技产业、富有竞争力且不断稳步发展的单位,特别是贵公司尤为重视员工的福利待遇和新技术的开发。如果我有幸被贵公司录用,有机会为公司在高科技领域中增强竞争力作出贡献,我将以诚实的态度和创新的精神为公司的发展而努力工作!

1.2 正误评析

❶ 저는 경기도 수원에서 평범한 가정의 1남 2녀 중 장남으로 태어났습니다.
  误译:我出生于京畿道的水原,是一个有着一男二女的普通家庭中的长子。
  正译:我出生于京畿道水原的一个普通家庭,我家兄妹三人,一男二女,我是长子。
  评析:"……一个有着一男二女的普通家庭中的长子"译文定语成分过于复杂,需分解翻译。

❷ 어릴 때부터 저녁이면 아버님과 교대하여 서점 일을 해 오면서 공부를 하여 유신고등학교에 진학하였습니다.
  误译:从小时候开始,每到晚上我就一边和父亲轮流看管书店一边看书学习,后来进入了有信高中。
  正译:小时候,每到晚上我就一边和父亲轮流看管书店一边看书学习,后来进入了有信高中。
  评析:"从小时候开始"是直译,显得话语僵硬。适当精简,译成"小时候"足以表达原意。

❸ 고등학교 진학 및 대학 진학 이후의 진로에 대해서 생각해 본 결과, 빠르게 발전하는 IT시대를 맞아 핵심 기술의 습득이 무엇보다도 중요하다고 생각하게 되어 서울에 있는 서울대학교 전자계산학과를 선택하게 되었습니다.
  误译:由于考虑了高中毕业以及大学毕业后的人生道路,我想在快速发展的电脑时代的环境中,为了个人和国家的发展,掌握核心技术是比什么都重要的,因此我报考了首尔大学的电子计算机系。
  正译:考虑到高中及大学毕业后的出路,为了适应IT时代的飞速发展,我认为掌握核心技术比什么都重要,于是便报考了首尔大学电子计算机专业。
  评析:"由于"与后面的"因此"这两个关联词相隔甚远,不便于读者理解。省略"由于……因此……",使用一个连词"于是",将原文的一个长复句翻译成两个短句,较好地解决了这个问题。☯"전자계산학과"与"학부"分别是"专业"与"系"的意思,不是一个概念。

❹ 대학 입학 후 1년 동안 저는 독서 토론 서클에 가입하여 어릴 적부터 다져 온 책 읽기를 지속하고, 전공뿐만 아니라 경제와 관련된 기초 지식과 영어 회화 공부를 착실히 하여 졸업 후 기술 경쟁 사회에서 인정 받는 전산 인력이 되기 위해 열심히 공부하였습니다.

误译: 在大学一年级中,我加入了图书讨论课外活动小组,从而继续了从小就开始的阅读。同时,为了毕业后在技术竞争的社会中成为受欢迎的人才,我除了自己的专业之外,还扎实地学习了和经济有关的基础知识以及英语会话。

正译: 在大学一年级学习期间,我参加了课外读书小组,使从小就养成的读书习惯得以保持下来。为了毕业后在技术竞争的社会中成为受欢迎的计算机人才,我在学习专业知识之余,还扎实地学习了经济基础知识和商务英语会话。

评析: "图书讨论课外活动小组"是对"독서 토론 서클"的直译,显得啰唆冗长,译成"课外读书小组"较明了。❷ 韩国语表示并列的接续词尾"고"有"同时"的意思。中文为了句子的简练,并列句常使用"意合法",不把表示并列意义的助词写出来。在有无并列词都无碍句子连接意义的情况下,不一定将"同时、并且、而且"等连词翻译出来。❸ "和经济有关的基础知识"是"경제와 관련된 기초 지식"的直译,如译成后略加推敲,便可以精练为"经济基础知识"。

❺ 대학 3학년부터는 본격적인 전공 수업을 하는 관계로 저는 2학년을 마치고 나서 군에 지원입대를 했습니다. 꼭 수업의 연결성을 위해서라기보다는 군 생활 속에서 강인한 의지력과 인내심을 길러 사회에서도 스스로 도전하고, 무엇이든 해낼 수 있다는 자신감을 키우기 위함이었습니다.

误译: 从大学三年级开始,我们就要进行正式的专业学习,可是二年级的学业完成以后,要志愿参军。但我认为和必须保持的学业的连续性相比,我更希望在军队生活中培养出坚韧的意志力和忍耐性以便独自面对社会的挑战,并且我也希望培养自己一切都能做到的自信心。

正译: 我们要从大学三年级正式开始学习专业课。完成二年级的课程以后,我志愿服兵役,与保持学业的连续性相比,我更希望在军队生活中培养自己坚忍不拔的毅力以及自身的耐性,以便今后独自面对社会的挑战,树立战胜万难的雄心壮志。

评析: "……하는 관계로"是表示因果关系的句型,意思为"由于某些原因,所以就……"翻译成表示转折关系的"可是",是理解的错误。❷ 将"스스로 도전하고"翻译成"并且我也希望……",与前面的"我更希望"重复,这里使用中文"意合法"较好。❸ "培养自己一切都能做到的自信心"不是地道的汉语。要在理解原句意思基础上,按照译入语释义,方能摆脱韩式中文。

❻ 남은 학기를 마친 후 제 전공을 살리고 사회적으로 필요한 사람이 되고자, 비록 대기업은 아니지만 첨단 기술산업에 주력하는 도전적인 기업으로 알찬 성장을 거듭하여 왔고, 특히 사원들의 복지와 신기술 개발에 관심을 쏟는 귀사를 선택하게 된 것입니다.

误译： 剩下的学期结束以后,我为了靠自己的专业而成为社会上有用的人才,我选择进入虽然不是大企业,却致力于尖端技术挑战,特别是都把心思倾注在员工的福利和新技术的开发上的贵公司。

正译： 现在学业结束,为了专业对口、学以致用,成为对社会有用的人才,我选择来贵公司求职。贵公司虽然不是一个大企业,却是一个致力于高科技产业、富有竞争力且不断稳步发展的单位,特别是贵公司尤为重视员工的福利待遇和新技术的开发。

评析： "剩下的学期结束以后"是直译。中文与韩国语的不同点之一是,中文是表意语言,具有高度的意义浓缩能力;韩国语是黏着语,所有的语法意义都靠语言的形态表示出来。如果直译,会使句子显得冗长。将韩国语翻译成中文时需本着"从简"的精神;相反将中文翻译成韩国语时,要具有"从繁"的态度。"剩下的学期结束以后"从简译为"现在学业结束"足矣。☯"제 전공을 살리고"不是"靠自己的专业"的意思,而是"使自己所学专业有所用处"的意思。☯"귀사"前面拖着一个长定语句,这是韩国语长定语的一种表达形式。将长定语切分,改变句子形式,才能符合译语习惯。☯贵公司"把心思倾注在员工的福利"上,这句话的"心思"用词不当,是小词大用,比较适当的译语是"重视"。

❼ 만일 저에게 입사가 허락되어 회사 첨단기술 분야의 경쟁력에 이바지할 수 있는 기회가 주어진다면, 성실하고 창의적인 자세로 회사의 발전을 위해서 열심히 일하겠습니다.

误译： 如果有幸被贵公司录用,我不仅会帮助贵公司拥有更强的尖端技术领域的竞争力,更会以诚实和富创造性的态度为公司的发展而努力工作的。

正译： 如果我有幸被贵公司录用,有机会为公司在高科技领域中增强竞争力作出贡献,我将以诚实的态度和创新的精神为公司的发展而努力工作!

评析： "我不仅会帮助贵公司拥有更强的尖端技术领域的竞争力……"这句话翻译出来的口气明显大于原文,给人一种夸大其词、不切实际的感觉,必然会影响求职效果。

1.3 翻译知识

翻译的性质

说到翻译，韩国语里有许多关于翻译的专有名词，比如"역관(译官)""역자(译者)""역사(译士)""역사(译使)""역장(译长)""통사(通事)""통사(通词)""통역(通译)""역학(译学)""번역(翻译)""통·번역"(通译翻译)"等。那么，翻译是什么意思？翻译实践怎样进行？翻译活动具有什么意义呢？

1.3.1 翻译概念

"译"与"翻译"的概念是先后出现的。最早记录翻译概念的史料是《礼记·王制》，曰："五方之民，言语不通，嗜欲不同。达其志，通其欲，东方曰'寄'，南方曰'象'，西方曰'狄鞮'，北方曰'译'。"古代中国四方民族之间进行交流，由于各民族的语言不同，对翻译的称谓也各异。如北方人将进行口译的人称做"译"。《周礼·秋官序·官象义疏》贾公彦解说："北方曰译者，译即易，谓换易言语，使相解也。"孔颖达疏"译"意曰："译，陈也，译，陈说外内之言。"

在"译"字之前加"翻"字，称"翻译"，最初指笔译活动。有文字记载的笔译活动始于佛经的汉译。中国隋唐时期将译佛经称为"翻经"。"翻"字有"翻转"的意思，将一种语言"翻"过来，用另一种语言"译"过去，为了强调译事的两种语言"翻转"的意义，从传译佛经之后，在"译"字基础上加"翻"，说明译事需要顾及两种语言习惯的不同，要把译文来个语言上的翻转，把一种语言变换成另一种语言，表达出原语的确切意义，为异文化圈的读者所接受，达到文化传播的目的。所以，中国的隋唐时代之后，"翻译"二字便形成了一个固定词，泛指一切口译和笔译活动。

翻译活动的基本形式有口译、笔译和机翻三种，翻译活动的范围有纵、横两种形态。纵指在本民族语言内，古今不同语言的翻译；横指不同国家、不同民族的语言，以及不同方言的翻译。翻译活动的广度是世界性的，在21世纪网络信息化和全球化时代背景下，翻译能力的提高和翻译理论的研究越来越重要。

1.3.2 翻译的性质

党的十九大报告指出："经过长期努力，中国特色社会主义进入了新时代，这是我国发展新的历史方位。"中国经过改革开放四十余年来的发展，进入了一个承前启后的新的发展时期。这个时代的特征之一是中国日益走近世界舞台中央，正在努力为人类作出更大贡献。特别是在国际交往中，从构建人类命运共同体的战略思想出发，经"一带一路"倡议的实施,深化同周边国家的关系,展开了中国外交新时代的新局面。这种新时代的对外交流的拓展,首先要求外语为"一带一路"倡议服务,提供相应的语言翻译,同时对周边各国的语言、文学、历史、哲学、宗教、政治、艺术等领域展开深入的前瞻性国别或区域研究,为"一带一路"倡议的未来延展做好研究及翻译人才储备。

随着中国国际化的发展,各种外语语言的互译与交流显得愈发重要。世界上有三千多种语言,各种语言的互译,已成为21世纪国际事务中必不可少的重要工程。翻译范围的扩大,翻译形式的多样,翻译量的增加,翻译市场的拓宽,翻译人才的急需,全球经济一体化与资讯信息化带来的多样文化的交流和融合,比以往任何一个时代对翻译学的发展要求都更加迫切。翻译学院应运而生,目前中国高等教育已经形成了本科翻译专业、研究型翻译学位教育和翻译专业学位教育三足鼎立的现代翻译教学体系。此外,在各大学和大专的外语专业高年级必修课程中都设有翻译课。可以说翻译既是语言交流的工具,又是各国文化交流的桥梁,还是迅速提高外语水平的有效手段,翻译能力与翻译水平是新时代国际复合型外语人才综合水准的实力体现。

1.3.3　翻译过程

翻译不是一蹴而就的,无论从认知语言学还是从对比语言学的角度考察,翻译活动都是一个循序渐进的过程,这一过程大体可分为理解、表达、校对定稿三个阶段。

翻译过程的第一个阶段是翻译的准备阶段,即理解阶段。一篇文章到手,不应该一拿来便逐字逐句地埋头苦译。在动笔翻译之前,应该仔细阅读原文全文,首先确定原文属于哪一类文章,是科技文、政论文,还是文学作品,还要了解原文的写作风格特色以及原作者的经历、原文文本产生的社会背景和作品价值等一切能够搜集到的相关资料。理解、准备阶段包括以下四个方面。

(1) 掌握全文主题思想,确定标题。

例1　〈생명체의 어머니〉
　　　×《生命体的母亲》　　　○《生命之源》
例2　〈올인〉
　　　×《和了》　　　○《洛城生死恋》

依照字面翻译,以上书名、电影名和电视连续剧名可以分别译为《生命体的母亲》《和了》。但是通读全文内容或看过影视剧之后,就知道应该根据文本类型和影视情节及中心意思翻译题目了。

(2) 了解原文中所涉及的人物、事物、地名、历史事件、社会背景,查阅有关资料进行调查研究,必要时需请教专业人员。比如某韩国餐厅名为"서라벌",如不考虑词的原意,草率地将其音译为"萨拉伯尔",给人一种风牛马不相及的感觉,与韩国文化韵味相去甚远。其实

"서라벌"原为古新罗的国名,史料中有如下记载:

"国号曰徐耶伐,或云斯罗,或云斯卢,或云新罗。解脱王九年始林有鸡怪,更名鸡林,因以为国号。"(《三国史记·地理一》)

"国号徐罗伐(今俗训京字云徐伐,以此故也。)或云斯罗,又云斯卢。"(《三国遗事·新罗始祖》)

"辰韩始有六国,稍分为十二,新罗则其一也。……魏时曰新卢,宋时曰新罗,或曰斯罗。"(《梁书·诸夷传·新罗》)

"徐耶伐""徐罗伐""斯罗""斯卢"等是新罗的古国号,史料中有明确记载,所以翻译时不能滥译。

(3) 关注原文各章、段、句之间的密切关系。一个词、词组、句子或句群,如果脱离上下文进行翻译,很容易歪曲作品意义。例如:

例3 지금도 눈에 삼삼, 귀에 쟁쟁 어려든다. 저 두 손으로 움켜 잡아도 팔랑이던 치맛자락, 댕기꼬리며 '꿀떡 찰떡' 소리에 짤랑거리던 패옥 소리만이 삼삼하고 쟁쟁하다. '널뛰자 널뛰자, 새해맞이 널뛰자'의 옛노래와 더불어 부녀자들의 널뛰기도 이제 사라져만 가니 설날에도 옛설날의 꽃판같던 정취엔 젖을 길이 없다.
旧时过年的情景依然历历在目。跳踏板的姑娘双手紧搂着五彩裙,可随着上下跳跃,她们的裙角儿、结带儿、裙边儿还是哗啦哗啦地飘荡着鼓了起来;身上佩带的小饰物挂玉什么的也随着咣当咣当的踏板发出当啷当啷的响声。那悦耳的声音和节日的气氛融合在一起,令人兴奋不已。"跳踏板喽——跳踏板!新年来喽——跳踏板!"当那些老歌被遗忘时,女孩子们跳踏板的倩影也消失了。如今就是过年,也见不到旧时那种热热闹闹的场面,失去了过年的情趣和气氛。

这个句群中的几句话,在意义和结构上都是互相联系的。如果脱离上下文,开头便直译为"现在仍然历历在目,铿锵有声",读者就不明白你在说什么。译者需要充分考虑作者的表达意图和读者的理解方便进行翻译。

(4) 把握原文修辞色彩和语体风格。使用不同的文笔翻译不同的作品,这是翻译的基本要求之一。一般文章讲究"意似",不能虚构夸张;政论文章讲究"形似",不能翻译出太多的感叹;文学作品讲究"神似",不能机械照搬。所以,翻译手法要以严肃对严肃,以幽默还幽默。否则,译文将会变得不伦不类。例如:

例4 지긋지긋한 아토피, '칙'뿌리면 '끝'! 뿌리는 즉시 가려움 사라지고 재생 시작 침투력 탁월한 나노제품.
× 令人厌烦的过敏皮炎,如果"唰"地喷一下,就会解决烦恼。一喷射,刺痒的感觉会立刻消失,这是一种促进皮肤再生的、渗透力极强的优异纳米产品!

○ 烦人的过敏性皮炎,"唰"地喷一下,即刻止痒! 这是一种再生力与渗透力极强的优质纳米产品!

上面的药品广告用语,翻译时需要顾及文体风格,语言不能赘述,须简洁明了。

翻译过程的第二个阶段是动笔翻译阶段,即表达阶段。一般以表达出一个比较完整意义的句子或句群作为基本翻译单位。遇有不理解的词语,可先查字典,再对照上下文定夺词义,之后力求在译文语言中寻找和选择最恰当、最符合译入语习惯的表达手法,完成表达的步骤。值得注意的是,译者将自己理解的原文意义转换为译入语,在译入语中将原文的信息和意义表达出来,必然会经历一个从原文语法意义到抽象概念意义,又从抽象概念意义到译入语的解码和编码的过程。在这个语言思维转换过程中,译者须兼顾原文作者和译文读者的感受,两者都是译者的服务对象,实际上译者的翻译是双向服务活动。尝试翻译韩国1988奥运会之歌,体会这种双语的转换。

例5　하늘 높이 솟는 불
우리들 가슴 고동치게 하네
이제 모두 다 일어나
영원히 함께 살아가야 할 길, 나서자
손에 손잡고 벽을 넘어서
서로 서로 사랑하는 한마음 되자
손잡고 손에 손 잡고

天空闪耀火光,我们的心在跳荡,
大家踊跃奋起,
人类世代友好,同生共存!
我们手拉手,友谊传四方,
让那生活更美好,更欢畅!
我们手拉手,友谊传四方,
冲破一切阻挡,让爱在旗帜上永飘扬!
我们手拉手,友谊传四方。

翻译是在不同信息载体之间进行的信息转换过程,所以需完成两种语言思维的转换。比如,只有在充分理解《手拉手》这首歌歌词风格意义的基础上,发挥译入语言的作用,将原作语义及风格充分表达出来,才能比较准确地完成翻译,让读者感受到原作的神韵。

翻译过程的第三个阶段是校对定稿阶段。任何翻译都不可能一次定稿,必须不厌其精地一改再改,直到符合译文标准。检查校对翻译的步骤如下:

① 对照原文逐句校对,看有无误译和漏译之处,检查标点符号是否用得恰当。
② 脱离原文,从译文的角度检查,读一读译文,看看是否朗朗上口,有无文理不通、不合

逻辑、不合译文语言习惯的地方。在保证译文意思正确的基础上,对译文语言加工锤炼、修饰润色。

③ 请师友专家帮助校正,以求完善。征求专家的意见,最后更改定稿。

以上理解、表达、校对定稿三个阶段不是截然分开的,在理解阶段就已经开始考虑怎样表达,而表达与校对仍然是不断加深对原作理解的过程。翻译最忌讳的是不严谨、马虎从译。许多著名翻译家都是"一名之立,旬月踯躅";"遇理解奥衍之处,非三易稿,殆不可读"。译者对译文要一丝不苟,慎重斟酌,反复对比,推敲定稿,努力避免翻译成"韩式中文"或"中式韩文"。

宋朝僧人法云在《翻译名义集》中说:"译之言易也,谓以所有易所无。"所谓"易"是变易的意思,翻译就是语言的变易功夫。如将原文比喻为一座建筑物,翻译就是将它全部拆开,观察它的结构特征,理解它的宗旨意义,然后使用另一种建筑材料按照原建筑图纸重新建造。重建的要求是使用不同的材料建筑相同的房屋。要完成此工程,译者首先应当在拆解建筑物之前,小心翼翼地走进去,仔细观察其特点,了解它是用什么材料、什么方法建造的,表达了什么建筑意义和特色,然后根据它的蓝图,按照以上所讲解的理解、表达、校对定稿的三阶段模式,认真完成一道道翻译工序,努力用译入语建筑一座与原文本等值的杰作。

1.4 翻译练习

1.4.1 选择较好的翻译

① 능력있고 자신있는 사회인이 되기 위해, 대학에서 자신의 개발에 많은 시간을 할애했습니다. (　　　)
　　A—— 为了成为既有能力又自信的社会人,在大学里花了很多时间在自我开发上。
　　B—— 为了使自己进入社会后成为一个既有能力又自信的人,我在大学里花了很多功夫进行自我开发。

② 저의 성격을 한마디로 말하면 '하면 하고 안 하면 안한다'는 것입니다. 사소한 것에서는 양보를 많이 하는 편이지만 내가 한번 승부를 건 일에 대해서는 절대 양보하지 않습니다. (　　　)
　　A—— 我的性格用一句话来说就是:要做就做,不做就不做。虽然为了琐碎的小事常常做妥协,但是我在关系胜负的问题上是绝对不会让步的。
　　B—— "要做就做好,要么就不做",这是我的性格。虽然我常常不计较小事,但在事关胜败的大事上从不让步。

③ 그렇다고 무턱대고 아무 일에나 승부를 걸지는 않습니다. 어떤 현안이 있을 때 아주 완전한 방법을 강구해 놓고 행동하기보다는 일단 저질러 놓고 사태를 수습하는 스타일입니다. 성격은 차분하면서도 사교적이고, 주도형이라기보다는 참모형입니다. (　　　)

  A—— 不过,我也不是那种盲目地对于任何事情都要求分出胜负的人。当面临悬而未决的事情的时候,和那种寻求到完备方法之后再采取行动的人不同,我是那种先想办法稳定事态的类型。性格文静的同时还喜欢社交,和人才型相比较,参谋型更加符合我的性格。

  B—— 不过,我也不是那种事事争强好胜的人。遇到棘手的问题时,我不愿意拖泥带水,而善于快刀斩乱麻。我性格文静,但喜欢社交。与其说我是帅才,倒不如说是军师更合适。

④ 단점은 한가지 일에 너무 집착하여 다른 일들을 간과하는 경우가 종종 있다는 것입니다. (　　　)

  A—— 短处是往往会因为过于注重一件事情而忽略了其他的一些事情。

  B—— 我的短处是往往过于注重某一件事而忽略了其他事。

⑤ 대학 1학년 때 교내 서클에 가입하여 거기에서 음악활동을 하면서 엄격한 조직사회를 배웠습니다. (　　　)

  A—— 一年级的时候加入了校内的一个课外活动小组,在那里不仅有音乐活动,而且也让我学习到了严格的组织社会。

  B—— 上大一的时候,我参加了校内的一个课外小组,在参与音乐活动的同时,受到了严格的组织培训。

⑥ 입사 후에 세계화의 흐름에 뒤지지 않기 위해 일선에서 뛰는 해외 영업파트에서 일하고 싶습니다. 특히 중국 전문가가 되고 싶습니다. (　　　)

  A—— 入社后,为了不落后于全球化的潮流,我希望能在海外部门工作。特别是希望成为中国专家。

  B—— 进入公司后,为了追赶全球化时代的潮流,我希望能在公司第一线的海外营业部工作,特别想成为一名中国通。

⑦ 무역관계 일을 하기 위해서는 우선 어학이 기본이 되어야 하는데 중국어를 바탕으로 전문 무역가가 되어 조직사회에서 제 능력을 인정 받고 싶습니다. (　　　)

  A—— 由于进行贸易首先要有语言基础,我希望以我的中文基础成为一名贸易家,在组织社会中印证自己的能力。

B—— 进行贸易活动首先要具备外语能力,我想以自己的中文特长为基础发展成为一名贸易专家,得到公司和社会的认可。

⑧ 제가 비록 무역학을 전공하지는 않았지만 입사 후에는 무역 부분에서 부족한 점을 집중적으로 공부할 것입니다. 그리고 인생을 살면서 최종적으로 추구하고 싶은 것은 시대감을 잃지 않고 그 시대를 주도하여 살아가는 것입니다. (　　)
　　A—— 我虽然不是以贸易为专业,但在进入公司以后我会在贸易部门针对我的不足之处进行集中学习。同时在人生旅途中,不能随着时间流逝失掉最终追求的时代感,而要引领着时代迈向未来。
　　B—— 我的专业虽然不是贸易,但进入公司之后,我会在贸易部门边实践边学习,弥补不足。我认为人生的最终价值在于与时俱进,奋发向前!

1.4.2　翻译句子

① 성장 과정은 바람직한 인격 형성의 시기입니다. 유년기는 자연과 벗하며, 청소년기는 친구와 벗하고, 청·장년기는 치열한 사회와 접해야 한다고 합니다.
——

② 어려서는 시골에서 보냈으나 커가면서 공부에 대한 열정이 생겨 서울로 전학을 오게 되었습니다. 여기서 많은 친구를 사귀었으며, 친구뿐만 아니라 선배들과도 폭 넓은 교류를 가졌습니다.
——

③ 그 해 여름에는 '한국자유총연맹'에서 주최하는 '중국연수단'에 선발되어 선망하던 중국에 가 보게 되었습니다.
——

④ 그리고 1996년 9월부터 1997년 9월까지 중국어 연합서클에서 회장일을 맡아 보면서 중국 문화와 언어에 대한 지식을 얻게 되었습니다.
——

⑤ 이런 경험들을 통해 중국을 위시한 동양의 시대가 오리라는 확신이 섰습니다. 대학에서는 동양 역사를 전공했으며 부전공으로 중국어를 공부했습니다. 중국어에 관한 한 내세울 수 있는 중국통이라 자부합니다.
——

⑥ 자신에 대한 신념이 분명하고, 사회에서 자기 꿈을 실현하고자 하는 사람이라면 누구나 보다 안정적이고, 누구나가 인정해 주는 곳에서 일하고 싶어 합니다.
―――

⑦ 이것 이외에도 보다 중요한 것은 개인 역량의 실현 여부에 달려 있습니다. 개인적으로는 돈 많이 주는 회사보다는 자신의 능력을 발휘할 수 있는 회사에서 일하고 싶습니다. 그리고 사원들을 위한 지속적인 교육프로그램이 마련되어 있는 회사에서 일하고 싶습니다. 자신의 개발 없이는 발전이 없으므로 이런 것들이 충족된 귀사에서 일할 수 있었으면 합니다.
―――

⑧ 소개장에 자신의 성명, 나이, 성격, 취미, 간략한 이력, 환경 등과 소개하는 목적을 써 넣어야 합니다. 또한 두 가지의 자기 자랑을 암시해 주는 것도 예의에 어긋나지 않는 범위 내에서 통용될 수 있습니다.
―――

1.4.3 翻译画线的内容

① 성장 과정
　　대들보는 건축물에 있어 없어서는 안 될 요소입니다. 1남 2녀 중 장녀인 저는 김 씨라는 건물의 대들보라 할 수 있습니다. 어릴 적부터 맞벌이를 하셨던 부모님 대신 저는 두 동생에게는 엄마이자 친구였습니다. 모든 숙제나 방학 과제물 따위는 제 스스로 하는 것이 당연했고, 동생들의 숙제나 끼니를 챙기는 것 또한 제 몫이었습니다. 부모님께서는 학교에 들를 시간도 없으셨는데 저는 새 학년이 될 때마다 학급회장까지 도맡아했습니다. 대학에 입학해서는 환경운동까지 했습니다. 그동안 몸으로 익힌 '책임감'과 '독립심'은 어떤 환경에서도 제가 자신감을 잃지 않도록 해 주었습니다.

② 성격 소개
　　저희 다섯 식구는 오래전부터 매일 밤 도란도란 정담도 나누고 여러 차례 학급회장을 맡았던 경험으로 인해 자연스럽게 활발하고 외향적인 성격을 가지게 되었습니다. 그래서 저는 중국 교환학생 프로그램에서도 많은 외국인 친구들을 쉽게 사귈 수 있었습니다.

③ 특이 사항
　　저는 대학생이 된 이후로 봉사활동에 흥미를 가지게 되어 항상 누군가를 도와 줄 수 있는 방법이 없을까를 찾던 중에 드디어 MnM을 발견했습니다. MnM은 MDGs News Monitor의 약자로 UN에서 2015년까지 달성하기로 한 목표, Millenium Development Goals를 사람들에게 알리고 참여를 유도해 내는 멤버 중 한 명이 되었습니다. MDGs 관련 외국기사

등과 개인적인 의견을 첨가하여 인터넷으로 사람들에게 정보를 알리고 팀원끼리 모여 스터디는 물론이고 캠페인도 벌리곤 했습니다. 누군가를 물질적, 육체적으로 직접 돕지 않는다 하더라도 도움이 필요한 친구들을 대신해 그들의 이야기를 전달하는 일만으로도 얼마나 뿌듯한지 모르겠습니다.

④ 지원 동기

졸업자들이 일반적으로 거치는 인턴이라는 스펙 따위는 저의 경력란에서 찾아 볼 수 없습니다. 그렇다면 제게 "네가 가진 건 뭔데?"라고 반문하실지 모르겠습니다.

많은 사람들이 새해를 맞이하면 종종 '초심을 잃지 말자'라는 다짐을 하곤 합니다. 처음과는 달리 시간이 흐를수록 현실에 안주하는 탓으로 초기 가졌던 열정과 다짐이 차츰 식어지게 마련입니다. 이를테면 한창 미니홈피가 등장하고 유행했을 때 많은 사람들은 자신의 시간과 노력을 그것에 투자해서 관리했습니다. 하지만 최근에는 블로그나 트위터, 페이스북 등과 같은 새로운 SNS 등이 등장하면서 사람들은 미니홈피를 떠나기 시작했습니다.

이렇듯 세상 사람들에게 있어 '처음'이라는 것은 이토록 중요합니다. 호기심과 열정으로 충만하던 당신에게는 어떤 상황이 닥쳐도 문제를 해결할 수 있다는 자신감이 넘칩니다. 저 또한 그렇습니다. 생전 처음 해보는 사회생활이기에 열정에서는 어떤 누구와 견주어도 뒤지지 않을 자신이 있습니다. 오히려 더 다양한 분야의 활동과 봉사활동으로 다져진 경험이 깨끗한 도화지 위에 회사를 멋지게 그릴 수 있게 도울 수 있지 않을까요. 이같은 저의 열정을 볼 수 있기를 희망합니다.

1.4.4 翻译笑话

표주박의 이력서 (小瓢的简历)

표주박이 그동안의 방탕한 건달 생활을 청산하고 취직을 하기로 마음 먹었다.

친구 호박에게 옷을 빌려 입고 이력서를 들고 어느 회사를 찾아 갔다. 그가 자신있게 내민 이력서가 어떤 것인지 한번 보기로 하자.

성명: 표주박
본적: 누굴 말입니까?
주소: 뭘 달라는 겁니까?
호주: 가 본 적이 없음
신장: 두개 다 있음
지원 동기: 우리학과 동기인 호박이랑 같이 지원했음
모교: 엄마가 다닌 학교라서 난 모름
자기 소개: 우리 자기는 아주 예쁨
수상 경력: 배 타 본 적이 없음

1.4.5 填写求职申请

입사지원서

사진 반명함판	지원부서					희망연봉			
	이 름	한글		주민등록번호		나이	세	성별	
		중문		휴대폰		자택전화			
	현주소								
	결혼여부	유	무	결혼기념일		년 월 일		자녀	남 녀

학력사항	입학일자			졸업년도			학교명	학과	학점	소재지
	년	월	일	년	월	일	고등학교			
	년	월	일	년	월	일	전문대학			
	년	월	일	년	월	일	대학교			
	년	월	일	년	월	일	대학원			
	년	월	일	년	월	일	대학원			
	대학원 학위논문제목									

경력사항	입사 일자			퇴사 일자			회사명	근무 부서	직위
	년	월	일	년	월	일			
	년	월	일	년	월	일			
	년	월	일	년	월	일			
	년	월	일	년	월	일			
	년	월	일	년	월	일			

병력	군별	병과	입대일자		제대일자		계급	면제 사유
			년 월	일	년 월	일		

신체	신장		cm	시력	좌		장애 구분	
	혈액형				우		장애 등급	

가족상황	성명	관계	나이	생년월일			근무지	직위	동거 여부
			세	년	월	일			
			세	년	월	일			
			세	년	월	일			
			세	년	월	일			

1.5 翻译作业

자기소개서

　저는 아시아대학 관광과를 졸업하게 되는 박지호입니다. 고향은 서울이며 한의원을 경영하시는 아버지와 온화하고 자상하신 어머니 사이에서 2남 4녀 중 막내로 태어났습니다. 늘 가정에 충실하시고 자식들의 교육에 남다른 열정과 관심을 갖고 계신 부모님의 배려와 훈도로 인해 별다른 어려움 없이 성장기를 보낼 수 있었습니다. 요즘은 보기 힘든 대가족 속에서 저는 부모님들로부터 항상 예절 교육을 받았고, 늘 '성실하고 노력하는 사람'이 되라는 말씀을 듣고 자랐습니다.

　수영과 볼링을 즐기고 장미와 여름을 좋아하는 저는, 적극적이고 활달한 성격에 주위 사람들로부터 부지런하다는 칭찬을 자주 듣습니다. 그리고 한번 시작한 일은 끝까지 책임지고 해낼 수 있도록 노력하는 형으로, 정직과 성실을 인간이 가진 성품 중 가장 아름답고 가치 있다고 믿고 있습니다. 아울러 '생각은 긍정적으로 행동은 적극적으로'를 생활신조로 삼고 있습니다. 초등학교를 나와 중·고등학교 과정을 거치면서 줄곧 학생임원으로 활동했으며, 덕분에 인간관계의 소중함을 체득할 수 있었고, 폭넓게 친구들을 사귈 수 있었습니다. 대학이라는 관문을 앞두고는 오랜 망설임 끝에 아시아대학 관광과에 차석으로 진학했습니다. 무엇보다 세계 여러 나라의 문화에 대한 관심이 관광과를 택하게 된 동기였습니다.

　대학 때는 여행을 많이 다니면서도 전공에도 충실하자는 의미에서 여행동아리에 가입, 우리나라 명소들을 찾아다니며 지방마다의 특색이나 삶의 모습에 대한 견문을 넓혔을 뿐 아니라 관광산업에 대해서 나름대로의 인식을 키울 수 있었습니다. 특히 지난 여름방학 때는 50일 간의 유럽 배낭여행을 다녀 왔습니다. 국경을 넘나들며 각 나라의 문화와 관습, 전통과 함께 관광산업의 현장을 체험하면서 더 넓은 세계에 도전하고 싶은 의욕을 느끼게 되었습니다. 물론 세계 여러 나라의 친구들을 만나고 사귀게 된 것은 더할 나위 없이 큰 소득이었습니다. 한편 여행 이외에도 틈틈이 영어와 컴퓨터 과정을 공부했으며, 학교 수업에도 충실해 성적우수장학금을 2회나 수상하기도 했습니다.

　저는 귀사가 타 여행사와 달리 우리나라의 관광산업을 위해 헌신하고 있는 모습에 신뢰를 보내며, 세심한 부분까지 여행객을 중심으로 하는 운영방침에 크게 공감하고 있습니다. 친절하고 성실한 관광가이드로서 관광객들로 하여금 한국을 다시 찾게 하는 데 힘을 보태고 싶은 것이 저의 간절한 소망입니다. 항상, 밝고 활발한 성격, 긍정적인 사고방식과 사람을 좋아하고, 여행을 좋아하는 것 등이 보탬이 되리라 생각됩니다. 저는 지금 자기소개서를 쓰면서 가슴 뿌듯함을 느껴봅니다. 사회의 첫발을 내딛는 저에게 소망을 실현할 수 있는 기회를 주기를 간설히 바랍니다.

1.6 参考资料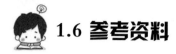

이력서와 자기소개서의 번역

(1) 이력서 번역 시 유의 사항

기본 요구 사항: 문장이 간결하고 표현이 정확해야 하며, 구직 의향이 명확해야 하며 꾸밈이 없어야 한다.

구성 요소: 기본 개인 정보, 교육 배경, 교육 및 연수 경험, 수상 경력 및 성과, 자기소개 등으로 구성된다.

주요 내용:

1) 기본 개인 정보: 이름, 나이, 신장, 성별, 민족. 사진을 첨부한다.
2) 학력: 대학 재학 기간에 학습한 내용, 졸업한 학교, 전공, 취득 학위, 부전공 여부, 자격증 등에 대해 중점적으로 서술한다. 성적표, 상장, 수상 증서 등을 첨부해도 좋다.
3) 사회 활동 경력: 직장 경력, 인턴십 활동 경력 등이 포함된다.
4) 구직 의향: 어떤 일을 하고 싶은지, 무엇을 할 수 있는지가 분명해야 한다.

주의사항:

- 이력서는 우선 인사부에 명확한 구직 의향을 전달해야 하므로 어느 부서에 지원하고 싶은지를 밝혀야 한다.
- 일목요연해야 한다.
- 적절한 용어를 사용해 한 페이지 분량으로 최대 두 페이지를 넘기지 않는다.
- 개성 있는 스타일을 드러내어야 한다.
- 가급적 애매한 표현이나 지루하게 긴 문장, 또한 화려한 미사여구는 피하는 것이 좋다.
- 자기소개서, 구직서, 추천서, 증명서 등을 추가로 첨부할 수 있다.

(2) 자기소개서를 작성하는 내용

취업을 위한 자기소개서는 1200자 이상 작성한다.

우선 자신이 회사에 꼭 필요한 사람임을 드러낼 수 있도록 신상에 대해 좀더 자세히 기록하여야 한다. (한글 기준 최소 200자~최대 400자 내외)

예를 들어 '도전을 통해 얻어 낸 창의력과 자신감' 아울러 군 복무를 마치고 복학하면서 전공 수업을 통해 전자공학도로서의 미래의 꿈을 펼쳐 보이겠다.

다음, 희망하는 부서와 직무 수행과 관련하여 자신의 장점을 최대한 드러낸다. (100~200자) 예를 들어 '빛처럼 빨리 행동하는 연구개발 엔지니어'라든지 학창시절 반장을 도맡아 할 정도로 긍정적이며 밝은 성격이라는 점 등.

이어서 직무수행과 관련하여 자신의 단점을 내비치기도 한다. (100~200자) 예를 들어 '더 이상 Yes맨은 No', 저는 다른 사람의 부탁을 잘 받아주는 편이었습니다. 그러다 보니 더 중요시 여겨야 할 일은 가끔 놓치기도 합니다.

	마지막으로 자신의 지원 동기 및 포부에 대해 드러내야 한다. (200~500자) 예를 들어 '셋이 걸어가면 그중에 반드시 나의 스승이 있다' 라고 하는 공자님의 명언은 제 마음에 가장 깊게 새겨 두고 있습니다. 최대한 빠른 시간 내에 업무를 숙지하고 긍정적인 사고방식으로 즐겁게 일하는 회사를 만들겠습니다.

第 2 课　请　柬

 2.1 课文范文

2.1.1　学术会议邀请函

❀ 심포지엄 초대장 ❀

한국사회연구소
제 4 회 정기 심포지엄
한국사회의 시민성
● 일시: 2021 년 11월 19일(금) 오후 2시 ~ 5시
● 장소: 고려대학교 인촌관 제1회의실
주최: 고려대학교 한국사회연구소
후원: 재단법인 한국청년정책연구소

모시는 글

　현재 우리 사회는 급변하는 시대적 상황에서 국가·경제·시민사회의 올바른 관계를 재정립하고자 힘겨운 경주를 하고 있습니다. 이 과정에서 사회 구성원들 간에 의견과 이해의 불일치로 말미암아 갈등과 대립이 야기되고 있습니다. 어느 사회든 갈등과 분열이 없을 수는 없지만 문제의 핵심은 그런 갈등과 분열을 조율하고 적정한 수준에서 사회통합을 이끌어 낼 수 있느냐 하는 점입니다. 우리 사회가 성숙한 시민사회로 자리매김하기 위해서는 무엇보다 집단이기주의를 넘어서 공동성을 인정하고 추구하려는 시민의식이 확대되어야 합니다. 아울러 합리적 의사소통을 통해 사회적 합의를 도출해 낼 수 있는

타협과 합의의 문화가 정착되어야 합니다.

  성숙하고 품위 있는 시민사회를 건설하기 위한 노력의 일환으로 이번 학술 심포지엄은 한국사회의 시민성의 현주소를 자리매김하고 그 발전 방안을 모색하려고 합니다. 바쁘신 일정이겠지만 부디 참석하시어 심포지엄이 내실있고 풍성한 학술의 장이 될 수 있도록 협조하여 주시기 바랍니다.

2021년 11월 2일

행 사 일 정

  13:30 ~ 14:00 참가자 등록
  14:00 ~ 14:10 환영사: ○○○ (한국사회연구소 소장)
  14:10 ~ 14:20 축 사: ○○○ (한국청년정책연구소 소장)
  14:20 ~ 15:40 사 회: ○○○ (강원대학교 사회학과 교수)

1. 기조발표: 한국사회 시민성의 이론적 고찰
   ○○○ (고려대 사회학과)

2. 기조발표: 도시, 갈등, 시민성
   발표자: ○○○ (단국대 사회과학부)
   토론자: ○○○ (연세대 사회학과)

  15:40 ~ 15:50 휴식
  15:50 ~ 17:20 논문 발표와 토론
  사회: ○○○ (강원대학교 사회학과)

3. 기조발표: 사이버 공간의 가능성과 한계 -사이버 공동체와 익명성을 중심으로-
   발표자: ○○○ (국민대 사회학과)
   토론자: ○○○ (한신대 사회학과)

4. 기조발표: 한국사회의 부정부패와 시민성
   발표자: ○○○ (고려대 사회학과)
   토론자: ○○○ (서울시립대 도시사회학과)

  17:20 회식

주소 및 연락처

문의사항이 있으신 분은 한국사회연구소로 연락 주십시오.
TEL: 02) 3290-1651 / FAX: 942-4356
핸드폰: 011-222-9139(○○○ 한국사회연구소 조교)
　　　　019-258-9502(○○○ 총무)
E-mail: yoonin@korea.ac.kr
※ 발표논문은 고려대학교 사회학과 홈페이지 및 한국사회연구소 홈페이지에서 내려받기 할 수 있습니다.

교통편 안내

지하철: 6호선 안암역(2번 출구)•고대역 하차
버　스: 마을버스 4호선 성신여대 입구역 / 1호선 신설동역
　　　　서울역 2, 28, 161 / 종로3가 30, 30-1, 38 / 청량리역 38
　　　　동대문운동장 19, 28 / 신설동, 동대문 19, 28, 30

2.1.2　词汇注释

급변하다(急變하다)	快速变化	구성원(構成員)	会员,成员
불일치(不一致)	不一致	갈등(葛藤)	矛盾,分歧
조율하다(調律하다)	协调,调音	적정하다(適正하다)	适当的
사회통합(社會統合)	社会整合	합의(合意)	商定
집단이기주의(集團利己主義)	小团体主义	성숙하다(成熟하다)	成熟
		타협(妥協)	妥协
공동성(公同性)	共同性,共通性	정착되다(定着되다)	落实
심포지엄(symposium)	讨论会	자리매김하다	定位
풍성하다(豊盛하다)	丰盛	모색하다(摸索하다)	探讨
성찰적(省察的)	反省		

2.1.3 参考译文

🌸 学术会议邀请函 🌸

韩国社会研究所
第八届定期学术会议
关于韩国社会的市民意识
●日期：2021年11月19日（星期五）下午2点~5点
●地点：高丽大学 仁村纪念馆第一会议室
主办单位：高丽大学 韩国社会研究所
后援赞助：财团法人 韩国青年政策研究所

🌸 会议通知 🌸

如今，我们所处的社会环境瞬息万变，为了恢复国家经济和重建社会正常秩序，我们付出了极其艰苦的努力。在这一过程中，社会成员之间意见分歧不断，产生了种种纠纷和对立。但任何社会都不会没有矛盾冲突，关键问题是如何化解分歧，引导社会走向和谐统一。为了使韩国社会发展成为一个成熟的市民社会，至关重要的是要超越小团体主义，提倡维护共同利益的市民意识，通过适当的思想沟通，形成一种社会民主协商的和谐氛围。

为了建构成熟的市民社会，本届学术会议将聚焦韩国社会现状问题，探讨未来发展方案。为此，敬请各位在百忙之中拨冗出席，积极参与，助力本届学术盛会成功举办！

2021年11月2日

🌸 会议日程 🌸

13:30 ~ 14:00 与会者报到
14:00 ~ 14:10 致欢迎辞×××（韩国社会研究所 所长）
14:10 ~ 14:20 致贺词×××（韩国青年政策研究所 所长）
14:20 ~ 15:40 论文发表和讨论（第一场）

1. 报告题目：关于韩国社会市民意识的理论研究
   ×××（高丽大学 社会学系）

2. 报告题目：城市、冲突、市民意识
   发言人：×××（檀国大学　社会科学学院）
   评论人：×××（延世大学　社会学系）

   15:40 ～ 15:50 休息
   15:50 ～ 17:20 论文发表和讨论
   主持人：×××（江原大学　社会学系）

3. 报告题目：网络虚拟空间的可能性与局限性：以网络虚拟共同体和匿名化为中心
   发言人：×××（国民大学　社会学系）
   评论人：×××（韩信大学　社会学系）

4. 报告题目：韩国社会的腐败与市民意识
   发言人：×××（高丽大学　社会学系）
   评论人：×××（首尔市立大学　都市社会学系）

   17:20 大会晚宴

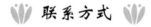

联系方式

如有询问事项请与韩国社会研究所联系
电话：02)3290－1651 / 传真：942-4356
手机：011-222-9139(×××韩国社会研究所助教)
　　　019-258-9502(×××总务)
E－mail：yoonin@korea.ac.kr
※ 会议论文均可在高丽大学社会学专业主页及韩国社会研究所主页下载。

交通方式

地铁：6号线安岩站(2号出口)或高丽大学站下车
公共汽车：小公共4号线诚信女子大学入口站/1号线新设洞站
　　　　　首尔站2,28,161/钟路3街30,30-1,38/清凉里站38
　　　　　东大门运动场19,28/新设洞,东大门19,28,30

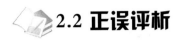
2.2 正误评析

❶ 현재 우리 사회는 급변하는 시대적 상황에서 국가·경제·시민사회의 올바른 관계를 재정립하고자 힘겨운 경주를 하고 있습니다.

误译: 如今,在我们社会迅速变化的情况下,对国家、经济、市民社会的<u>正确关系</u>进行再整理,正在进行着<u>一场比赛</u>。

正译: 如今,我们所处的社会环境瞬息万变,为了恢复国家经济和重建市民社会正常秩序,我们付出了极其艰苦的努力。

评析: "시민사회의 올바른 관계"翻译为"市民社会的正常秩序"比"市民社会的正确关系"更合乎原义。☯"힘겨운 경주를 하고 있습니다"有"竞走比赛"的意思,但在这里是一种比喻,意为"竭尽全力"。

❷ 이 과정에서 사회 구성원들 간에 의견과 이해의 불일치로 말미암아 갈등과 대립이 야기되고 있습니다.

误译: 在这个过程中,社会构成人员之间<u>发生了意见</u>、相互理解的不一致、纠纷和对立。

正译: 在这一过程中,社会成员之间意见分歧不断,产生了种种纠纷和对立。

评析: 中文不说"发生了意见",可以说"产生了意见",或"发生了纠纷",也可以说"产生了纠纷"。

❸ 어느 사회든 갈등과 분열이 없을 수는 없지만 문제의 핵심은 그런 갈등과 분열을 조율하고 적정한 수준에서 사회통합을 이끌어 낼 수 있느냐 하는 점입니다.

误译: 不管在哪个社会都不会没有矛盾和分裂,但是问题的核心是在调节这种矛盾分歧的<u>水平上</u>,能否引导社会走向统一和合。

正译: 但任何社会都不会没有矛盾冲突,关键问题是如何化解分歧,引导社会走向和谐统一。

评析: 韩国语汉字词"水平"直译为"在调节这种矛盾分歧的水平上",中文意思不通。

❹ 우리 사회가 성숙한 시민사회로 자리매김하기 위해서는 무엇보다 집단이기주의를 넘어서 공동성을 인정하고 추구하려는 시민의식이 확대되어야 합니다.

误译: 为了使我们的社会成长为成熟的市民社会,重要的是应该超越小团体主义,<u>认定共同性,扩大所追求的市民意识</u>。

正译: 为了使韩国社会发展成为一个成熟的市民社会,至关重要的是要克服小团体主义,提倡维护共同利益的市民意识,通过适当的思想沟通,形成一种社会民主协商的和谐氛围。

评析：对于个人讲成长，对于社会讲"社会发展"，不讲"社会成长"。☯"扩大市民意识"的词组意义不搭配，汉语习惯说"培养市民意识"，或"普及某种市民意识"，或"提倡某种市民意识"。☯ 比起"意识疏通"来，汉语更习惯说"思想沟通"或"思想交流"。

❺ 아울러 합리적 의사소통을 통해 사회적 합의를 도출해 낼 수 있는 타협과 합의의 문화가 정착되어야 합니다.

误译：并且应该通过合理的意识疏通，能够发展成为社会的决议，使得和议文化得到落实。

正译：通过适当的思想沟通，形成一种社会民主协商的和谐氛围。

评析：比起"意识疏通"来，中文更习惯说"思想沟通"。☯ 如将"타협과 합의의 문화"直译为"妥协和协议文化"，令人费解，意译为"民主协商的和谐氛围"就通顺了。

❻ 성숙하고 품위 있는 시민사회를 건설하기 위한 노력의 일환으로 이번 학술 심포지엄은 한국사회의 시민성의 현주소를 자리매김하고 그 발전 방안을 모색하려고 합니다.

误译：为了建设成熟的有品味的市民社会而努力，这次的学术会议将要给韩国社会的市民性定位，并摸索其发展方案。

正译：为了努力建构一个成熟的市民社会，本届学术会议将聚焦韩国社会现状问题，探讨未来的发展方案。

评析：删减与添加是翻译技巧之一。原句中"품위 있는"可以省略。☯ "그 발전 방안을"可添加词"今后的"或"未来的"，以保证译文通顺。

❼ 바쁘신 일정이겠지만 부디 참석하시어 심포지엄이 내실있고 풍성한 학술의 장이 될 수 있도록 협조하여 주시기 바랍니다.

误译：虽然很忙，务必参加会议，共同合作，揭开丰盛的学术的一幕。

正译：为此，敬请各位在百忙之中拨冗出席，积极参与，助力本届学术盛会成功举办！

评析：一般邀请函结尾处常使用"敬请出席""恭请光临""请莅临指导""敬请莅临讲话"等客套话，避免使用"您虽然很忙，务必参加会议"这样的命令式口吻。☯ "학술의 장"意为学术平台，不是"学术的一幕"。

❽ 참가자 등록.

误译：参加者登录。

正译：与会者报到。

评析："参加者登录"过于直译，语言表达不够准确。

2.3 翻译知识

翻译标准

如何评价译文质量的优劣,衡量翻译水平的高低?怎样给译文判分呢?根据不同的翻译文本类型以及文体特征,是可以制订出多样化的翻译标准的。但是为了帮助初学者进行翻译练习,这里需要说明一个最基本的"一般翻译标准",还要对各种不同文体类型的翻译提出"各类文本的翻译标准",用来评价译文并对译者提出一定的翻译要求,以保证翻译质量。

2.3.1 一般翻译标准

古代中国文明的丝绸之路开通了中原与西域的交流渠道,佛教随之传入中国。西汉佛教的兴起揭开了中国笔译的帷幕,至隋唐时期,中国佛经的翻译活动发展到鼎盛。在佛经的翻译过程中,对翻译标准的讨论大体有三种见解:

1) 直译　　2) 意译　　3) 直译意译兼顾

东晋的一代名僧道安(312—385)惟恐佛经翻译失真,于公元382年在《摩诃钵罗若波罗蜜经钞序》中提出"五失本""三不易"的翻译原则,即,在五种情况下允许译文与原文不一致,在三种情况下译文不能与原文有异。与真谛、玄奘并称为中国佛教三大翻译家的东晋后秦高僧鸠摩罗什(Kumārajīva,344—413)反对直译风格,提倡译者署名。他说:"天竺国俗……凡见国王必有赞德,见佛之仪,以歌为贵,经中偈颂皆其式也。但该梵为秦,失其藻蔚,虽得大意,殊隔文体。有似嚼饭与人,非徒失味,乃呕秽。"鸠摩罗什在翻译中讲究辞藻典丽,要求保存"天然西域的语趣",因此他的译本被称为"新作"。初唐时,高僧玄奘(602—664)提倡直译意译兼顾。"若玄奘者,则直译意译圆满调和,斯道之极轨也。"

清朝末期,资本主义贸易全球化的展开使东西方文化相接触。引进西方思想与科学技术、变革封建社会成为时代的主要课题。于是,西方各种文学、科技书籍的翻译活动在中国、韩国、日本频繁展开,掀起了近代西学翻译热潮。这一时期我国著名翻译家严复(1854—1921)在1896年译完《天演论》后,在其序言"译例言"中提到了三条翻译准则:"译事三难:信、达、雅。求其信,已大难矣;顾信矣,不达,虽译,犹不译也,则达尚焉。……此在译者将全文融会于心,则下笔抒词自善自备。至原文词理本深,难于共喻,则当前后引衬,以显其意。凡此经营,皆以为达,为达,即所以为信也。……《易》曰'修辞立诚',子曰'辞达而已'。又曰'言之无文,行文不远'。三者乃文章正轨,亦即为译事楷模。故信、达而外求其尔雅。"严复强调的翻译标准为：

1）信　　　　　2）达　　　　　3）雅

"信、达、雅"成为一条不成文的"三字经"翻译标准，一直被中国翻译界奉为金科玉律。此后随着时代的变迁，对于"信、达、雅"的含义不断有新的诠释。

自鸦片战争以后，特别是五四运动时期，对西方社会政治、哲学、科学、文学作品的翻译活动更加活跃，鲁迅、瞿秋白、郭沫若、梁实秋、赵景琛、成仿吾等翻译大家辈出，翻译作品层出不穷，对翻译标准的讨论更加热烈。鲁迅对一些乱译现象大张挞伐，主张"凡是翻译，必须兼顾两方面，一则当然力求易解，一则保存原作的风姿"。他还认为翻译应该以信为主、以达为辅。他说："我现在还是相信直译，因为我觉得没有更好的方法。但是直译也有条件，便是必须达意，尽汉语的能力所及的范围内，保存原作的风格，表现原作的意义，换一句话说就是信与达。"瞿秋白先生曰："翻译应当把原文的本意完全正确地介绍给中国读者，使中国读者所得到的概念等于英、俄、日、德、法读者从原文得来的概念。"

20世纪60年代初，翻译家、文学评论家傅雷（1908—1966）在《高老头》重译本的序中，谈到了"形似、意似、神似"的"求似论"翻译标准：

1）形似　　　　　2）意似　　　　　3）神似

在这三点中，傅雷先生特别强调："以效果而论，翻译应当像临画一样，所求的不在形似，而在神似。"

20世纪80年代以后，现代西方翻译理论被大量介绍到中国。被誉为"当代翻译理论之父"的语言学翻译学派的代表人物尤金·A.奈达（Eugene A. Nida，1914—2011），提出了"动态对等""功能对等"的"对等论"翻译标准，指出"翻译是用最恰当、自然和对等的语言从语义到文体再现源语的信息"，他认为，翻译的最终目的是要源语在译入语中忠实地表现出来，让译文读者像原文读者一样，可以感受到原文意蕴。

1）动态对等　　　2）功能对等

奈达认为翻译传达的信息既有表层词汇信息，也有深层的文化信息。"动态对等"包括四个方面，即词汇对等、句法对等、篇章对等、文体对等。在这四个方面中，"意义是最重要的，形式在其次"，译者应以动态对等的四个方面作为翻译的原则，准确地在译入语中再现源语的文化内涵，保证源语信息和文化价值在语言的转换中不流失。

我们可以参考以上的一般翻译标准，尝试对以下《金刚山》摘选译文作出评价。

例 1　　　　　　　　　　　　금 강 산

과연 천하의 명산 금강산이었다. 온정리에 들어서자 주변의 산세부터가 예사롭지 않게 다가왔다. 황홀경의 시작이었다. 8킬로미터에 이르는 구룡폭 계곡은 사람

第2课　请柬

들이 가장 많이 찾는 금강산의 첫 번째 관람 장소다. 비교적 가뿐하게 한나절 산행을 즐길 수 있는 곳인데, 산과 계곡물과 바위가 한데 어우러져 아름다움을 뽐내는 금강의 명소다. 세존봉 자락의 봉황바위, 곰바위와 토끼바위는 만물상을 축소해 놓은 것 같고, 옥류동과 연주담은 만폭동의 바위들을 떠올리게 한다. 여기에 구룡폭포의 장관이 곁들여 있으니 금상첨화가 따로 없다. 또한 상팔담은 나무꾼과 선녀, 옥류동은 백도라지 전설, 신계사는 연어 이야기가 전해 오니 금강산을 대표하는 구비문학이 모두 여기서 생겨났구나.

译1　　天下名山，当数金刚山。来到温井里，就会发现周围的山势不寻常地靠近我们，令人眼花缭乱起来。通过8公里到达的九龙瀑溪谷，是第一次来金刚山游览的人们最常去的观光点。虽说它是只走半天就能到达的景点，但山势、溪水和岩石浑然天成的美景却一直是金刚山引以为自豪的名胜。世尊峰侧的凤凰岩，熊岩、兔子岩犹如万物缩小后放在那里一样，玉流洞与连珠潭更能倒映出万瀑洞的岩石。在此地加入九龙瀑布的壮景则是锦上添花。同时，在这里想起流传下来的代表金刚山的口碑文学，例如上八潭的伐木者与仙女的故事、玉流洞的白桔梗的传说，以及神溪寺鲑鱼的故事。

译2　　金刚山果真是名副其实的天下名山。走进温井里，周围的山势就险峻起来，神奇的旅程就从这里开始了。相距8公里的九龙瀑溪谷，是人们游览金刚山最常去的景点。半日山行不但令人感到轻松，同时名山、溪水和奇岩共聚一处，相映成景，真可谓是金刚的美丽名胜。世尊峰的凤凰岩、黑熊岩、兔子岩等等，好像是世间万物的微缩景观。玉流洞和连珠潭也让人对万瀑洞的岩石浮想联翩，这里的美景和九龙瀑布的壮观景象相结合，真可谓锦上添花。

　　另外，上八潭的树神和仙女、玉流洞的白桔梗传说，还有神溪寺鲑鱼的故事，这些流传已久的金刚山具有代表性的民间文学都是在这里产生的。

译3　　号称天下名山的金刚山果然名不虚传。一进入温井里，就会感到周围的山势气势雄伟，令人眼花缭乱的神奇画卷就此展开。长达八公里的九龙瀑溪谷是金刚山的第一景观，也是最吸引游人的地方。在这里，人们可以悠闲自得地爬山，同时可以观赏山峰、溪水与岩石相映成趣的和谐之美。耸立于世尊峰一角的凤凰岩，熊岩和玉兔岩等，就好象是万物万象的微缩景观一般，而玉流洞和连珠潭使万瀑洞的奇岩凸显出来，与九龙瀑布的壮观相互辉映，更是锦上添花。值得一提的是上八潭樵夫与仙女的故事，玉流洞白桔梗的传说，还有神溪寺的鲑鱼逸事，这些颇具代表性的金刚山口碑文学佳作皆源于此地。

评价以上3种译文，可使用理解是否准确，表达是否通顺，从语义到文体是否充分再现原文意义与风格的3条基本标准进行如下评价：

译文1：理解不准确5处，表达不通顺3处，从语义到文体充分再现原文意义与风格1处。

译文2:　理解不准确 2处,表达不通顺 2处,从语义到文体 充分再现原文意义与风格 2处。
译文3:　理解不准确 0处,表达不通顺 0处,从语义到文体 充分再现原文意义与风格 5处。

这种评价方法说明,译文不仅有对错之分,还有佳劣之别,即翻译评价有三个层次的要求——信、达与雅。教师依据一般翻译标准对学生翻译作业或翻译试卷打分,具体分数须灵活掌握。

2.3.2　各类文本的翻译标准

在对翻译进行评价时,除了以上讲的一般评价标准之外,还须考虑各类文本在翻译标准上的差异性。笔译的范围很广泛,有科技论文翻译、新闻翻译、广告翻译、外交文书翻译、契约合同翻译、信件翻译、词典翻译、典籍翻译、小说翻译、散文翻译、诗歌翻译、电影剧本翻译等等。为了便于初学者学习翻译,可将诸多类型的翻译文本粗划为三:科技翻译、新闻翻译和文学翻译,以下分别讨论其翻译标准及要求。

（1）科技翻译

科技翻译包括自然科学的相关翻译。科技翻译能传达最新的科学技术信息、资料和知识。

例2　효소의 촉매 능력은 매우 크다. 예를 들어 고등동물 체내에서 이산화탄소와 물이 작용하여 탄산이 이루어지는 반응은 효소의 촉매를 필요로 한다.
$CO_2 + H_2O$ 무수탄산효소 $= H_2CO$
酶的催化能力是极大的。例如在高等动物体内,二氧化碳和水作用生成碳酸的反应,需要一种酶来催化。
（$CO_2 + H_2O$ 碳酸酐酶 $= H_2CO$）

科技翻译最重要的是准确性,因为科学原理如果"失之毫厘",便会"谬以千里",所以科技翻译要求译得准确无误,特别强调忠实于原文,注重"信"的翻译标准。

科学用概念描述客观规律,因此科技文章中会有大量专业术语出现。科技文章在词汇的翻译上要注意专业词汇的特定说法。如:

例3　탄소는 각기 다른 모양을 가진다. 높은 온도에서 탄소는 여러가지 원소와 화합하여 탄소화합물을 만들었다.
　译1　碳具有多种 模样 。在高温下,碳与各种元素 融合 在一起, 产生 了碳素化合物。
　译2　碳具有多种 形态 。在高温下,碳与各种元素 结合 在一起, 生成 了碳素化合物。

科技术语与一般词汇有一定的区别,译2比较符合科技文章词汇翻译的要求。有些科技词汇一词一译,有些则是一词多译。比如:

例4　땅껍질──地表层
例5　나이론──尼龙──聚酰胺纤维
例6　데트론──的确良──特丽纶──聚酯纤维

　　注意例4不能译成"地表面";例5的第一种译法是商品名,第二种译法是学术名称;例6的第一种翻译是俗名,第二种翻译是世界通用商品名称,第三种翻译是专业学术名称。一般商品名是由企业或厂家制定的,学术名是由学术单位或相关管理机构制定的,俗名是大众普遍称呼的惯用名称。在文章中译成哪一种,要看文章的需要,如科普文章可以翻译成通用商品名,而学术论文就要翻译成专业学术名称,会话文体的句子可以译成俗名。
　　科技文章的句子翻译应注意以平铺直叙为基调,文字越平易,用词越浅显,就越容易为读者所理解、掌握。因此,科技翻译不必苛求文字的修饰,不可卖弄辞藻,不要添加感情色彩。一般科技翻译以忠实原文的"信"为重点,首先要做到译文内容的准确无误,然后是语言浅显、句子通顺。
　　(2) 新闻翻译
　　新闻文体文章包括:新闻报道、通讯、社论、评论、采访,等等。这类文体翻译的特点是翻译量大,涉及面广,政治、经济、军事、外交、文学、科技、哲学、宗教、历史、文化领域无所不包。同时还要求时效性,因此,要求翻译人员知识面要宽,翻译速度要快。例如:

例7　　　　　　　　　　　　디지털 시대의 문화
　　인류문명상 세 번째 혁명이라 불리는 디지털 혁명의 물결이 거세게 일고 있다. 21세기 인류의 문화 코드, 디지털. 오늘날 한국의 디지털 문화를 돌아 보고 그 미래를 생각해 본다.
　　디지털 문화는 한국뿐만 아니라 전세계적으로 이제 막 걸음마를 뗀 새로운 문화의 한 형태이다. 그것을 올곧게 발전시키기 위해선 무엇보다 문화를 향유하는 사람들의 성숙한 자세가 필요하다.
　　대한민국은 1960년에서 1980년대에 이르기까지 초고속 경제 성장을 이룩하였다. 급속한 경제 성장은 여러가지 부작용을 낳기도 했지만, 한국을 정보화 사회의 문턱으로 이끌어 주기도 했다. 초고속 성장기에 만연된 '빨리빨리'의 성급함은 부실공사를 낳기도 했지만 빠른 기간에 산업화된 국가로서의 면모를 갖추는 데 일조한 것도 사실이다. 경제 성장기에 남발되던 세계 최초·최대·초고속이란 수식어는 후발 자본주의 나라의 허세를 드러내는 동시에 압축 성장을 주동한 이데올로기이기도 했다.
　　1990년대 인터넷이 대중화되면서 대한민국의 '초고속'신화는 다시 한번 화려하게 부활한다. '산업화는 뒤졌지만 정보화는 앞서자'라는 다소 앞뒤가 맞지 않는 캠페인이 벌어졌고, 한국인의 성급함이 정보화 사회에는 오히려 활력의 원동력이 된다는, 근거 없는 이야기가 공공연히 퍼지기도 했다. 어쨌거나 1997년 IMF 위기 이후 '정보강국 대한민국'이란 구호가 1990년대 말 한국 사회의 발전 방향을 이끌었음을 부인할 수는 없다.
　　그 결과 많은 부작용에도 불구하고 대한민국은 이동전화와 반도체 메모리 분야를 비롯하여 몇몇 정보통신 분야에서 세계적인 경쟁력을 확보할 수 있었다. 특히 초고속 인터넷망의 보급 속도와 사용자수는 세계 정상급 수준을 자랑하기에 이르렀다. 한국의 디지털문화를 자랑하며 흔히 드는 수치 가운데 가장 대표적인 것이 인터넷 가입자수와 초고속망 보급이다. 좁은 국토와 아파트라는 밀집된 주거 형태가 초고속망 확산에 유리하게 작용하였다는 지형적인 요인도 들먹이곤 한다.

최근 한국전산원이 발표한 '2003 국가 정보화' 백서의 국제 비교를 보면 한국은 인터넷 이용자 수가 인구 1천명 당 552명으로 비교 대상 50개국 가운데 2위이고, 초고속 인터넷 가입자 수는 1천40만 명으로 1위를 차지한다.

数字化时代的文化

被称为人类第三次科技革命的数字革命浪潮正滚滚袭来。数字化已成为21世纪人类的文化代码。我们不妨看一看当今韩国的数字文化,展望其未来。

数字文化是一种新兴文化,在韩国、在全世界都刚刚起步。要使它健康地发展下去,最重要的是享有这种文化的人应具备成熟的心态。

20世纪60年代到80年代,韩国实现了经济的快速发展。经济的快速增长虽然带来了一些负面影响,但也把韩国领进了信息社会的大门。诚然,经济快速发展时期盛行的一切从速的急躁情绪造成了一些劣质工程,但确实也有不可否认的作用,使韩国在短时间内实现了工业化。当时泛滥的"世界领先、世界最大、超高速"等口号正反映了新兴资本主义国家的虚张声势和浮躁心态,也体现出经济高速发展时期的意识潮流。

20世纪90年代,随着互联网的普及,韩国的"超高速"神话复活。在某种荒谬逻辑的驱使下,一场以"工业化落后,信息化领先"为口号的运动开始了。有些人还公开宣扬,急性子的韩国人对信息社会具有推动力。总之,自1997年金融危机以后,"信息强国——韩国"的口号左右了20世纪90年代末韩国社会的发展方向,这是不可否认的事实。

结果,尽管产生了诸多负面影响,但韩国毕竟在移动电话和半导体存储器等信息通讯领域具备了全球竞争力。尤其是宽带网的普及速度使使用人数达到了世界顶级水平。韩国数字文化引以自豪的统计数字中,最具代表性的就是互联网的使用人数和宽带网的普及率。国土面积小、公寓式的密集居住状态有利于宽带网的普及,这一地理因素也常被人们提及。

根据韩国电算院发布的《2003国家信息化白皮书》统计数据,韩国互联网用户人数比例为每千人中有552人,在被调查的50个国家中居第二位,而韩国宽带网用户达1040万人,位居第一。

如上所示,新闻翻译首先要求信息准确,文章中的数字和专有名词不得失真,如"宽带网""互联网"等。新闻文书类的翻译不仅要求译文内容准确无误,还要求译文通顺流畅,既"信"又"达"。此外,在新闻翻译中根据版面需要,常会采用摘译、缩译、减译等新闻翻译的特殊方法策略,在评价标准上也会与一般翻译有所不同。

（3）文学翻译

文学翻译包括小说、散文、诗歌、童话、寓言、戏剧文学、影视文学等一切文艺作品的翻译。古人曰："文之思也，其神远矣。"文学的翻译强调"神似"，所以文学作品是译品中翻译难度最大的一种。其翻译难点主要表现在两方面，一是对原作的思想性、形象性的翻译，二是对原作艺术风格的把握。

1）文学作品艺术意境的翻译

文学翻译要求译者把原作的内容、思想、形象、艺术形式用另一种语言复制出来。如茅盾先生所言："文学的翻译是用另一种语言将原作的艺术意境传达出来，使读者在读译文的时候，能够像读原作时一样得到启发、感动和美好的享受。"文学作品的词汇翻译不像科技作品和新闻报道所使用的词汇那么实在。文学作品为了追求艺术效果，力求采用新鲜的字眼，极力不去拾人牙慧，务求不落俗套。在翻译中译者要理解原作者这份苦心，不能词词照搬词典，应该尽可能选择形象、艺术、唯美的辞藻来译。其次，应注意文学作品喜欢用比喻、对偶、排比、借代、夸张等修辞手段，来达到所期的艺术效果。在翻译的时候，可相应地运用译入语的修辞格，为译文锦上添花。此外还应注意为了表达某种强烈或特殊的情感，文学作品在句式的运用上也有变化，译者须要细心体会原作品感情的变化，选择恰当的句式表达出来。

2）文学作品语言风格的翻译

文学语言风格是每一位文学家在语言文字表达活动中的个人言语特征，每一篇文学作品的语言风格都各有千秋。近年新兴的一种"计算风格学"在社会科学领域里得到青睐，就是因为语体风格的差异在一定程度上可以通过数量计算来刻画，作者的真伪判断、作者的疑难考证，可以通过数学计算的方法来实现。文学作品艺术风格的这种差异性，要求译者在翻译之前，须先了解各家各派特有的艺术风格和表达技法，方能驾驭原文向译入语的转换创造。例如韩国19世纪著名小说作家李箕永，非常善于运用农民的语言。翻开他的作品，一股浓郁的乡土气息便会迎面扑来。

例8　곽바위는 소와 같이 자기의 투박한 본성을 지켜 왔다. 그리고 그도 소와 같이 꾸준히 일만 하였다. 1년내 소와 같이 논을 갈고 그래서 농사를 지은 것을 다시 같이 끌어 들여서 타작을 하였다. 그것을 또다시 가을, 봄으로 방아를 찧어서 정곡을 만드는 그런 일에 그는 농민의 직분을 지켜 왔고 또한 거기에 노동의 만족을 느끼었다. 그것이 정말 농민이 아니고는 감득하지 못할 그때 그때의 생활감정이다.

郭巴威就像头老黄牛，有着忠厚老实的本性，光知道埋头干活。一年到头，他像头牛一样地耕田犁地；收了庄稼，又像牛一样到场上脱谷打场，接下来又是春米。打从头一年秋，一直要春到来年开春。他恪守着农民的本分，并从中得到满足。这可是那时节除了农民自个儿，谁也咂摸不到的滋味。

文学作品的语言风格与作者个人的修养有很大关系。不同的文学作品，由于作者的经历、修养与个性的不同,语言特色也不相同。如果说作家李箕永以浓厚的乡土风格向我们展示出农村的田园风光的话,韩国新倾向派作家崔曙海的作品则以其简洁凝练的风格著称。

例9　김군! 거듭 말한다. 양심을 가진 사람이다. 애정을 가진 사람이다. 내가 떠나는 날부터 식구들은 더욱 곤경에 들 줄도 나는 안다. 자칫하면 눈 속이나 어느 구렁에서 죽는 줄도 모르게 굶어 죽을 줄도 나는 잘 안다. 그러므로 나는 여기에서도 남의 집 행랑어머니나 아버지며 노두에 방황하는 거지를 무심히 보지 않는다. 아, 나의 식구도 그럴 것을 생각할 때면 자연히 흐르는 눈물과 뿌직뿌직 찢기는 가슴을 덮쳐 잡는다. 그러나 나는 이를 갈고 주먹을 쥔다. 눈물을 아니 흘리려고 하며 비애에 상하지 않으려고 한다. 울기에는 너무도 때가 늦었으며 비애에 상하는 것은 우리의 박약을 너무도 표시하는 듯싶다. 어떠한 고통이든지 참고 분투하려고 한다.

　김군! 이것이 나의 탈가한 이유를 대략 적은 것이다. 나는 나의 목적을 이루기 전에는 내 식구에게 편지도 하지 않으려고 한다. 그네가 죽어도 내가 또 죽어도……

　나는 이러다가 성공 없이 죽는다 하더라도 원한이 없겠다. 이 시대 이 민중의 의무를 이행한 까닭이다. 아! 김군, 아! 할 말은 다 하였으나 정은 그저 가슴에 넘치누나!

　　金君! 我再说一遍,我也是人,我也是有良心的人,有感情的人。我知道,从我离家出走那一天起,家小即陷入困境。我更知道,她们终究会倒在雪地或泥坑里饥饿而死。所以,我在这里怎能若无其事地观望那些流浪街头的大娘大伯无家可归,沿街乞讨呢? 哎——看到他们,就会想起我的家小,我便禁不住热泪流淌,心痛欲裂。然而,我咬紧牙关,握紧拳头,挣扎着不流泪,不悲伤。掉眼泪为时过迟,独自悲伤不过是软弱的表现,即使有天大的痛苦,我也要忍耐,也要拼搏!

　　金君! 这就是我离家出走的原因。我不达目的绝不给家里写信,即使她们死去,或者我死去……即使我一无所成,平白地死去,我也不会有任何怨恨,因为我已经履行了这个时代民众所应承担的使命! 啊——金君! 信是写完了,满腔热情仍然洋溢在心头!

　　崔曙海的小说语言凝练,内涵丰富;李箕永的小说朴实无华,很生活化。每位作家都会用与众不同的写作手法进行创作,每一时代的文学作品又会有不同的语言风格。因此,翻译文学作品不仅要翻译出原作的意义,还必须翻译出原作的语言艺术风格,既要译得明白易懂,又要保持原作的丰姿,达到"神似"的程度。这就要求译者按照原作的艺术风格去翻译:简洁的要翻得简洁,详尽的要翻得详尽,平实的要翻得平实,华丽的要翻得华丽,委婉细腻的要翻得含蓄,刚健的要翻得有力,幽默的要翻得妙趣横生……文学翻译要求达到"信、达、雅",特别强调"雅",即"神似"的标准。有人说:"神韵是诗人内心里渗透出来的香味。"若要使这种原作的韵味从译文中散发出来,译者着实要费一番功夫。文学翻译是一种艺术,一种再创造,一种超越。所以说,如果一本好书要译成好的译书,只有这本书遇到与原作者有同样心智的人,才会有这种幸运的来临!

2.4 翻译练习

2.4.1 选择较好的翻译

① 답장이 너무 늦어진 것을 우선 사과 드립니다.
　　—— 迟复为歉。
　　—— 首先要向您表示歉意,我的复信太迟了。

② 축하의 뜻으로 보내 드립니다.
　　—— 送上一些微不足道的东西,向您祝贺。
　　—— 小小贺礼,略表寸心,不成敬意。

③ 진심으로 축하드립니다.
　　—— 致以热烈的祝贺。
　　—— 致以真心的祝贺。

④ 이번에 저희 어머니께서 예순 번째 생신을 맞이하였습니다. 어머님의 환갑을 맞이하여 평소에 불효했던 자식들의 죄를 용서해 주십사고 조촐한 잔치를 베풀고자 합니다. 부디 선생님께서 참석하시어 자리를 빛내 주시기 바랍니다.
　　—— 这回迎来了我母亲诞辰60周年。在庆祝母亲花甲的时候,平时不孝的子女为了洗刷罪名,准备了一些简单的筵席,希望老师能够参加。
　　—— 今年是我母亲60寿辰。在迎接母亲花甲之时,子女们为了弥补平时的不孝,筹备寿筵为母亲祝寿,希望老师能够赏光莅临。

⑤ 후의에 찬 초대를 받게 되어 그 고마움은 이루 헤아릴 수 없습니다. 본 대표단의 단원들은 기꺼이 귀측이 거행하는 연회에 전원 참석하겠습니다.
　　—— 承蒙盛情邀请,不胜感激,本代表团将参加贵方举办的宴会。
　　—— 承蒙你们的邀请,我们不胜感激,本代表团全体成员将参加你们举办的宴会。

⑥ 귀 대사관에서 거행하는 중화인민공화국 성립 50주년 리셉션의 초대장을 방금 받았습니다. 이에 귀하를 통해 대사관 전체 직원에게 심심한 사의를 표합니다.
　　—— 刚刚收到贵馆的邀请信,邀请本人参加庆祝中华人民共和国建国50周年招待会。对此,我想通过阁下向贵馆全体人员表示深深的谢意。

——贵使馆将举办庆祝中华人民共和国成立50周年招待会,刚才收到了贵使馆发给本人的邀请信。对于你们的盛情邀请,我想通过阁下向大使馆全体人员表示深深的谢意。

⑦ 유감스럽게도, 본인은 내일 아침 프랑스 방문을 위해 출국해야 하는 공무로 인해, 리셉션에 참석할 수가 없음을 알려드립니다.

——遗憾的是由于公务繁忙的关系,本人明天早上要去访问法国,所以不能够参加招待会,很遗憾。

——由于公务繁忙,本人明早将出访法国,因此不能参加招待会,遗憾之意,难以言表。

2.4.2　改错

① 국화 향기 그윽한 만추지절에

　　존체 만안하심을 앙축하옵나이다. 사뢰올 말씀은 본 회사 창설 10주년 기념식을 알림과 같이 거행하고자 하오니 바쁘시더라도 왕림하시어 자리를 빛내 주시기 바랍니다.

때: 2022년 3월 12일
곳: 롯데 호텔 연회장

　　　　　　　　　　　　　　　　　　　2022년 3월 1일
　　　　　　　　　　　　　　　　　　　○○ 회사 사장 ○○○

——在菊花盛开的晚秋季节
　　　谨祝您贵体安康。告知您本公司将举行创建十周年纪念仪式,请您在百忙之中出席,为本公司增添光彩。
　　　　时间:2022年3月12日
　　　　地点:乐天饭店宴会厅

　　　　　　　　　　　　　　　　　　　2022年3月1日
　　　　　　　　　　　　　　　　　　　○○ 公司经理 ○○○

——

② 아뢰올 말씀은, 금번 소생의 장남 준섭과 박지환님의 차녀 은화와의 혼사가 이루어져 이달 15일에 결혼식을 올리게 되었습니다. 이어 이날 오후 5시부터 자택에서 피로연을 개최하오니 다망하신 중이지만 영부인을 동반하셔서 왕림해 주시기를 삼가 통지해 드립니다.

——拜启这次小生的长男俊燮与朴之涣的姑娘银花订婚,于本月十五日举行结婚仪式。接着在当日下午五点开始在家里举行披露宴会。知道您很忙,非常抱歉,恳请您协同贵夫人光临,特此通知。

——

③ 영식의 결혼식에 정중히 초대해 주심을 영광으로 생각합니다. 당일에는 꼭 참석하여 성대한 의식을 축하드리고, 아울러 신랑·신부를 비롯하여 귀댁의 영원한 행복과 번영을 염원해 드리고 싶습니다.
—— 英植的婚礼仪式被正式邀请,感到非常光荣。当天我一定前往参加并祝贺盛大仪式,同时向新郎、新娘以及家门表示祝福,祝她们永远幸福和繁荣。告知以上事实,并致谢。
——

④ 금번에 영식께서 좋은 연분을 만나 최애영양과 결혼하게 되었음을 충심으로 축하드리며 동시에 귀댁의 번영을 기원합니다.
—— 这次英植有了好姻缘,和崔爱英结婚,真值得庆祝,同时衷心祝贺一门的繁荣。
——

⑤ 모처럼의 예식 초청에 마땅히 참석하여 축하의 말씀을 드리고 싶으나, 공무로 인한 출장으로 유감스럽게도 참석할 수가 없게 되었습니다. 부디 달리 생각하지 마시고 양해해 주시기 바랍니다. 물론 출발 전에 틈을 내 찾아가서 인사를 드리려고 생각하고 있습니다.
—— 盛典的当日好不容易被邀请,很想参加并表示祝贺,正巧有公务出差,所以非常遗憾,不得不失礼了。千万请不要见怪,请多多原谅。当然,出发之前我想我一定抽时间去打招呼。
——

⑥ 들은 바에 의하면, 영식에게 좋은 연분이 있어 오늘 화촉 성전을 올린다고 들었습니다. 아무쪼록 축하해 마지 않습니다.
축하의 뜻으로 양복 한 벌을 보내 드리니 부디 받아주시기 바랍니다.
—— 听说英植有了好姻缘,今日要举行花烛盛典,表示祝贺。
西服料子一套作为祝贺的表示敬上,希望接受。
——

2.4.3 翻译句子

① 세월이 유수와 같다더니, 참으로 눈 깜짝할 사이에 또 일 년이 지났습니다.
——

② 대학 졸업 후 바로 취직하게 된 기쁨을 맛보게 되었군요. 이번의 경사로 인해 본인을 비롯하여 여러분 모두가 크게 만족하고 있으리라고 믿습니다. 이 기쁨이 영원하기를 바람과 동시에 귀댁의 번영을 기원합니다.
———

③ 이번에 저희 어머니께서 예순 번째 생신을 맞이하게 되었습니다.
———

④ 과분하게도 귀댁의 초대를 받게 되어 그 고마움을 이루 헤아릴 수 없습니다.

⑤ 저희 삼성에서는 수출상품 교역회를 2013년 5월 1일부터 5월 10일까지 대전시에서 개최하려고 합니다. 본 교역회를 방문하셔서 수출입 거래, 외자이용 및 기술 도입 등에 대해서 상담해 주시기 바랍니다.
———

2.4.4　翻译请柬

① 모시는 말씀
　　삼가 귀하의 건승하심을 기원합니다.
　　저희 ○○자동차에서는 미래의 자동차 기술이라는 주제로 다음과 같이 제3회 학술 세미나를 개최코자 합니다. 부디 참석하셔서 자리를 빛내주시기를 바랍니다.

② 초대의 글
　　여러분의 지극한 정성과 사랑으로 성장한 우리 두 사람이 성스러운 촛불을 밝히게 되었습니다.
　　바쁘신 중이라도 부디 참석하셔서 사회에 첫 걸음을 내딛는 저희들의 앞날에 축복과 격려를 보내 주시면 더 없는 영광이겠습니다.

③ 同窓 諸位에게
　　봄 향기 그윽한 계절에
　　우리 第 ○○ 期 同窓會의 今年 한 해 事業을 始作해 보고자 합니다.
　　同窓會員님 여러분을 모시고 아래와 같이 정기총회를 갖고자 하오니
　　바쁘시더라도 꼭 參席하시어 자리를 빛내 주시기 바랍니다.

　　일시: 2020년 3월 25일(토) 하오 6:00

장소: 서울, 코스모스 호텔 3층 라이라홀
회비: 30,000원

④ 초대의 말씀

　　무더운 여름철을 맞이하여 귀하의 건강과 귀댁의 평안을 기원합니다.
　　아뢰올 말씀은 우리 동창회 회원이기도 한 박혜자 씨가 오는 12월10일 성악 공부를 위해 미국으로 떠나게 되었습니다. 박회원의 장도를 축하하는 뜻으로 본 동창회는 아래와 같이 조촐한 모임을 갖고자 하오니 부디 참석해 주시기를 바랍니다.
　　일시: 2022년 12월 5일 하오 6:00
　　장소: 서울 명동 호수그릴
　　회비: 2만 원(당일 지참)

2022년 11월 15일
발기인 대표, ○○대학 ○○학과
동창회장 ○○○

⑤ 고려대학교 아세아문제연구소에서 아래와 같이 콜로키움을 개최합니다.
　　주제: 새로운 시대의 한일관계
　　연사: 무토 마사토시(武藤正敏) 현 주한 일본대사
　　일시: 2017년 7월 4일 (월) 16:30-18:00
　　장소: 고려대학교 아세아문제연구소 대회의실 (3층)
　　　　관심있는 학생들의 많은 참관을 바랍니다.
　　문의: (02) 3290-1600

⑥ 개업식 초청장

　　항상 건강하시고 하시는 일마다 형통하기를 기원합니다.
　　아뢰올 말씀은, 금번 저희 ○○ 공업사를 이전 개설하여 여러분을 모시게 되었습니다. 바쁘시더라도 오셔서 축하주시면 더없이 고맙겠습니다.

○○ 공업사
대표 ○○○ 올림
2022년 5월 10일

2.5 翻译作业

집들이 초대장

안녕하세요? 참으로 오랜만에 인사를 드립니다. 여러분의 기원 덕분으로 평안한 가정을 꾸려가고 있음에 감사드립니다.

드릴 말씀은 이번에 저희 가정이 새로운 보금자리를 마련하게 되었습니다. 이에 조촐한 모임을 갖고자 하오니 부디 오셔서 자리를 빛내 주시기 바랍니다.

날짜: 2022년 5월 1일 오후 6시까지
주소: 경기도 성남시 분당구 155호 동성빌라 101-101 자택: 031-702-3348

김한일·이희숙 드림

개업식 초대장

선생님께,

아름다운 계절을 맞아 항상 건강하시고 하시는 사업이 날로 번창하기를 기원합니다.

본 세종 슈퍼마켓은 평소 고객 여러분의 성원에 힘 입어 그동안 새 점포를 신축해 왔는데 이제사 완공되어 이전하게 되었습니다. 이를 자축하기 위해 오는 9월 6일 오후 6시부터 새 가게에서 조촐한 자리를 마련코자 합니다. 왕림하여 주시면 더 없는 영광이겠습니다.

세종 슈퍼마켓 대표 김달삼 올림

학술회의 초대장

—— 선생님 귀하

금번 한국 이중언어학회와 북경외국어대학 한국어과에서는 공동으로 2003년도 국제학술회의를 다음과 같이 개최하고자 합니다.

본 학술회의에 귀하를 "주제 발표자, 기조 강연자, 좌장, 토론자, 진행자"로서 초청하오니 꼭 참석하여 주시기 바랍니다.

학술회의 세부 일정 안내:
　회의 명칭: "제15회 이중언어학 국제학술회의"
　주제: 이중언어학과 중국에서의 한국어 교육 및 학습교재 편찬에 대하여

기간: 2003년 10월 17일~18일
장소: 북경외국어대학 ○○○회의실, 중국 북경
등록: 10월16일 오후 1시까지
주최: 한국 이중언어학회
　　　중국 북경외국어대학 한국어학과

2003년 1월 20일
한국 이중언어학회 회장 ○○○
중국 북경외국어대학 총장 ○○○

초대의 말씀

여름과 가을, 바람결이 한결 서늘해진 새로운 계절의 길목에서 인사드립니다.
안녕하십니까? 한국학중앙연구원입니다.

2009년 가을 인문주간을 맞이하여 본원에서는 교육과학기술부, 한국연구재단과 함께 '시와 삶'의 인문학 마당을 마련하였습니다. 이 마당에서는 시민들이 쓴 시를 공모하는 '시를 짓다', 서정시인 박목월의 시와 삶을 나누는 강연과 선정된 시민 시인과 초청 시인의 시낭송이 영상과 음악으로 어우러지는 강연과 낭송회가 펼쳐집니다. 또한 '시와 통하다' 그리고 애송시와 공모작을 바탕으로 한 전시회 '시와 만나다'의 프로그램을 마련하고 있습니다.

'시와 삶'은 인문학적 감상으로 삶의 애환을 치유하고 감동을 이야기하는 열린 마당이 될 것입니다. 2009 '시와 삶'의 인문학 마당의 강연과 낭송회 '시와 통하다'에 귀하를 초대합니다. 맑은 가을 오후 시적 감정을 나누는 멋진 문화 나들이를 함께하여 주시기를 바랍니다. 감사합니다.

초대 일시: 2009년 9월 21일(월) 오후 3시
초대 공간: 서울역사박물관 대강당
　　　　　(지하철 5호선 광화문역 도보 3분) 전화: 02-724-0192

프로그램1부: '나의 아버지 박목월 시인의 시와 삶' (강연: 박동규 서울대 명예교수)
　2부: 음악과 영상이 있는 초청 시인, 시민 시인들의 시낭송 (유용주 시인 외 7명) 음악, 영상 프로젝트 그룹 '시와 삶'

주최: 한국연구재단
후원: 교육과학기술부
주관: 한국학 중앙연구원
2009 '시와 삶'의 인문학마당 운영위원회

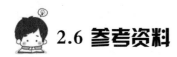 2.6 参考资料

'초대장'의 특징

　초대장 혹은 초청장은 말 그대로 어떤 모임이나 행사에 상대를 초대하는 글입니다. 예컨대 각종 전시회나 기념식, 혹은 공·사적인 행사에 모시고자 하는 글의 일반적인 형식을 말합니다. 초대장의 종류는 매우 다양합니다. 개인적인 행사로 약혼이나 결혼식, 회갑이나 고희연, 또는 개인 전시회나 공연,발표회 등의 초대글, 또는 개인을 떠나 사회 단체적인 행사로 기업체의 창립이나 축하 행사,건축물의 준공과 개축 기념식을 비롯하여 각종 학술대회, 운동경기 및 기념 강연 등 그 종류는 헤아릴 수 없이 많습니다.
　이들 초대·초청문은 그 행사의 성질에 따라 담기는 글의 내용이 달라지게 됩니다. 몇몇 행사의 예를 들어 그 차이점을 보이도록 하겠습니다.

- 개막식 초대장
   …… 그동안 배우고 연마해 온 결실을 보살펴 주신 여러 고마운 분들에게 보여 드리고자 작품 전시회를 개최하게 되었습니다 ……

- 개업식 초대장
   …… 그동안 여러 동창들의 사랑과 성원을 받았던 동양한의원이 새로운 보금자리를 마련하였습니다 ……

- 준공 기념식 초대장
   …… 신축한 본공장은 최신 설비와 첨단 장비를 갖추어 신제품을 생산하는 데 최적의 조건을 갖추었습니다 ……

- 준공 피로연 초대장
   …… 여러 어려움 속에서도 오늘이 있기까지 많은 수고를 아끼지 않으신 관계자 모든 여러분께 감사와 치하를 드리는 바입니다 ……

- 결혼식 초청장(직장동료)
   …… 작은 우연이 인연이 되어 아름다운 사랑이 영글게 되었습니다. 작은 사랑이 큰 결실을 맺어 이제 또다른 열매를 맺고자 합니다 ……

● 고희연 초청장(회장)
…… 해동주식회사를 세계적인 무역업체로 키워 놓은 설립자 박은재 명예회장님은 정년 퇴임하신 후 전문경영인에게 회사를 맡겨 우리 사회 기업의 대물림 풍조에 좋은 선례를 남기게 되었습니다 ……

● 준공 피로연 초청장
…… 그동안 온갖 어려움을 이겨내고 공사를 성공적으로 마무리 지으신 관계자 여러분께 감사와 격려의 말씀을 드립니다. 아울러 갖가지 불편을 감내하면서 협력을 아끼지 않으신 지역주민 여러분께도 깊은 감사를 드립니다 ……

● 창립기념식 초청장
…… 그 동안 당사가 다소나마 IT 업계의 발전에 일조할 수 있었던 것은 오직 여러분의 변함없는 성원 덕분으로 이에 진심으로 감사의 말씀을 드리는 바입니다 ……

● 사장 취임식 초대장
…… 6월 10일부터 새로이 해동주식회사 사장으로 취임하고자 합니다. 부디 오셔서 자리를 빛내 주시고 저의 각오를 더욱 부추겨 줄 수 있는 조언과 질책을 아끼지 말아 주시길 바랍니다 ……

● 창립 10주년기념 초대글
…… 당사 창립 10주년을 맞이하여 평소 베풀어 주신 후의에 보답하고자 기념 축하연을 갖고자 합니다. 부디 오셔서 자리를 빛내 주시기를 바랍니다 ……

● 회갑연 초대글
…… 김사장의 갑년을 맞이하여 평소 축하 인사와 함께 소중한 선물까지 보내 주심에 진심으로 감사드리며, 평소의 성원과 이끌어 주심에 대한 감사로 조촐한 회갑연을 마련하고자 하오니 동참해 주시길 희망합니다 ……

● 골프대회 초대장
…… 그간 주변으로부터 받은 사랑에 보답하는 의미로 거래처 사장님들을 모시고 친선 골프대회를 갖고자 하오니 참석 여부를 알려 주시기 바랍니다 ……

● 창간 기념식 초대문
…… 우리 조선신문은 한국 사회에서 지방자치제 정착을 위해 다방면에서 활동해 온 인사들이 모여 붓의 힘 ,곧 언론이 살아 있음을 보여 주는 신문을 창간하게 되었

습니다……

● 취임식 초청문
…… 평소의 후의를 깊이 감사드리며, 아울러 여러분의 고견에 귀 기울이고자 아래와 같이 조촐한 취임 파티를 마련하고자 합니다……

● 퇴임식 초청문
…… 지난 20년간 서울대학교에 재직해 오신 박 교수님께서 오는 5월 말에 정년을 맞아 교단을 떠나시게 되었습니다. 동료 선·후배 교수들과 제자들이 함께 모여 교수님의 그간의 업적과 노고를 치하하고 향후의 활동과 건강을 기원하는 자리를 마련하고자 합니다……

● 강연회 초청문
…… 금번 본 협회에서는 기업 경쟁력 강화의 일환으로 기업체의 효율적인 업무 개선에 주안점을 두어 혁신적인 새로운 대안을 모색하는 뜻에서 세미나를 마련하고자 합니다……

3.1 课文范文

3.1.1 学术讨论会致辞

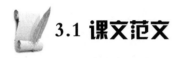

존경하는 중국 사회과학원 ○○○원장님과 오늘 학술회의에 참석하신 전문가 여러분 안녕하십니까?

아시는 바와 같이 한국에는 2003년 2월 25일 ○○○ 대통령의 새정부가 출범하여 각 분야에서 변화와 개혁을 추진하고 있으며, 이제 7월 7일 ○○○ 대통령의 중국 국빈 방문을 앞두고 보다 폭넓고 한 단계 진전된 한중관계 발전에 대한 기대가 한층 높아 가고 있습니다. 이러한 시기에 한중 양국의 학자들이 한국 새정부의 정치, 경제, 외교·안보 정책에 대한 인식을 공유하고 토론하는 오늘 이 학술회의는 양국 관계 발전을 위해 큰 의미를 갖는다고 생각합니다.

한중 양국은 이제 수교한 지 11년에 불과하지만 세계 외교 역사상 유례가 없을 정도로 급속한 관계 발전을 이루어 왔습니다. 양국은 이제 상호 3대 교역 상대국으로 자리잡았고 중국은 한국의 제2 해외투자 대상국이 되었으며, 지난 1년간 2백만 명을 훨씬 넘는 국민들이 상대국을 방문하였습니다.

중국에서는 '한류'가 한국에서는 '한풍'이 유행하면서 양국민들간에는 서로를 알고 이해하려는 분위기가 확산되고 있습니다. 이 같은 양국관계 발전은 과거 2000여 년의 오랜 역사를 공유해 온 바탕 위에 지리적 인접성, 문화적 유사성 등 많은 원인이 있겠습니다만, 한중 양국 전문학자들의 노력에 힘입은 바 크다고 생각합니다.

지금 한중 양국은 새로운 젊은 지도자를 중심으로 변화와 개혁, 그리고 실용주의적인 노선을 지향하면서 21세기를 향해 나아가고 있습니다. 한중 양국이 21세기를 함께하는 진정한 동반자가 되기 위해서는 서로를 제대로 알고 이해하는 것이 무엇보다도 중요하다고 생각합니다.

오늘 이 학술대회를 통해 중국의 한국 전문가들이 한국의 새정부가 추구하는 정치, 경제, 외교를 잘 이해하게 되고 또 이를 통해 양국 민간의 이해와 우호를 증진시키는 데 기여하게 되기를 기원합니다.

다시 한번 이 학술회의를 주최해 주신 사회과학원 원장님과 관계자 여러분, 바쁘신 가운데서도 기꺼이 참여해 주신 전문가 여러분께 감사드리며, 학술회의가 성공적으로 마무리되기를 바라마지 않습니다.

감사합니다.

3.1.2 词汇注释

출범하다(出帆하다)	扬帆启航；启动，开始	진전되다(進展되다)	有进展
외교·안보(外交安保)	外交与国防	공유하다(公有하다)	共有，共享
해외투자대상국(海外投資對象國)	海外投资对象国	확산되다(擴散되다)	普及，扩散
		실용주의(實用主義)	实用主义
인접성(隣接性)	邻近，接壤	유사성(類似性)	相似，相近
마무리되다	结束，收尾	지향하다(志向하다)	有志于
노선(路線)	路线	주최하다(主催하다)	主办
동북아시대(東北亞時代)	东北亚时代	동반자(同伴者)	伙伴
기여하다	贡献		

3.1.3 参考译文

学术讨论会致辞

尊敬的中国社会科学院○○○院长，与会的各位专家：

你们好！

众所周知，2003年2月25日○○○总统组建了韩国新政府，积极推进各领域的发展与改革。7月7日○○○总统将对中国进行国事访问，韩中两国关系有望得到进一步实质性的发展。在这种情况下，韩中两国学者共同召开学术会议，就韩国新政府的政治、经济、外交与国防政策交换意见、展开讨论，我认为这对于进一步发展两国关系具有十分重要的意义。

韩中两国建交仅仅11年，但两国关系的快速发展却是世界外交史上前所未有的。目前，两国互为第三大贸易对象国，中国成为韩国第二大投资对象国。去年一年，两国互访人次超过了两百万人次。

中国流行"韩流"，韩国盛行"汉风"，两国人民都希望增进彼此间的了解，这种友好交流正在日益深入。两国关系之所以能够如此快速地发展，是因为两国之间曾有两千多年的交流史，在地理位置上一衣带水，在文化上共融共鸣。此外，更因为有韩中两国专家们的不懈努力。

现在韩中两国以新的年轻一代领导为核心，正在沿着改革发展的务实路线，迈向21世纪的新时期。我认为韩中两国若要成为21世纪并肩战斗的伙伴，相互间的充分理解比什么都重要。

我希望通过这次学术会议，使中国的韩国学专家们能够更好地理解韩国新政府有关政治、经济和外交方面的政策，进而增进两国人民之间的理解和友谊。

我再次对筹办本次学术会议的中国社会科学院院长及有关人士，以及在百忙之中前来参加会议的各位专家学者表示衷心的感谢，并预祝本次学术会议圆满成功。谢谢！

3.2 正误评析

❶ 아시는 바와 같이 한국에는 2003년 2월 25일 ○○○ 대통령의 새정부가 출범하여 각 분야의 변화와 개혁을 추진하고 있으며, 이제 7월 7일 ○○○ 대통령의 중국 국빈 방문을 앞두고 보다 폭넓고 한 단계 진전된 한중관계 발전에 대한 기대가 한층 높아가고 있습니다.

误译：众所周知，2003年2月25日○○○总统组建新政府并推进各领域的<u>变化</u>及改革。7月7日○○○总统将对中国进行国事访问。至此<u>韩中两国关系有望得到进一步实质性的发展</u>。

正译：众所周知，2003年2月25日○○○总统组建了韩国新政府，积极推进各领域的发展与改革。7月7日○○○总统将对中国进行国事访问，韩中两国关系有望在更广阔的范围内得到实质性发展。

评析：中文词组搭配可以说"推进各领域的改革"，不能说"推进……变化"。译文把"韩国"漏掉了，表意不清。翻译须尊重发言者的提法，不应擅自改动。

❷ 이러한 시기에 한중 양국의 학자들이 한국 새정부의 정치, 경제, 외교안보 정책에 대한 인식을 공유하고 토론하는 오늘 이 학술회의는 양국 관계 발전을 위해 큰 의미를 갖는다고 생각합니다.

误译：我认为在这种情况下，韩中两国学者就韩国新政府的政治、经济、外交、国防政策展开讨论，对于进一步发展两国关系具有十分重要的意义。

正译：在这种情况下，韩中两国学者共同召开学术会议，就韩国新政府的政治、经济、外交与国防政策交换意见、展开讨论，我认为这对于进一步发展两国关系具有十分重要的意义。

评析: "토론하는 오늘 이 학술회의는"的内容漏译了。

❸ 한중 양국은 이제 수교한 지 11년에 불과하지만 세계 외교 역사상 유례가 없을 정도로 급속한 관계 발전을 이루어 왔습니다. 양국은 이제 상호 3대 교역 상대국으로 자리잡았고 중국은 한국의 제2 해외투자 대상국이 되었으며, 지난 1년간 2백만 명을 훨씬 넘는 국민들이 상대국을 방문하였습니다.

误译: 韩中两国建交11年,但两国关系却得到了世界外交史上前所未有的快速发展。目前,中韩两国互为第三贸易对象国,中国是韩国的第2海外投资对象国,在过去的1年间有2百万名两国国民进行过相互访问。

正译: 韩中两国建交仅仅11年,但两国关系的快速发展却是世界外交史上前所未有的。目前,两国互为第三大贸易对象国,中国成为韩国第二大投资对象国。去年一年,两国互访人次超过了两百万人次。

评析: "在过去的1年间"翻译为"去年一年",更显简练。☯"상대국을 방문하였다"翻译为"进行过相互访问",有语言罗列的赘译感。

❹ 중국에서는 '한류'(韓流)가 한국에서는 '한풍'(漢風)이 유행하면서 양국민들간에는 서로를 알고 이해하려는 분위기가 확산되고 있습니다.

误译: 中国盛行韩流,韩国盛行汉风,两国国民间增进了彼此的了解,这种氛围正在扩散。

正译: 中国流行"韩流",韩国盛行"汉风",两国人民都希望增进彼此间的了解,这种友好交流正在日益深入。

评析: "增进彼此的了解"是现在进行时,不是过去时,不能译为"增进了"。☯"扩散"(확산)在中文词汇中有贬义色彩,不能直译。

❺ 이 같은 양국관계 발전은 과거 2000여 년의 오랜 역사를 공유해 온 바탕 위에 지리적 인접성, 문화적 유사성 등 많은 원인이 있겠습니다만, 한중 양국 전문학자들의 노력에 힘입은 바 크다고 생각합니다.

误译: 两国关系有如此的发展,虽然因为两国有着2000多年的共同的历史背景和地理上的临近性、文化上的类似性等原因,我认为更是因为中韩两国专家们的努力。

正译: 两国关系之所以能够如此快速地发展,是因为两国之间曾有两千多年的交流史,在地理位置上一衣带水,在文化上共融共鸣。此外,更因为有韩中两国专家们的不懈努力。

评析: "因为……等原因"中间分句偏长,读者读起来费劲,应作翻译断句技巧处理。

第3课 致 辞

❻ 지금 한중 양국은 새로운 젊은 지도자를 중심으로 변화와 개혁, 그리고 실용주의적인 노선을 지향하면서 21세기 새로운 시기를 향해 나아가고 있습니다. 한중 양국이 21세기를 함께하는 진정한 동반자가 되기 위해서는 서로를 제대로 알고 이해하는 것이 무엇보다도 중요하다고 생각합니다.

误译： 现今韩中两国以新的领导为核心，向往实用主义路线，迈进21世纪的新时期。韩中两国在21世纪能够成为真正的同伴者，相互的理解比任何都重要。

正译： 现在韩中两国以新的年轻一代领导为核心，正在沿着改革发展的务实路线，迈向21世纪的新时期。我认为韩中两国若要成为21世纪并肩战斗的伙伴，相互间的充分理解比什么都重要。

评析： "새로운 젊은 지도자"中"年轻的……""변화와 개혁, 그리고 실용주의적인 노선"中"变化与改革"被漏译了。☯"지향하면서……"译为"向往"，与后面"路线"相连接有词组搭配错位问题，一般不讲"向往……路线"，需调整为"沿着……路线"。

❼ 오늘 이 학술대회를 통해 중국의 한국 전문가들이 한국의 새정부가 추구하는 정치, 경제, 외교를 잘 이해하고 또 이를 통해 양국민간의 이해와 우호를 증진시키는 데 기여하게 되기를 기원합니다.

误译： 希望通过今天的学术会能够增进两国新政府有关政治、经济、外交方面的政策，增进两国国民间的理解和友谊。

正译： 我希望通过这次学术会议，使中国的韩国学专家们能够更好地理解韩国新政府有关政治、经济和外交方面的政策，进而增进两国人民之间的理解和友谊。

评析： 通过学术会议要增进的不是两国政府的政策，是中国的韩国学专家对韩国新政府政策的理解。

❽ 다시 이 학술회의를 주최해 주신 사회과학원 원장님과 관계자 여러분, 바쁘신 가운데서도 기꺼이 참여해 주신 전문가 여러분께 감사드리며, 학술회의가 성공적으로 마무리되기를 바라 마지 않습니다.

误译： 在此对本次学术会的主办方中国社会科学院院长及相关人士，以及能够在百忙之中抽时间参与此次会议的专家们表示衷心的感谢。希望这次学术会成功举行。

正译： 我再次对筹办本次学术会议的中国社会科学院院长及相关人士，以及在百忙之中前来参加会议的各位专家学者表示衷心的感谢，并预祝本次学术会议圆满成功！

评析： "다시"不是"在此"而是"再一次"的意思。☯"能够"可有可无，可删去。

3.3 翻译知识

专有名词与术语的译法

专有名词与学术术语都是对某些特定事物的特有命名,在翻译中不允许随意想象发挥,需要在调查研究的基础上,本着尊重事实的原则进行翻译。

3.3.1 专有名词的译法

专有名词包括人名、地名、产品名称、商标、部分缩写词、电影名、书名、公司名等。专有名词都有其特定的意义,与其他所有词汇一样,是韩国语词汇的重要组成部分。例如:

例1 "서양을 따라 잡자"라는 국가적 목표는 일본이 100여 년에 걸쳐 온 국가적 에너지를 총집중한 과제였다. 1871년 11월 12일, 전권 대사 이와쿠라 도모이를 단장으로 하는 50명의 대신과 각계 인사들이 세계 일주 여행길에 올랐다. 일행 중에는 30세의 부단장 이토 히로부미도 끼었다. 뒷날, 안중근 의사의 총탄에 쓰러진 한국 침략의 장본인이 바로 그이다.

"向西方学习!"这一口号提出了日本的百年奋斗目标。1871年11月12日,以特命全权大使岩仓具视为团长、由50名日本大臣和各界人士组成的考察团,踏上了为期一周的考察征途。30岁的副团长伊藤博文厕身其中,他就是后来被安重根义士击毙的日本侵略者元凶。

例2 문화체육부 문화재관리국은 오늘 경남 합천 해인사 길상탑과 전북 완주 송광사의 대웅전과 종루를 보물로 지정했습니다.

韩国文化体育部文化遗产管理局今天将庆尚南道和川海印寺的吉祥塔、全罗北道完州松广寺的大雄殿和钟楼指定为国宝文物。

例1句中的人名"이와쿠라 도모이"(岩仓具视)、"이토 히로부미"(伊藤博文)、"안중근"(安重根),都是在东亚史上有名的历史人物,其姓名的写法与叫法是固定的。例2句中提到的"경남"为庆尚南道(경상남도)的简称;"전북"为全罗北道(전라북도)的简称;"완주군"(完州郡)位于全罗北道的北部,面积为821.13平方千米,人口有9.1072万人。"해인사 길상탑",为"海印寺吉祥塔",是公元895年(新罗真圣女王九年)为纪念为国殉难的僧兵所建的纪念塔。已被韩国文化体育部指定为韩国国宝文物1242号。"송광사 대웅전 종루"(松广寺大雄殿钟楼)是位于全罗北道的一座佛教寺庙里的建筑物,这里是新罗末期惠磷禅师创建的韩国佛教曹溪宗的发祥地。松广寺的钟楼是朝鲜朝世祖建造的,是朝鲜朝时代唯一的十字形钟楼,现被指定为韩国国宝文物1243号。这些建筑物名称和地名是历史文化的产物,

其名称是固定的,不能随意翻译,如果没有把握,可以查找历史书籍或名人词典、人名标记辞典确认之后再落笔。

例3 노래는 우리들의 또다른 삶! 연세대 창작노래 동아리―여울!
唱歌是我们文艺生活的一部分!延世大学歌曲创作团推出新作――《浅滩》!

例4 제주도는 자고로 "삼다삼무의 섬 "이라는 별칭을 가지고 있는데, 삼다라는 것은 바람이 많고 돌이 많고 여자가 많다는 뜻이며,삼무는 대문이 없고 도둑이 없고 거지가 없는 섬이라는 뜻입니다. 이것으로 제주도의 특성과 함께 순박한 민심을 알 수가 있을 것입니다.
济州岛自古就有"三多三无"之称。所谓"三多"指济州岛的风多、石头多、女人多;"三无"则指岛上住宅无大门、无小偷、无乞丐。由此可知济州岛的特色和岛上淳朴的民风。

例3句中的"동아리"是韩国语固有名词社团组织的意思,例4句中介绍的济州岛是韩国南端最大的岛屿,也是旅游胜地。

例5 "무궁화꽃이 피었습니다"라는 장편소설에는 우리의 역사적 현실을 독자들에게 생생하고 분명하게 전달할 욕심으로 실존 인물을 상당수 등장시켰다.
在长篇小说《木槿花开》中,作者欲向读者生动清晰地讲述韩国史实,所以安排了相当多的真实人物出场。

例6 2017년 한국영화 베스트 10 리스트를 올립니다.
1위. '밤섬해적단 서울불바다',   2위. '밤의 해변에서 혼자',
3위. '남한산성',   4위. '꿈의 제인',
5위. '초행',   6위. '그 후',
7위. '여배우는 오늘도',   8위. '박열',
9위. '불한당',   10위. '아이 캔 스피크'
2017年上映的韩国电影中排名前十部电影如下:
第一,《栗岛海盗团》;第二,《夜半海边独步》;第三,《南汉山城》;第四,《人生如梦》;第五,《初行》;第六,《事后》;第七,《全能女演员》;第八,《朴烈》;第九,《强盗团伙》;第十,《欲吐真言》。

翻译书名、电影名注意尊重原意,简练深刻,读来顺口。例如《木槿花开》("무궁화꽃이 피었습니다")是韩国1993年出版的一部颇受读者欢迎的长篇小说。

公司、单位名称的翻译也需要斟酌,一些大公司如韩国三星集团、现代集团、SK集团等大集团企业人人皆知比较好译,而一些小单位名称的翻译,可以按照一般的规则判断。比如"한울출판사""동아출판사""크로바출판사"这三个出版社的名称,分别是出固有词、汉字词、外来词命名的。"한울출판사"的"한"是大的意思,"울"是群居、集会、都市的意思,可以意

译为"都会出版社"。"동아출판사"按照原有的汉字翻译为"东亚出版社"。"크로바출판사"的"크로바"是英语"crowbar",意为撬棍、杠杆,可以意译成"杠杆出版社"。

《高丽亚那》(1994年秋季号)中,介绍了韩国"한울림 예술단"的情况,从"한"为"一","울림"为"回声"的词义考虑,翻译成为一个极有艺术团体韵味的称谓"韩舞林艺术团"。这种翻译既符合原词义,又符合音译的要求,可以视为佳译。

专有名词都具有其特定含义,翻译时须要查找翻阅有关的背景资料、历史资料,在进行调查研究的基础上,严格按照专有名词的固定意义进行翻译。如果是中国没有的韩国固有名称,需要意译或在理解原词义的基础上,兼顾意译与音译进行翻译,不能够脱离原意乱译。

3.3.2 专业术语的译法

俗话说:"隔行如隔山。"各行各业都有各自的专门术语,社会人文或自然科学的各个学科都有各学科的术语。比如经济贸易领域里,会使用贸易、交易中常使用的术语词汇。翻译经济贸易文章,会涉及产品、数量、价格、付款、保险、议付单证、交货、检验、风险、仲裁等有关业务方面必须使用的专业术语。这些术语有固定的说法,在同一行业通用。翻译术语,要了解相关专业知识。

例7　귀사에 제품의 가격 견적서 한 부를 보내 드립니다.
　　　向贵公司寄上一份报价单。
例8　당사의 제품에 흥미를 느끼신다면 정식으로 오퍼를 하겠으니 서한으로 알려 주시기 바랍니다.
　　　如对敝公司的产品感兴趣,请函告,以便正式发盘。
例9　귀사의 견적 의뢰서와 샘플 1개를 받았습니다.
　　　收到了贵公司寄来的询价单及样品一件。
例10　주문하신 제품은 계약대로 3월22일 통관업자에 웅근 200케이스를 인도하였으며 송장과 선하증권도 이미 송부하였습니다.
　　　所订货物已照原约于3月22日如数交付报关行,计200箱,并将发票和提单也寄上。

从以上例句可以看出,该行业的术语是在经济贸易活动范围内必须使用的词汇。这些词只在该行业中使用,有固定说法。有关价格的术语有:提价(가격 인상)、降价(가격 인하)、价格指数(가격 지수)、物价管制(가격 통제)、追加金(가산금)、暂收款(가수금)、价格剪刀差(가위다리 값차)、标准价格(가이던스 가격)等。

又如韩国巫教中也有许多专门术语,翻译时需针对专业情况作调查研究。

例11　대전시 괴정동 출토의 농경과 제의를 조각한 것으로 보이는 솟대 모양의 조간은 샤먼의 시조신화에 샤먼이 최초에 솔개의 알에서 나왔다던가, 또는 샤먼이 되는 초기에 종교적 신비 경험을 하는 과정에서 조류와 밀접한 관계를 갖게 되는 점으로 보아 서로 관련성이 있는 것으로 보인다.

韩国大田市槐亭洞出土了一种<u>鸟竿</u>，雕刻得与农耕祭祀仪式使用的<u>祭竿</u>样式相同。这种鸟竿的来历与萨满始祖神话有关。传说萨满最初就产生于鹫卵，或说萨满初期，体验宗教的神秘经验过程中与鸟类发生过密切关系。从这一点上看，萨满与鸟之间具有一定的关联性。

例12 원시적 사회 환경조건 속에서 무는 사회 성원의 정신을 지배할 수 있는 종교적 지도자로서 점차 "<u>카리스마</u>"적 "<u>리더쉽</u>"을 갖게 된 것으로 보인다. 이 단계에서 무가 일반 사회 성원과 구분되는 신권적 초인적 이질성을 과시하기 위하여 영험적 비야 내지는 위장에 필요한 특수 심리적 기술이 불가피하게 되었을 것이다.

在原始社会生活条件下，巫师作为社会成员的宗教指导者，渐渐具备了超凡的领导能力。为了夸示自己握有神权，具有超人体验，与众不同，巫师难免要使用超验的或妆饰伪装等一些特殊心理技术手段。

例11中的"샤머"来自"shaman"，汉语宗教学术界将其音译为"萨满"，为曾经于东北亚地区流行的原始巫教信仰。"무"为"무당"巫，韩国巫教的名称，来自汉字词。"카리스마"是外来语(charisma)，有超凡魅力、感召力、指导力的意义。"리더십"也是外来语(leadership)，有领导能力、领导阶层的含义。此外巫教还有许多惯用术语，比如"단골"(世袭巫)、"단골판"(世袭巫领地)、"굿"(巫仪)、"강신무"(降神巫)、"신병"(神病)、"동제"(洞祭)、"신당"(神堂)、"서낭당"(城隍庙)、"장승"(长丞)等。

韩国有一种传统表演艺术叫做"판소리"，是一种具有民族特色的曲艺形式。"판소리"属于表演艺术专业术语。对"판소리"有多种译法，如译为"板声""唱剧""清唱""南唱道"，或者按照发音翻译为"潘骚丽"。实际上"판소리"是一个复合词，"판"为汉字"盘"，指场所、地盘的意思；"소리"是固有词，表示声音的意思。就是说，这种民间艺术通常以一种说唱形式在露天场地表演。期刊《高丽亚那》中，将"판소리"翻译成为"盘瑟俚"。"盘"表示表演场地；"瑟"本来是古代弦乐器名，使人联想到带有伴奏的演唱音乐；"俚"表示"平民的、通俗"的意思，说明表演者是漫际天涯的民间艺人。无论在译义上，还是在译音上，"盘瑟俚"都与"판소리"吻合，可以说翻译得天衣无缝。

3.4 翻译练习

3.4.1 选择较好的翻译

① 저는 개막식 사회를 맡은 박창호입니다. (　　)
　　A——我是主持开幕式的朴昌浩。
　　B——我是开幕式的主持人朴昌浩。
　　C——我是朴昌浩,今天由我来主持开幕式。

② 저는 본 회의의 사회를 맡은 중앙연구원 국제협력처 처장 김광일입니다. (　　)
　　A——我是中央研究院国际合作处处长金光日,今天由我来主持会议。
　　B——我是主持本届会议的中央研究院国际合作处的处长金光日。

③ 지금으로부터 "2015 한국섬유방직품 전시회" 개막을 선언합니다. (　　)
　　A——现在,请允许我宣布"2015年韩国纤维纺织品展销会"正式开幕!
　　B——从现在开始"2015年韩国纤维纺织品展示会"开幕!

④ 오늘 본 협회에서 주관하는 "제6차 고려학 국제심포지움"을 거행하겠습니다. (　　)
　　A——今天要举办本协会主办的"第六届高丽学国际研讨会"。
　　B——今天召开的"第六届高丽学国际研讨会"由本协会主办。

⑤ 폐회식 프로그램은 4개 국어로 동시 통역이 실시됩니다. (　　)
　　A——闭幕式将以四国语言进行同声传译。
　　B——闭幕式的程序用四国语言翻译。
　　C——闭幕式将提供四国语言的同声传译。

⑥ 냉전의 벽을 넘어, 평화와 번영을 향하여 (　　)
　　A——冲出冷战的围墙,走向和平与繁荣!
　　B——越过冷战的墙壁,向着和平与繁荣!

⑦ 서낭당이냐 성황당이냐 (　　)
　　A——是城隍庙呢,还是城隍堂呢?
　　B——是城隍堂呢,还是圣皇堂呢?

⑧ 나와 우리 일행이 한국을 방문토록 초청해 주시고 환영해 주신 데 대해 감사드립니다.
   (   )
   A—— 我和我们一行对邀请我们来韩国进行访问,并给予我们热情欢迎的诸位表示感谢。
   B—— 这次应各位盛情邀请访韩,我们一行受到热情接待,对此深表感谢!

3.4.2 改错

① 지금부터 동북아시아 및 동남아시아 지역 10개 회원국에서 참가해 주신 약 1만여 라이온들을 모시고 "제 20차 동양 라이온스 대회"의 역사적인 개회식을 거행하겠습니다.
   —— 我们邀请到了来自东北亚及东南亚地区十个成员国的一万多名狮友,现在开始举行东方狮子大会开幕典礼。

② 그러면 지금부터 "동북아 발전의 과거와 전망"이라는 주제를 가지고 주식회사 청구와 중국문화교류협회가 공동으로 주최하는 "제8회 동아시아 경제인 세미나"를 개회하겠습니다.
   —— 那么,现在我们以"东北文化交流的回顾与展望"为主题,开始进行由韩国株式会社青丘和中国文化交流协会共同主办的"第八届东亚文化交流研讨会"。

③ 이 파이버가 가장 적합한 제품은 메리야스 제품이지만 기타 직물, 융단, 보아클로스로도 적당합니다. 방적에도 특수한 기술은 필요 없습니다.
   —— 此款纤维最适合于针织品,也适合于毛毯、长毛绒等其他针织物。在纺纱时需要特殊技术。

④ 그 특징은 순모보다도 가볍고 몇 배나 강력하기 때문에 벌키로 순모와 같은 제품을 만드는 것에 약 20%의 원사를 절약할 수가 있습니다.
   —— 其特点是轻于纯毛,具有纯毛几倍的强度,因此体积较大。以此为原料制造与纯毛相同的制品,可节约原纱。

⑤ 아시다시피 은하브랜드천은 반합성 섬유라고 일컬어지고 있는 것으로, 초산과 섬유소에서 생성됩니다. 따라서 합성 섬유의 특징과 인견, 스테이플 파이버의 특징을 가지고 있습니다.

—— 银河牌料子被称为半合成纤维,是以硝酸和纤维素制出的,因而具有合成纤维和人造丝、人造棉两方面的特征。
——

⑥ 염색이 나일론만큼 손쉽지 않기 때문에 그 곳에서 시험 염색을 할 필요성이 있으면 알려 주십시오. 견본과 염색 자료를 보내 드리겠습니다.
—— 染色比锦纶复杂,贵处如需要试行染色,即请告知。我社当即寄上货样与染色资料。
——

3.4.3 翻译笑话

① 맞장구
여비서1: 사장님은 옷을 입을 때 맵시가 일품이야.
여비서2: 그래 맞아, 게다가 옷을 입을 때는 정말 빨리 입으시더라.

② 최고 중의 최고
　　어떤 골목에 식당이 세 곳 있었는데 경쟁이 매우 치열했다.
　　한 식당이 '국내에서 제일 맛있는 집'이라는 문구를 간판에 크게 써붙였다. 이에 자극을 받은 건넛집은 더 크게 '세계에서 제일 맛있는 집'이라고 써붙였다.
　　하지만, 나머지 한 식당의 수익이 가장 높았다. 그 식당의 간판은 소박하게 이렇게 써붙어 있었다.
　　'이 골목에서 제일 맛있는 집.'

③ 세대 차이
　　칠십 먹은 노인이 죽어서 하늘나라로 가게 되었다. 터덜터덜 걷다 보니 스물 살 쯤 되어 보이는 젊은이가 어른을 보고 인사도 않고 반말하며 지나가는 놈을 붙잡아 호통쳤다.
　　"야, 이놈아, 너는 부모도 없냐? 어디다 대고 반말이야 반말이……"
　　그러자 그 젊은이가 대답했다.
　　"난 임진왜란 때 죽었다, 왜?"

3.4.4 翻译句子

① 오늘 한국언어학회는 '언어학 연구의 이론과 응용'이라는 주제로 2012년 춘계학술대회를 열기 위해 서울대학교에서 학술과 만남의 장을 마련하게 되었습니다.
——

② 여러 가지 바쁜 일을 물리치시고 이 자리에 참여하여 주신 한국철학학회의 모든 분들에게 감사드립니다.

③ 오늘 '동양철학의 재인식'이라는 주제를 가지고 한국에서 학술대회를 개최한다는 것은 매우 의미있는 일이라고 생각합니다.

④ 2015년 새해 벽두에 이번 국제학술대회에 참석하여 축사를 드리게 된 것을 대단히 기쁘게 생각합니다.

⑤ 우리의 모든 연구 작업이 자본주의의 극복에 유의미하게 기여하도록 해야 할 것입니다. 저는 오늘의 이 심포지엄이 이 점에 크게 기여하는 계기가 되길 바라며, 또한 그럴 것이라고 굳게 믿고 있습니다.

⑥ 금번 학술대회에 한국을 비롯하여 중국·일본·유럽 등지에서 꾸준히 연구에 종사하고 계시는 저명한 학자분들을 초청하였습니다. 그동안 동양철학의 미래를 위한 여러 가지 모색이 시도되어 왔지만, 이번 국제학술대회가 동양철학에 대한 발견적 독서를 할 수 있는 계기가 될 것으로 기대합니다.

⑦ 앞으로 동양철학 연구자가 해야 하는 과업을 중심으로 종합적이고 심층적인 발표와 토론의 장을 마련하고자 합니다. 일정이 바쁘시더라도 학술회의에 참석하시어 자리를 빛내 주시기를 간절히 부탁드립니다.

⑧ 좋은 번역은 오해를 줄이고 이해를 증진시킵니다. 아름다운 이해의 길을 넓히는 일에 이번 대회가 바람직한 성과를 거두리라고 확신하고 기대합니다. 감사합니다.

3.5 翻译作业

전시회 축사

친애하는 내외 귀빈 여러분, 감사합니다. 특히 이번 '2005 한국섬유방직품 전시회' 개최를 위해 적극적으로 협조해 주신 중한 양국의 관계자 여러분께 깊은 감사의 말씀을 드립니다.

중국은 이제 나날이 발전해 나가는 모습과 엄청난 잠재력으로 세계의 이목을 집중시키고 있습니다. 2010이 되면 중국은 세계 섬유생산의 약 60%, 세계 섬유 소비의 약 40%를 차지할 것으로 전문가들은 예측하고 있습니다. 이렇게 급격히 발전하고 있는 중국상하이에서 양국의 섬유산업 발전을 위한 '2005년 한국섬유방직품 전시회'가 개최하게 되었음을 기쁘게 생각하며, 이 전시회가 중국과 한국 양국의 공영을 위한 교류의 장이 될 것이라고 저는 확신합니다.

3일간 열리는 이번 전시회는 지난 해보다 규모면에서 1.5배 확대되었으며, 첨단 신소재를 비롯 세계적 수준의 의류브랜드, 부자재, 홈텍스타일 등 한국의 섬유산업을 한눈에 볼 수 있는 다양한 제품들이 선보이게 됩니다. 섬유소재, 의류, 부자재 등 총 156개 업체가 430여 부스 규모로 이번 전시회에 참가했습니다.

특히 이번 전시회는 중국 진출을 적극 추진하고 있는 국내 대표급 의류브랜드들이 대거 참가, 한국 의류제품의 디자인과 기술력, 마케팅력을 보여 줄 것입니다. 이번 전시회는 중국을 위시한 세계의 모든 바이어들이 빠르게 발전하고 있는 한국의 대표적인 섬유소재 및 의류제품을 구매할 수 있는 좋은 기회가 될 것입니다.

지난 해는 '사스'(SARS)라는 천재지변과 같은 악재로 인해 당초 예상보다 바이어들의 참관이 부진했으나, 이번 행사는 참가업체들의 뜨거운 열기와 바이어들의 높은 관심으로 많은 성과가 있을 것이라고 기대합니다.

제가 이 자리에서 강조하고 싶은 것은 이 같은 행사를 통해 한중 섬유산업의 공영을 위한 반석이 다져질 것이라는 점입니다. 특히 올 행사는 한국의 섬유제품뿐만 아니라 한국문화까지 접할 수 있는 좋은 기회가 될 것입니다. 중국에서 높은 인기를 얻고 있는 한류스타 연예인들이 참가하는 패션쇼가 진행되며, 왁스, NRG, 클론, 쥬얼리 등 한중 유명가수들이 공동 공연행사가 마련되어 이 행사가 산업적 교류뿐만 아니라 문화적 교류까지 아우르는 축제의 한마당이 될 것입니다.

한국과 중국은 과거 수천년간 긴밀한 협조 관계를 유지해 왔습니다. 2005년부터는 쿼터 개방에 따라 세계는 자유경쟁시대를 맞이하게 될 것입니다. 한중 두 나라가 전통적인 우호 관계를 바탕으로 섬유, 의류 부문에서 서로의 장점을 결합한다면 양국은 아시아는 물론 세계 시장을 주도할 수 있게 될 것입니다.

21세기 세계 시장의 주역으로 양국이 동반 성장할 수 있도록 여러분들의 아낌없는 지원과 관심을 부탁 드립니다. 감사합니다.

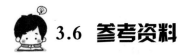

3.6 参考资料

'축사'의 문체적 요구

축사란 축하의 뜻을 나타내는 말과 글이다. 축사의 종류에는 입학식이나 졸업식 축사, 체육대회 축사, 개업식이나 창립 기념식의 내빈 축사 등 매우 다양하다. 축사의 문안은 축사를 하는 분이 상대방에게 축하의 뜻을 전해 상호 이해와 협력을 증진시키기 위한 목적으로 작성하는 것으로 가장 의례적인 사교 문서라 할 수 있다.

축사를 하는 이유는 여러 가지가 있겠지만 주목적이 회사나 개인의 상황을 관련처에 알림으로써 향후 관계를 더욱 공고히 하려는 취지이므로 작성에 세심한 배려가 요구된다. '바란다'는 점을 강조해야 할 뿐만 아니라 사회적 신뢰도를 구축하려는 의도도 포함되어야 한다. 대체로 일반 축사는 전문·본문·후문으로 나누어 작성된다.

(1) 축사에서 흔히 사용되는 문안
- 먼저 해동주식회사의 창립 10주년을 진심으로 축하드립니다. 나아가 이런 경사스런 자리에 초대를 받은 것은 물론 축사까지 하게 되어 무한한 영광으로 생각합니다.
- 오늘은 참으로 뜻 깊고 기분 좋은 날입니다. 이 자리에 축하해 주기 위해 많은 분들이 참석하셨습니다만 제가 말씀 드리게 된 것을 외람되게 생각합니다.
- 이 자리를 빛내주시기 위해 참석하신 내외 귀빈 여러분
  그리고 회원동지 여러분, 오늘 이 뜻깊은 제5차 정기총회를 맞이하여 참석해 주신 여러분에게 깊은 감사를 드립니다.
- 오늘 저명하신 양국의 교육 전문가들이 모인 가운데 국제학술대회를 개최하게 된 것을 매우 뜻깊게 생각합니다.

(2) 축사의 또다른 예문
- 여러분들도 잘 아시다시피 해동주식회사는 그리 길지 않은 역사임에도 불구하고 탁월한 감각과 기획력이 돋보이는 제품을 출시하여 창업 초기부터 자동차업계의 이목을 집중시켜 왔습니다.
- 물론 저는 창업 초기부터 해동주식회사의 성공을 확신하고 있었습니다마는 지금처럼 괄목할 만한 사업 내용과 비약적인 발전을 이룩하게 될 줄은 정말 예상하지 못했습니다. 그래선지 더욱 큰 감회와 기쁨을 감출 수가 없습니다.
- 해동주식회사가 이처럼 큰 성공을 거두게 된 것은 사장님을 비롯한 전 직원들의 노력의 결과라 생각됩니다.
- 많은 분들을 모셨습니다. 한국학, 한국철학 및 번역 인문학자 등 한국학 관련의 독보적인 위치를 점하고 계신 분들이 오늘 이 자리에 모였습니다. 한국문화가 세계 정치,

외교,경제, 역사의 다중영향 속에서 어떻게 자리하는지, 구체적인 문제점은 무엇인지를 번역가와 번역 이론 및 번역 시장을 토대로 검토하고자 합니다. 이 소중한 자리를 귀하게 여겨 주시고 한국학 해외학술·번역의 소통에 도움을 주시기 바랍니다.

(3) 축사 후문에 자주 쓰이는 문안
☻ 다시 한번 여러분의 동참에 감사드리며 건강한 몸, 즐거운 마음으로 산뜻한 봄을 맞이하시길 기원합니다.
☻ 다시 한번 이번 학술대회의 성공적인 개최에 찬사 드리며 아울러 이 기회를 빌어서 참가자 여러분의 앞날에 영광과 행운이 늘 함께 하시기를 진심으로 기원합니다.
☻ 끝으로 이번 학술대회를 통해 양국의 번역학과 번역 교육연구에 새로운 지평이 열리게 되기를 바랍니다.
☻ 오늘의 이 모임이 거둘 성과가 풍성하길 기대하면서 이 모임의 개최를 축하하는 뜻을 전하고자 합니다. 감사합니다.

4.1.1 迎接和平繁荣和飞速发展的新时代

평화와 번영과 도약의 시대로

존경하는 국민 여러분!

오늘 저는 대한민국의 제 16 대 대통령에 취임하기 위해 이 자리에 섰습니다. 국민 여러분의 위대한 선택으로, 저는 대한민국의 새 정부를 운영할 영광스러운 책임을 맡게 되었습니다. 국민 여러분께 뜨거운 감사를 드리면서, 이 벅찬 사명을 국민 여러분과 함께 완수해 나갈 것임을 약속드립니다. 아울러 이 자리에 참석해 주신 세계 각국의 경축 사절과 내외 귀빈 여러분께도 심심한 감사를 드립니다.

우리 앞에는 동북아 시대가 도래하고 있습니다. 근대 이후 세계의 변방에 머물던 동북아가, 이제 세계 경제의 새로운 활력으로 떠올랐습니다. 21세기는 동북아 시대가 될 것이라는 세계 석학들의 예측이 착착 현실로 나타나고 있습니다. 동북아의 경제 규모는 세계의 5 분의 1을 차지합니다. 한·중·일 3 국에만 유럽연합의 네 배가 넘는 인구가 살고 있습니다.

동북아 시대는 경제에서 출발합니다. 동북아에 '번영의 공동체'를 이룩하고 이를 통해 세계의 번영에 기여해야 합니다. 그리고 언젠가는 '평화의 공동체'로 발전해야 합니다. 지금의 유럽연합과 같은 평화와 공생의 질서가 동북아에도 구축되게 하는 것이 저의 오랜 꿈입니다. 그렇게 되어야 동북아 시대는 완성됩니다. 그런 날이 가까워지도록 저는 혼신의 노력을 다할 것임을 굳게 약속드립니다.

존경하는 국민 여러분, 오랜 세월 동안 우리는 변방의 역사를 살아 왔습니다. 때로는 자신의 운명을 스스로 결정하지 못하는 의존의 역사를 강요 받기도 했습니다. 그러나 이제 우리는 새로운 전기를 맞았습니다. 우리는 이 기회를 살려 나가야 합니다.

우리에게는 수많은 도전을 극복한 저력이 있습니다. 위기마저도 기회로 만드는 지혜가 있습니다. 그런 지혜와 저력으로 오늘 우리에게 닥친 도전을 극복합시다. 오늘 우리가 선조들을 기리는 것처럼, 먼 훗날 후손들이 오늘의 우리를 자랑스러운 조상으로 기억하게 합시다.

　　우리는 마음만 합치면 기적을 이루어 내는 국민입니다. 우리 모두 마음을 모읍시다. 평화와 번영과 도약의 새 역사를 만드는 이 위대한 도정에 모두 동참합시다. 항상 국민 여러분과 함께 하겠습니다. 감사합니다.

4.1.2　词汇注释

벅차다	充满,洋溢,沸腾	기적(奇迹)	奇迹
사절(使節)	使节	예측(豫測)	预见
내외 귀빈(内外貴賓)	国内外来宾	도정(道程)	过程
심심하다(深深하다)	深切,深深	도래하다(到來하다)	来到,到来
활력(活力)	活力,活跃	석학(碩學)	大学者,著名学者
유럽연합(European 聯合)	欧盟(E.U.)		
착착(着着)	有条不紊;紧紧地	차지하다	占有,居于
의존(依存)	倚赖	혼신의 노력(渾身의 努力)	全力以赴,无私奉献
질서(秩序)	秩序		
전기(轉機)	转机		
구축되다(構築되다)	建构,建立	강요받다(强要받다)	被迫,受强制
변방(邊防)	边防,边疆	웅비하다(雄飛하다)	腾飞
도전(挑戰)	挑战	닥치다	迫近,遇到
저력(底力)	潜力,底气	위기(危機)	危机
동참(同參)	共同参加,参与	훗날	未来,将来
도약(跳躍)	飞跃	기리다	称赞
선조(先祖)	祖先,先祖	조상(祖上)	祖宗

4.1.3　参考译文

迎接和平繁荣和飞速发展的新时代

尊敬的国民们：

　　今天,我站在这里宣誓就任韩国第16届总统。承蒙各位的鼎力支持,我荣幸地肩负起韩国新政府领导人的光荣职责。为此,我向各位国民表示最衷心的感谢！我承诺将与各位并肩奋斗去完成这一重大使命。同时,谨向莅临会场祝贺的世界各国使节和国内外贵宾表示诚挚的谢意。

东北亚时代正在向我们走来。近代以后,一直处于世界边缘而停滞不前的东北亚,现在已经作为世界经济的新生力量崛起了。世界著名学者的预言"21世纪将成为东北亚时代"正在逐步实现。东北亚的经济规模占世界的1/5,仅韩国、中国、日本三国的人口就是欧盟的4倍之多。

东北亚时代的起步要从经济开始,通过建立东北亚"繁荣共同体"而为世界繁荣作出贡献,同时还须为不久的将来实现"和平共同体"而努力。在东北亚建立像欧盟一样的和平共存的秩序是我长久以来的梦想,只有那样,"东北亚时代"才能实现。我郑重承诺将竭尽全力争取那一天早日到来!

尊敬的国民们:

在漫长的历史进程中,我们一直被边缘化,有时甚至自己不能决定自己的命运而被迫依附于他人。但是如今我们迎来了新的转机,我们必须好好把握这个时机。

我们既有迎接各种挑战的潜力,又有将危机转化为契机的智慧。让我们以这种智慧和潜力去战胜所面临的挑战吧! 就像我们缅怀先祖一样,让我们的子孙后代也以我们为荣吧!

我们的国民只要万众一心,就能够创造奇迹! 让我们齐心协力,共创和平繁荣与飞速发展的新局面! 让我们团结一致,共赴新时代的伟大征程吧! 我将永远与全体国民并肩作战! 谢谢!

 4.2 正误评析

❶ 평화와 번영과 도약의 시대로

　　误译: 向着和平繁荣飞跃的时代

　　正译: 迎接和平繁荣和飞速发展的新时代

　　评析: "向着"反映了原文"시대로"表示方向的语法意义。但"向着"后面如不接上"前进"等谓语的话,就是半句话,考虑到宾语"时代",可将"向着"替换成"迎接"。

❷ 오늘 저는 대한민국의 제 16 대 대통령에 취임하기 위해 이 자리에 섰습니다. 국민 여러분의 위대한 선택으로 저는 대한민국의 새 정부를 운영할 영광스러운 책임을 맡게 되었습니다.

　　误译: 今天,我为了就任韩国第16届总统而站在了这里。因为各位国民伟大的选择,我担任掌管韩国新政府的光荣职责。

　　正译: 今天,我站在这里宣誓就任韩国第16届总统。承蒙各位的鼎力支持,我荣幸地肩负起韩国新政府领导人的光荣职责。

评析：韩国语是黏着语，中文是孤立语，因此韩文中的所有语法形态不一定都在中文译文中表现出来。比如"취임하기 위해"不一定翻成"为了就任"，意译便可。❷"伟大的选择"是直译，译文语言显得过于生硬。❸"운영할 영광스러운 책임"翻译成掌管或运营新政府，意义没有错误，但使演讲语言带有专制色彩，稍作修饰会显得委婉谦和，易赢得民心。

❸ 국민 여러분께 뜨거운 감사를 드리면서 이 벅찬 사명을 국민 여러분과 함께 완수해 나갈 것임을 약속드립니다. 아울러 이 자리에 참석해 주신 세계 각국의 경축사절과 내외 귀빈 여러분께도 심심한 감사를 드립니다.

误译：对各位致以热烈谢意的同时，我向各位国民承诺，将与各位一起完成这一艰巨的使命。同时对于出席大会的世界各国使节和海内外来宾表示深深地感谢。

正译：为此，我向各位国民表示最衷心的感谢！我承诺将与各位并肩奋斗去完成这一重大使命。同时，谨向莅临会场祝贺的世界各国使节和国内外贵宾表示诚挚的谢意。

评析："热烈谢意"语言不通。❷"表示深深地感谢"，有"的、地、得"使用的语法错误，应是"表示深深的感谢"。

❹ 우리 앞에는 동북아 시대가 도래하고 있습니다. 근대 이후 세계의 변방에 머물던 동북아가 이제 세계 경제의 새로운 활력으로 떠올랐습니다. 21세기는 동북아 시대가 될 것이라는 세계 석학들의 예측이 착착 현실로 나타나고 있습니다.

误译：在我们面前，东北亚时代正在到来。近代以后，一直在世界边境上停滞不前的东北亚，现在通过世界经济的新活力，再一次崛起了。世界大学者们关于"21世纪将是东北亚的时代"的预测，正一步步地成为现实。

正译：东北亚时代正在向我们走来。近代以后，一直处于世界边缘而停滞不前的东北亚，现在已经作为世界经济的新生力量崛起了。世界著名学者的预言"21世纪将成为东北亚时代"正在逐步实现。

评析："在我们面前，东北亚时代正在到来"是完全直译，有些口语化，不符合演讲稿的要求。❷"世界边境"指国与国之间的疆界或边境线，原文"세계의 변방"是一种"处于边缘""非主力军"的抽象意义。

❺ 동북아 시대는 경제에서 출발합니다. 동북아에 '번영의 공동체'를 이룩하고 이를 통해 세계의 번영에 기여해야 합니다. 그리고 언젠가는 '평화의 공동체'로 발전해야 합니다.

误译：东北亚时代应从经济出发，在东北亚实现"繁荣的共同体"，并应为世界的繁荣作出贡献。还应向着"和平的东北亚"发展。

正译：东北亚时代的起步应由经济开始,通过建立东北亚"繁荣共同体"而为世界繁荣作出贡献,同时还须为不久的将来实现"和平共同体"而努力。

评析："繁荣的共同体"与"和平的共同体"中的"的"字可省略。

❻ 지금의 유럽연합과 같은 평화와 공생의 질서가 동북아에도 구축되게 하는 것이 저의 오랜 꿈입니다. 그렇게 되어야 동북아 시대는 완성됩니다. 그런 날이 가까워지도록 저는 혼신의 노력을 다할 것임을 굳게 약속드립니다.

误译：在东北亚也建立跟如今的欧盟一样和平与共同的秩序,这是我长久以来的梦想。只有那样,"东北亚时代"才会完成。我答应为了那样的日子尽快到来而尽我最大的努力。

正译：在东北亚建立像欧盟一样的和平共存的秩序是我长久以来的梦想,只有那样,"东北亚时代"才能实现。我郑重承诺将竭尽全力争取那一天早日到来!

评析："지금의 유럽연합과 같은……"译为"跟……一样",是纯粹口语化的说法,在演讲中用"像……一样"更郑重感。☯"……'东北亚时代'才会完成"词语不通,"时代"后面跟的谓词应该是"到来"或"实现"。☯"我答应"未能表现出原文"굳게 약속드립니다"的坚定语气。

❼ 오랜 세월 동안 우리는 변방의 역사를 살아 왔습니다. 때로는 자신의 운명을 스스로 결정하지 못하는 의존의 역사를 강요 받기도 했습니다. 그러나 이제 우리는 새로운 전기를 맞았습니다. 우리는 이 기회를 살려 나가야 합니다.

误译：很长时间以来我们都生活在边境的历史中。有时被强加上不能自主而依赖他人的历史。不过,现在我们正面临新的转机。作为21世纪东北亚时代的中心国,腾飞的机会正向我们走来,我们应该借这个机会前进。

正译：在漫长的历史进程中,我们一直被边缘化,有时甚至自己都不能决定自己的命运而被迫依附于他人,但如今我们迎来了新的转机。我们必须紧紧把握这个时机。

评析："변방의 역사"指"处于历史上微不足道的地位",不指边界或边境史。☯"强加上不能自主而依赖他人的历史"中文意思不通。

❽ 우리에게는 수많은 도전을 극복한 저력이 있습니다. 위기마저도 기회로 만드는 지혜가 있습니다. 그런 지혜와 저력으로 오늘 우리에게 닥친 도전을 극복합시다. 오늘 우리가 선조들을 기리는 것처럼 먼 훗날 후손들이 오늘의 우리를 자랑스러운 조상으로 기억하게 합시다.

误译：我们有克服无数挑战的潜力,也有着连危机也能转化为机会的智慧。通过那种潜力和智慧,让我们克服所面临的挑战吧。今天,让我们像先祖们所做过的一样去努力,让我们的后世子孙们也把今天的我们当成值得自豪的祖先吧!

正译： 我们既有迎接各种挑战的潜力，又有将危机转化为契机的智慧。让我们以这种智慧和潜力去战胜所面临的挑战吧！就像我们缅怀先祖一样，让我们的子孙后代也以我们为荣吧！

评析： "도전을 극복한 저력"直译为"克服……挑战"，中文词组不搭配，可以说"战胜挑战"或"迎接挑战"。☯"也有着连危机也能转化为机会的智慧"译得过于啰嗦。☯"让我们像祖先们所做过的一样去努力"与原文意思相差过大。

❾ 우리는 마음만 합치면 기적을 이루어 내는 국민입니다. 우리 모두 마음을 모읍시다. 평화와 번영과 도약의 새 역사를 만드는 이 위대한 도정에 모두 동참합시다. 항상 국민 여러분과 함께 하겠습니다.

误译： 我们只要齐心协力就能制造奇迹，所以让我们齐心协力吧！一起加入创造和平繁荣与飞跃的新时代的路途中去吧！我将一直与各位国民一起努力。

正译： 我们的国民只要万众一心，就能够创造奇迹！让我们齐心协力，共创和平繁荣与飞速发展的新局面！让我们团结一致，共赴新时代的伟大征程吧！我将永远与全体国民并肩作战！

评析： 在一句话里忌讳词组的重复使用，为避免"齐心协力"反复使用，可换成近义词组"团结一致""万众一心""上下一致"等。☯"항상"译成"一直"，过于口语化，不符合演说文文体色彩。☯讲演结束语要使讲演气氛提到高潮，"与大家一起努力"的语感无力。

4.3 翻译知识

汉字词的译法

　　在翻译词汇的时候，我们会发现韩国语词汇中一半以上是汉字词。韩国语词汇中为什么有这么多汉字词？韩国语的汉字词与中文的现代汉语词有什么区别？在翻译韩国语汉字词时应该注意什么呢？

　　我们知道直到15世纪为止，朝鲜半岛一直只有民族语言而没有民族文字。约从公元初年开始，古朝鲜长期借用汉语，汉语被定为官方正式书面用语。也就是说汉语是书面用语，而口语则是被称为俚语或谚文的朝鲜语。这种现象在朝鲜语学史上被概括为朝鲜语言与文字的"言文二致"时期。1392年，朝鲜朝建立。朝鲜朝第四代君主世宗大王组织了一批有名的学者，如郑麟趾、成三问、申叔舟等，共同创制朝鲜民族文字，于公元1443年12月公布"训民正音"。《世宗实录》记载：

> 是月,上亲制谚文二十八字。其字仿古篆,分为初、中、终声,合之,然后乃成字。凡于文字及本国俚语,皆可得而书,字虽简要,转换无穷,是谓训民正音。

"训民正音"的诞生,标志着朝鲜民族从此具有了自己民族的文字。但由于"训民正音"诞生初期在语音、词汇、语法方面尚未成熟,还不能够独立使用,只是用来标示汉字,所以自15世纪到19世纪,朝鲜语言与文字仍然处于"朝汉混用"期。19世纪掀起的爱国文化启蒙运动,使朝鲜民族的语言文字有了质的发展。爱国文化启蒙运动以普及教育、振兴民族产业、恢复国家主权为目的。民族自立自强的自主意识使朝鲜学者明白了,没有民族的语言文字,就不可能有民族文化的独立发展。于是,用朝鲜语编写的《独立新闻》《大韩每日新闻》等民族报纸和《自强月报》《韩半岛月刊》等杂志发行于世。"国文研究会""国文研究所""国文会"等民间语言研究组织建立。朝鲜学者从事民族语言的整理和研究工作,第一次编写出版了《国文文法》《朝鲜文典》《语言之声》《国语文典音学》《初等国语语典》等语法书和词汇字典,以及朝鲜语言学著作。当时最著名的语言学者周时经先生说:"要保家兴国就要提升国家意识,奖励国性的途径在于使用自己国家的语言。"(《周时经遗稿集》)经过以周时经为代表的一批学者们的不懈努力,终于确立了朝鲜语作为朝鲜民族语言的地位,使朝鲜语由"谚文"上升为"国语"和"国文学"。

朝鲜半岛长期使用汉字汉文,大量汉字词自然流入韩国语中,借用的汉字词与韩国语固有词汇相融会,构成了韩国语的基本词汇体系。虽然朝鲜半岛进行了大幅度的语言文字改革,以求保持民族语言的所谓"纯洁性"和"自主性",但是只能在文字书写方面不写汉字,在汉字词汇使用方面依然如故。在韩国语汉译的时候会发现,汉字词如今仍然占韩国语词汇总量的60%以上。

例1 우리말에 '始作이 半이다' 또는 '千里 길도 한 걸음부터' 라는 속담이 있다. 出發만 할 수 있으면 그것은 이미 다 해놓은 것이다. 實際로 始作이 쉽지 않다. 始作하는 決斷이 있고 그것을 實踐에 옮기는 作業을 實行한다면 그것은 앞이 보이고 그리고 언젠가는 거두기 마련이다.
俗话说"万事开头难"或说"千里之行始于足下"。意思是开头难,只要开了头,事情就好办了。的确,万事开头难。下定决心开始动手,并把决心付诸于实践,勇往直前,必定会有成功的那一天。

如例1所示,韩国语中包含着大量汉字词汇,这些汉字词源于古代汉语,所以迄今仍使用繁体字。这的确给我们理解和翻译带来了一些方便,但同时也是翻译的一个难点。一个韩字可以标示许多汉字发音,例如韩语音"시"可以标示"時、市、施、詩、始、示、試、視、侍、矢、匙、尸、柴、是、弑、翅、豕、諡"等许多汉字的发音。有时候我们可以根据词汇意义去判断韩国语汉字词的准确意义,比如:

시작(始作) —— 开始	시간(時間) —— 时间	실시(實施) —— 实行
표시(表示) —— 表示	시가(詩歌) —— 诗歌	시험(試驗) —— 考试
멸시(蔑視) —— 蔑视		

但以上汉字词在没有上下文的情况下,有时很难分清词义。比如"시공",可以理解为"施工",也可以理解为"时空";"시각"可以理解为"视角",也可以理解为"时刻"或"视觉"。特别是韩国进行文字改革,取消了使用汉字书写韩文以后,给汉字词的理解造成了一定的困难,翻译中也常常因此而失误。比如"삼림방화"就可能会被翻译成"森林放火",而实际上可能正相反,是"森林防火"的意思。又如"조선소"会被翻译成"朝鲜牛",而有可能指的是"造船厂"。此外,韩国语中的汉字词是从汉语中借用的,被借用的汉字词历经千百年的发展,已经与韩国语融合为一体了。韩国语的汉字词在词汇意义、使用方法及褒贬色彩等方面,都与现代汉语拉开了距离。所以翻译汉字词要特别注意汉字词与汉语词之间的异同之处。为了便于叙述,下面将韩国语中的汉字词简称为"汉字词",将中国汉语词汇简称为"汉语词"。

韩国语汉字词与汉语词的异同表

异同之处	汉字词	汉语词
① 词义完全相同	역사 (歷史)	历史
② 词义相近	협력 (協力)	合作
③ 同音异义	한류 (漢流)	韩流
④ 字序颠倒	기풍 (氣風)	风气
⑤ 感情色彩不同	철두철미 (徹頭徹尾)	彻头彻尾
⑥ 使用场合不同	성과 (成果)	成果,成就,效果
⑦ 搭配不同	창달 (昌達)	繁荣昌盛
⑧ 韩式汉字词,字形完全不同	양반 (兩班)	秀才,官吏,士族

4.3.1 词义完全相同

例 2 21세기가 우리에게 준 과제(課題)는 청년(青年)들에게 더 많이 지워질 것입니다. 시대와 함께 움직이고 협력 의식(意識)을 강화하며 아시아의 아름다운 미래(未來)를 창조(創造)하는 것이 아시아 각국(各國) 청년들이 짊어진 사명(使命)입니다.

21世纪给人们的课题将更多地落在青年一代身上,与时俱进,增强合作意识,共创亚洲美好的未来,是亚洲各国青年肩负的使命。

例2句中"課題、青年、意識、未來、使命"等汉字词与汉语词的内涵外延完全一样。翻译这种意义完全相同的韩国语汉字词,比较容易做到词汇的对等翻译。类似的词还有"활발하다"(活潑하다)、"전통문화"(傳統文化)、"가야금"(伽倻琴)、"표현하다"(表現하다)、"조건"(條件)、"형성하다"(形成하다)、"역사"(歷史)、"음악"(音樂)等等。

4.3.2 词义相近

例 3 근대에서 빼놓을 수 없는 한·중 두 나라의 문화교류 협력(協力)은 1942년 대한민국 임시정부가 있었던 重慶에서 만들어진 "한·중 문화협회"입니다.

1942年,成立于重庆的大韩民国临时政府成立了"韩中文化协会"。这是近代史上韩中两国文化交流与合作的开端。

"문화교류협력"(文化交流協力)须按照汉语词的习惯翻译成"文化交流与合作"或"文化交流与协作"。韩国人将"外事处"叫做"대외 협력처"(對外協力處),这是韩国语汉字词的习惯用法之一。

4.3.3 同音异义

例 4 1992년 역사적인 '한·중 수교' 이후, 전통문화와 예술은 물론 영화, 음악,스포츠 교류에 이르기까지 한국과 중국의 교류가 점차 활발해지고 있습니다. 특별히 최근 중국에는 한국의 대중문화가 유입되어 <u>한류(韓流)</u> 열풍이 불고 있고, 한국에서는 중국에 대한 관심이 높아져 중국어와 중국문화를 배우려는 <u>한류(漢流)</u>가 형성되고 있습니다. 한국어의 발음으로는 두 말이 모두 '한류'라고 발음됩니다만, 여기서 제가 주목하고자 하는 바는 두 말 모두가 다 '흐를 <u>류(流)</u>'자로 표현한다는 점입니다. 양국의 서로에 대한 문화적 관심과 유행을 '흐를 <u>류(流)</u>'로 표현했듯이, 문화는 흐르는 물과 같은 것입니다. 서로 흘러 들어가고 나가면서 부족한 부분을 채워 줄 뿐만 아니라, 그 거대한 물줄기가 한번 형성되면 다른 어떤 조건에서도 쉽게 사라지거나 거스를 수 없게 됩니다.

1992年的韩中建交具有历史意义。此后两国在传统文化与艺术领域,以及电影、音乐、体育方面的交流日益活跃。特别是最近,韩国的大众流行文化传播到中国,中国大地上掀起了一股"韩流"。与此同时,韩国也特别关注中国,在韩国形成了一种学习汉语和汉文化的"汉流"热潮。用韩国语读"韩流"与"汉流",发音完全一样,我想在这里强调的是,无论是"韩流"还是"汉流",都用了流水的"流"来表现,正如两国不约而同地将彼此的文化和流行称之为流水之"流"一样,文化交流犹如流水一般,是相互流动,互为补充的。这种交流一旦汇合成为一股强大的水流,就会流势磅礴,一泻千里。

例4句中的"韩流"或"汉流"的"流",无论是韩国语汉字词还是汉语词语,两方面意义完全一样,作者利用了这一点,将两国建交十余年来的文化交流做了一番精彩的描述。

4.3.4 字序颠倒

例5 아시다시피 우리가 새롭게 맞이하고 있는 21세기는 문화가 국가의 운명(運命)을 결정하는 '문화의 시대'라는 사실입니다.

众所周知,我们刚刚迎来的21世纪,是一个文化决定国家命运的"文化时代"。

例5句中的汉字词"運命"与汉语词"命运",意义相等,只是字序不同。这类字序颠倒的汉字词有很多。如:

북동풍 (北東風)　　东北风
기풍 (氣風)　　　　风气
해독 (害毒)　　　　毒害
위패 (位牌)　　　　牌位
여과 (濾過)　　　　过滤
정열 (情熱)　　　　热情
산출 (産出)　　　　出产
평화 (平和)　　　　和平

4.3.5 感情色彩不同

例6 우리가 왈가왈부할 것이 아니라 제삼자의 말을 들어 봅시다.

咱们别叽里哇啦地说了,还是听听局外人的意见吧!

例7 이번 학술대회가 언어학 연구의 문제점에 대하여 진지하게 검토하고 향후 발전을 도모할 수 있는 토론과 교류의 장이 되기를 바라는 바입니다.

希望这次学术研讨会能够就语言学研究的问题进行认真讨论,成为今后谋求进一步发展而开展学术交流活动的平台。

汉语中有批评"第三者插足"的话,而韩国语中对"제삼자"(第三者)没有这一层指责意思,只相当于"局外者"的意思。例7中的"도모"(图谋)在中文中是贬义词,在韩文中是中性词。

4.3.6 使用场合有别

例8 빛나는 성과를 이룩하였다. —— 辉煌的成就
　　　 이만한 성과에 만족할 수 없다. —— 一星半点的成果
　　　 이번 방문에서 이룩한 커다란 성과를 축하합니다. —— 丰硕的成果
　　　 올해에 한국에서 60억 세계인의 대축제인 "2002 월드컵축구대회"가 열려 한국 축구팀은 세계 4강에 든 좋은 성과를 거두었다. —— 好成绩

韩国语汉字词"성과"(成果)包含"成果、成绩、成就"的意义,而这三个汉语词是近义词,词义的范围有区别。"成果"表示工作或事业上有所收获,"成绩"表示学习或比赛中取得的分数,"成就"指事业上的成绩,在译文中不能大词小用或小词大用。

4.3.7 搭配不同

例9　1945년 제 2 차 세계대전 종말과 함께 나타난 냉전체제는 과거 수천년 동안 면면히 지속되어 왔던 양국간의 문화교류를 약 반세기 동안 단절시켜 놓았습니다. 이러한 불가항력적인 현상은 양국 국민간의 상호 이해 증진을 방해하고 다양한 문화교류를 중단케 했을 뿐만 아니라 우수한 동양문화 창달(暢達)을 결정적으로 뒷걸음치게 만들었던 것입니다.

　　1945年,第二次世界大战结束后的冷战体制,将持续了几千年的两国之间的文化交流中断了近半个世纪。这一不可抗力造成的历史现象,不仅阻碍了两国人民之间的相互理解,中断了文化交流的渠道,而且还使优秀的东方文化的繁荣和发展出现了倒退。

"暢達"是昌盛发达的意思,现代汉语中几乎不使用,翻译时须用解释的方法。

例10　남한테 늘 속임을 당하고 살아 왔을 뿐 아니라고 인간의 하층에서 멸시와 천대만 받아 오던 곽바위는 사람에게 이미 환멸(幻滅)을 느끼고 있었다.

　　生活在社会的最底层,常常受人欺骗、被人鄙视和虐待的郭巴威对世人已经感到寒心、绝望了。

汉字词"환멸"(幻滅)指希望、理想像幻影一样消失。倘若想说"对人所寄托的希望幻灭了",不能直接说"对人感到幻灭了",在译文中翻译成"寒心、绝望",也可以译为"他对人已经不抱有任何幻想了"。

例11　영화는 특히 주인공들의 생활 저변을 깊이 파고 들어 높은 정신적 풍모(風貌)를 상세하고 생동감 있게 그렸다.

　　电影特别注意挖掘主人公的生活细节,细致生动地描写了他们的精神面貌。

例12　오랜 투쟁 과정에서 피와 땀으로 이루어 놓은 쟁취물(爭取物)을 더없이 귀히 여기고 있다.

　　无比珍惜在漫长的斗争中流血流汗得来的胜利果实。

4.3.8 韩式汉字词

例13　아이들이 산촌 온다고 좋아서 야단법석이다.

　　孩子们嚷嚷着:"叔叔来啦!"高兴得不得了。

例14 양반은 고려·조선 시대에 지배층을 이루던 신분. 원래 관료체제를 이루는 동반과 서반을 지칭했으나 점차 그 가족이나 후손까지 포괄하여 이르게 되었다.

　　两班指高丽和朝鲜朝时期统治阶层官僚体系中的东班和西班官僚,后来逐渐包括了他们的家属及后代。

　　삼촌(三寸)、양반(兩班)都是韩国语独有的汉字词,这类词是在韩民族语言发展历史中形成的。"三寸"指父亲的弟弟,即叔父。"兩班"是高丽和朝鲜朝时代文武官僚的称呼,又叫东班和西班。朝鲜朝末期,两班官僚制度被取消之后,"兩班"仍然作为有知识、有地位的人的泛称而保留下来。

 4.4　翻译练习

4.4.1　选择较好的翻译

① 일동 박수.
　　——全体鼓掌。
　　——一同鼓掌。

② 한중국교정상화(韓中國交正常化).
　　——韩中关系正常化。
　　——韩中国交正常化。

③ 서로 反目하며 살아 간다.
　　——相互反目成仇。
　　——互相敌视对峙。

④ 일체의 교통과 통신 등이 두절된 상태에서.
　　——一切交通和通信都被杜绝的状态。
　　——在交通和通信完全中断的状况下。

⑤ 兩國間에 半世紀에 걸친 人爲的인 斷絕이다.
　　——两国间长达半个世纪人为的断交。
　　——是半世纪以来两国之间人为的割断。

⑥ 反文明的이며 反人倫的인 苦痛이다.
　　── 这是反文明反人伦的痛苦。
　　── 一场反文明、反人伦的灾难。

⑦ 兩國은 數千年의 歷史를 通해 蓄積해 온 交流 協力에 의해 單純한 이웃의 關係를 넘어 끊을 수 없는 友誼의 情을 이어 왔다.
　　── 由于数千年的密切交往与合作,两国之间已超越了一般单纯的邻里关系,建立起一种割舍不断的友谊。
　　── 依靠数千年积累的交流与合作关系,两国超出了单纯的邻居关系,而连接成为不可分离的友谊之情。

⑧ 兩國의 傳統的 友誼를 復元하기 위한 첫 試圖이다.
　　── 试图重拾两国的传统友谊。
　　── 尝试恢复两国之间的友好传统。

⑨ 이 자리에 모인 두 나라 碩學들이 바로 그 主役들이다.
　　── 在座的硕学是主人翁。
　　── 在座的两国精英便是主力军。

⑩ 두 나라의 知性들은 새로운 文化 交流의 發展 方向을 摸索해야 할 責務를 안고 있다.
　　── 两国先知先觉者们有责任去摸索文化交流的新的发展方向。
　　── 两国的精英们肩负着探索文化交流新发展方向的重任。

4.4.2　填空

① 그 사람들은 새 원장의 연설에서 모처럼의 위로와 격려를 받았을 뿐 아니라 새 희망과 용기를 얻게 되었습니다.
　　人们从新院长的演讲中得到了莫大的安慰和鼓励,获得了新的(　　　　　　)和(　　　　　　)。

② 그는 뛰어난 연설 솜씨로 청중을 단박에 사로잡았다.
　　他高超的演讲技巧一下子就(　　　　　　)听众。

③ 전남 목포상고(현 목포 전남제일고) 22회 동창생들은 친구 김대중 전 대통령을 '웅변가', '독서광', '멋쟁이'로 기억하고 있다.
　　全罗南道木浦一高第22届校友们都记得前总统金大中是一个(　　　　　　)(　　　　　　)(　　　　　　)。

④ 버락 오바마 미국 대통령 당선자가 일부 수사학자와 문장가들로부터 '동시대 최고의 웅변가'라는 평가를 받고 있다고 영국 BBC뉴스가 19일 보도했다.
英国BBC新闻报道说,一些修辞学者和文人们评论,美国总统当选者奥巴马是"当代（   ）"。

⑤ 연설할 때 음성의 높낮이를 마치 성직자가 설교하는 것과 흡사하게, 나아가 노래하는 가수를 연상시킬 만큼 잘 조절한다는 점도 오바마 당선자를 웅변가로 여기게 만드는 요인이라고 이들은 설명한다.
奥巴马在演讲的时候,犹如（   ）宣教一般,非常善于调节声调高低,而且还会调节音色冷暖,令人们联想起唱歌的歌手。从这一点上看,他们认为当选者奥巴马是以演说家的水平为人信服的。

⑥ 1993년, 그는 의료 사고에 대한 소송에서 처음으로 성공적인 연설을 했다. 이 소송으로 큰 돈을 받지는 못했지만 그는 연설 전략과 논쟁 방법에 관해 많은 것을 배울 수 있었다.
1993年,在一次医疗事故诉讼中,他第一次（   ）。这次诉讼辩护虽然挣钱不多,但是他学到了许多讲演技巧和方法。

4.4.3　改错

① 존경하는 ○○○총장님과 교수 여러분, ○○○교육부 장관님을 비롯한 귀빈 여러분, 그리고 친애하는 학생 여러분, 안녕하십니까!
—— 尊敬的○○○校长和各位教授,以教育部长○○○为代表的各位贵宾,以及各位亲爱的同学们,你们好!
——

② 오늘날 세계가 놀라고 있는 중국의 발전에는 청화대 동문들의 땀과 열정이 배어 있다고 합니다. 존경하는 후진타오 주석께서 여러분의 자랑스런 선배라는 점도 청화대인들의 자부심을 더욱 북돋아 주고 있습니다.
—— 今日令世界惊讶的中国的发展,可以说渗透着清华大学同门们的汗水和热情。尊敬的胡锦涛主席是各位引以为骄傲的前辈,这点更增加了清华人的自负心。
——

③ '일대일로(一带一路)' 전략구상 및 한·중 협력.
—— "一带一路"战略构想与韩中协力。
——

④ 두 나라는 서로에게 세 번째로 큰 교역 상대국입니다. 지난 해의 교역 규모는 410억 달러를 넘어 섰습니다. 최근 들어 한국의 기업들에게 중국은 최대의 투자 파트너로 각광 받고 있습니다.
—— 两国互为第三大交易对象国。去年的贸易规模已超过410亿美元。到了最近,韩国企业已成为中国最大的投资伙伴而备受瞩目。

⑤ 아주 놀라운 발전입니다. 그러나 돌이켜 보면, 한·중 관계가 이렇게 비약적으로 발전한 것은 결코 놀랄 만한 일이 아닐 수도 있습니다. 우리 두 나라는 5천년에 이르는 교류와 우호친선의 역사를 공유하고 있습니다. 그만큼 두 나라 국민들은 서로를 가깝게 느끼며 서로의 삶과 문화에 대해서 큰 관심을 가지고 있습니다.
—— 真是令人吃惊的发展。但是再回顾一下,韩中关系如此飞跃性的发展绝对不是意外之事。我们两国具有五千年的交流和友好往来的历史。所以两国人民互相感觉亲近,对互相的生活文化也非常关心。

⑥ 그 좋은 예가 바로 "한풍"(漢風)과 "한류"(韓流)로서 나타나고 있는 것이라고 생각합니다. 요즘 한국에서는 중국어와 중국문화를 배우려는 열기가 아주 뜨겁습니다. 어디를 가나 중국 상품이 넘쳐 나기도 합니다. 서울의 지하철에서는 중국어 안내방송을 들을 수 있습니다.
—— 我觉得最好的例子就是"汉风"和"韩流"的出现。最近在韩国学习中文和中国文化的热情很高。不管去哪里都充斥着中国商品。连汉城的地铁里也能听到中文播音。

⑦ 저도 오늘 여러분과 사귀고 싶어서 이곳에 왔습니다. 이렇게 귀한 기회를 마련해 주신 데 대해서 감사드립니다.
—— 我今天很想与大家交往,所以来到这里。我很感谢给我提供了这样一个机会。

⑧ 두 나라는 신기술 분야에서의 협력도 활발합니다. 다음 주에는 청화대학과 한국 전자부품 연구원이 공동으로 추진해 온 '한 중 전자부품 산업기술 협력센터'가 문을 엽니다. 진심으로 축하드립니다. 이러한 미래 첨단분야의 협력은 앞으로 더욱 더 가속화 될 것입니다.
—— 两国在新技术领域的合力也相当活跃。下周清华大学和韩国电子零件研究院共同推进的"韩中电子部品产业技术合作中心"将正式挂牌。我对此表示衷心的祝贺。今后两国在这种未来尖端领域中的合作将会持续发展。

⑨ 21세기 들어와 과거 그다지 주목을 받지 못했던 문화의 역할이 갈수록 각광을 받고 있습니다. 그런 가운데 과거 소홀이 다루어졌던 동양문화에 대한 관심도 크게 증대되고 있습니다. 이와 같은 흐름 속에서 우수한 전통문화와 현대화의 성공적 경험을 보유하고 있는 한중 양국은 더욱 밀접한 관계 발전을 통해 상호 신뢰하는 이웃으로서 자국의 발전은 물론 인류의 발전에 크게 기여할 수 있도록 노력해야 할 것입니다.
—— 进入21世纪之后,过去不那么受人关注的文化作用越来越大,历来被歧视的东方文化也正在重新受到人们的重视。在这样的流水中,具有传统文化和发展现代化经验的韩中两国作为友好邻邦,应该更加紧密地合作,相互信任,为各自的发展,当然也为人类的发展作出更大贡献。
——

⑩ 이를 위해서는 양국, 그리고 양국 국민간에 존재하고 있는 오해와 불신을 해소하고 나아가 미래지향적인 이해와 교류의 폭을 넓히는 일이 무엇보다 중요하다고 생각합니다.
—— 为此,应逐步减少两国以及两国的人民之间存在的误解与不信,面向未来,不断加强理解和交流,我认为这是至关重要的。
——

4.4.4　翻译句子

① 존경하는 북경대학 총장, 교수, 학생, 그리고 내빈 여러분, 얼마전까지만 해도 오랜 전통을 자랑하는 북경대학교의 이 연단에 설 것이라고는 어느 석학도 생각할 수 없었을 것입니다.
——

② 반갑습니다! 제가 들어 올 때 따뜻한 박수로 환영해 주신 데 대해 감사의 말씀을 드립니다. 들어 오면서 보니까 캠퍼스가 아주 크게 보이지는 않지만 아름답고 품위가 있었습니다. 중국을 대표하는 명문, 청화대학다운 모습이라고 생각했습니다.
——

③ 중국은 지금 2008년 올림픽과 2010년 세계박람회를 앞두고 있습니다. 중국 사회 전반의 새로운 도약과 번영을 가져 올 아주 중요한 계기라고 생각합니다.
——

第4课　演　讲

④ 이번에 저는 중국을 처음 방문했습니다. 위대한 문화유산과 눈부신 경제 발전, 근면하고 역동적인 국민들의 모습, 이 모든 것이 참으로 놀랍고 감명 깊습니다. 저로서는 그 감동을 다 표현하기 어려울 정도입니다.
───

⑤ 개혁과 개방이 선진 중국을 건설해 나가는 최선의 길이라는 것은 지난 20여 년의 역사가 증명하고 있기 때문입니다. 앞으로도 중국이 활력 있는 경제와 역동성을 바탕으로 더욱 풍요로운 사회, 그리고 모두가 바라고 있는 '샤오캉'사회를 실현할 것으로 확신합니다.
───

⑥ 한국 국민들이 해마다 가장 자주 찾는 나라가 바로 중국입니다. 지난 해에는 양국에서 모두 230만 명의 국민들이 서로를 방문했습니다. 10년 전보다 17배가 늘어난 숫자입니다. 중국에서 공부하고 있는 한국인 유학생들이 지금 3만 6천 명에 이르고 있습니다. 외국인 학생 열 명 가운데 네 명이 한국에서 온 학생들입니다.
───

⑦ 우리 두 나라 간의 아름다운 선린우호 관계는 식민 세력으로 단절되었습니다. 오늘 우리가 함께 한 공동선언은 동북아시아를 한 지붕 아래 모이게 하는 시작일 것입니다.
───

⑧ 나는 중국이 한국의 기업들과 협력하고 합작하는 노력을 최대화 해 주기를 기대합니다. 우리는 한·중 협력의 씨앗을 이곳에 뿌리고 빠른 시일 안에 풍성한 결실을 얻기 위해 최선을 다할 것입니다.
───

⑨ 한중 양국 관계가 1992년 수교 이래 19년이라는 짧은 기간 동안 세계 외교 역사상 유례 없이 빠른 속도로 발전하여 왔고 이와 같은 추세는 앞으로도 계속될 것입니다.
───

⑩ 한·중 양국 관계의 보람찬 앞날을 바라 보며 귀빈 여러분의 건승을 위하여, 중국의 발전을 위하여, 우리 두 나라의 우의를 위하여 축배를 들어 주시기 바랍니다.
───

4.4.5 翻译笑话与俗语

① 달리기 대회

　　김밥과 나무 젓가락이 경주를 하게 되었다.그런데 김밥이 달리던 중 그만 옆구리가 터지고 말았다. 그래서 오이,당근,밥,맛살,시금치,단무지 따위의 재료들은 제각기 다른 길로 달리게 되었다. 그런데 그 중에서도 김은 달리지도 않고 제자리에 가만히 있는 것이었다. 오이가 다급한 목소리로
　　"김아, 김아, 김아, 김아! 넌 왜 안 달려?" 하고 물으니 김이 하는 말 ……
　　"난, 양반김이야!"

② 양반 양반 두 양반 (兩班, 兩班, 2兩半)이란 속담이 있는데, 돈의 액수 두 냥 반과 두 양반의 음이 유사한 데서 이는 돈을 주고 산 양반을 비꼬는 말이다.

③ 양반은 죽어도 문자 쓴다 (兩班은 죽어도 文字 쓴다.)고 하는 속담이 있는데 이는 위신을 지극히 생각하고 한문에 중독된 양반을 놀림조로 이르는 말이다.

4.4.6 翻译短文

성공을 願한다면 성공비결

하나. 매우 魅力적인, 現實적인 目標를 가져라.
둘. 오늘의 自身, 지금의 自身을 出發点으로 삼아라.
셋. 他人과 比較하지 말라.
넷. 積極적·樂天적·情熱적인 思考를 지녀라.
다섯. 創造的인 想象力을 積極 活用하라.
여섯. 現在의 일을 最後의 일이라고 생각하고 沒入하라.
일곱. 自身만이 가지는 個性적인 魅力을 지녀라.
여덟. 成功에 對해서 서두르지 말고 驕慢하지 말고 쉬지 않고, 抛棄하지 마라.
아홉. 成功에 앞서 名譽가 있는 人間이 될 것을 마음에 새겨라.
열. 하나의 일이 끝났을 때 그 일에서 훌륭한 成功體驗을 얻으라.

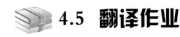 **4.5　翻译作业**

🌸 2000 년 신년사 🌸

존경하고 사랑하는 국민 여러분!

희망의 새 천년이 시작되었습니다. 새해에 여러분 모두가 복 많이 받으시기를 진심으로 빕니다.

지나간 천년은 인간과 자연, 강자와 약자, 남성과 여성, 동양과 서양이 서로 대립하던 갈등의 시대였습니다. 그러나 새 천년은 인류의 보편적 가치가 전세계에서 처음으로 실현될 수 있는 희망의 시대입니다. 새 천년은 인간과 자연의 조화, 남녀평등의 실현 속에 평화와 인권과 정의 등이 지구촌의 보편적 가치로 정착되는 시대가 될 것입니다.

새 천년은 또한 지식 혁명의 시대입니다. 지식과 정보가 국가경쟁력의 원천이 되고 있습니다. 지식 혁명과 인터넷 혁명이 세계를 변화시키고 있습니다. 지식 혁명의 시대는 영토국가 시대와는 달리 국경 없는 무한 경쟁시대가 될 것입니다. 따라서 새 시대에는 지식 혁명을 통해서 창의적·능동적으로 대응하지 못하면 역사의 주변부로 밀려 나고 말 것입니다.

새 천년은 정부·시장·시민 사회가 국가와 세계 발전을 위한 3대 축을 이루고 서로 협력하는 시대가 될 것입니다. 무엇보다도 시민 사회의 자율성이 보장되고 활성화되어야 민주주의와 시장경제 그리고 생산적 복지가 발전할 수 있습니다.

존경하는 국민 여러분!

새 천년은 우리가 세계 일류 국가로 자리잡을 수 있는 기회의 시대입니다. 지난 세기에 우리가 선진국을 따라잡기 위해 땀과 눈물을 흘렸다면 새 시대에는 세계의 선두 대열에 서서 모든 나라와 같이 가는 견인차 역할을 해야 할 것입니다. 새 천년에는 인터넷 등을 통한 국민의 직접적인 참여 속에 전자 민주주의가 실현될 것입니다. 국민의 적극적인 참여와 감시 속에 부정부패가 일소되는 깨끗한 나라를 만들어야 하겠습니다. 정부는 올해부터 〈인터넷 신문고〉를 창설하여 국민으로부터 직접 고발을 받고 국민과 함께 국정을 개혁해 나가겠습니다.

새 천년에는 더불어 잘 사는 중산층 중심의 사회를 만들어 나가야 합니다. 아울러 서민의 복지가 가장 존중되어야 합니다. 우리가 지향하는 일류국가는 일등만을 위한 나라를 만들자는 것이 아닙니다. 약한 사람과 사회적으로 소외된 계층을 위한 제도적 장치를 제대로 갖추어야 진정한 의미에서 세계 일류국가로 발돋움할 수 있습니다.

새 천년에는 계층·세대·남녀·지역간의 갈등을 뛰어 넘어 화해와 단합의 장이 마련되어야 합니다. 이러한 국민적 화합이 실현되어야만 우리가 세계적 경쟁에서 승리할 수 있는 힘을 갖추게 될 것입니다.

......
친애하는 국민 여러분!
21세기는 세계화, 디지털화, 지식 기반의 시대입니다. 부존자원보다 지식과 정보에 의한 경쟁력이 중요한 시대입니다. 디지털 시대는 빛의 속도의 시대입니다. 이러한 변화에 적응하면 일류국가가 되고 못하면 삼류국가로 전락할 것입니다. 조선왕조 말엽같이 한번 뒤처지면 다시 따라잡기 어렵게 됩니다.
......
교육환경을 OECD 국가 수준으로 발전시켜 나가겠습니다. 교육의 획기적인 발전 없이는 21세기의 지식 기반시대에서 성공할 수 없습니다. 우수 교사를 적극 양성하고 "스승이 존경받는 사회"를 만드는 등 교사의 위상과 사기가 한층 높아질 수 있도록 하겠습니다. 과밀 학급을 해소하는 등 학생들의 학습 환경도 획기적으로 개선해 나가겠습니다. 대학 졸업생의 취업 능력과 연계시키기 위해 정보통신대학·생명과학대학 등 전문교육기관을 적극 육성해 나가겠습니다. 또한 새로 제정된 〈평생교육법〉에 따라 국민 모두가 언제, 어디서나, 쉽게 고등교육의 기회를 갖고 자신의 능력을 개발할 수 있도록 하겠습니다. 누구든 의지와 능력만 있다면 돈이 없어서 교육을 못 받는 일이 없도록 정부가 지원하겠습니다. 올해부터 가정 형편이 어려운 중·고교생 40만 명에게 학비를 무상으로 지원하겠습니다. 대학생 30만 명에게 장기 저리로 학자금의 융자 혜택이 돌아가도록 하겠습니다. 세계적 경쟁의 시대에서 우리의 경쟁력을 좌우할 원천인 대학교육을 선진국 수준으로 끌어 올리고자 합니다.

21세기는 지식정보의 시대입니다. 정부는 국민 여러분과 더불어 총력을 다하여 노력함으로써 세계 10대 지식 정보 강국을 반드시 이룩해 나가겠습니다. 이를 위하여 정부는 2010년 목표의 초고속 통신망을 2005년까지 앞당겨 완성하고자 합니다. 이에 앞서 정보 유통 속도가 현재보다 1000배 빠른 차세대 인터넷을 개발할 것입니다. 인터넷을 통한 상거래와 교육이 일상화되어야 합니다. 인터넷을 전화처럼 쉽게 이용할 수 있는 환경을 조성해 나가겠습니다.

2002년 목표의 [교육정보화 종합계획]을 앞당겨 올해 안에 완결하겠습니다. 자라나는 청소년들이 정보화 능력을 배양하여 지식 정보화 사회의 꿈나무들이 되도록 하겠습니다. 이를 위하여 모든 초·중·고등학교에 초고속 통신망을 구축하도록 하겠습니다. 모든 교사와 전 교실에 개인용 컴퓨터 1대씩을 무상으로 보급하겠습니다. 그리고 저소득층 학생 모두에게 컴퓨터 교습 비용을 전액 지원하고, 우수 학생에게는 개인용 컴퓨터를 지급하겠습니다. 국비로 이들 모두의 이터넷 사용료도 5년 동안 전액 면제하겠습니다. '정보생활화' 운동을 적극 전개하여 컴퓨터를 이용한 가계부 정리를 촉진하겠습니다. 전군의 컴퓨터 이용 능력을 높이고 모든 장병이 컴퓨터를 조작할 수 있도록 교육하겠습니다. 도시와 농촌을 막론하고 모든 국민들이 정보화 교육을 받을 수 있는 기회를 확대해 나가겠습니다.

전 국민을 대상으로 한, 교육의 혁명적 개혁 없이는 지식 기반 사회를 만들어 낼 수 없습니다. 지식 기반 사회없이는 우리에게 밝은 미래는 없습니다.신기술과 새로운 아이디어가 산업화 될 수 있도록 벤처기업을 적극 육성하겠습니다. 올해에 1조원 규모의 벤처자금으로 벤처 기업을 현재의 5천 개에서 1만 개 수준으로 늘리고, 여기서만 10만명 이상의 고용을 창출하도록 할 것입니다.

……

존경하고 사랑하는 국민 여러분!

저는 대한민국이 세계 일류 국가로 우뚝 서고 국민 모두가 행복을 누릴 수 있는 새 천년을 위해 저의 정성과 노력을 다해서 반드시 성공하는 대통령이 되겠습니다.여기에는 국민 여러분의 아낌없는 지원이 절대로 필요합니다.

존경하고 사랑하는 국민 여러분!

우리 다같이 자랑스러운 조국, 살기 좋은 나라, 온 국민이 화합해 하나로 뭉친 한국이라는 훌륭한 유산을 후손들에게 물려 줍시다. 저도 이를 위해 앞장서겠습니다. 우리 모두 손을 잡고 "꿈과 희망의 시대", "기회의 시대"로 나아갑시다. 새 천년 새 희망의 내일을 향해 전진합시다.

감사합니다.

4.6 参考资料

연설문과 연설가

(1) 연설에 대하여

연설이란 여러 사람 앞에서 자기의 주의나 주장 또는 의견을 진술하고 도리(道理), 교의(教義), 의의(意義) 따위를 진술하는 행위다. 연설과 관련된 말은: 연설회 (演說會), 연설문 (演說文), 연설가 (演說家), 연설자 (演說者), 연설집 (演說集), 연설방식 기조연설 (基調演說), 즉석연설 (即席演說), 가두연설 (街頭演說), 시정연설 (施政演說), 탁상연설 (卓上演說), 낭독연설 (朗讀演說), 정담연설 (政談演說), 고별연설, 오찬 연설, 즉흥적 연설, 짧은 연설, 찬조 연설, 후보지명 수락연설 등을 들 수 있다.

(2) 연설문——웅변가

그는 열변을 토하고 있었다. 일찍이 만난 어떤 연설가보다도 더 분명하고 설득력 있는 말투로, 자신의 수장을 분명하게 피력하고 있었다. 뿐만 아니라 재담가들이 흔히 빠지기 쉬운 오만이란 함정에도 빠지지 않고 상대방의 이야기를 경청하는 미덕도 지니고 있었다. 형형한 눈빛으로 상대방을 뚫어져라 쳐다 보며 상대의 말 한마디 한마디도 놓지 않겠다는 의지가 분명한 표정으로 이야기를 들었다. 뿐만 아니라 상대방의 이야기를 집중해 들으면서 모르는 부분에는 적절한 질문을 던지며 확인하고 싶은 부분은 다시 물었으며, 자신이 틀린 부분에서는 자신의 실수를 인정하고 상대방에게 칭찬을 아끼지 않았다.

물론 이런 미덕조차도 그의 압도적인 웅변 실력에 비하면 소소한 것이었다. 그의 혀끝은 불같이 타올랐고 그의 목소리는 청중을 압도했다. 성량의 미묘한 떨림, 감정의 고저, 분명한 호흡과 타고난 매끄러운 목소리는 듣는 자를 압도하고 남음이 있었다. 그러나 이러한 것은 본질적으로 하나의 기교에 지나지 않는 것이었다. 그의 유다름은 그 말의 내용에 있었다. 사서삼경에서부터 성경에 이르기까지 동서고금을 넘나들며 호소력 있는 인용과 옛 성현들의 웅변을 연상시키는 손 쉬운 비유, 그리고 그러한 내용을 꿰뚫고 있는 오랜 경험과 사색에서 나오는 심오한 철학적 고찰이 그의 목소리에서 귀를 뗄 수 없게 만들며, 그가 던진 말 한마디 한마디를 다시 생각하지 않을 수 없게 만들었다.

이러한 웅변가로서의 미덕에도 불구하고 무엇보다 나를 놀라게 했던 건 그의 화술이었다. 그것은 마치 노래와 같아서 물 흐르는 듯하는 언변을 토함에도 시와 같은 깊이가 있었으며, 그냥 듣는 자체로도 좋았지만 다시 되새겨 보면 전혀 다른 의미로 새로운 깨달음을 주는 중의적 선문답이기도 했다.

그는 내가 지금까지 본 웅변가 중 단연 최고였다. 어떤 정치인이나 달변가도, 연예인이나 천재도 그처럼 말하지는 못할 것이다. 그는 이 시대의 현자이자 선인이며, 지도자이자 진정한 웅변가였다.

한낮의 버스정류장에서 만난 그는, 오후의 햇살이 무색할 정도로 빛나는 사람이었다. 비록 많은 사람들이 그가 하는 말의 진가를 알아 채지 못했지만 그것은 결코 그의 웅변 실력이 부족해서가 아니었다. 물론 나조차도 속물이어서 그의 말에 충분히 귀 기울이며 그가 했던 말들로 생겨 났던 숱한 깨달음과 그로 인한 의문을 차마 되묻지는 못했다. 오랫동안 많은 문제에 대해서 고민을 해 왔던 나는, 그를 스승으로 삼았을 것이다. 만약 그가 그토록 진지한 선문답과 토론을 하는 대상이 쓰레기통이 아니었다면 말이다.

第5课 新闻

 5.1 课文范文

5.1.1 两国经贸合作研究小组成立

양국 경제통상 협력 위한 연구팀 구성

　양국 정상은 유엔헌장의 원칙과 한중수교 공동성명의 정신 및 기존의 '협력 동반자 관계'를 기초로 미래를 지향해 '전면적 협력동반자 관계'를 구축하기로 합의하였다. 양측은 한반도의 평화와 안정이 유지되고 한반도의 비핵화 지위가 확보되어야 한다는 데 인식을 같이했다.

　양측은 금년 4월 베이징회담이 유익했다고 인식했다. 양측은 베이징회담으로부터 시작된 대화의 모멘텀이 지속돼 나가고 정세를 긍정적인 방향으로 발전시켜 나가기를 희망했다. 중국측은 한국측이 남북 관계 개선과 긴장 완화를 위해 취해 온 긍정적인 조치들을 평가하고, 한국측이 한반도 문제의 당사자로서 건설적인 역할을 발휘하는 것을 지지했다.

　중국측은 세계에 하나의 중국만이 있으며, 대만은 중국 영토의 불가분의 일부분임을 재천명했다. 한국측은 여기에 대해 충분한 이해와 존중을 표시하고 중화인민공화국 정부가 중국의 유일 합법정부라는 것과 하나의 중국 입장을 계속 견지해 나갈 것임을 밝혔다.

　양측은 한중 고위층 교류 및 양국 정부, 정당간 교류가 양국간 전면적 협력을 가일층 강화해 나가는 데 중요한 의의를 가진다는 데 인식을 같이했다.

　양측은 양국간 경제 통상협력을 더욱 확대 심화하는 것이 양국의 공동 이익에 부합되고 양국의 공동 발전에 도움이 된다는 데 인식을 같이했다. 양측은 양국간 경제 통상 협력 방향을 연구하기 위한 공동팀을 구성하기로 합의했다. 양측은 상호 이익과 우호적인 협의 정신에 따라 무역과 관련해 발생하는 문제를 예방하고 원만히 해결해 나가기로 합의했다.

　양측은 새로운 협력 분야와 협력 방식을 개발해 양국간 미래 지향적 경제협력 관계를 모색해 나가기로 합의했다. 한국측은 2008년 베이징올림픽, 2010년 상하이 엑스포와 중국의 서부 대개발 계획을 적극 지지했으며, 중국측은 한국기업의 적극적인 참여를 환영했다.

양측은 한중 교류제를 매년 정기적으로 개최하는 방안을 검토키로 했으며, 양국간 문화교류와 문화산업 협력을 더욱 강화하기로 합의했다.

노 대통령은 편리한 시기에 후진타오 주석이 한국을 방문해 주도록 초청했으며, 후 주석은 초청을 흔쾌히 받아 들였다.

5.1.2　词汇注释

유엔(U.N.)	联合国	양측(兩側)	双方
헌장(憲章)	宪法	엑스포(Expo)	博览会
구축하다(構築하다)	建构,构筑	검증(檢證)	验证
가일층(加一層)	进一步	유지하다(維持하다)	维持,保持
비핵화(非核化)	无核化	핵문제(核問題)	核问题
유익하다(有益하다)	有益	불가역적(不可逆的)	不可逆转的
안보(安保)	安全保障	불가분(不可分)	不可分割
모멘텀(momentum)	活力,要素	공동이익(共同利益)	共同利益
부합되다(符合되다)	符合	미래지향적(未來志向的)	面向未来的
예방하다(豫防하다)	预防	고위층(高位層)	高层,领导层
참여(參與)	参与,参加	원만히(圓滿히)	圆满地
흔쾌히(欣快히)	欣然地,愉快地	통상협력(通商協力)	贸易合作,通商合作
의회(議會)	议会	완화(緩和)	缓和
교류제(交流祭)	交流节		

5.1.3　参考译文

两国经贸合作研究小组成立

依据《联合国宪章》的原则和韩中建交共同声明的精神，两国首脑在现有两国的"合作伙伴关系"基础上，同意相互面向未来建立"全面合作伙伴关系"。双方就维持朝鲜半岛和平与稳定以及确保朝鲜半岛无核化的立场达成了共识。

双方认为今年4月的北京会谈是有益的。双方希望从北京会谈开始的对话能够持续下去，使朝鲜半岛局势向着积极的方向发展。中方高度评价了韩方为改善朝韩关系、缓和紧张局势所采取的积极措施，表示支持韩方作为朝鲜半岛问题的当事人发挥关键作用。

中国方面重申世界上只有一个中国，台湾是中国领土不可分割的一部分。韩国方面对此表示理解和尊重，并声明继续坚持奉行中华人民共和国政府是中国唯一合法政府以及一个中国的立场。

双方一致认为,韩中高层交往和两国政府、政党间的交流,对进一步加强两国的全面合作具有重要意义。双方达成共识,认为进一步扩大深化两国之间的经贸合作符合两国的共同利益,有助于两国的共同发展。双方同意成立联合小组,研究双边经贸合作规划,本着互利互惠和友好协商的精神,预防并妥善解决贸易争端问题。

　　就开拓新的合作领域与开发新的合作模式、就面向未来的经济合作关系问题,双方进行了磋商并达成了一致意见。韩方积极支持2008年北京奥运会、2010年上海世博会和中国西部大开发战略,中方也表示欢迎韩国企业积极参与。双方决定制定每年定期举办韩中交流节的方案,以及进一步加强两国间的文化交流和文化产业合作。卢武铉总统邀请胡锦涛主席在方便的时候访问韩国,胡锦涛主席愉快地接受了邀请。

5.2 正误评析

❶ 양국 정상은 유엔헌장의 원칙과 한중 수교 공동성명의 정신 및 기존의 '협력 동반자 관계'를 기초로 미래를 지향해 '전면적 협력동반자 관계'를 구축하기로 합의했다.

误译: 两国会谈以《欧盟宪章》的原则和中韩建交共同声明的精神和基准的"协作同伴关系"为基础,商议构筑面向未来的"全面协作同伴关系"。

正译: 依据《联合国宪章》原则和韩中建交共同声明的精神,两国首脑在现有两国的"合作伙伴关系"基础上,同意相互面向未来建立"全面合作伙伴关系"。

评析: 主语是"两国首脑",不是"两国"。☯ 欧洲联盟简称欧盟,European Union (E.U.),"유엔"(U.N.)指联合国。☯ "协作同伴关系"是直译,中文习惯讲"合作伙伴关系"。☯ "합의"汉字词的汉字是"合议",意思是在讨论的基础上基本达成了一致的意见。

❷ 양측은 한반도의 평화와 안정이 유지되고 한반도의 비핵화 지위가 확보되어야 한다는 데 인식을 같이했다.

误译: 双方就维持朝鲜半岛的和平安定以及确保朝鲜半岛的非核化地位达成了共识。

正译: 双方就维持朝鲜半岛和平与稳定以及确保朝鲜半岛非核化的立场达成了共识。

评析: "지위"是韩国语汉字词"地位",但与"达成共识"相连接,译为"立场"才能说得通。

❸ 양측은 근년 1월 베이징회담이 유익했다고 인식했다. 양측은 베이징회담으로부터 시작된 대화의 모멘텀이 지속돼 나가고 정세를 긍정적인 방향으로 발전시켜 나가기를 희망했다.

误译： 双方都认为今年4月的北京会谈是有益的。双方希望从北京会谈开始的对话的契机能持续下去，并希望局势向肯定的方向发展。

正译： 双方认为今年4月的北京会谈是有益的。双方希望从北京会谈开始的对话能够持续下去，使朝鲜半岛局势向着积极的方向发展。

评析： 可有可无的词应该删除，如双方"都"。❷"双方希望"与后面的"并希望"词汇重复使用，犯忌。❸"긍정적인 방향"直译为"肯定的方向"，中国人无法理解，应意译为"积极的方向"。

❹ 중국측은 한국측이 남북 관계 개선과 긴장 완화를 위해 취해 온 긍정적인 조치들을 평가하고, 한국측이 한반도 문제의 당사자로서 건설적인 역할을 발휘하는 것을 지지했다.

误译： 中国方面评价了韩国方面就改善南北关系、缓和紧张所采取的肯定措施，并支持韩国方面作为韩半岛问题当事人所发挥的建设性作用。

正译： 中方高度评价了韩方为改善韩朝关系，缓和紧张局势所采取的积极措施，表示支持韩方作为朝鲜半岛问题的当事人发挥关键作用。

评析： "긍정적인 조치"直译成"肯定性措施"，中文不通。❷视文章风格的需要，"韩国方面"可以简译为"韩方"。❸"건설적인 역할"直译为"建设性的作用"，中文不通，考虑中文词组的搭配习惯，可译为"关键作用"。

❺ 중국측은 세계에 하나의 중국만이 있으며, 대만은 중국 영토의 불가분의 일부분임을 재천명했다. 한국측은 여기에 대해 충분한 이해와 존중을 표시하고 중화인민공화국 정부가 중국의 유일 합법정부라는 것과 하나의 중국 입장을 계속 견지해 나갈 것임을 밝혔다.

误译： 中国方面再度阐明了世界上只有一个中国，台湾是中国领土不可分割的一部分。韩国方面对此表示理解和尊重，并声明继续坚持中华人民共和国政府是中国的唯一合法政府以及一个中国的立场。

正译： 中国方面重申世界上只有一个中国，台湾是中国领土不可分割的一部分。韩国方面对此表示理解和尊重，并声明继续坚持奉行中华人民共和国政府是中国唯一合法政府以及一个中国的立场。

评析： "再度阐明了世界上只有一个中国"，这句话的翻译没有错误，按照中国表态的惯用口吻，最好说"重申……"。❷"继续坚持"一个中国的立场，也没有译错，如果能按照惯例说法，译为"坚持奉行"，效果更佳。

❻ 양측은 한중 고위층 교류 및 양국 정부, 정당간 교류가 양국간 전면적 협력을 가일층 강화해 나가는 데 중요한 의의를 가진다는 데 인식을 같이했다.

第5课 新 闻

误译： 双方就进一步强化韩中高层交流和两国政府、政党间的交流和两国间的全面协作的重要意义上达成了共识。

正译： 双方一致认为，韩中高层交往和两国政府、政党间的交流，对进一步加强两国的全面合作具有重要意义。

评析： 原句结构是"双方在某方面……达成共识"，由于"在……方面"的包孕内容过长，所以须调整长句结构，化长为短。

❼ 양측은 양국간 경제 통상 협력을 더욱 확대 심화하는 것이 양국의 공동 이익에 부합되고 양국의 공동 발전에 도움이 된다는 데 인식을 같이했다. 양측은 양국간 경제 통상 협력 방향을 연구하기 위한 공동팀을 구성하기로 합의했다. 양측은 상호 이익과 우호적인 협의 정신에 따라 무역과 관련해 발생하는 문제를 예방하고 원만히 해결해 나가기로 합의했다.

误译： 双方共同认识到，扩大和深化两国间的经济通商协作，不仅符合两国的共同利益，而且有助于两国的共同发展。双方为了研究两国间的经济通商协作方向，商议组成共同团体。双方商议，应根据相互的利益和友好的协议精神，预防并圆满解决有关贸易上发生的问题。

正译： 双方达成共识，认为进一步扩大深化两国之间的经贸合作符合两国的共同利益，有助于两国的共同发展。双方同意成立联合小组，研究双边经贸合作规划，本着互利互惠和友好协商的精神，预防并妥善解决贸易争端问题。

评析： "공동팀"译为"共同团体"过于直译，译为"联合小组"较合适。❷ "상호 이익과 우호적인 협의 정신"可考虑使用四字词组"互利互惠""友好协商"的精神，恰如其分。❸ "원만히 해결해 나가기로"，直译为"圆满解决"，而实际上贸易纠纷很难达到"圆满解决"的程度。可见韩语汉字词"원만히"词义的轻重与中文"圆满"有细微差异，译为"妥善"解决问题更合理。

❽ 양측은 새로운 협력 분야와 협력 방식을 개발해 양국간 미래 지향적 경제협력 관계를 모색해 나가기로 합의했다. 한국측은 2008년 베이징올림픽, 2010년 상하이 엑스포와 중국의 서부 대개발 계획을 적극 지지했으며, 중국측은 한국기업의 적극적인 참여를 환영했다.

误译： 双方商议开发新的协作领域和协作方式，并探索两国间未来的经济协作关系。韩国方面积极支持中国2008年奥运会、上海2010年世博会以及西部大开发战略，中国也欢迎韩国企业的积极参与。

正译： 就开拓新的合作领域与开发新的合作模式、就面向未来的经济合作关系问题，双方进行了磋商并达成了一致意见。韩方积极支持2008年北京奥运会、2010年上海世博会和中国西部大开发战略，中方也表示欢迎韩国企业积极参与。

评析: "协作领域""协作方式"不如"合作领域""合作方式/模式"常用。☯对"중국측"更准确的翻译是"中国方面"或"中方"。

❾ 양측은 한중 교류제를 매년 정기적으로 개최하는 방안을 검토키로 했으며, 양국 간 문화교류와 문화산업 협력을 더욱 강화하기로 합의했다.
误译: 双方研究了每年举办韩中交流节的方案,并商议加强两国间的文化交流和文化产业协作。
正译: 双方决定制定每年定期举办韩中交流节的方案,以及进一步加强两国间的文化交流和文化产业合作。
评析: "합의"不只是"研究讨论",是经过讨论已达成初步共识的意思。

❿ 노 대통령은 편리한 시기에 후진타오 주석이 한국을 방문해 주도록 초청했으며, 후 주석은 초청을 흔쾌히 받아 들였다.
误译: 卢武铉总统邀请胡锦涛主席方便的时候到韩国访问,胡锦涛主席愉快的接受了邀请。
正译: 卢武铉总统邀请胡锦涛主席在方便的时候访问韩国,胡锦涛主席愉快地接受了邀请。
评析: "到韩国访问"与"访问韩国"的意思一样,但前者更口语化。☯"的"是修饰名词的助词,"地"是修饰动词的助词,谓语动词"接受"前要用"地"。

5.3 翻译知识

外来语的翻译

韩国语中的外来语指从世界其他语言中借用过来的词汇。外来语的词汇都带有音借成分,其读音带有一部分原语特点,同时有本族语化的现象。在韩国语的词汇中,虽然占百分之六十以上的汉字词也是外来借词,但是韩国语言学家将汉字词与外来词分别作为独立的词汇组成部分和领域进行研究,所以韩国语外来语一般指从中国以外的,主要是西方国家引进的外语词汇。

19世纪初叶起,西学东渐。西方的科学技术伴随着对东方世界的经济掠夺一齐涌向朝鲜半岛。为了富国强兵,朝鲜知识界提出"东道西器"的主张,掀起了开化启蒙运动。在学习西方先进科学技术的同时,西方词语也成为时尚而流行。1910年以后,朝鲜受到日本侵略者

残酷的文化专制统治,在朝鲜半岛生活的朝鲜人被禁止使用朝鲜民族语言文字和一切其他外来语言,只能讲日语。在长达三十余年的日本殖民统治时期,日语词汇大量传进了朝鲜。1933年以后,除了少量西方文学作品的翻译以外,西方语言很少传进朝鲜。直到1945年日本投降,朝鲜民族得到解放之后,韩国语才得以重新整理,民族语言才得以发展。1960年以后,随着现代产业技术革命的浪潮,西方词汇席卷韩国。20世纪韩国经济的高速发展,21世纪电脑信息时代的到来,都使得韩国语中西方外来语词汇量不断增加。比如"라디오"(radio)(收音机)、"아파트"(apartment)(公寓)、"마이크"(microphone)(麦克风)、"스피커"(loud speaker)(话筒)等。韩国外来语的主要源语有英语、荷兰语、拉丁语、法语、俄语、葡萄牙语、德语、波兰语、印度语、意大利语、挪威语、日语。1992年韩国《周刊朝鲜》杂志统计了当时韩国新闻中使用的词汇比例为:韩国固有词汇占总词汇量的17.2%,汉字词占60.5%,外来语占6.8%,混合词汇占15.5%。

随着现代韩国社会的开放化和国际化,外来语使用量不断增加。外来语的表达方法分为意译法和音译法两种。考虑到国际化效应和应用的便利,许多外国固有名词,如人名、地名、公司名、商品名、缩写名等,尽量选择与源语发音接近的韩国语标记。为了统一外来语的使用,避免出现混乱,1986年韩国文教部颁布了"外来语标记法"。但这种外来语标记法有一定的局限性,不能规范所有引进的外来语。于是,1991年韩国政府与韩国媒体"韩国新闻广播编辑协会"共同组建了"外来语审议委员会",每年召开数次研讨会,对媒体所使用的外来语进行规范审核,然后公布外来语标记审议结果。这个韩国政府与媒体"外来语审议共同委员会",对于韩国语外来语的规范和普及发挥了极大作用。此外,韩国国立国语院也在进行各种研究工作,不断促进韩国外来语使用的规范化。

5.3.1 韩国外来语标示的规范化

韩国国立国语院制定了"外来语标记法",规定了外来语基本标记原则和国际音标以及罗马字与韩国语发音对照的标准。

① 外来语标记的基本原则(외래어 표기의 기본 원칙)

제1항 외래어는 한국어의 현용 24 자모만으로 적는다.
제2항 외래어의 1 음운은 원칙적으로 1 기호로 적는다.
제3항 받침에는 'ㄱ, ㄴ, ㄹ, ㅁ, ㅂ, ㅅ, ㅇ'만을 쓴다.
제4항 파열음 표기에는 된소리를 쓰지 않는 것을 원칙으로 한다.
제5항 이미 굳어진 외래어는 관용을 존중하되, 그 범위와 용례는 따로 정한다.

② 国际音标与韩国语发音对照表(국제 음성 기호와 한글 대조표)

자음														
국제 음성기호		p	b	t	d	k	g	f	v	θ	ð	s	z	ʃ	ʒ
한글	모음앞	ㅍ	ㅂ	ㅌ	ㄷ	ㅋ	ㄱ	ㅍ	ㅂ	ㅅ	ㄷ	ㅅ	ㅈ	시	ㅈ
	자음앞 어말	브 프	브	ㅅ ㅌ	드	ㄱ 크	그	프	브	스	드	스	즈	슈 시	지
국제 음성기호		ts	dz	tʃ	dʒ	m	n	ɲ	ŋ	l	r	h	ç	x	
한글	모음앞	ㅊ	ㅈ	ㅊ	ㅈ	ㅁ	ㄴ	니	ㅇ	ㄹ	ㄹ	ㅎ	ㅎ	ㅎ	
	자음앞 어말	츠	즈	치	지	ㅁ	ㄴ	뉴	ㅇ	ㄹ	르	흐	히	흐	

반모음			
국제 음성기호	j	ɥ	w
한글	이	위	오,우

모음									
국제 음성기호	i	y	e	ø	ɛ	ɛ̃	œ	œ̃	æ	a
한글	이	위	에	외	에	앵	외	욍	애	아
국제 음성기호	ɑ	ɑ̃	ʌ	ɔ	ɔ̃	o	u	ə	ɚ	
한글	아	앙	어	오	옹	오	우	어	어	

③ 韩国语罗马字标记法(한국어 로마자 표기법)

한국어의 로마자 표기는 한국어의 표준 발음법에 따라 적는 것을 원칙으로 한다. 로마자 이외의 부호는 되도록 사용하지 않는다.

A. 단모음

ㅏ	ㅓ	ㅗ	ㅜ	ㅡ	ㅣ	ㅐ	ㅔ	ㅚ	ㅟ
a	eo	o	u	eu	i	ae	e	oe	wi

B. 이중 모음

ㅑ	ㅕ	ㅛ	ㅠ	ㅒ	ㅖ	ㅘ	ㅙ	ㅝ	ㅞ	ㅢ
ya	yeo	yo	yu	yae	ye	wa	wae	wo	we	ui

C. 파열음

ㄱ	ㄲ	ㅋ	ㄷ	ㄸ	ㅌ	ㅂ	ㅃ	ㅍ
g, k	kk	k	d, t	tt	t	b, p	pp	p

D. 파찰음

ㅈ	ㅉ	ㅊ
j	jj	ch

E. 마찰음

ㅅ	ㅆ	ㅎ
s	ss	h

F. 비음

ㄴ	ㅁ	ㅇ
n	m	ng

G. 유음

ㄹ
r, l

列举韩国政府与媒体"外来语审议共同委员会"发布的韩国语外来语标记用例,可说明韩国外来语规范方法。

④ 人名
  시진핑   习近平(中国国家主席)
  리커창   李克强(中国国务院总理)
  도널드 트럼프   唐纳德·特朗普(美国前总统)
  블라디미르 푸틴 弗拉基米尔·普京 (俄罗斯总统)
  하시모토 류타로 桥本龙太郎(日本前首相)
  오무치 게이조   小渊惠三(日本前外相)
  로버트 로플린   Robert C. Laughlin(美国,1998年诺贝尔物理学奖获得者)
  존 포플   John A. Pople(英国,1998年诺贝尔化学奖获得者)
  주제 사라마구   José Saramago(葡萄牙,1998年诺贝尔文学奖获得者)
  아마르티아 쿠마르 센 Amartya Kumar Sen(印度,1998年诺贝尔经济学奖获得者)

⑤ 地名
  몽골 ("몽고"도 병용하되 장차"몽골"로 통일) 蒙古
  미얀마 ("버마"의 새 국명)   缅甸
  심천 (중국 남방의 개방 도시)   深圳

⑥ 一般用语
  말버러 (미국 궐련 담배 상표)   万宝路香烟
  딩크족 (자식을 낳지 않고 결혼생활하는 사람들) 丁克族
  에큐   (ECU, 유럽 통화 단위)   欧洲货币单位
  유로   [Euro, 유럽단일 통화(ECU)]   欧元
  아셈   [ASEM (Asia Europe Meeting), 아시아·유럽 수뇌 회의]
                        亚欧首脑会议
  올림픽 (Olympic)   奥林匹克

虽然韩国政府与学界对外来语的规范化作了极大努力,但是在实际运用中仍然有许多不规范的现象。比如:"series"(系列)有时写成"시리즈",有时写成"씨리즈"。"super"有些地方标示为"슈퍼",有些地方标示为"수퍼"。这种不规范现象也会给外来语翻译造成一定难

度,所以翻译外来语时应注意以下问题。

5.3.2 约定俗成的原则

例1 중국 철학사는 공자를 중심으로 그 이전과 이후를 구별하는 것으로 공자가 획기적인 위치에 있는 것은 서양 철학사에서 소크라테스의 위치와 비교하기도 한다.
中国哲学史是以孔子为中心而区分其前与后的,孔子在中国哲学史上所具有的划时代的意义,可与西方哲学史上苏格拉底的地位媲美。

如果将句中的外来语"소크라테스"按照韩国语的发音译成"苏克拉底斯"的话,就是错误的翻译。因为汉语习惯于将其翻译成为"苏格拉底",这种译法已经得到了普遍的认可。语言是约定俗成的,某种语言一旦流行起来,成为习惯,为人们所认可,人们就不再强调其合理性,而善于遵循其惯性了。又如"아리스토텔레스"(Aristoteles)也是一样,不能把它译成"亚里斯突迪理斯",而应该译为"亚里士多德"。另如美国著名的自然博物馆"스미스소니언 박물관"(Smithsonian)应该按照汉语已有的说法,翻译成为"史密森尼自然史博物馆"。

例2 초콜릿은 다이어트의 적, 그러나 초콜릿 한 조각에 들어 있는 카페인은 다이어트 스트레스를 해소해 주므로 딱 1개만 오래오래 녹여 먹으면 절대 손해 보는 장사가 아니다.
巧克力是减肥的大敌。但是一块巧克力中所含有的咖啡因,可以解除因减肥所带来的神经疲劳,所以将一块巧克力放入口中慢慢品尝并含化的话,绝对没有副作用。

汉语外来语"巧克力"的翻译是音意兼顾,"减肥"是意译,这些外来语词都是众所周知的说法,比较容易翻译。

5.3.3 混合词的合译

例3 청결 티슈
부드러운 천연 감촉의 항균 물 티슈로 세정력이 우수한 플루 성분이 함유되어 있어 깨끗하게 닦아 주고 사용 후 끈적이는 것이 없습니다. 민감한 피부에도 자극없이 부드럽게 닦이며 보습 성분이 피부를 건강하게 지켜줍니다.
清洁面巾纸
材质柔软、质感天然的抗菌湿纸巾,含有高强清洗力的优质氟,清洁干净,擦拭之后不留痕迹。对敏感的皮肤也无刺激性,使用舒适,保湿成分可保持皮肤健康。

例4 이것보다 요걸 먹어야 저칼로리……
比起这个来,吃那个才能摄取低卡路里……

"청결 티슈"是汉字词"清潔"与英语词"tissue"合成的外来语。"저칼로리"是汉字词"低"和英语的物理专用名词"calorie"合成的外来语。

例5 올해부터 실시된 초등학교 컴퓨터 교육과정에 맞춰 역은 16비트 컴퓨터의 학습참고서《컴퓨터와 우리 생활》,《컴퓨터의 구성 원리》등 컴퓨터에 대한 초보적인 지식과 페이지 프로그램 작성의 기초, 초등학교용 산수 프로그램 등이 수록되어 있다.
今年开始教授小学电子计算机课程,与之相配套的16比特电脑学习参考书《计算机与我们的生活》《电子计算机构造原理》等书籍纷纷面市,书中收录了电脑的基础知识和网页制作程序基础知识,以及适用于小学阶段的数学计算程序等内容。

先分清外来语的合成成分,再准确地将整体意义翻译出来。"산수 프로그램"是汉字词"산수"(算数)与"프로그램"(program)的合成词,须合起来翻译。根据句子的主题对象,分析外来语的组合成分,会比较恰当地翻译出外来语的含义。

5.3.4 外来语的缩写

例6 서울에서 제주까지 선생님들도 학생들도 아이큐슈퍼!
从首尔到济州,从老师到学生,人人都有"超智商"!

例7 데이터통신은 중앙교육진흥연구소와 공동으로 중고생 대상의 교육정보 DB를 개발, 지난 달부터 상용 서비스에 들어 갔다.
Data通讯株式会社和中央教育振兴研究所共同开发的、以初中和高中学生为对象的教育信息数据库,已经从上月开始开展应用服务业务了。

例8 제10차 UN총회가 열리고 있습니다.
第十届联合国大会正在召开。

"아이큐슈퍼"是英语缩语"I. Q. SUPER"的韩国语音译,为20世纪90年代初期韩国官方指定的一种教学用电子计算机用语。"교육정보DB"中的"DB"是英语"database"(数据库)的缩写。为了表现语言的精练、新潮,类似这种缩写的外来语在现代韩国语中使用较普遍。比如"유엔"(U.N.)是"联合国"的缩写,"유네스코"(UNESCO)是"联合国教科文组织"的缩写。韩国语外来语有时会直接用英语标示,如使用"KBS"表示韩国广播公司。常用外来语的缩写可以在外来语词典附录或在网上快速查找。

5.4 翻译练习

5.4.1 翻译外来语

'거품' 하면 떠 오르는 것
10대 초반: 보글보글, 크레이지 아케이드
10대 후반: 콜라, 사이다
20대 초반: 맥주, 카푸치노
20대 후반: 면도
30대 초반: 설거지
30대 후반: 마이카(mycar) 자가용
40대 초반: 옷 값, 신발 값, 집 값
40대 후반: 스마트폰 (smart phone)
50대 초반: 인삼차
50대 후반: 치료비, 약값

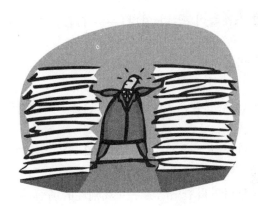

5.4.2 选择较好的翻译

① 휴먼 네트워크 (human network) —— 人类的电子网络 —— 民俗网

② 힌트를 얻다 —— 受到奖励 —— 得到启发

③ 히트 송 —— 流行歌曲 —— 大受欢迎

④ 남성 호르몬과 여성 호르몬 —— 雄性激素和雌性激素 —— 男性荷尔蒙和女性荷尔蒙

⑤ 심판에게 타임을 요구하다 —— 向裁判要求时间 —— 要求裁判暂停

⑥ 문제의 키 포인트 —— 问题的关键 —— 主要问题

⑦ 미인 콘테스트 —— 选美大赛 —— 选美竞赛

⑧ 앵커 —— 综合新闻主播 —— 讨论会主持人

⑨ 알레르기성 질환 체질 —— 过敏性体质 —— 过敏

⑩ 코스트 다운 (코스트를 절하하다) —— 降低成本 —— 降价

⑪ 사건의 아우트라인 —— 事件的梗概 —— 事件的概况

⑫ 스케줄이 꽉 차 있다. —— 日程排满了 —— 时间表排满了

⑬ 바겐세일 실시 중 —— 大减价处理 —— 大幅让利销售中

⑭ 난센스 같은 이야기 —— 胡说 —— 废话

⑮ 마지막 라운드 —— 最后的回合 —— 终局

⑯ 드라마틱한 장면 —— 戏剧性的场面 —— 戏剧情节

5.4.3　改错

① 1928년 미국 다우존스 공업지수 (DJIA)에 포함된 미국 30대 기업 중에서 현재까지 다우존스 공업지수에 포함되어 있는 기업은 4개사이다.
　　—— 1928年美国道琼斯工业指数(DJIA)的美国30家大企业仍在道琼斯工业指数之列的仅剩下4家。
　　——

② 1985년 미국 실리콘밸리의 매출액 상위 100대 기업 중에서 1995년까지 34개 기업만이 살아 남았다.
　　—— 1985年美国硅谷销售额最大的100家企业中,到1995年仍存活的只剩下34家。
　　——

③ 인터넷 커뮤니티는 청년 세대들의 일상을 지배하는 주요한 소통 공간이다. 커뮤니티는 취미 활동과 전문 지식을 교환하는 마니아들의 공간, 나아가 사회적 이슈를 공유하는 공론의 장이 되고 있다.
　　—— 网络是年轻人在日常生活中与他人进行沟通和交流的空间,它正在成为网迷开展趣味活动,交流专业知识,进而对社会焦点问题进行共同探讨与争论的公共领域。
　　——

④ '다음 커뮤니케이션'(Daum Communication)과 '프리챌'(Freechal)과 같은 인터넷 포탈사이트들이 천만 명 이상의 회원들을 갖게 된 데는 이러한 커뮤니티 문화의 활성화가 자리잡고 있다.
—— 像"沟通"(Daum Communication)和"自由谈话"(Freechal)这样的门户网站拥有一千万名以上的会员,这种网络社区文化异常活跃。
——

⑤ 최근 세계무역기구(WTO)에 가입한 중국이 수출과 해외 자본 유치를 성장의 주요축으로 삼고 있다.
—— 最近加入世界贸易组织(WTO)的中国侧重于出口和吸收海外资本的增长。
——

⑥ 이미 한·중·일 3국은 올해부터 연구 기관간 FTA 공동연구를 시작한 상태다. 이같은 연구가 경제협력 공동선언의 토대가 될 전망이다.
—— 韩、中、日3国已经从今年开始了研究机关间的自由贸易协定共同研究。类似的研究将成为经济协作共同宣言基础的展望。
——

5.4.4　翻译句子

① 이 세계화를 뒷받침하고 있는 것은 말할 것도 없이 컴퓨터와 통신기술에 근거한 IT입니다.
——

② 세계화의 시대가 곧 테크놀로지의 시대이기는 하지만 신지식과 기술은 결국 인간을 위한 것이고 인간에 의해서 사용되는 것이다.
——

③ 스위스가 아시아인프라투자은행(AIIB)의 창립회원국 가입 의사를 밝혔다.
——

④ 달콤해서 즐겨 먹는 음료는 그만큼 칼로리가 높다. 콜라가 100kcal. 또한 생과일을 갈아서 만든 음료는 칼로리가 낮을 것 같지만 "갈아 만든 사과"의 경우 무려 240kcal나 되므로 주의!
——

⑤ 지난 번 2002년 겨울 솔트레이크시티 동계올림픽에서 오노 사건이 있고 나서 곧바로 한국의 네티즌들이 미국의 주요 언론들에 대해 사이버 공격을 감행하면서 이어 미국 상품 불매운동을 벌이는 커뮤니티를 구성한 것도 인터넷 커뮤니티 문화의 신속성을 보여 주는 것이다.
　　　

⑥ 불과 몇 년 전만해도 모바일 기술이 현재의 상태까지 발전하리라고는 예상하지 못했고, 디지털 카메라나 고화질 디지털 텔레비전, 사이버대학교, 사이버 증권, 초고속 인터넷망이 대중들의 일상 속에 쉽게 뿌리내릴 것으로 예상한 사람들은 많지 않았다.
　　　

⑦ 중국 공업정보화부가 최근 발표한 데이터에 따르면 현재 중국의 휴대전화 사용자 규모는 약 13억 명에 가깝고, 모바일 인터넷 사용자 규모는 9억 명에 가깝다.
　　　

⑧ 중국 외교부 홍 대변인은 남중국해와 관련된 분쟁은 직접 당사국이 협상과 담판을 통해 해결해야 하며, 남중국해의 평화 안정은 중국과 아세안국가가 공동으로 수호해야 한다고 강조했다.
　　　

5.4.5　翻译笑话

시골 다방

　　회사 동료인 철수, 영철, 상태는 회사 일로 지방 출장을 갔다. 시간이 좀 남아 커피를 마시려고 다방에 들어 갔다.
　　자리에 앉아 있는데 다방 아가씨가 주문을 받는다.
　　"뭘로 드릴까요?"
　　철수가 먼저 말한다."여기 뭐가 있지? 난 모카커피!"
　　영철이는 "나는 헤이즐럿".
　　상태는 "저는 카푸치노로 주세요."라고 말했다.
　　그러자 주문을 받은 다방 아가씨. 짜증 나는 말투로 카운터를 보고 외친다. "언니! 여기 커피 석 잔!"

5.4.6 翻译短文

인류를 위해

　전 세계인들이 다 알고 있는 노벨은 스웨덴의 화학 기술자로, 고통과 고난 속에서도 의욕을 잃지 않고 연구에 연구를 거듭하여 많은 발명품을 내놓았다. 1883년 광산에서 쓰이는 폭약을 발명했고, 1887년에는 그보다 성능이 더 우수한 다이너마이트를 발명했다.

　노벨은 유럽에서 최대의 거부가 되었다. 그러나 ,인류의 생산과 건설에 이바지하려고 발명했던 다이너마이트가 인류의 목숨을 파괴하는 데 쓰이게 되었다는 것을 깨달았다. 64세로 세상을 떠나기 전에 노벨은 그의 재산을 희사해 인류의 평화를 위하여 공헌한 사람에게 줄 수 있는 상 노벨상을 제정하였다.

　노벨의 순수한 마음은 지금도 노벨상을 타는 사람들을 통하여 모든 인류에게 감격과 기쁨을 선사하고 있다.

 5.5 翻译作业

숫자로 읽는 우리 경제①

　우리 경제, 진짜 괜찮나요? 숫자로 쉽고 간단하게 읽는 우리 경제 시리즈. 2018년 GDP, 수출, 소득, 고용, 투자 그리고 국가신용까지! 카드뉴스로 전해드립니다.

　우리의 GDP 상장률은 꾸준합니다. 2018년 GDP는 2.9%로 전망됩니다. 수출은 괜찮습니다. 총수출, 사상최초 4개월 연속 500억 달러 이상을 기록하고 있습니다.

　연도별 1인당 국민총소득(GNI) , 이렇게 변화해왔습니다. 2017년 잠정 1인당 국민총소득은 29.745달러, 올해 1인당 국민총소득은 3만 달러를 넘을까요?

　15~64세 고용률은 2009년 이후 계속 증가하고 있습니다. 2017년 고용률은 66.6%를 기록했습니다.

　2018년 상반기 외국인 직접투자는 역대 최대규모입니다. 2018년 2분기에는 108억 2천만 불을 기록했습니다.

　외환보유액은 사상 최대치를 경신하고 있습니다. 2018년 7월에는 4천억 달러를 돌파, 세계 9위 수준입니다.

---

① 청와대http://www.president.go.kr/ 뉴스룸2018-12-21,2021年6月3日访问。

숫자로 보는 평화, 남과 북①

남북공동선언 이행추진위원회가 2차 회의를 열고 그간의 성과와 할 일을 점검했습니다. 3차례의 정상회담을 통해 이뤄진 평화 정착의 기틀을 바탕으로 내년에도 평화를 향한 과정을 차질없이 만들어가기로 했습니다.

2018년에 크게 변화된 남과 북의 사이. 친절한 청와대의 카드뉴스로 함께 보세요.

남과 북 사이에 사람들이 다시 오가고 있습니다. 2017년에 52명에 불과했던 방북인원이 올해는 6,255명으로 늘고 방남인원도 63명에서 808명으로 크게 늘었습니다.

헤어졌던 이산가족의 만남도 다시 시작되었습니다. 2017년에 0명이었던 이산상봉, 올해 8월 두 차례 상봉 행사를 통해 170가족 833명의 이산가족이 다시 만나 손 잡았습니다.

끊어졌던 남북관계를 다시 잇는 회담도 수시로 열렸습니다. 2017년에는 단 한 차례도 열리지 못 했던 남북회담, 올해는 36회나 열려 한달에 세 번 꼴로 남과 북이 만났습니다.

한반도에서 핵과 미사일의 공포가 가라졌습니다. 2017년에 16차례나 있었던 북한의 핵시험과 탄도미사일 발사, 올해는 단 한차례도 일어나지 않았습니다.

불과 1,2년 전에는 상상하지 못했던 평화가 시작되었습니다. 대화와 협력이 복원되고 이산가족이 만났습니다. 내년에도 평화의 길, 차질없이 만들어가겠습니다.

5.6 参考资料

신문에 대하여

(1) 신문의 개념

신문은 대중매체, 언론매체의 하나인데 매체는 미디어의 번역어다. 신문·잡지·라디오·TV·통신·인터넷·모바일 등은 발신자의 메시지를 담아 수신자에게 전달하는 매개자 구실을 하는 매체들이다. 실제 방송매체·언론매체·인터넷·매체 등으로 쓰여진다. 현실적으로는 한국어가 된 신문과 잡지를 주로 매체로 부르고, TV나 인터넷 등 외래어로 쓰는 것은 미디어를 붙이기도 한다.

인쇄매체: 출판, 신문, 잡지
통신미디어: 방송, 웹(웹진), 모바일, PDA
멀티 미디어: 인터넷, 기타 디지털 미디어

---

① 청와대http://www.president.go.kr 2018-12-21, 2021年6月3日访问。

신문과 방송 등 대중을 상대로 하는 대중매체는 신문 기사나 방송 보도를 대표로 하는데, 신문과 방송을 합쳐 언론이라 부르기 때문에 언론매체라 일컫기도 한다. 언론매체의 글은 시의성, 저명성, 영향성, 흥미성, 진귀성 등의 조건을 구비한 메시지를 그 내용으로 담게 된다. 신문 기사를 잘 살펴보면, 일반 학술적인 글과는 달리 자신의 견해를 선전·선동하거나 독자들을 설득하겠다는 의도를 읽을 수 있다. 논설문을 중심으로 한 신문 기사는 객관적인 논거와 보편적인 논지를 전개하는 것처럼 보이지만 실상은 자신의 입론을 논증을 통하여 배타적인 진실성을 가진 것으로 믿도록 구성되고 있음을 알게 된다.

신문과 관련된 어휘로는 신문사(新聞社), 신문지(新聞紙), 조간신문(朝刊新聞), 석간신문(夕刊新聞), 신문학(新聞學), 신문방송학(新聞放送學), 신문팔이(新聞팔이), 벽신문(壁新聞), 신문철(新聞綴) 등이 있다.

보도(報道)라는 것은 대중전달매체를 통하여 일반 사람들에게 새로운 소식을 알림, 또는 그 소식을 말한다. 예를 들어 "그 신문은 항상 보도의 내용이 정확하다." "어제의 대형 사고에 관한 기사가 신문에 보도되었다." 등을 들 수 있다.

오늘날 현대인은 대중의 한 개인으로 살아 간다. 대중과의 어울림이나 소통은 대중 매체를 통하여 가능하다. 흔히 '매스컴'으로 불리는 매스커뮤니케이션은 우리 삶에 있어서 하나의 세계를 형성해 준다. 마치 물고기에 있어서 어항과 물의 기능을 하고 있다고 볼 수 있다. 특정 신문과 특정 잡지를 정기 구독한다는 것은 그 사람의 삶의 형태를 결정하며, 또한 그의 의향과 세계관의 표현이라 할 만하다.

(2) 한국에서 처음 발행된 신문

신문이나 신문지란 새로운 소식이나 견문, 사회에서 발생한 사건에 대한 사실이나 해설을 널리 신속하게 전달하기 위한 정기 간행물이다. 일반적으로는 일간으로 사회 전반의 것을 다루는 것을 말하지만, 주간·순간·월간으로 발행하는 것도 있으며, 기관지·전문지·일반 상업지 따위도 있다. 1609년에 독일에서 처음 신문이 발행되었는데 한국에서는 1883년에 〈한성순보〉(〈漢城旬報〉)가 발간된 것이 효시이다. 이 신문은 조선 고종 20년(1883)에 처음으로 인쇄하여 관보(官報) 형식으로 펴내었다. 〈한성순보〉는 고종 23년(1886)에 국한문 혼용의 〈한성주보〉로 바뀌었다가 고종 25년(1888)에 폐간되었다.

6.1 课文范文

6.1.1 韩中文化交流的现状与前景

한·중 문화교류의 현황과 전망

　한·중 양국은 각각 유구한 역사와 찬란한 문화를 발전시켜 유사 이래 정치·경제·사회·문화 등의 분야에서 폭넓은 교류를 가졌다. 특히 양국은 한자문화권과 유교사상 및 불교문화를 배경으로 문화 교류가 촉진되는 가운데 각자 특색 있는 문화를 발전시켜 왔던 것이다. 따라서 양국의 전통문화는 상대국 국민에게 매우 친밀감을 유발시키는 동시에 비교적 빠르고 쉽게 융화되는 경향이 있는 것도 사실이다.

　1945년 제 2 차 세계대전 종말과 더불어 나타난 냉전체제로 지난 반세기 동안 긴밀했던 양국 간의 교류는 단절될 수밖에 없었다.

　한·중 양국은 1992년 8월, 국교 수립 및 1994년 3월에 체결된 문화협정을 계기로 그 동안 정치·경제·사회 부문의 교류가 매우 활발히 촉진되고 있다. 그러나 문화예술 교류의 촉진은 매우 시급한 과제임에도 불구하고 아직까지 만족스러운 수준에 이르지 못한 실정이다. 그러므로 앞으로는 문화·예술의 교류 촉진을 위하여 양국의 관련 기관은 각종 지원을 아끼지 말아야 할 것이며 민간단체는 다양한 교류 활동과 각종 문화사업을 구상하고 실천하는 데에 적극 노력해야 할 것이다.

　한국과 중국은 문화예술 면에서 각기 적지 않은 공통점과 유사성을 지니고 있다. 예컨대 한자문화권이란 공통점 이외에도 전통문화 형성의 근간을 이루고 있는 유교사상·도교사상·불교문화·농경문화·대가족제도·경로효친사상 등을 열거할 수 있다. 이러한 문화적 사상적 배경이 양국 간의 문화예술 교류를 지속적으로 확대해 나아가야 된다는 당위성을 단적으로 대변해 준다.

　특히 1998년 12월 22일 한국과 중국은 베이징(北京)에서 한중문화공동위원회 회의를 갖고 양국의 광범위한 문화교류 증진 방안을 담은「1999~2000년 문화교류계획서」

를 채택한 바 있다. 이 계획서는 향후 2년 간의 문화·예술·교육·학술·신문·출판·인쇄·체육·청소년·영상미디어 등의 문화사업과 언어문자 분야의 협력 증진을 위한 세부사항 등을 포함하고 있다.

 그리고 중국은 이 회의에서 한국 정부가 요청한 "양국 고대사 및 중세사 공동연구"와 "중국내 한국의 항일독립 투쟁 관련 유적의 보존과 보호"를 위해 적극 협조하기로 약속했다. 그리고 김대중 대통령과 장쩌민 국가주석도 1998년 11월 베이징 정상회담 때에 공동성명을 통해 문화예술 교류 확대 방안에 합의한 바가 있다.

 과거에는 중국이 불교와 유교를 통해 한국문화 형성에 일방적으로 영향을 주었던 것이 사실이다. 그러나 최근에는 중국 청소년들이 한국의 패션과 대중음악·영화·연속극 등에 대하여 깊은 관심을 갖고 열광하는 가운데 날이 갈수록 '한국 대중문화 열풍'을 불러 일으키고 있는 상태이다. 그러므로 양국은 이러한 최근의 문화예술 교류 현황과 정부 차원의 협력 자세 등을 충분히 감안하여 문화예술 교류 확대에 새로운 자세로 적극 노력해야 할 것이다.

6.1.2 词汇注释

유사이래(有史以來)	有史以来	현황(現況)	现状
유교사상(儒敎思想)	儒教思想	한자문화권(漢字文化圈)	汉字文化圈
계기(契機)	契机	불교(佛敎)	佛教
도교(道敎)	道教	친밀감(親密感)	亲切感
융화되다(融合되다)	融合	유발시키다(誘發시키다)	引起
냉전체제(冷戰體制)	冷战体系	종말(終末)	终结
불가항력적(不可抗力的)	不可抗力的	단절되다(斷絶되다)	断绝
		차단하다(遮斷하다)	切断
거론하다(擧論하다)	提出,讨论,提起	시급하다(時急하다)	迫切,急切
유사성(類似性)	相似性	농경문화(農耕文化)	农耕文化
근간(根幹)	根基,基干	대변하다(代辯하다)	代言,辩护
증진(增進)	增进	소위(所謂)	所谓
차원(次元)	层次	채택하다(採擇하다)	采纳,使用
향후(向後)	将来,今后	세부사항(細部事項)	细节
일방적(一方的)	单方面的,一方面的	패션(fashion)	时尚,服装展示
열광하다(熱狂하다)	狂热	감안하다(勘案하다)	考虑
열풍(熱風)	热潮	자세(姿勢)	姿态

6.1.3　参考译文

韩中文化交流的现状与前景

　　韩中两国都具有悠久的历史和灿烂的文化,历史上曾在政治、经济、社会、文化等领域进行过广泛的交流。特别是两国以汉字文化圈、儒学思想以及佛教文化为背景,在文化交流中发展了各具特色的文化。因此,共通的传统文化不仅使两国人民倍感亲切,还便于双方融会交流。

　　1945年第二次世界大战结束之后形成的冷战体系,使两国密切的交流关系中断了半个世纪之久。1992年8月韩中建交,1994年3月两国签署文化协定以后,韩中两国在政治、经济、社会各方面的交流都十分活跃。但是,促进两国文化艺术交流也是一项十分迫切的任务,这方面的交流至今还没有达到令人满意的程度。因此,今后为了促进文化艺术交流,两国有关部门应该积极提供各种支持,民间团体也要集思广益,努力开展各种交流活动和文化事业。

　　韩中两国在文化艺术方面有不少共通点和相似之处。比如,首先值得一提的是同处汉字文化圈,其次是构成传统文化根基的儒学思想、道教思想、佛教文化、农耕文化、大家族制度、尊老爱幼等思想文化背景,这充分说明了有必要继续发展扩大两国间文化艺术的交流。特别是1998年12月22日,两国在北京召开了韩中文化共同委员会会议,签订了旨在更大范围内增进两国文化交流的方案"1999~2000年文化交流计划书"。该计划书的具体事项包括今后两年扩大在文化、艺术、教育、学术、报刊、出版、印刷、体育、青少年、影视媒体等文化产业以及语言文字方面的合作内容。会上,韩国政府提出了"共同研究两国古代史及近代史"及"保护和保存有关韩国在华抗日独立运动遗迹"的要求,中国方面承诺将给予积极协助。1998年11月,韩国总统金大中和中国国家主席江泽民在首脑会谈中,就扩大两国间文化艺术方面的交流达成共识并发表了联合声明。

　　过去,中国佛教和儒教对韩国文化的形成产生过巨大影响。近年来,中国青少年热衷于韩国服装、大众音乐、电影、电视剧等,掀起一股所谓"韩流"。鉴于这种文化艺术交流现状及两国政府的合作态度,今后两国应该以新的姿态积极努力扩大文化艺术交流。

第6课 社 论

6.2 正误评析

❶ 한·중 양국은 각각 유구한 역사와 찬란한 문화를 발전시켜 유사 이래 정치·경제·사회·문화 등의 분야에서 폭 넓은 교류를 가졌다. 특히 양국은 한자문화권과 유교사상 및 불교문화를 배경으로 문화 교류가 촉진되는 가운데 각자 특색 있는 문화를 발전시켜 왔던 것이다.

误译：韩中两国各自孕育了悠久历史和灿烂文化的同时,有史以来,在政治、经济、社会、文化等领域也有着深厚的交流。值得一提的是以汉字文化圈、儒学思想以及佛教文化为背景,两国在促进文化交流的同时还发展出了具有各自特色的文化。

正译：韩中两国都具有悠久的历史和灿烂的文化,历史上曾经在政治、经济、社会、文化等领域进行过广泛的交流。特别是两国以汉字文化圈、儒学思想以及佛教文化为背景,在文化交流中发展了各具特色的文化。

评析："폭 넓은 교류"不能译为"深厚的交流"。☯"还""出"可有可无,最好删去。

❷ 따라서 양국의 전통문화는 상대국 국민에게 매우 친밀감을 유발시키는 동시에 비교적 빠르고 쉽게 융화되는 경향이 있는 것도 사실이다.

误译：因此事实上,两国的传统文化在给对方国民带来亲密感的同时,还有很容易被快速消化吸收这样的倾向。

正译：因此,共通的传统文化不仅使两国人民倍感亲切,还便于双方融会交流。

评析：为了译文的通顺,不一定要把所有的词全部译出来,比如"事实上"。☯"倾向"前面的定语成分较长且较复杂,译者没有理解原文含义,因此出现了误译。

❸ 1945년 제 2 차 세계대전 종말과 더불어 나타난 냉전체제로 지난 반세기 동안 긴밀했던 양국 간의 교류는 단절될 수밖에 없었다.

误译：由于第二次世界大战结束之后冷战体制的形成,在过去半个世纪,两国间曾经有过的紧密交流断绝了。

正译：1945年第二次世界大战结束之后形成的冷战体系,使两国密切的交流关系中断了半个世纪之久。

评析：考虑中文的意合法"냉전체제로 인하여……"中的"由于……"可以不译。☯"긴밀했던……"按照原句时态直译成"曾经有过……",这种时态在中文中没必要表现出来。

105

❹ 한·중 양국은 1992년 8월, 국교 수립 및 1994년 3월에 체결된 문화협정을 계기로 그동안 정치·경제·사회 부문의 교류가 매우 활발히 촉진되고 있다.

误译：以韩中1992年8月建交以及1994年3月签署的文化协定为契机，在那段时间里，两国间政治、经济、社会、社会、文化的交流处于异常活跃的状态之下。

正译：1992年8月韩中建交，以及1994年3月两国签署文化协定以后，韩中两国在政治、经济、社会各方面的交流都十分活跃。

评析："……을 계기로"可译为"以……为契机"，但这一短语的内容过多，读者读起来较困难，为了使译文朗朗上口，可以省略这种形式。☯"그 동안"没有必要直译为"在那段时间里"，中文依靠句子前后意义的连贯，许多隐意可包含其中。☯"处于异常活跃的状态之下"省略"处于……状态之下"，无损对原意的表达。

❺ 그러나 문화예술 교류의 촉진은 매우 시급한 과제임에도 불구하고 아직까지 만족스러운 수준에 이르지 못한 실정이다. 그러므로 앞으로는 문화·예술의 교류 촉진을 위하여 양국의 관련 기관은 각종 지원을 아끼지 말아야 할 것이며 민간단체는 다양한 교류 활동과 각종 문화사업을 구상하고 실천하는 데에 적극 노력해야 할 것이다.

误译：但是，由于没有注意到促进文化艺术交流这个当务之急的任务，以至于直到现在也还停留在无法令人满意的阶段。因此，今后为了促进文化艺术的交流，两国的有关部门都应该倾力相助。而且，民间团体也应该积极地致力于构想并实践多样的交流活动和各种各样的文化事业。

正译：但是，促进两国文化艺术交流也是一项十分迫切的任务，这方面的交流至今还没有达到令人满意的程度。因此，今后为了促进文化艺术交流，两国有关部门应该积极提供各种支持，民间团体也要集思广益，努力开展各种交流活动和文化事业。

评析："시급한 과제임"译为"当务之急"，与原词组意义一致，但在与"文化交流"相搭配，便会出现词义大小不兼容的问题。"当务之急"指的是一些具体工作，而"文化交流"说的是极为宽泛的、宏观的范畴。☯"致力于构想并实践多样的交流活动和各种各样的文化事业"，这句话从"致力于"到"文化事业"之间拉得过长，使得词组结构显得松散。

❻ 한국과 중국은 문화예술 면에서 각기 적지 않은 공통점과 유사성을 지니고 있다. 예컨대 한자문화권이란 공통점 이외에도 전통문화 형성의 근간을 이루고 있는 유교사상·도교사상·불교문화·농경문화·대가족제도·경로효친사상 등을 열거할 수 있다. 이러한 문화적 사상적 배경이 양국 간의 문화예술 교류를 지속적으로 확대해 나아가야 된다는 당위성을 단적으로 대변해 준다.

误译：不难发现，韩国和中国在文化艺术领域有着不少的共通点和相似性。比如说，首先值得一提的就有汉字文化圈这个共通点，此外还有作为传统文化基石的儒教思

第6课 社 论

想、道教思想、佛教文化、农耕文化、大家族制度、敬老孝亲思想等等不胜枚举。大概正是这样的文化思想背景使得两国间文化艺术交流急速扩大的必要性和当为性凸现出来。

正译： 韩中两国在文化艺术方面有不少共通点和相似之处。比如，首先值得一提的是同处汉字文化圈，其次是构成传统文化根基的儒教思想、道教思想、佛教文化、农耕文化、大家族制度、尊老爱幼等思想文化背景，这充分说明有必要继续发展扩大两国间文化艺术的交流。

评析： "有着不少共通点"与紧接其后的"……这个共通点"，在原文中重复出现，而在中文修辞中讲究避免同一词的反复使用。☯"作为传统文化基石的"不如讲"形成传统文化根基的……""构成传统文化根基……"，更符合原意。☯"敬老孝亲"的韩国语惯用词组表现出韩国传统孝道文化思想，其中包含着尊重长者、爱护亲人的意思，可以直译，也可以按照中文惯用语译为"尊老爱幼"。☯"당위성"(當爲性)有"义务性"或"应该那样做"的意思，中文没有"当为性"的说法，可意译为"有必要"。

❼ 특히 1998년 12월 22일 한국과 중국은 베이징(北京)에서 한중문화공동위원회 회의를 갖고 양국의 광범위한 문화교류 증진 방안을 담은「1999~2000년 문화교류계획서」를 채택한 바 있다. 이 계획서는 향후 2년간의 문화·예술·교육·학술·신문·출판·인쇄·체육·청소년·영상미디어 등의 문화사업과 언어문자 분야의 협력 증진을 위한 세부사항 등을 포함하고 있다.

误译： 特别是1998年12月22日，韩国和中国在北京召开了韩中文化共同委员会大会，并在会上决定，采用含有更大范围文化交流增进方案之内容的"1999—2000年文化交流计划书"。该计划书包含了对今后两年间，文化、艺术、教育、学术、报刊、出版、印刷、体育、青少年、影视媒体等文化产业以及语言文字领域协作进行促进的相关详细事项。

正译： 特别是1998年12月22日，两国在北京召开了韩中文化共同委员会会议，签订了旨在更大范围内增进两国文化交流的方案"1999～2000年文化交流计划书"。该计划书的具体事项包括今后两年扩大在文化、艺术、教育、学术、报刊、出版、印刷、体育、青少年、影视媒体等文化产业以及语言文字方面的合作内容。

评析： 计划书只能制定或签署，"采用……计划书"的谓宾词组搭配不当。☯可以说"含有……成分""包含……内容"，不能说"含有……内容"。

❽ 그리고 중국은 이 회의에서 한국 정부가 요청한 "양국 고대사 및 중세사 공동연구"와 "중국내 한국의 항일독립 투쟁 관련 유적의 보존과 보호"를 위해 적극 협조하기로 약속했다. 그리고 김대중 대통령과 장쩌민 국가주석도 1998년 11월 베이징 정상

회담 때에 공동성명을 통해 문화예술 교류 확대 방안에 합의한 바 있다.

误译： 而且在这次会议上，对于韩国政府所请求的"共同研究两国古代史以及<u>中世纪史</u>"和"<u>中国境内抗日独立战争相关遗迹的保存和保护</u>"，中国方面承诺将给予积极的协作与支持。此外，金大中总统和国家主席江泽民还在1998年11月于北京首脑会谈上<u>通过共同声明的形式</u>，就文化艺术交流扩大方案达成了协议。

正译： 会上，韩国政府提出了"共同研究两国古代史及近代史"及"保护和保存有关韩国在华抗日独立运动遗迹"的要求，中国方面承诺将给予积极协助。1998年11月，韩国总统金大中和中国国家主席江泽民在首脑会谈中，就扩大两国间文化艺术方面的交流达成共识并发表了联合声明。

评析： "而且"可以省略，社论文体要求句子简练有力。☯"中国境内抗日独立战争相关遗迹"漏译了"韩国"。☯"독립투쟁"韩国人习惯讲"抗日独立运动"。☯"通过共同声明的形式"是对"공동성명을 통해"的直译，只翻译了语义意义，没有考虑语面意义。

❾ 과거에는 중국이 불교와 유교를 통해 한국문화 형성에 일방적으로 영향을 주었던 것이 사실이다. 그러나 최근에는 중국 청소년들이 한국의 패션과 대중음악·영화·연속극 등에 대하여 깊은 관심을 갖고 열광하는 가운데 날이 갈수록 '한국 대중문화 열풍'을 불러 일으키고 있는 상태이다.

误译： 在过去，中国通过佛教和儒教对韩国文化的形成给予了<u>单方面的影响</u>，<u>这是事实</u>。但是最近，中国的青少年们热衷于韩国的时尚，流行音乐，电影，连续剧等等，对此带着极大关心的同时，不断地发展，形成了一股所谓的"韩流热风"。

正译： 过去中国佛教和儒教对韩国文化的形成产生过巨大影响。近年来，中国青少年热衷于韩国服装、大众音乐、电影、电视剧等，掀起一股所谓"韩流"。

评析： 韩国语表示时间方向的位格词尾"에는"翻译成"在过去"可谓一对一的翻译，但与后面句子相连接时可以省略"在"。☯"일방적으로 영향을……"原意是说，在历史上中国曾经对韩国文化的形成产生过很大的影响，直译为"单方面的影响"语感很生硬。☯可说可不说的话尽量删去，如"这是事实"。☯"열광하는 가운데"翻译成"关心的同时"不够恰当，原意是在这样的氛围中逐渐形成了"韩流"。

6.3 翻译知识

词组的翻译

大于词、小于句子的语法单位是词组。韩国语的许多词按照语言习惯搭配成词组,表达一个基本意思。翻译词组时,应当注意词组的搭配以及由词组构成的惯用语和词组的灵活译法。

6.3.1 词组重组

词与词按照语言习惯搭配成词组,表达某种意义。由于中韩两种语言词组搭配的习惯不同,在翻译词组时有一个词组重组的过程。

例1 꿈을 키워 주는 교육이 좋은 교육이다. (꿈을 키우다——树立理想)
优质教育要培养学生树立远大理想。

例2 매로 키운 자식이 효성 있다. (자식을 키우다——教育子女)
棍棒之下出孝子。

例3 마당에서 나무를 키우다. (나무를 키우다——种植树木)
在院子里栽树。

例4 토끼를 키우려면 먼저 장을 새로 만들어야 한다. (토끼를 키우다——养兔子)
要养兔子,就得先做兔笼子。

例5 애지중지 키운 소들은 구제역으로 인해 다 죽어 버렸다. (소를 키우다——饲养牛)
口蹄疫爆发,精心饲养的牛都死掉了。

例6 부족한 외국어 실력을 키우려고 학원에 다니다. (실력을 키우다——提高实力)
去培训机构学习,想提高外语水平。

韩国语他动词"키우다"与不同的名词结合成动宾词组,翻译时会有不同的译法,对于人才讲"培养",对于子女讲"养育",对于植物讲"栽培""培育",对于动物讲"饲养""养",对于某种能力讲"提高""训练"。词与词搭配成词组后,便会产生新义。从词组整体意义出发,理解了词组的整体含义,方能反过来翻译出相关词的确切含义。

例7 ① 결정적 승리를 가져 왔다. 取得了决定性的胜利。
② 형제적 친선을 맺었다. 建立了兄弟般的友谊。
③ 영웅적 업적을 쌓았다. 创下了英雄业绩。

④ 궁극적으로는 문화와 전통의 발전에도 기여하게 될 것이다.
　　归根结底,也将会对文化和传统的发展作出贡献。
⑤ 자매적 관계를 맺었다.　结为姐妹关系。
⑥ 이러한 사상적·역사적 공통성을 감안하였다.
　　鉴于这种思想和历史的共性……
⑦ 보다 창의적이고 새로운 문화적 흐름을 견인하게 될 것이다.
　　将主导更具有创造性的新文化思潮。
⑧ 상호 보완적 관계를 만들어 나가고 있다. 形成一种互补关系。
⑨ 문화적 유대감과 친밀감 속에 긴밀한 관계를 유지해 왔다.
　　通过文化的纽带和亲密的感情,一直保持着密切的关系。

　　韩国语名词后缀"적,성,화"的组词能力很强。用这些后缀组成的词组,在韩国语的文章中频繁出现,而且意义变化活跃。翻译的时候需要根据整个词组的要求斟酌,不能够一律简单地直译为"的、性、化"。

例8　중국과 한국은 과거 2천여 년 지리적 인접성(隣接性)을 바탕으로 문화적 유대감과 친밀(緊密)한 관계를 유지해 왔습니다.
　　过去两千多年来,中韩两国由于唇齿相依的地理特征,一直保持着密切的往来和亲密的友好关系。

　　例8的"지리적 인접성"不能直译为"地理的邻接性"。带"性"字词后缀的韩国语汉字词比比皆是,如"우수성"(优秀性)、"전통성"(传统性)、"선진성"(先进性)、"정확성"(正确性)、"강대성"(强大性)等等。汉语词中也有加"性"表示性质和状态的,但是不像韩国语用得如此频繁。

例9　조국의 광복은 우리 민족의 운명과 우리 인민의 역사에서 근본적인 전환을 가져 오게 한 사건이었습니다.
　　祖国的光复是根本改变我们民族命运和我们人民历史的大事。

　　例9译文中的错误是将"우리 인민"直译为"我们人民"了。韩国人习惯于讲"우리 어머니"(我妈),"우리 오빠"(我哥)等。"우리 인민"是"我国人民"的习惯说法。

例10　역사의 흐름과 시대의 맥박에 귀를 기울이지 않고 민족의 오늘을 방관하며 민족의 내일을 외면하는 문학, 그것은 그 어느 시대, 그 어느 나라에서나 인민의 버림을 받아 왔다.
　　不倾听历史的潮流和时代的脉搏,对民族的今日袖手旁观,与民族的未来背道而驰。这种文学,无论是在哪个时代,哪个国家,都将遭到人民的唾弃。

"역사의 흐름과 시대의 맥박에 귀를 기울이지 않고"这个词组是一个谓语带了两个宾语,即"不倾听历史的潮流和时代的脉搏"。但是,"时代的脉搏"可以"倾听",而"历史的潮流"是不能"倾听"的。汉语中没有这种搭配,译文中的谓语不能同时支配后面两个宾语。在这种情况下,需要加上一个能够与之搭配的谓语,翻译为"不顺应历史的潮流,不聆听时代的脉搏"。与此相反,句中的第二个分句"민족의 오늘을 방관하며 민족의 내일을 외면하는"可以由"二谓二宾"缩减为"一谓二宾"的组合形式,翻译成为"对民族的今日和明天袖手旁观"。这是韩汉谓宾语词汇搭配不同所致。

6.3.2　词组惯用

韩国语词组中有一种"惯用表现",相当于汉语的"熟语"。

例11　을남이가 작은 <u>손님을 치른</u> 작년 겨울에도 마실군들이 변함없이 이 집으로 모여들었다.
　　　　去年冬天,乙南闹疹子,即便如此,串门的人们还是聚集到这家来了。

例12　그는 <u>시치미를 떼고</u> 남말하듯 중얼거렸다.
　　　　他佯装不知,就像说别人似的嘀嘀咕咕。

翻译这类惯用词组最好找到与之相对应的中文惯用语,以达到词组翻译的对等效果。

例13　오늘에야 내가 군수장의 <u>꼬리를</u> 붙잡았소.
　　　　译①　今儿个俺才抓住了郡守的尾巴。
　　　　译②　今儿个俺才抓住了郡守的小辫子。

例14　그야말로 <u>소 귀에 경 읽기</u> 식이 되였다.
　　　　译①　那才是对牛念经呢!
　　　　译②　那才是对牛弹琴呢!

以上两句的译①和译②都没有错。译①使用直译的方法,译②注意使用汉语惯用语,翻译效果更佳。

6.3.3　四字结构词组

四字结构是由四个字组成的词组,在行文中具有特别的翻译效果。无论韩国语还是汉语,都有四字结构的词组。

例15　교육을 중시하고 <u>근검절약</u>하며 무엇보다 사람을 중심으로 하는 인본주의적인 정신, 조화와 균형을 깨뜨리지 않으려는 자연관, 이것이 바로 동양의 사고방식입니다.
　　　　重视教育,**勤俭节约**,以人为本的"人本主义"精神,追求和谐平衡发展的自然观,这就是东方的思维方式。

例16 上个世纪,亚洲人民前仆后继、百折不挠,获得了国家的独立和民族的解放,谱写了一部宏伟的史诗。此后,亚洲人民奋发图强、不断进取,逐步摆脱了贫穷落后,描绘了一幅亚洲崛起于世界民族之林的雄浑画卷。

지난 세기 동안 아시아인들은 백절불굴의 정신으로 나라의 독립과 민족의 해방을 이루어 역사의 빛나는 한 페이지를 장식했습니다. 그 후 아시아인들은 더욱 분발하고 끊임없이 노력하여 점차 빈곤과 낙후에서 벗어 났고 세계 여러 민족 앞에 우뚝 서게 되였습니다.

韩国语中有"불요불구""자력갱생""확고부동"等固定的四字结构词组,汉语中也有固定的四字结构词组,翻译的时候要兼顾两种语言的习惯用法。如"불요불구"可以直译为"不屈不挠","자력갱생"也可以直译为"自力更生",而"영구불멸"不能翻译为"永久不灭",要翻译为"永生不渝"。"확고무동"不能直译为"确定不动",应翻译为"坚定不移"。四字结构匀称平稳、简练深刻、形象生动。四字结构的活用活译,不失为一种实用有效的译词法。

例17 "명찬이가 오늘 한턱 쓰겠는데."
"가만있게 됐나? 제 색시 때문에 남자들이 질 판인 걸."
잠시 이런 말들이 오가다가 회녕집 영감이 엄한 눈매로 방안을 한 바퀴 훑어 보자 물을 뿌린 듯 조용해졌다.

"嗨!今儿个明灿要露一手啦!"
"不露一手还行?叫她媳妇一唱,咱们男子汉可要输啦……"
大伙正你一言我一语地说着,会宁老头用严厉的目光朝大伙扫了一眼,就把大家给镇住了,屋里顿时鸦雀无声。

例18 众人对这种高度的艺术水平惊叹不已,异口同声地称赞这是21世纪的骄傲。

모두들 높은 예술성에 깊이 탄복하면서 그 예술성은 21세기의 자랑이라고 이구동성으로 말했다.

汉语的四字结构有时候单用一个,叫"单稳态";有时两个并用,称"双稳态";有时几个连用,曰"群稳态"。汉语语言的发展趋势是由单音节向双音节发展,语言音节就像音乐的节拍一样,节拍平稳整齐,听起来抑扬顿挫、铿锵和谐,体现语言的美感。译文本身虽无声,但读者在内心默念或朗读它,节奏平稳,才能朗朗上口,也可以体现译文的"雅"。

例19 이때 우리들은 자신의 귀를 도저히 믿을 수 없는 천만뜻밖의 말을 들었습니다.
这时,意外地传来了令人难以置信的消息。

例20 극장은 매일 관중들로 꽉 들어 찼으며 공연은 관중들의 심금을 울렸다.
剧院里每天座无虚席,演出动人心弦、催人泪下。

例21 김군! 나는 사람들을 원망치 않는다. 그러나 마주에 취하여 피를 짜 바치면서까지 참는 사람을 그저 볼 수 없다. 허위와 요사와 폭력과 게으른 자를 옹호하고 용납하는 이 제도는 더욱 그저 둘 수 없다.

金君！我不怨天尤人。然而对于那些陶醉于魔酒，被榨干了血肉，还要忍气吞声的人，我不能熟视无睹。对于那种只会庇护、纵容虚伪奸诈残暴，以及懒惰者的制度，我更不能置若罔闻。

例 22　　오늘의 메뉴　　　　　　　　　　　今日菜单
　　　　푸짐하다 잔치국수　　　　　　　　热气腾腾的筵席寿面，
　　　　오물조물 고추잡채　　　　　　　　鲜美可口的辣椒拌菜，
　　　　쿵떡쿵떡 인절미　　　　　　　　　松松软软的雪白打糕，
　　　　지글지글 부침개　　　　　　　　　滋滋冒油的金黄煎饼，
　　　　상큼하다 샐러드　　　　　　　　　新鲜多样的蔬菜沙拉，
　　　　오순도순 호박죽　　　　　　　　　又稠又甜的南瓜菜粥，
　　　　쫄깃쫄깃 오리고기　　　　　　　　筋里筋道的酱鸭子肉，
　　　　비빔비빔 비빔밥　　　　　　　　　有滋有味的韩国拌饭，
　　　　따끈따끈 고기만두　　　　　　　　热热乎乎的大肉包子，
　　　　달콤달콤 크림케익　　　　　　　　甜甜蜜蜜的牛奶蛋糕。

　　例 19 译文使用了"难以置信"，是四字结构的一个单稳态。例 20 连用了两个四字结构"动人心弦、催人泪下"，是四字结构的"双稳态"型。例 21 的译文前后呼应，译出三个四字结构："怨天尤人……熟视无睹……置若罔闻"，是一个"群稳态"结构。例 22 的译文，用多重"群稳态"的四字结构词组完成，使译文内容清晰，结构平稳。

 6.4 翻译练习

6.4.1　选择较好的翻译

① 돈을 물 쓰듯하다. —— 花钱如流水 —— 大手大脚

② 모기 소리만하다 —— 蚊子嗡嗡 —— 喃喃细语

③ 두 다리 쭉 뻗고 자야겠다. —— 伸展四肢睡觉 —— 要睡个安生觉

④ 한눈팔지 말고 곧바로 걸어라. —— 别费神了 —— 别东张西望的

⑤ 이젠 귀에 못이 박혔다. —— 听得太多耳朵起茧子了 —— 耳朵里钉钉

⑥ 꿀 먹은 벙어리처럼 입을 다물고 있었다. —— 吃了蜂蜜的哑巴 —— 一言不发

6.4.2　改错

① 신문 사설은 이번 법원의 판결이 많은 사람들의 가려운 곳을 긁어 주었다고 평가했다.
　—— 新闻评价说,这次法院的判决为很多人解痒了。
　——

② 결혼식에서 새로 탄생하는 부부는 어떤 어려움이 있더라도 검은 머리가 파 뿌리가 되도록 살겠다고 한다.
　—— 新婚夫妇说无论婚后生活多么困难,也一起活到老。
　——

③ 겉 다르고 속 다른 사람을 표리부동한 사람이라고 하는데, 그런 사람들은 믿을 수가 없다.
　—— 善于搞表面一套、背后一套的人被称为表里不一的人,那种人不可信。
　——

④ 요즘 아프리카에서는 가뭄 등으로 인해 식량난을 겪는 바람에 굶기를 밥 먹듯하는 사람들이 영양실조에 걸리자 국제적십자는 식량을 원조하기 시작했다.
　—— 最近非洲由于干旱等灾害,粮食短缺,人们挨饿就像吃饭一样,严重营养不良,国际红十字会开始向他们援助粮食。
　——

⑤ 디지털 정치는 돈과 조직이 아닌, 시민들에 의한 자발적인 선거 문화를 만들고 있다. 그러나 온라인상에서 이성적 토론과 합의 도출이 가능한가에 대해서는 아직 회의적이다.
　—— 数字政治不受金钱和组织的影响,创造了一种普通市民自发选举的新文化。但在网上能否进行理性的讨论并达成共识,仍是令人怀疑的。
　——

⑥ 한편 두 차례 수립된 민간 정부에서 본격적으로 추진된 정보화 정책을 통해 이 위기를 돌파할 수 있는 기술적 토양이 만들어지기 시작했다. 특히 정보통신 혁명의 총아로 일컬어 지는 인터넷의 개방과 확장은 종래의 대표와 국민 간의 커뮤니케이션 방식을 변화시키기 시작했다.

——韩国的两届民选政府推行旨在将韩国全面变成信息社会的政策,为克服这一危机奠定了技术根基。特别是因特网的不断开放、扩张,改变了代表和国民之间传统的交流方式。

——

6.4.3 填空

① 서로 지식을 모아 사설 문서를 완성해 갑시다.
　　大家(　　　　　　　　),一起完成社论文章的写作吧!

② 동일한 사건에 대하여 각 신문사의 논설은 얼마간의 관점 차이가 있다.
　　对于同时发生的事件,各个新闻报社的评论(　　　　　　　　)。

③ 참가국들은 핵 문제의 평화적 해결을 위하여 '말 대 말'과 '행동 대 행동'의 단계적인 과정에 대한 필요성을 강조하였다.
　　各方强调应以循序渐进的方式,按照(　　　　　　　　)的原则,寻求核问题的和平解决。

④ 문제는 구두선이 아니라 실천이다. 일본과 한국이 "조기에 FTA를 발족시키자"고 한 목소리를 냈고 6월 도쿄의 정상회담에서까지 의제로 올렸지만 아직 협상 시기도 잡지 못하고 있다.
　　问题不在于(　　　　　　),而在于(　　　　　　)。虽然日本与韩国表示愿"早日达成自由贸易协定",并在6月东京首脑会谈上提出了议案,但协商日期尚未确定。

⑤ 2003년 2월 24일자 영국 가디언지(<The Guardian>)의 보도에 따르면 "영국은 겨우 5%의 가구가 광대역 정보통신망에 연결되어 있는 데 반해 한국은 가구의 70% 이상이 광대역 정보통신망에 연결되어 있다"고 한다.
　　据2003年2月24日英国《卫报》报道:"英国仅有百分之五的家庭(　　　　　　　　),而韩国使用宽带网的家庭却达到百分之七十以上。"

⑥ 국내외의 각종 자료들에 따르면, 한국인들의 인터넷 활용도는 가히 세계 최고 수준이다.
(   ),韩国人的因特网使用率居世界首位。

6.4.4　翻译笑话

천생연분(天生緣分)

한 노인 부부가 퀴즈 프로그램에 출연했다. 스피드 퀴즈를 하는데 '천생연분'이라는 낱말이 나왔다. 할아버지는 손가락으로 할머니와 자신을 번갈아 가리키며 말했다.

"우리처럼 사이가 좋은 걸 뭐라고 하지?"

할머니가 서슴없이 대답한다.

"원수."

할아버지 당황해서,

"아니, 두 자 말고 네 자로 된 거."

그러자 할머니가 또 서슴없이 대답한다.

"평생 원수!"

6.4.5　翻译句子

① 이번 선거에서 유권자들은 입으로는 정치 발전을 위해 새 사람을 뽑아야 한다고 했지만 선거 결과는 그 사람이 그 사람이었다.

② 교통규칙을 위반한 초보 운전자가 교통경찰에게 한 번만 눈 감아 달라고 사정했지만 소용이 없었다.

③ 인터넷이 시민들의 자유로운 정치 참여를 이끌어 내고 있다. 정치 분야에서도 새바람을 불러 일으키고 있는 한국 디지털 정치의 빛과 그림자를 조명해 본다.

④ 근대화의 여정 속에서 식민지와 국가 형성 그리고 내전에 이르는 격변의 소용돌이를 경험했지만, 한국은 정치적 경제적으로 압축적 근대화의 성과를 이루었고 오늘날 정

보화 강국의 반열에 들어 섰다.
―――

⑤ 인터넷은 정보의 집중과 통제를 해체하는 쌍방향적인(interactive) 매체였다. 따라서 인터넷은 정치 참여와 공론을 촉진하는 동원의 기제로 부상하였다.
―――

⑥ 한국 사회에서 16대 총선을 치루면서 국회의원 전원이 홈페이지를 개설하여 운영하고 있는 것으로 나타났다. 특히 유력 정치인들(Big Politicians)은 홈페이지 유지와 관리에 투자를 아끼지 않고 있다. 실제로 홈페이지의 지속적인 관리와 업데이트, 그리고 홈페이지를 통한 국민들과의 상호 소통은 소위 유력 정치인들에 집중되고 있다.
―――

6.4.6 翻译短文

면접

어느 유명 회사에서 신입사원을 뽑을 때의 일입니다. 좋은 대학을 나온 재주 있는 지망자들이 많이 모여 들었습니다.

그런데 가장 중요한 마지막 면접 시험은 사장이 직접 하기로 되어 있었습니다.

지원자들은 누구나 사장이 묻는 말에 대답을 잘하려고 많은 준비를 했습니다.

그런데 이상하게도 사장은 면접자들에게 한 마디도 묻지 않았습니다. 드디어 면접시험이 끝나고 7명의 합격자가 발표되었습니다. 불합격한 사람들은 왜 떨어졌는지 궁금할 수밖에 없는데 이때 사장은 다음과 같이 대답했다고 합니다.

"우리 회사는 똑똑한 사람보다 열심히 일하는 사람이 필요합니다."

그래서 면접을 보러 들어 오는 문 앞에 휴지 한 장을 떨어뜨리고 들어 오면서 그것을 주워 휴지통에 넣은 사람을 합격시켰습니다.

6.5 翻译作业

교과교실제가 공교육 활성화 발판 되려면①

　학교 교육에 변화의 바람이 불 모양이다. 학생이 교과별 전용교실로 수업을 받는 교과교실제(敎科敎室制)가 2014년까지 전국 대부분 중·고교에 도입된다. 교사가 교실을 찾아 가는 기존 수업 방식의 기본 틀이 근본적으로 바뀌는 것이다. 제대로만 운영되면 공교육의 질을 획기적으로 끌어 올릴 수 있는 혁신적 변화란 점에서 의미가 크다. 학생의 흥미와 눈높이를 감안한 수준별 맞춤 교육을 함으로써 수업 만족도를 높이는 효과도 기대된다.

　문제는 교과교실제가 제대로 자리잡기 위해서는 넘어야 할 산이 적지 않다는 점이다. 무엇보다 전용교실과 기자재 등 인프라 구축이 전제돼야 한다. 교육과학기술부는 학교당 3억~7억 원 씩 3년간 모두 1조 2200억 원을 지원한다는 계획에 차질이 없도록 예산 확보에 만전을 기해야 할 것이다.

　교사 충원 문제도 교과교실제 정착의 관건(關鍵)이다. 교과교실제 시행에 따라 수준별 수업이 현행 2단계에서 상·중·하의 3단계로만 확대돼도 교사 수요가 최소 1.5배로 늘기 때문이다. 교과부는 교원 수급 계획부터 새로 짜야 할 것이다.

　교과교실제에 따른 수준별 수업 확대에 맞춰 평가 방법 개선도 뒤따라야 한다. 석차가 아니라 학업 성취 수준만 측정하는 절대평가 방식이나 학점제 도입 방안 등을 검토할 필요가 있다. 교과교실제의 안착으로 공교육이 활성화되는 계기가 마련되기를 기대한다.

 6.6 参考资料

사설에 대하여

(1) 사설(社說)의 특징

　사설은 신문, 잡지 등에서 그 신문사의 주장이나 의견을 실어 펼치는 논설문이다. 주필이나 주간, 논설주간을 중심으로 공직자나 공공기관의 활동을 비판하거나 칭찬하고 논평한다. 또한 사회에 이익이 된다고 생각되는 행동을 장려하기도 하고, 정치적 입장

---

① 〈중앙일보〉 사설 2011.4.

을 강하게 표명하기도 한다. 신문과 방송은 수천만 명의 사람에게 동시에 전달되는 매체 특징으로 인하여 대체로 시의성이 강하며 정보의 핵심 내용만 간결하게 전달하는 특징을 보인다. 신문이나 잡지에서 사설을 싣는 난을 사설란(社說欄)이라고 한다

(2) 언론/신문의 영향력

언론/신문은 날마다 전 국민을 대상으로 종합적인 사건과 정보를 전달하고 기사를 제공해 주는 역할을 하기 때문에 사회에 미치는 영향은 실로 막대하다. 한 언론이 오보를 전하면 그 언론/신문을 보는 사람들은 일단 오보조차 사실로 믿게 되고, 그 오보가 사회로 일파만파 퍼져나갈 수밖에 없다.

또한 언론/신문은 광고가 주 수입원이라 광고를 많이 유치해야 언론이 살 수 있다. 그렇기 때문에 광고를 너무 많이 권장해 아예 광고만 하는 경우도 간혹 있다.

언론·신문은 우리 나라에서 네이버 같은 포털 사이트에 기사를 제공하기도 하면서 반대로 그들의 인터넷 홈페이지에 자신들의 기사를 올려 놓기도 한다. 개중에는 연예인들의 기사만을 자극적으로 집중 게재하는가 하면 이와는 반대로 정치나 경제와 관련된 어휘는 조회수가 별로 없는 편이다. 언론이 밝히는 사건은 관심사가 되기 때문에 언론이 사회에 미치는 영향은 세계 어디를 가더라도 사회에 큰 영향을 주게 된다.

第 7 课 评 论

7.1.1 韩中首脑会谈与韩中经济合作的未来

한·중 정상회담과 한·중 경제 협력의 미래

한국 대통령의 중국 방문을 계기로 한·중 관계는 경제적 차원을 넘어서 전면적 협력·동반자 관계로 격상되었다. 특히 신 정부가 추구하는「평화와 번영의 동북아」비전과 궤를 같이하는「동북아 경제공동체」구상이 한·중 공동성명에서 구체화됨으로써, 양국이 21세기 동북아시대를 함께 열어 간다는 중대한 역사적 의미도 가지게 되었다.

오랜 역사를 통하여 한국과 중국은 문물 교류에서 가장 가까운 이웃이었다. 냉전체제 아래 반세기 이상 단절되였던 한·중 경제 교류는 1992년 외교 관계가 공식적으로 복원되면서 세계 역사에서 그 유례를 찾을 수 없을 만큼 초고속으로 확대되어 왔다. 이제 중국은 한국의 최대 수출 및 투자 대상지가 되었다. 특히 2003년 들어 중국은 미국을 제치고 한국의 최대 흑자 시장이 되고 있다.

이제 우리는 더욱 개방적인 통상 패러다임으로 중국과의 경제 교류를 확대해야 한다. 적극적인 개방정책과 함께, 노동시장을 국제적 기준으로 제도화하고 기업하기 좋은 환경을 조성하여 외국 자본을 경쟁적으로 유치할 수 있어야 한다. 동시에 한국의 산업 구조도 첨단화와 서비스산업 중심으로 고도화하는 전략이 필요하다. 금번 한·중 정상회담은 양국 간 경제협력을 심화·확대시키는 계기를 마련하였다. 1998년 한·중 정상회담에서는 5대 협력사업이 합의된 데 비하여, 이번 정상회담에서는 10개 부문으로 확대되었다. 기존의 협력사업은 제조업에 치중되었는데 이번에는 금융, 유통, IT 산업, 에너지, 자원 개발, 서부 대개발 참여, 북경올림픽 개최 지원 등 전면적으로 확대되었다. 또한 한·중 정상 간에 합의된「한중경제통상협력 비전팀」은 양국 경제 교류를 실질적으로 촉진하는 데 기여하게 될 것이다.

한중 간의 경제협력 관계가 전면적 동반자 관계로 심화될수록 양국은 상호 필요에 의하여서도 동북아의 평화와 번영을 추구하게 될 것이다.

7.1.2 词汇注释

동반자(同伴者)	伙伴	격상되다(格上되다)	升级,提高
비전(vision)	展望	공식적(公式的)	正式
궤	轨道	통상(通商)	通商
패러다임(paradigm)	范式,框架	흑자(黑字)	贸易顺差
복원(復元/復原)	复原,恢复	첨단화(尖端化)	尖端化
유치하다(誘致하다)	引进,吸引	부상(浮上)	崛起,成为
치중되다(置重되다)	着重	서비스산업(service 産業)	服务业
고도화(高度化)	升级	합류하다(合流하다)	融会,融合,汇合
팀(team)	工作组,团队	추구하다(追求하다)	追求
문물(文物)	文物	유례(類例)	先例

7.1.3 参考译文

韩中经济合作的未来

以韩国总统访华为契机,韩中两国的交流跨越了经济层次,上升成为全面合作的伙伴关系。特别是新政府所规划的"和平与繁荣的东北亚"蓝图,以及与此同步的"东北亚经济共同体"构想,在《韩中联合声明》中得到了落实,体现了两国共同开创21世纪东北亚时代的重大历史意义。

韩中历史交往源远流长,两国睦邻友好日久天长。在冷战时期被中断了半个多世纪的韩中经济交流,随着1992年两国外交关系的正常化,以史无前例的超高速度发展起来。现在,中国已经成为韩国最大的出口与投资对象国。特别是进入2003年以来,中国正超越美国成为韩国最大的贸易顺差市场。

当前韩国应该以更加开放的贸易方式与中国扩大经济交流。实行积极的开放政策,同时应以国际标准规范劳动市场,创造良好的企业经营环境,这样才能使企业具备招揽外国资本的竞争力。同时,韩国产业结构也需要具有高尖端技术和以服务业为中心的远大战略。本次韩中首脑会谈为两国经济合作的深入发展提供了契机。与1998年韩中首脑会谈时所商定的五大合作产业相比较,本次首脑会谈进一步扩大至十个领域。以往双方合作的重点在制造业方面,而这次重点在金融、流通、IT产业、能源、资源开发等领域,并在参与西部大开发,支援北京举办奥运会等方面有了全面的拓展。此外,韩中首脑商定的"韩中经贸发展梯队"将会为切实促进两国经济交流作出贡献。

韩中经济合作越是向全面合作伙伴关系的方向发展,两国越需要努力争取实现东北亚的和平与繁荣。

7.2 正误评析

❶ 한국 대통령의 중국 방문을 계기로 한·중 관계는 경제적 차원을 넘어서 전면적 협력·동반자 관계로 격상되었다.

误译：趁着韩国总统访问中国之契机,韩中之间从经济上提高到了全面协作的伙伴关系。

正译：以韩国总统访华为契机,韩中两国的交流跨越了经济层次,上升成为全面合作的伙伴关系。

评析："趁着"是口语词,通常不与"契机"搭配。☯"경제적 차원"讲经济层面,指两国的交流从经济层次上升到了更高的层次。

❷ 특히 신 정부가 추구하는「평화와 번영의 동북아」비전과 궤를 같이하는「동북아 경제공동체」구상이 한·중 공동성명에서 구체화됨으로써 양국이 21세기 동북아 시대를 함께 열어 간다는 중대한 역사적 의미도 가지게 되었다.

误译：特别是随着韩国政府所追求的"和平与繁荣的东北亚"想法与轨道共同运作的"东北亚经济共同体"构想在韩中共同声明中的具体化,体现了两国将共同开创21世纪东北亚时代之重大历史意义。

正译：特别是新政府所规划的"和平与繁荣的东北亚"蓝图,以及与此同步的"东北亚经济共同体"构想,在《韩中联合声明》中得到了落实,体现了两国共同开创21世纪东北亚时代的重大历史意义。

评析：韩国语中常使用"구체화/일반화/현대화/제도화/첨단화/고도화"等"화"之类的说法,在译文中不一定都将"化"直译出来,"구체화됨으로써"讲的是被具体化的意思,意思是得到了具体的体现和落实。☯"……想法与轨道共同运作的"译文意思不通。外来语"비전"(vision)是"내다 보이는 장래의 상황,전망"的意思,可以翻译成"蓝图"。"궤"是"궤로"(轨路),表示路线、轨道的意思,但原文意思不是"비전과 궤로",而是"비전과 구상",即蓝图与构想。

❸ 오랜 역사를 통하여 한국과 중국은 문물 교류에서 가장 가까운 이웃이었다. 냉전체제 아래 반세기 이상 단절되었던 한·중 경제교류는 1992년 외교관계가 공식적으로 복원되면서 세계 역사에서 그 유례를 찾을 수 없을 만큼 초고속으로 확대되어 왔다.

误译：通过长期的历史证明韩国和中国在文化遗产交流方面是最近的邻居。冷战体制之下中断了半个多世纪的韩中经济交流在1992年随着外交关系的正式恢复,以世界史无前例的超高速度扩大化。

正译：	韩中历史交往源远流长，两国睦邻友好天长日久。在冷战时期被中断了半个多世纪的韩中经济交流，随着1992年两国外交关系的正常化，以史无前例的超高速度发展起来。
评析：	"오랜 역사를 통하여"直译为"通过长期的历史"，意思没错，修辞需斟酌。☯ "文化遗产交流方面是最近的邻居"中文意思不通。☯ "以世界史无前例的……"，"史无前例"包括世界历史，"世界"可以删去。☯ "扩大化"特指某一事件，用于两国经济发展的描述显然是小词大用。

❹ 이제 중국은 한국의 최대 수출 및 투자 대상지가 되었다. 특히 2003년 들어 중국은 미국을 제치고 한국의 최대 흑자 시장이 되고 있다.

误译：	现在，中国成为韩国最大输出国和投资对象。特别是在进入2003年，中国成了除了美国以外，韩国最大的黑字市场。
正译：	现在，中国已经成为韩国最大的出口与投资对象国。特别是进入2003年以来，中国正超越美国成为韩国最大的贸易顺差市场。
评析：	"在进入2003年"这句话没有说完。☯ "中国成了除了美国以外，韩国最大的黑字市场"译语对"제치다"的理解错误，应说"中国正超越美国成为韩国最大的贸易顺差市场"。

❺ 이제 우리는 더욱 개방적인 통상 패러다임으로 중국과의 경제교류를 확대해야 한다. 적극적인 개방정책과 함께, 노동시장을 국제적 기준으로 제도화하고 기업하기 좋은 환경을 조성하여 외국 자본을 경쟁적으로 유치할 수 있어야 한다.

误译：	现在我们应该通过更加开放性的通商范例与中国扩大经济交流。与积极的开放政策一起，应该对劳动力市场以国际水准进行制度化，为企业发展形成良好环境并削弱外国资本的竞争力。
正译：	当前韩国应该以更加开放的贸易方式与中国扩大经济交流。实行积极的开放政策，同时应以国际标准规范劳动市场，创造良好的企业经营环境，这样才能使企业具备招揽外国资本的竞争力。
评析：	"패러다임"（paradigm）有范例、样式、模范等意思，译为"通商范例"与词组或句子整体意义不符，应译为"贸易方式"。☯ "과 함께"可以译成"与……一起"，也可以译成"同时"。究竟翻译成哪一个，需看上下文的需要。☯

❻ 동시에 중국의 부상에 대응하여 우리의 산업 구조도 첨단화와 서비스산업 중심으로 고도화하는 전략이 필요하다.

误译：	同时为了对应中国的崛起，我国产业的尖端化，以及以服务业为中心的高度化战略是必要的。

正译: 同时,为了应对中国的崛起,我国产业结构也需要具有高尖端技术和以服务业为中心的远大战略。

评析: "고도화하는 전략"直译为"高度化战略",意思不通。☯ "전략이 필요하다"直译为"是必要的",意思对,但不通顺。

❼ 금번 한·중 정상회담은 양국 간 경제 협력을 심화·확대시키는 계기를 마련하였다. 1998년 한·중 정상회담에서는 5대 협력 사업이 합의된 데 비하여, 이번 정상회담에서는 10개 부문으로 확대되었다. 기존의 협력사업은 제조업에 치중되었는데 이번에는 금융, 유통, IT 산업, 에너지, 자원개발, 서부 대개발 참여, 북경올림픽 개최 지원 등 전면적으로 확대되었다.

误译: 本次的韩中首脑会谈为两国间经济合作的深入和扩大提供了契机。与1998年韩中首脑会谈时所协定的5大合作产业比较,本次的中韩首脑会谈上进一步扩大为10个部门。在着重发展现有合作产业制造业的同时,双方的合作这一次在金融、流通、IT产业、能源、资源开发、参与西部大开发、支援北京奥运会的举办等各个方面有全面的扩大。

正译: 本次韩中首脑会谈为两国经济合作的深入发展提供了契机。与1998年韩中首脑会谈时所协商的五大合作产业相比较,本次首脑会谈进一步扩大至十个领域。以往双方合作的重点在制造业方面,而这次在金融、流通、IT产业、能源、资源开发等领域,并在参与西部大开发,支援北京举办奥运会等方面有了全面的拓展。

评析: "的""上"这种助词和方位词在用不用皆可的情况下,需不用。☯ 韩国语汉字词"부문"(部门)比中文"部门"的含义更宽,指按照一定标准进行分类而产生的范围或部分,可理解为"方面、领域"。☯ "在着重发展现有合作产业制造业的同时"的翻译与原文意思有出入。

❽ 또한 한·중 정상 간에 합의된 「한중경제통상협력 비젼팀」은 양국 경제교류를 실질적으로 촉진하는 데 기여하게 될 것이다.

误译: 而且韩中首脑达成的"韩中经济通商发展队伍"将在实质性的促进两国经济交流方面大有帮助。

正译: 此外,韩中首脑商定的"韩中经贸发展梯队"将会为切实促进两国经济交流作出贡献。

评析: "队伍"是不能"达成"的。☯ "实质性的促进"有语法错误,能够修饰谓语动词"促进"的是"地",而名词性词组"实质性"后面只能用"的"修饰名词,可说"切实地促进了两国经济交流"。☯ "大有帮助"的词义小于原文"作出贡献"的意义。

❾ 한중 간의 경제협력 관계가 전면적 동반자 관계로 심화될수록 양국은 상호 필요

에 의하여서도 동북아의 평화와 번영을 추구하게 된 것이다.

误译：韩中经济合作关系向全面的合作伙伴关系进一步深化是两国相互的需要,也将会构成东北亚的和平与繁荣。

正译：韩中经济合作越是向全面合作伙伴关系的方向发展,两国越需要努力争取实现东北亚的和平与繁荣。

评析："심화될수록……"表示"越……越……",这种原文意思应该译出来。☯"构成东北亚的和平与繁荣"与原文意义不符,原文是"追求""争取实现"的意思。

7.3 翻译知识

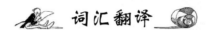

在上翻译课之前,同学们已经在学习韩国语的过程中接触过一些翻译练习。比如在韩国语精读课的练习题中,有韩译汉或汉译韩的练习题。但值得注意的是,精读课的翻译练习与翻译课的翻译练习有所不同。精读课的翻译练习以学习掌握新词汇和运用新语法为目的,翻译课则以学习掌握翻译原则技巧、提高翻译水平为目的,翻译要求准确表达原文意义与文采,使读者从译文中获得与原文对等的信息与感受。

韩国语基础学习涉及语言、文学知识,而韩国语翻译的学习涉及两种语言的转换技巧及相关翻译知识。或说前者是语言知识的学习,后者是语言知识的应用;前者的学习目标是对一种语言的熟练掌握,后者的训练目标是将两种语言准确转换。译者仅仅拥有语言知识,并不一定能够将两种或多种语言翻译得天衣无缝。掌握几种语言只是可以进行翻译的先决条件,译者还需要经过两种语言的互译训练和实践练习,才能够逐步做到翻译得驾轻就熟、得心应手。

笔译在实际操作时是一项阶段性的工作。从阅读原文、理解原文意义开始,经过词汇的对译、句子的处理、文章色彩的调节搭配,到创造性、艺术性地发挥译文语言的优势,完整地传达原文信息,充分表达原文精神。这一整套笔译过程,会涉及比较语言学、比较文学、修辞学、文化学和翻译学的综合性知识,需要一些由表及里、兼顾两方面的翻译技巧。俗话说"饭要一口一口地吃",翻译要明确词、词组、句子、句群、文章是不容分割的统一体,必须围绕主题,合理地处理各个阶段的翻译细节。其中,词汇的翻译犹如万里长征的第一步,务必走好。

7.3.1　词汇翻译原理

动笔翻译碰到的第一件事是选定词义。能否恰当地确定词义,是决定译文内容正确与否的关键一步。通常认为,译词只需勤翻词典便可,其实不然。两种语言不是简单的一对一

的对等关系,勤查词典固然是必不可少的手段,但不是唯一的手段。除了查词典之外,还需要掌握翻译中词义的变化特点,寻求两种语言对等表达的规律。同一个词,在不同的句子或文章中,可以有多种意义。这就是说,词的词义一般都不是单一的,它往往会有纵向和横向两方面的发展变化。我们试以韩国语动词"가지다"一词为例,说明翻译中词义的变化特征。

例1　이 돈을 잘 가지고 있으라.
　　　这钱,你好好拿着吧!(拿)

例2　가진 돈이 없으면 망건 꼴이 나쁘다고들 한다.
　　　俗话说"人穷志短"。(人们都说没有钱,气不粗,腰杆不硬。) (有)

例3　이 세상에는 원한을 가진 사람이 많구나.
　　　这世上满怀怨恨的人真多呀! (怀着)

例4　김치는 오랜 역사를 가진 식품이다.
　　　泡菜是具有悠久历史的食品。 (具有)

例5　그녀는 아이를 가졌다.
　　　那个女的怀了孩子。(怀孕)

例6　회의를 가진 다음날부터 일을 하기 시작했다.
　　　会议召开后的第二天就开始动手做了。(召开)

例7　이것은 당신이 우리에 대하여 각별한 친근감을 가지고 있고, 전통적인 두 나라의 친선을 더없이 귀중히 여기고 빛내어 나가려는 염원을 가지고 있다는 것을 보여 주는 것입니다.
　　　这表明,您对我们怀有特别深厚的感情,无比珍视两国的传统友谊,并且希望发展这一友谊。(怀有)

韩国语动词"가지다(타동사)"的本义是"带、拿",此外还有许多引申意义。比如例2"有",例3"怀着",例4"具有",例5"怀孕",例6"召开",例7"怀有"。这些词义都是词在实际运用中不断发展扩大起来的新义,反映了词义纵向变化的现象。另一方面,横向词义变化有四层,即概念意义、句子意义、含蓄意义和文体意义。

(1) 概念意义

例8　전후 반세기 일본은 끊임없는 기술 개발과 아울러 이를 통하여 경제의 부흥을 가져왔으므로 세계 최대의 수출 흑자 국가가 되었다.
　　　第二次世界大战后半个世纪,日本进行了不断的技术开发,带来了经济的复兴,成为世界上贸易顺差最大的国家。

例9　그는 총을 가지고 사냥하러 갔다.
　　　他带着枪去打猎了。

例10　왜 나를 가지고 야단법석이냐?
　　　为什么拿我开涮呀?

人们根据词的最原始、最根本的意义,在翻译中称作词的概念意义。"가지다"的概念意义是"带""拿",例8、9、10的翻译是以概念意义定义的。

(2) 句子意义

例11 우리 두 나라는 역사적으로 그 어느 나라보다도 가깝게 교류해 왔고, 앞으로도 우호와 협력을 통한 공동번영이라는 무한한 가능성을 가지고 있습니다.

　　从历史上来看,两国之间的交流比任何一个国家都密切。今后也将通过友好合作,实现共同繁荣。两国之间的合作潜力之大不可估量。

例12 간고한 시련을 이겨낸 우리는 불패의 힘을 가지게 되였다.

　　我们摆脱了重重困难,获得了战无不胜的力量。

例13 세계의 총 GNP는 약 22조 달러이다. 이 중 무려 4분의3 이상을 21개 선진국이 가지고 있다.

　　世界总GNP约有22兆美元,其中大约3/4以上由21个发达国家所占有。

以上例句中,例11原来的意思是"具有实现共同繁荣的无限的可能性",翻译成为"两国之间的合作潜力之大不可估量";例12"힘을 가지다"原意为"有力气",翻译成"获得了力量";例13" 4분의 3 이상을 가지고 있다"原意为"具有3/4以上"翻译为"占有3/4"。在这里"가지다"既没有被翻译成本义,又没有被翻译成引申义。其实"가지다"本身词义没有改变,由于句子中词组的搭配不同,为了照顾整个句子前后词组搭配,使之更符合译文习惯,翻译才有所不同。以上三个例句中"가지다"的译法,都是以在一定组合条件下产生的句子意义为依据的。

(3) 含蓄意义

例14 인형 하나는 동생을 주고 다른 하나는 내가 가졌다.

　　一个娃娃给弟弟,另一个归我了。

例15 그렇게 빈들빈들 놀아 가지고 어떻게 시험에 합격하겠니?

　　像他那样整天游手好闲的,考试能合格吗?

词的含蓄意义指词在文章句子中反映出来的各种细腻的、含蓄的、表示各种感情的词义。句子中的情态词、语调、句式等都会使词产生含蓄意义。例14的原文是"拥有",其中包含的深一层意义色彩是"那个归他,这个归我,我们平分了"。例15是一个反问句,表示出不相信的语感。"놀아 가지고"为复合动词,"가지다"只在后面起辅助作用。在这两个例句中,"가지다"都被"含"在句子深处,表达句子的内含意义,翻译时要尽可能将这一层含蓄意义表达出来。

(4) 文体意义

例16 토지 개혁은 제땅을 가지고 농사를 지어 보려던 농민들의 평생 소원을 완전히 만족시켜 주었다.

土地改革让农民实现了"耕者有其田"的夙愿。

例17　올해는 "한·중 수교 20주년"이 되는 뜻깊은 해로서 금년 한 해 동안 각종 기념행사와 더불어 다양한 문화예술 활동이 전개되어 "한·중 국민 교류의 해"를 더욱 빛나게 하려는 염원을 가지고 있습니다.

今年是韩中建交20周年,是值得纪念的一年,准备开展各种纪念活动和多种多样的文化艺术活动。我希望这些活动能够为今年——"韩中人民友好年"锦上添花!

例18　두 나라의 친선은 오래고도 깊은 역사적 뿌리를 가지고 있으며 두 나라의 연대기는 수많은 감동적인 일화와 미담들로 가득차 있습니다.

两国友好交流的历史源远流长,在两国关系史上,记载着无数动人的事迹和佳话。

各种文章的文体不同,风格各异,因此,译文的用词要和文章体裁与风格相适应。一篇文章在表达某种上下联贯的思想和前后一致的风格时,词义要为宏观地体现全篇风格起到应有的作用。这就要求我们在翻译中必须注意词的文体意义。例16、17、18的译文字面上似乎都没有把"가지다"译出来,但是,原文的整体意义和译文句子成分的变化以及词语修饰的要求,不需要把"가지다"的本义生硬地搬出来。在这种情况下,"가지다"只在译文中有抽象意义或隐性意义,这种词义是词在翻译中产生的文体意义。

词汇翻译的"纵向词义变化",指一个词的本义和由本义发展引申出来的引申意义。所谓"横向词义变化",指词在各种不同的语言环境中产生的语用变化和语用意义。语用意义一般在词典中是查不到的。在翻译过程中,词义受到以上纵、横两方面的制约,不同的语言条件会给词的概念增添许多新的语义色彩。如下图所示:

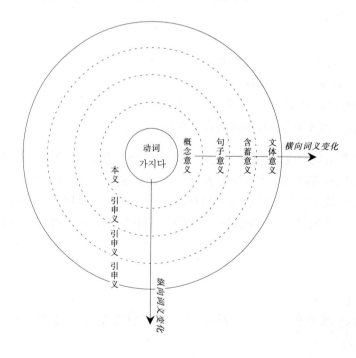

翻译的时候，从"横向词义变化"方面考虑定夺词义，应该持动态观；从"纵向词义变化"方面确定词义，应该持发展观。发展与现状，从宏观和微观两方面考虑词义的变化，认识词典所记录下来的词义的局限性。词典只能提供词的本义和概念意义，不可能囊括词在使用中产生的所有词义变化。为了保证译词的忠实性、准确性、灵活性，须掌握译词的应变技巧。

7.3.2 词汇翻译技巧

韩国语的常用词汇数量，按照韩国国立国语院统计为434207个（数据来源于https://stdict.korean.go.kr/m/search/search Detail Words.do）。大型韩国语辞典一般收录三四十万个词条。韩国语词汇如按照语法功能分类，可以分为名词、不完全名词、动词、形容词、冠词、数词、副词、拟声拟态词、感叹词等。如按照其来源可以分为固有词、汉字词、外来语、混合词四类：

① 固有词：以韩民族固有语言资料创造的词汇，约占总词汇量的30%。
② 汉字词：借用汉字与汉字词义，按照韩国语发音的词汇，约占总词汇量的60%。韩国中小学必修汉字为1800字。
③ 外来语：除了汉字词以外，借用西方各国的词汇，按照韩国语发音的词汇，约占总词汇量的6%。
④ 混合词：由固有词、汉字语和外来语相互结合而成的词汇，约占总词汇量的3%。

举例如下表：

固有词 고유어	바람		风
	가다		走
汉字词 한자어	한국	韓國	韩国
	소개하다	紹介하다	介绍
外来语 외래어	넥타이	necktie	领带
	아파트	apartment	公寓
混合词 혼종어	노벨상	Nobel+賞	诺贝尔奖
	체크하다	check+하다	核对,确认

有如下几种：

①专有名词	임권택	林权泽	韩国知名导演	人名、地名、产品名称、商标、缩写、电影名、书名、公司名等。
②术语	운반로케트	运载火箭	航天工业用语	各行各业的专业术语和各个学科的科技术语。
③汉字词	인공위성	人造卫星		大量汉字词汇传入朝鲜半岛，古时，做为借用文字，逐渐构成了韩国语基本词汇体系的一部分。
④外来语	텍스트북	教科书		从不同语言中借用过来的词汇，主要指从英语中借用的词汇。
⑤数量词	한 개	一个		广泛用于各种事物的不同数量词。
⑥成语、熟语	우물 안 개구리	井底之蛙		成语、熟词（谚语、歇后语）是具有浓厚民族文化色彩的语言精华。
⑦拟声拟态词	퐁당	扑通		表示事物声音和形态的副词。

在日常生活中，如果掌握三千左右词汇便可以在韩国生活自足；如果能熟练掌握六千多词汇，就可以进行一般性交流，从事某种工作；而若要进行翻译，则需要大于常用词汇十几倍、几十倍数量的词汇。翻译中所涉及的科技术语、诗歌文学作品中的词汇量不可胜数，所以说翻译是学习外语、增加词汇量、丰富外语知识的好方法，翻译的过程也是学习外语的过程。攻破词汇关，就扫清了翻译的主要障碍。

 7.4 翻译练习

7.4.1　选择较好的翻译

① 기럭아, 기럭 기럭 어디 가니?
　　—— 大雁呀，大雁，你要飞向何方？
　　—— 大雁东南飞！

② 둥글게 그렇구 말구,
　　싸우지 말구 그렇구 말구,
　　사이 좋게 그렇구 말구,
　　평화롭게 그렇구 말구.

—— 不要和谐圆润，
　　　　不要打斗，
　　　　不要和睦相处，
　　　　不要追求和平。
　　—— 当然要圆润和谐，
　　　　当然不要打斗，
　　　　当然要和睦相处，
　　　　当然要追求和平。

③ 거시적 경제 배경하에 위엔화 환율의 안정성은 외국무역 수출 성장 추세를 지속적으로 유지하는 데 유리하다.
　　—— 在宏观经济背景之下，保证日元汇率的稳定，有助于持续维持对外贸易和输出的长势。
　　—— 在宏观经济背景之下，保证人民币汇率的稳定，有助于持续维持对外贸易和输出的长势。

④ 우리가 전력을 다해 준비해 온 월드컵과 부산아시안게임이 드디어 개최됩니다.
　　—— 我们竭尽全力准备的世界杯足球比赛和釜山亚运会终于开幕了。
　　—— 我们竭尽全力准备的釜山亚运会终于开幕了。

⑤ 이 두 대회의 성공은 21세기 국운 융성의 발판이 될 것입니다.
　　—— 这两次大会的成功无疑是21世纪提升国运的契机。
　　—— 这两次大会的成功无疑将成为推动21世纪国家兴旺发展的大好契机。

⑥ 명문대학의 학생이 되는 것은 "하늘의 별 따기"로 불릴 만큼 더욱 어렵고 영광스런 일입니다.
　　—— 到最高学府去学习，就像是上天揽月一般困难，却也是很光荣的事情。
　　—— 成为名校的学生当然是件光荣的事情了，但那就像上天揽月一般难上加难。

7.4.2　改错

① 요즘 젊은이들이 전통적인 예단 문화에 반기를 들고 나섰다.
　　—— 近来，韩国人纷纷举起反对传统彩礼的大旗。
　　——

② 집안의 주선으로 얼굴 한번 못 본 사람과 결혼해 "검은 머리가 파뿌리 되도록" 한평생 살아 가는 게 이전 세대의 결혼 풍습이었다.
—— 由双方家长牵线,与从未谋面的人结婚,"白头偕老"度过一生,这是老一代的婚姻风景。
——

③ 인터넷 세대라 할 수 있는 "N세대"들은 남들과 다른 특별한 결혼식을 원한다.
—— 被称为因特网一代的"N世代"年轻人渴望特别的结婚仪式。
——

④ 결혼 적령기가 조금만 지나도 빨리 결혼하라고 채근하거나, 이상한 눈초리로 바라 보며 혹시 무슨 결함이 있는 건 아닌가 의심하던 것도 흔한 일이었다.
—— 略微超过结婚年龄,就被要求赶快结婚,或者被人猜疑为有什么短处,这都是常有的。
——

⑤ 하지만 그러한 주변의 참견에 대해 요즘 젊은이들은 그다지 신경 쓰지 않는다. 전 세대에서 필수적인 것으로 인식되던 결혼이 이제는 선택으로 자리매김되기도 한다.
—— 然而,现在的年轻人对于旁边的议论并不很在意,被老辈看作天经地义的结婚,如今也不过是一种时尚。
——

⑥ 노처녀나 노총각이라는 딱지에 그리 부담을 느끼지도 않으며, 심지어 결혼을 "미친 짓"으로 생각하는 독신주의자도 늘고 있는 게 요즘 추세다.
—— 他们并不在乎"老处女""老光棍"这样的绰号。甚至把婚姻视为"傻瓜"的独身主义者也大有人在。
——

7.4.3 填空

① 젊은이들은 컴퓨터를 이용해 자신에게 맞는 이성을 만나기도 하고, 결혼식 장면을 인터넷을 통해 생중계하기도 한다.
年轻人在网上找异性朋友,并通过互联网直播(　　　　　　　　　　　)。

② 이런 변화 추세에 맞추어 결혼에 대한 획일화된 통념들이 점점 설 자리를 잃고 있다.
随着这些变化,过去(　　　　　　　　　　　)的传统婚姻观念正在逐渐淡化。

③ 이제 신랑과 신부는 예식장을 결정하는 일부터, 혼수품 준비, 살림의 규모 등을 서로 의논한다. 형식적인 절차에 얽매이지 않고 실속 있고 알뜰한 결혼문화를 만들어 가는 것이다.
如今的新郎新娘,从选择婚庆场所到准备结婚用品,以及(　　　　　　　　)等都互相商量。他们不拘一格地创造着一种经济实惠的婚姻文化。

④ 젊은이들은 예식장을 결정하는 것부터 혼수품 준비, 신혼여행지 결정까지 실속을 먼저 챙기는 경향을 보인다.
年轻人在决定婚庆场所、准备结婚用品,乃至选择蜜月旅行目的地等方面,都表现出(　　　　　　　　　　)。

⑤ 결혼 풍속에 변화를 몰고 온 주된 원인은 실용주의적 가치관과 남녀평등 사상이다.
实用主义价值观和男女平等意识是使结婚风俗发生变化的(　　　　　　　　)。

⑥ 이러한 현상은 몇 년 전 한국 사회에 불어 닥친 IMF 구제금융 사태의 영향 탓으로 보인다. IMF 구제금융은 겉만 번지르르한 허례허식의 거품을 없애고 실속 있고 알뜰한 결혼 문화를 만들어 낸 것이다.
据分析,这一现象缘于几年前韩国社会遭受的亚洲金融危机,亚洲金融危机的影响使人们去除了华而不实的虚荣心理,形成了一种(　　　　　　　　　　)文化。

7.4.4 翻译句子

① 중국측은 세계에 하나의 중국만이 있으며, 대만은 중국 영토의 불가분의 일부분임을 재천명하였다. 한국측은 여기에 대해 충분이 이해와 존중을 표시하고 중화인민정부가 중국의 유일 합법정부라는 것과 하나의 중국 입장을 계속 견지해 나갈 것임을 밝혔다.
____

② 양측은 양국간 경제통상 협력 방향을 연구하기 위한 공동팀을 구성하기로 합의했다.
____

③ 양측은 적극적인 조치를 취하여 양국의 경제, 통상 협력의 건강하고 순조로운 발전을 촉진하며, 무역 불균형 상황 개선을 위해 공동 노력해 나갈 것에 합의했다.

④ 양측은 호혜·우호협상의 정신에 입각하여 교역 중 발생하는 문제를 예방 및 적절하게 해결해 나가는 것에 합의했다. 조속히 품질 감독, 검증·검역협의 기구를 설치하기로 합의했다.
____

⑤ 양측은 환경보호와 환경산업 분야에서 합력을 강화하고, 양국 정부와 업계·학계 및 관련 난제들이 참가하는 '한중 환경보호산업 부자포럼'을 공동 개최하기로 합의했다.
____

⑥ 양측은 차세대 IT산업,생명공학,신소재 등 첨단 기술분야에서의 공동연구와 산업화 협력을 강화하고, 유통·자원개발 및 에너지·교통 등 인프라 건설 분야에서 교류와 협력을 확대해 나가기로 합의했다.
____

7.4.5 翻译笑话

① 아들과의 관계
    A. 잘난 아들은 국가의 아들.
    B. 돈 잘 버는 아들은 사돈의 아들.
    C. 빚진 아들은 내 아들.

② 인구 노령화 사회에 들어 가기 전의 애늙은이들의 말.
    두 살짜리 꼬마들이 노는 모습을 보고, 세 살짜리 꼬마가 말했다.
    "내게도 저런 시절이 있었지."
    그러자 네 살짜리 꼬마가,
    "요즈음은 애들 노는 모습을 보는 게 유일한 낙이라니까?"
    하고 말했다.이런 얘기를 듣고 있던 다섯 살짜리 꼬마가 한숨을 푹 내쉬며 하는 말,
    "과거는 생각해 뭐해, 남은 여생이나 즐겨야지."

7.4.6 翻译广告

쌀이 부족하다면 밀이 대신할 수 있습니다.
화력이 부족하다면 풍력으로 대신할 수 있습니다.
기름이 부족하다면 전기로 대신할 수 있습니다.
물이 부족하다면……?
물을 대신할 수 있는 건, 물밖에 없습니다.
물이 오염되었을 때 물을 대신할 수 있는 건 절대 없습니다.

7.5 翻译作业

광고의 역할과 기능

　지금 우리는 광고의 홍수 속에 살고 있다고 해도 과언이 아니다. 전원을 켜면 쏟아져 나오는 TV·라디오 광고. 기사면보다 광고면이 더 많을 정도로 시야를 꽉 채우는 각종 지면 광고. 거리에 나서면 첨단 장치를 이용한 전광판·옥외 광고가 고객을 잡기 위해 종일 움직이고 있다. 어디 그 뿐인가. 신문을 펼치면 수북이 잡히는 전단 광고지. 자기 회사의 물건을 팔기 위한 세일즈맨들의 메시지. 거리에 물건을 늘어 놓고 외쳐대는 장사꾼의 소리. 공중 화장실, 전봇대, 심지어는 거리의 보도블럭에 붙여 놓은 업소들의 고객 유인용 글귀. 이 모든 것이 종류와 형태는 달라도 고객을 끌고 물건을 팔기 위한 광고물들이다.

　이러한 광고에 대해 혹자는 필요악이라고도 하고, 광고비는 제품 원가에 포함되기 때문에 광고를 많이 할수록 소비자의 부담은 가중된다는 부정적인 시각을 가진 사람들도 있다.

　요즘의 시대를 정보화 사회라고 한다. 정보화된 산업사회는 물적 유통과 정보 유통을 축으로 발전되는데 이 정보 유통에 있어 중요한 위치에 있는 것이 광고이다. 광고의 긍정적인 면을 경제적 상황에서 보면 첫째, 경제체제를 유지시켜 준다는 것이다. 자본주의가 발전하는 것은 경쟁이 있고 다양성을 소화해 나갈 수 있는 능력 때문인데 이것을 광고가 유지시켜 준다. 둘째, 광고가 있으므로 해서 소비 심리를 자극하게 되고 소비가 확대되면 시장이 커지고 경제 성장을 가져 오며 이는 고용을 촉진시키는 결과를 낳는다. 셋째, 소비자가 왕이 됨으로 해서 기업 간의 경쟁은 기술 개발을 통한 제품의 혁신을 가져 온다. 광고는 신제품의 시장 확대를 가져 오고 이는 기업과 기업, 제품과 제품 간의 경쟁을 촉진시키는데 이를 통해 제품의 혁신이 이루어지게 된다.

　소비자 이익 측면에서 보면 첫째, 정보의 무료 제공이다. 광고가 없으면 수많은 기업, 수많은 제품에 대한 정보를 알 길이 없다. 소비자는 원하는 제품을 취사선택할 권리가 있는데 그러나 정보가 없으면 불가능해 진다. 둘째는 품질 통제 수단으로써의 역할이다. 소비자는 광고를 통해 약속한 것을 어기는 기업과 제품을 불신하게 되고 그 기업의 제품을 재구매하지 않기 때문에 기업은 광고의 약속을 지키려 노력하게 된다.

　이렇게 광고는 우리 사회 각 분야의 전반적인 발전과 깊이 연결되어 있고, 기업과 소비자 간에 계속적인 연결 고리가 이루어지는 마케팅크뮤니케이션으로서 정보 유통의 역할자로서 원활한 흐름을 창조해 내고 있는 것이다.

7.6 参考资料

논평과 평론

(1) 논평과 평론의 차이

논평 (論評)은 어떤 글이나 말 또는 사건 따위의 내용에 대하여 논하여 평가하는 그런 비평이고, 논설(論說)은 어떤 주제에 대하여 자신의 의견이나 주장을 조리 있게 설명하는 논설문이다. 그렇다면 사론설 (社論說)은 사설과 논설을 아울러 이르는 말이다.

예들 들어서
- 북한의 외교 정책에 대한 논평이 그 잡지에 실렸다.
- 그는 월간지에 현 시국에 대한 논평을 썼다.
- 특수한 일부 예를 가지고 전체를 논평하지는 말아야 한다.
- 복지 정책이 너무 미흡하다는 비판적인 논평이 쏟아졌다.
- 그는 한국의 경제 실정에 대해 낙관적인 입장에서 논평하고 있다.
- 언론은 그의 죽음을 현대사가 막을 내리는 상징적인 사건이라고 논평하였다.
- 그는 유학자의 입장에서《천주실의》의 내용을 예리하게 논평했던 사람이다.
- 그리하여 이 약점을 극복하고 순수한 이성으로 매사를 판단하고 논평한다는 것은 여간 어려운 일이 아니다.
- 그 소란스러운 현장의 경연 실황을 바라 보며 중계 아나운서와 해설자 한 사람이 사이 좋은 논평을 주고받는 중이었다.

평론(評論)은 사물의 가치, 우열, 선악 따위를 평가하여 논하거나 논하는 글이다. 평론가 (評論家), 평론집(評論集), 문예평론(文藝評論), 평론계 (評論界), 인문평론 (人文評論), 시사평론(時事評論), 서재평론(書齋評論), 인물평론(人物評論), 문학평론(文學評論)등이 있다.

또다른 예문으로
- 지금도 신문·잡지 등에 익명으로 발표하는 그의 수필이나 평론을 볼 수 있다.
- 친구가 내가 쓴 소설을 평론해 주었다.
- 비평가들이 평론집을 잇따라 출간하였다. 사상이나 감정을 언어로 표현한 예술, 또는 그런 작품. 시, 소설, 희곡, 수필, 평론 따위가 있다.

논평이나 논설과 같은 매체 비평 글에서 가장 중요한 점은 현상에 가려진 진실을 찾아 내는 안목과 통찰력이다. 누구나 뻔히 알 수 있는 구태의연한 화제나 논거를 읽고 설득되거나 감명을 받는 사람은 없을 것이다. 그를 위해서 남다른 전문적인 식견이 필요하며, 세심한 관찰과 성실한 자료 조사, 사안의 본질에 대한 심층적 분석과 자신만의 독창적인 입론 수립이 요청된다.

(2) 패스트푸드에 대한 평론

햄버거를 비롯한 패스트푸드는 우선 아이들 비만이나 과체중의 주범이다. 미국의 경우, 아이들의 비만·과체중의 증가와 패스트푸드 산업의 성장은 시기적으로 거의 일치한다. 패스트푸드의 대표격인 햄버거는 성분의 30%~40%가 지방으로, 삼겹살보다 더 많은 지방을 함유하고 있다. 패스트푸드는 비만 외에도 당뇨병, 동맥경화증과 같은 성인병을 일으킬 뿐만 아니라, 신장에 꼭 필요한 칼슘의 흡수를 방해하는 화학조미료, 다이옥신과 같은 발암 물질, 거기다 환경 호르몬 성분도 포함하고 있다. 따라서 패스트푸드는 영양과 건강에 문제가 많다는 뜻에서 '정크 푸드'(쓰레기 음식)라고 부르는 편이 더 어울릴 것 같다.

第8课 声 明

8.1.1 第二轮北京六方会谈主席声明

🌼 제2차 베이징 6자회담 의장성명 🌼

　제2차 베이징 6자회담이 오늘 (2004년 2월 28일) 끝났습니다. 회담은 <제2차 6자회담 의장성명>을 공포했습니다. 전문은 다음과 같습니다.

　1. 2004년 2월 25일부터 28일까지 중화인민공화국, 조선민주주의 인민공화국, 일본국, 대한민국, 러시아연방, 아메리칸합중국은 베이징에서 제2차 6자회담을 진행하였다.

　2. 각측 대표단 단장으로는 중국 외교부 왕의 부부장, 조선 외무성 김계관 외무 부상, 일본 외무성 아시아대양주국 야브나카 미도찌 국장, 한국 외교통상부 이수혁 장관보, 러시아 외무성 로슈꼬브 부상, 미국 국무성 케리 국무차관 등이다.

　3. 각측은 제2차 6자 회담은 실질적인 문제에 대한 토의를 가동했으며 이는 유익하고 적극적이며 각측의 태도는 진지하였으며, 회담을 통해 각측은 서로간의 입장을 요해하였으며 동시에 의견 상이도 존재한다는 것을 일치하게 인정하였다.

　4. 각측은 한반도 비핵화에 주력할 데 대해 표하고 상호 존중, 평등 협상의 정신에 입각해 대화를 통해 핵문제를 평화적으로 해결하고 한반도와 이 지역의 평화와 안정을 수호할 용의가 있다고 하였다.

　5. 각측은 평화공존 용의가 있으며 일치한 보조를 취해 핵문제와 기타 관심사로 되는 문제를 해결하는 데 동의하였다.

　6. 각측은 회담 진척을 계속하는 데 일치하게 동의하고 2004년 6월 말 전으로 베이징에서 제3차 회담을 진행하는 데 원칙적으로 동의하였다. 각측은 실무그룹을 설립해 회담을 위한 준비를 하는 데 동의하였다. 실무그룹의 직능은 외교 경로를 통해 상정한다.

　7. 조선, 일본, 한국, 러시아, 미국 대표단은 모두 중국이 두 차례 6자회담의 성공적인 진행을 위해 기울인 노력에 사의를 표한다.

8.1.2 词汇注释

공포(公布)	公布,发表,发布	국무성 국무차관	国务院助理国务卿
의견상이(意見相異)	意见分歧	실질적(實質的)	实质性的
가동하다(稼動하다)	启动	요해하다(了解하다)	了解,理解
상호존중(相互尊重)	互相尊重	인정하다(認定하다)	承认,认可
진지하다(眞摯)	认真,诚恳	입각하다(立脚하다)	立足,基于,本着
수호하다(守護하다)	维护,遵守	비핵화(非核化)	无核化
평화공존(平和共存)	和平共处	실무그룹(實務group)	工作组
평등협상(平等協商)	平等协商	진척(進陟)	进程,进展
유익하다(有益하다)	有益,有收获	용의(用意)	有意,想法
관심사(關心事)	关心的事情,所关心的事	외교경로(外交徑路)	外交渠道,外交途径
직능(職能)	职能	주력하다(注力)	致力
취하다(取하다)	采取	사의(謝意)	谢意
각측(各側)	各方	기울이다	倾注

8.1.3 参考译文

❀ 第二轮北京六方会谈主席声明 ❀

第二轮北京六方会谈于今日(2004年2月28日)结束。会谈公布了《第二轮六方会谈主席声明》,全文如下:

一、2004年2月25至28日,中华人民共和国、朝鲜民主主义人民共和国、日本国、大韩民国、俄罗斯联邦、美利坚合众国在北京举行了第二轮六方会谈。

二、各方代表团团长分别为:中国外交部副部长王毅、朝鲜外务省副相金贵冠、日本外务省亚洲大洋洲局局长薮中三十二、韩国外交通商部次官李秀赫、俄罗斯外交部副部长洛修科夫、美国国务院助理国务卿凯利。

三、各方一致认为,第二轮会谈就实质性问题进行了有益而积极的讨论,各方态度认真,通过会谈增进了对彼此立场的了解,同时也存在着意见分歧。

四、各方表示将致力于朝鲜半岛无核化,并愿意本着相互尊重、平等协商的精神,通过对话和平解决核问题,维护朝鲜半岛及周边地区的和平与稳定。

五、各方表示愿意和平共处,并同意采取协调一致的步骤,解决核问题和其他众所关切的问题。

六、各方一致同意继续会谈进程,原则上同意于2004年6月底之前在北京举行第三轮会谈。各方同意成立工作组,为下一轮会谈做准备工作。工作组的职能将通过外交渠道商定。

七、朝鲜、日本、韩国、俄罗斯和美国代表团一致对中国为成功举办两轮六方会谈所做的努力表示感谢。

8.2 正误评析

❶ 제2차 베이징 6자회담이 오늘 (2004년 2월 28일) 끝났습니다. 회담은 <제2차 6자회담 의장성명>을 공포했습니다. 전문은 다음과 같습니다.

误译：第二届北京六者会谈于今日(28日)落下帷幕。会谈公布了《第二届六方会谈议长声明》，全文如下。

正译：第二轮北京六方会谈于今日(2004年2月28日)结束。会谈公布了《第二轮六方会谈主席声明》，全文如下。

评析："声明"文体讲究简练明确，不需要过多的词语修饰，如"落下帷幕"这种形容，可省去。☯"제2차"可以翻译成"第二届""第二次""第二回"。六方会谈是根据需要临时组织的会谈方式，与定期会议的性质有所不同，所以习惯翻译为"第二轮"。☯"6자회담"直译为"六者会谈"，容易使人误解为六个人会谈，而实际上指六个国家会谈，故称"六方会谈。☯"의장"的中文称呼不习惯叫"议长"，称"主席"。

❷ 2004년 2월 25일부터 28일까지 중화인민공화국, 조선민주주의 인민공화국, 일본국, 대한민국, 러시아연방, 아메리칸합중국은 베이징에서 제2차 6자회담을 진행하였다.

误译：2004年2月25日至28日，中华人民共和国、朝鲜民主主义人民共和国、日本国、大韩民国、俄罗斯联邦、美利坚合众国在京举行第二届六方会谈。

正译：2004年2月25日至28日，中华人民共和国、朝鲜民主主义人民共和国、日本国、大韩民国、俄罗斯联邦、美利坚合众国在北京举行了第二轮六方会谈。

评析：声明是很郑重、正式的文件，人名、地名需要讲全名，如不能说"在京……"。

❸ 각측 대표단 단장으로는 중국 외교부 왕의 부부장, 조선 외무성 김계관 외무 부상, 일본 외무성 아시아대양주국 야브나카 미도찌 국장, 한국 외교통상부 이수혁 장관보, 러시아 외무성 로슈꼬브 부상, 미국 국무성 케리 국무차관 등이다.

误译：各方代表团团长如下：中国外交部王毅副部长；朝鲜外务省副相金系观；日本外务省亚洲和大洋洲局局长薮中三十二；韩国外交通商部李秀赫长官；俄罗斯副外长亚历山大；美国东亚及太平洋事务助理国务卿凯利。

140

第 8 课 声 明

正译： 各方代表团团长分别为：中国外交部副部长王毅、朝鲜外务省副相金贵冠、日本外务省亚洲大洋洲局局长薮中三十二、韩国外交通商部次官李秀赫、俄罗斯外交部副部长洛修科夫、美国国务院助理国务卿凯利。

评析： 中文格式"如下"须另起行。❷朝鲜外务省副相的姓名"김계관"误译成"金系观"。❸"亚洲和大洋洲局"之间没必要加"和"。❹俄罗斯副外长的名字和美国助理国务卿凯利所属机构的名称有误。

❹ 각측은 제2차 6자 회담은 실질적인 문제에 대한 토의를 가동했으며 이는 유익하고 적극적이며 각측의 태도는 진지하였으며, 회담을 통해 각측은 서로간의 입장을 요해하였으며 동시에 의견 상이도 존재한다는 것을 일치하게 인정하였다.

误译： 第二届六方会谈中各方启动了实质问题的讨论，这是有益和积极的。各方态度真诚并一致认为在互相了解各方立场的同时也存在着意见的分歧。

正译： 各方一致认为,第二轮会谈就实质性问题进行了有益而积极的讨论,各方态度认真,通过会谈增进了对彼此立场的了解,同时也存在着意见分歧。

评析： "第二届六方会谈中"是赘译。❷"各方"连续使用了三遍,词语过多重复使用是修辞的忌讳。❸"启动了……讨论"的词组搭配不当,习惯上讲"进行……讨论"。

❺ 각측은 한반도 비핵화에 주력하는 데 대해 표하고 상호 존중, 평등 협상의 정신에 입각해 대화를 통해 핵문제를 평화적으로 해결하고 한반도와 이 지역의 평화와 안정을 수호할 용의가 있다고 하였다.

误译： 各方将致力于朝鲜半岛的无核化,并且立足于相互尊重、平等协商的原则,通过对话和平解决朝鲜核问题,维持朝鲜半岛及周边地区的和平与稳定。

正译： 各方表示将致力于朝鲜半岛无核化,并愿意本着相互尊重、平等协商的精神,通过对话和平解决核问题,维护朝鲜半岛及周边地区的和平与稳定。

评析： 翻译成"各方将致力于……",漏译了各方"表示"的重要意思。❷原文是"평등협상의 정신",不是"平等协商的原则",精神与原则概念不同。

❻ 각측은 평화 공존 용의가 있으며 일치한 보조를 취해 핵문제를 해결하는 데 동의하였다.

误译： 各方均持有和平共存的愿望,并同意协调一致地解决核问题以及其他问题。

正译： 各方表示愿意和平共处,并同意采取协调一致的步骤,解决核问题和其他众所关切的问题。

评析： "기타 관심사로 되는 문제"译为"以及其他问题"是漏译。

❼ 각측은 회담 진척을 계속하는 데 일치하게 동의하고 2004년 6월 말 전으로 베이징에서 제3차 회담을 진행하는 데 원칙적으로 동의하였다. 각측은 실무그룹을 설립해 회담을 위한 준비를 하는 데 동의하였다. 실무그룹의 직능은 외교 경로를 통해 상정한다.

误译：各方原则上同意继续进行磋商，并预计于2004年6月底在北京举行第三届六方会谈。各方同意组建常务小组为筹备会谈做准备。常务小组的职能将通过外交途径商定。

正译：各方一致同意继续会谈进程，原则上同意于2004年6月底之前在北京举行第三轮会谈。各方同意成立工作组，为下一轮会谈做准备工作。工作组的职能将通过外交渠道商定。

评析：原文中出现了两个"同意……"，一个是"一致同意"，另一个是"原则上同意"，语言的分量略有差异。☯不是"于2004年6月底"举行下一轮会谈，是"于2004年6月底以前"举行会谈。☯"실무그룹"翻成"常务小组"不够准确，"상무그룹"才是"常务小组"。

❽ 조선, 일본, 한국, 러시아, 미국 대표단은 모두 중국이 두 차례 6자회담의 성공적인 진행을 위해 기울인 노력에 사의를 표한다.

误译：朝鲜、日本、韩国、俄罗斯、美国代表团均就中国为成功举行两次会谈作的努力表示感谢。

正译：朝鲜、日本、韩国、俄罗斯和美国代表团一致对中国为成功举办两轮六方会谈所做的努力表示感谢。

评析：一般套话讲"对……表示感谢"，不说"就……表示感谢"。

8.3 翻译知识

定语及定语从句的翻译

定语做为句子成分之一，通常位于中心语前面，对中心语起修饰作用。

中文句子的定语成分主要依靠结构助词"的"或位于中心语前面的短语从句，表示领属、性质、数量等修饰成分来修饰名词。中文不习惯设立长定语从句，一般定语比较短，以表示句子结构的短小精悍和语义表达的简单明了。

韩文句子的定语成分依靠规定词尾"ㄴ\은\는\던\을\의\적"，穿插在韩国语主要句子成分的主语、宾语、状语、谓语的前面，形成各种长短不一的定语和定语从句来修饰中心语。韩

国语定语表现形式比较灵活,常常使用长定语从句来表现句子结构的包容性。

例1 한국과 중국이 냉전의 기운을 걷어 내고 1992년 8월 국교 수립 및 1994년 3월 문화협정 체결을 계기로 다시 정치,경제,사회 등의 교류를 활발히 촉진시키게 된 것은 매우 다행스런 일이라고 생각하며, 앞으로 문화, 예술, 체육 등 모든 방면에 있어 양국 모두가 만족할 만한 수준으로 교류의 폭을 확대시켜 나갈 수 있기를 기대합니다.

值得欣喜的是,韩国和中国摆脱了冷战的束缚,于1992年8月建立了外交关系,并于1994年3月签订了文化交流协定。以此为契机,两国之间重新展开政治与经济、社会等各个领域的密切交往。我们期待着今后在文化与艺术、体育等各个方面不断扩大交流的幅度,以满足两国人民的需求。

由以上例句可知,中文与韩文的定语句子成分表现形式和使用习惯非常不同。在韩语句子中,用来修饰中心语的"定语从句"异常发达,译者需要充分了解其特性和一些翻译处理技巧,才能较好地处理定语及定语从句的翻译。

8.3.1　韩语定语从句的基本类型

韩文中的定语有四种典型类型,即主语定语从句、宾语定语从句、状语定语从句和谓语定语从句。

(1) 主语定语从句

所谓主语定语从句就是限制修饰主语的定语句,句子的主语成为被修饰限定的中心语。在韩国语中,这种主语定语从句类型屡见不鲜。

例2 원래 동일한 문화적 기반에서 시작되었던 아시아의 다양한 문화를 하나로 묶는 "아시아 문화 네트워크" 구축은 21세기 디지털시대의 요청이자 생존 전략입니다.

由来自同一文化渊源而多样化发展起来的亚洲文化建构而成"亚洲文化网络",是21世纪数字化时代的要求,同时也是21世纪的生存战略。

(2) 宾语定语从句

所谓宾语定语从句就是句子结构中的宾语带长定语,宾语受到长定语的限制和修饰的定语从句类型。

例3 이번에 본인이 중국을 방문하여 여러분과 뜻깊은 자리를 함께 하게된 것도 바로 '한·중 국민교류의 해'를 더욱 빛나게 하기 위해서라는 사실을 아울러 밝히고자 합니다.

我同时想说明:此次本人访问中国,与大家共聚一堂,就是为了给"韩中友好交流年"增光添彩,尽一份力量。

(3) 状语定语从句

所谓状语定语从句指时间、地点等状语成分带有定语的句子。这种类型在韩国语中也不罕见。

例4　최근에는 문화 요소의 산업화 현상, 산업의 문화화 현상 등으로 인하여 문화 외교가 국가 경제발전을 위한 효과적인 수단으로서 활용될 가능성이 점차 높아지고 있습니다. 따라서 한국정부는 이러한 추세를 충분히 감안 "문화 외교를 통한 우호협력관계의 증진", "실질적인 문화교류의 증대를 위한 민간차원의 교류확대", "다양한 세계문화의 수용과 한국문화의 세계화"라는 기본 목표하에서 문화 외교 활동을 적극적으로 전개하고 있습니다.

最近，由于文化的产业化现象和产业的文化现象不断出现，所以文化外交有可能作为促进国家经济发展的有效手段而被灵活运用。因此，韩国政府充分把握这一机遇，提出了"以文化外交增进友好合作关系"，"扩大民间交流的幅度，增进文化交流的发展"，"吸收丰富多样的世界文化，推进韩国文化的世界化"等目标，在这些基本目标下积极开展文化外交活动。

(4) 谓语定语从句

所谓谓语定语从句指谓语成为中心语，被定语从句所修饰限定的句子。这种定语从句类型在中文句子中极为少见，而在韩文句子中比比皆是。

例5　2002년 3월 현재까지 양국 최고위 지도자간의 빈번한 상호 방문을 계기로 문화예술 분야를 포함한 민간교류가 더욱 촉진되기 시작했으며, 중국 대규모 투자유치단의 서울 투자설명회 개최, 그리고 한국 기업인들의 대 중국 투자를 위한 중국 각지 방문 등 해를 거듭할수록 교류가 증가되고 있는 추세입니다.

自2003年3月到现在，两国最高领导人互访频繁，随之文化领域及民间交往增多；中国大型投资开拓团在汉城举办宣传展示会；韩国企业家为寻求投资项目而考察中国各地等等，两国的交流有逐年增加的趋势。

以上列举了四种常见的韩国语定语从句类型。韩国语是一种有形态的语言，所有的句子成分都用词尾表示出来，句子的长短、各个句子成分的间隔、以及前后顺序相对比较自由，所以许多句子习惯使用长定语从句的形式完成。在韩国语中，一个定语成分有时是一个词或词组，有时是一个短语，有时甚至可以包括几个短语。

中文的语法功能主要靠语序和虚词来实现，一般惯于使用短句。如果象韩文定语句那样定语成分拉得过长，就会使句子结构冗长繁琐、前后脱节、失去呼应、犯中文修辞大戒，让人看起来费神，听起来不顺，读起来不上口，全文内容难以理解。因此，除了需要特殊修饰和强调的句子以外，中文尽量避免使用长定语从句。

基于两种语言定语结构和使用上的不同习惯，我们在翻译各类定语句时，切莫照葫芦画瓢，生搬硬套。要处理好各种类型定语从句的翻译，可参考以下方法。

8.3.2 常用定语从句的译法

翻译韩国语定语句,特别是长定语从句和复杂定语时,一般采用复指式、分解式和不变式几种处理方法。

(1) 复指式

顾名思义,"复指"既是重复指示同一事物的意思。"复指式"的形式依靠复指词、破折号、冒号、重叠,在句子中作同一成分,同指一事物,形成本位语、同位语、外位语,以改造分割原文的长定语句。

例6 같은 유교문화권인 한국과 중국은 문화의 내용면에서 각각 적지 않은 동질성과 공통점을 지니고 있다는 사실은 어느 누구도 부인할 수 없을 것이다.

    译1 同属儒教文化圈的韩国和中国,在文化内容方面有不少共性和共同点的事实是谁也否定不了的。

    译2 韩国和中国同属于儒教文化圈,在文化内涵上具有许多共性和共同特征,这是任何人都否定不了的事实。

例6的译1为直译法,译2为复指译法。译2的译文比较符合中文的习惯,译2使用复指词"这"把被修饰的"事实"提出来,译成了一个分句。下面我们再按照译文2的顺序,将其反译成韩文,看一看"复指法"的功用及两种语言造句的不同习惯。

    译2 韩国和中国同属于儒教文化圈,在文化内涵上具有许多共性和共同特征,这是任何人都否定不了的事实。
    한국과 중국은 같은 유교문화권에 있다. 문화의 내용면에 있어서 각각 적지 않는 동질성과 공동점을 지니고 있다. 이것은 어느 누구도 부인할 수 없는 사실이다.

从译2的重译文中可知,复指方式在韩文中也完全成立,长定语从句与被分割的短句只有修辞上的不同,没有句子意义上的差别。韩国语长定语从句的大量出现,目的是为了达到韩语语句精炼的修辞效果。因此,可以认为使用复指式分割韩文的长定语是可行的翻译方法之一。

"复指法"有"单复指""和"双复指"两种。请参照下面的例子。

例7 첫번째의 순교자인 이차돈은 신라왕국이 아직 국가적인 통치체제를 확립하지 못했던 지증왕 7년에 태어났다.

    译1 第一个殉教者异次顿诞生于新罗国还未确立国家统治体制的智澄王七年。
    译2 第一个殉教者异次顿诞生于智澄王七年,那时新罗国还没有确立国家的统治体制。

例8　오랜 기간 동안의 빈번한 교류의 자취와 20세기 전반기를 통해 제국주의에 의해 겪어야 했던 아픈 역사를 기억하고 있는 한국과 중국 국민들이 서로에 대한 깊은 신뢰와 우호적인 감정을 가지고 있다는 점은 한국과 중국이 가지고 있는 가장 값진 자원이라 할 것입니다.

　　译1　长期以来频繁的交流足迹和20世纪上半世纪共同遭到帝国主义侵略的痛苦历史,使韩国和中国的国民之间彼此深深信赖,心心相印的感情,这是韩中两国非常珍贵的资源。

　　译2　长期以来,韩中两国之间交往频繁,20世纪上半期又共同遭遇了帝国主义的侵略,两国人民都不会忘记<u>这段</u>痛苦的历史。因此,两国人民能够相互信赖,心心相印,<u>这种</u>友好感情是两国所具有的最珍贵的资源。

例7是一个状语定语从句。译文1虽然翻译出了带有谓语成分的状语定语的意思,但是译文句子略显冗长,不如译文2把定语全部提出,加上一个复指词"那时",复指"智澄王七年",做另一分句的状语,这样读起来前后更加通顺。这种使用一个复指词的句子叫单复指句。例8的译文2连续使用"这段……这种……"两个复指词,形成了"双重复指",这种句子叫做双复指句。

例9　이러한 형상들을 통하여 영화는 적들이 어려워 지면 어려워 질수록 더욱더 교활하고 음흉한 책동에 매여 달린다는 역사의 교훈을 보여주고 있다.

　　电影通过这些人物形象,说明了一个<u>历史规律</u>——<u>狗急跳墙</u>。<u>敌人越是走投无路,越是要疯狂地玩弄阴谋诡计</u>。

例10　최씨는 하나의 자료도 놓치지 않고 여러 가지로 분석하여 도자기를 빚는데 필수적인 물, 불, 흙, 바람의 원리를 통해 비로소 우주, 태극(에너지가 뭉쳐), 삼성(태양, 달, 지구), 자연, 생활의 이 다섯 세계를 한 줄기 흐름으로 깨치는 차도의 비밀을 알아 냈다.

　　崔氏不放弃点滴数据进行分析研究,通过烧制陶瓷所需要的水火土风的原理才发现:<u>茶道的秘诀在于宇宙、太极(能量聚合)、三星(太阳、月亮、地球)、自然、生活这五重世界的和合</u>。

例9译文中的"历史规律""狗急跳墙""敌人越是走投无路,越是疯狂地搞阴谋诡计",这三个词、词组、短语,用一个破折号形成了本位语与外位语的结构。这样一来,一个破折号就把原文的长定语破解开了。例10的译文在"发现"后面放上了一个冒号,便可将一个长定语改短。

以上例子的译文利用中文的复指成分,把原文的长定语和修饰语变为本位语、同位语、外位语几个复指成分,复指之间用"即、就是、这、那"以及破折号、冒号等予以关联,互相补充、注释。译文的句式虽然有所改变,但不会失去原文定语的修辞意义。

第8课 声 明

(2) 分解式

韩国语句子有单句和复句之分,还有包孕句和单一成分句的不同。在强调或要详细说明某一部分内容时,往往会将单一句换用成包孕句。

例11 한국과 중국은 같은 유교문화권이어서 문화의 내용면에서 각각 적지 않은 동질성과 공통점을 지니고 있다.
　　　韩国和中国同属于儒教文化圈,在文化内涵上具有许多共性和共同特征。

例12 같은 유교문화권인 한국과 중국은 문화의 내용면에서 각각 적지 않은 동질성과 공통점을 지니고 있다.
　　　同属于儒教文化圈的韩国和中国,在文化内涵上具有许多共性和共通特征。

　　　例11和例12原文的意义相同,但强调的部分略有不同。例12将例11的第一个分句改为一个主定语,是为了强调定语部分的内容"同属于儒教文化圈"。但是将它翻译过来之后,我们会发现中文句的强调意义却适得其反。例11译文所强调的是"同属于儒教文化圈",而例12译文则强调的是"在文化内涵上具有许多共性和共通特征"。这就说明变换句式可以表达同一个意义,这一点韩文与中文句子相同,而不同句式所强调的部分,韩文与中文有时并不一致。因此,我们在翻译的时候,正好可以把韩国语的包孕句改为中文的复句。句式变了,却能够收到同样的强调效果。将韩国语的长定语从句一分为二、一分为三、一分为四地分为中文的并列谓语句或复句等形式,这便是分解式的翻译方法。

例13 이러한 문화적, 사상적 공통성을 감안할 때 양국간의 문화의 교류는 지속적으로 확대해야 할 것이며, 양국의 모든 유관기관들은 문화 교류의 촉진과 이를 통한 양국 문화의 발전을 위하여 가능한 모든 지원을 아끼지 말아야 할 것입니다.

　　译1　鉴于两国文化和思想的共性,两国间的文化交流有潜力持续扩大,两国的有关机构应该尽可能提供为了促进两国文化交流、发展两国文化方面的大力支持。

　　译2　鉴于两国在文化和思想上的共同点,两国间文化交流必将持续扩大发展,两国的所有有关机构都应该为了促进两国文化的交流和发展而不惜代价地提供一切支持。

　　译3　鉴于两国在文化和思想上的共性,两国间的文化交流必将持续扩大发展,两国的有关机构应该尽可能提供所有的支援,来促进两国文化交流,并通过这种交流使两国文化得到共同发展。

例14 한국과 중국은 지금 1992년 수교 이래 양국이 일구어 온 정치, 경제, 사회, 문화적 상호교류와 협력을 통해 얻은 괄목할 만한 성과들을 바탕으로 금년을 "한‧중 국민교류의 해"로 정하고 한국과 중국의 교류와 협력의 원년으로 삼기 위해 노력하고 있습니다.

　　译1　韩国和中国自1992年建交以来,在政治,经济,社会,文化等全方位的相互交流与合作,获得了巨大的成果,为了纪念这样的成果,我们将今年定为"韩中国民友好交流年",作为韩中两国"交流与合作的元年"。

译2 自1992年韩中建交以来,两国通过政治、经济、社会、文化多方面的相互交流与合作,取得了令世人刮目的成果。为了锦上添花,我们把今年定为"韩中友好交流年",并且努力使今年成为韩中交流与合作的第一个丰收年!

例13和14的译文1都没有摆脱韩国语长定语句的框架束缚,显得句子僵硬死板。译文2、3使用了分解式的定语翻译方法,将长定语分解为几个并列分句译出,译文自然流畅,符合中文的句子习惯。

(3) 不变式

原文的定语较短或有强调定语意义的句子,不应改动原定语位置,按照原有的句子结构顺序翻译较好。

例15 토속신앙이라고 할 수 있는 원시종교가 뿌리 깊게 무성하여 외래종교인 불교에 대해서 극히 배타적이었던 것이다.

    译1 原始宗教可以称为土俗信仰,根深蒂固,对外来宗教——佛教具有强烈的排他性。

    译2 被称为土俗信仰的原始宗教根深蒂固,对外来宗教的佛教有着强烈的排斥性。

例16 그리고 다시 20여년이 지난 2002년 말 최씨는 <한국 다도>란 책을 한국어와 일본어로 펴냈다. 이 책은 일본의 다도가 한국에서 건너간 것으로 그 실행원리가 우리의 전통적 밥상차림에 근거한다는 점을 주장한다.

    译1 此后又过了20余年,到去年,即2002年末,崔氏用韩国语和日本语出版了《韩国茶道》这本书。书中主张日本茶道是从韩国传播过去的,茶道所实行原理是根据我国传统的餐饮文化而设立的。

    译2 此后又过了20余年,到去年,即2002年末,崔氏用韩语和日语出版了《韩国茶道》这本书。书中主张日本茶道传自韩国,并坚持茶道原理是根据我国传统餐饮文化而设立的观点。

例17 남한과 북한 모두와 우호적인 외교관계를 유지해 온 중국은 그 동안 남북관계의 개선과 평화 정착에 기여해 왔을 뿐만 아니라 앞으로도 한반도에 평화와 화해협력의 기운을 만들어 나가는데 크게 기여할 수 있을 것이라 기대합니다.

    译1 与韩国和朝鲜均保持着外交关系的中国,不仅为改善南北关系、维护和平做出了努力,而且相信今后为营造朝鲜半岛和平与和解氛围,还将扮演重要角色。

    译2 中国与韩国和朝鲜同时保持着友好的外交关系。以往中国不仅为改善南北关系,维护和平安定作出了贡献,而且我们期待着今后中国还会为营造朝鲜半岛的和平与和解气氛作出更大的贡献。

例15的定语从句较短,没有必要象例15译文1那样使用复指式。例16译文1使用了分解式,反而使句子显得结构松散。这两个例子的译文2按照不变式翻译,效果较好。例17由于强调重点在中国与"韩国和朝鲜同时保持着友好的外交关系",所以还是使用分解式翻译比较得当,没有必要照搬不变式。

8.3.3　韩中定语语序差异

当几个修饰语同时限定一个中心语的时候,这几个修饰语在韩文与中文句子中的语序是不完全一样的,它们各有各的规定。

例18　오랜 교수 경험을 가지고 있는 훌륭한 우리의 국어선생님도 이번 세미나에 참가하시었다.
　　译1　具有多年教学经验的优秀的我们的国语老师也参加了这次学术讨论会。
　　译2　我们的一位有多年教学经验的语文老师也参加了这次学术讨论会。

例18译文1是按照韩国语定语的语序翻译的,译文2是按照中文定语语序翻译的。由靠近中心语"선생님(老师)"开始算起,韩文定语的先后顺序如下:
　　오랜 교수 경험을 가지고 있는 훌륭한 우리의 국어선생님도 이번 세미나에 참가하시었다.
　　④　　　　　　③　　　②　①

注释:①不表示领属关系的名词
　　　②表示领属关系的名词
　　　③形容词
　　　④动词或以动词为主的词组

从被限制修饰的中心语"老师"最近的词算起,中文定语的先后语序如下:
译2 我们的　一位　有多年教学经验的　优秀的　语文　老师　也参加了这次学术讨论会。
　　 ⑥　　 ⑤　④　　③　　　　②　①

注释:①不表示领属关系的名词
　　　②形容词
　　　③动词或者以动词为主的词组
　　　④数量词或指示代词
　　　⑤表示领属关系以及时间、处所的名词或代名词
　　　⑥离附加词最远的是句子形式和一些以动词为主体的短语

韩文与中文定语语序的主要差异在于:韩文表示领属关系的词"우리의"离中心语很近,而中文表示领属关系的词"我们的"离中心语最远。这种顺序是固定不变的。因此,例18译文1的翻译是错误的。

例19　"북경올림픽"은 우리 모두가 기대하는 바와 같이 중국의 국제적 위상을 크게 제고시키게 될 뿐만 아니라 찬란한 중국의 전통문화의 우수성과 잠재력을 세계인들에게 유감 없이 알리는 계기가 될 것으로 확신합니다.

译1　我们确信,"北京奥运会"一定会象我们所期待的那样,不仅可以大大提高中国的国际地位,而且还可以成为向全世界展现辉煌灿烂的中国优秀传统文化与潜力的契机。

译2　我们确信,"北京奥运会"一定会象我们所期待的那样,不仅可以大大提高中国的国际地位,而且还可以成为向全世界展现中国辉煌灿烂的优秀传统文化与潜力的契机。

例20　중국인민은 불가불리의 자국 영토인 대만을 조국에 귀속시켜 전국을 통일하기 위하여 노력하고 있다. 한국국민은 조국을 통일하기 위한 중국인민의 투쟁에 적극 지지를 보내고 있다.

译1　中国人民正在为使不可分割的自己的领土——台湾回归祖国,实现祖国的统一而进行着积极的努力,韩国人民完全支持为争取祖国统一的中国人民的斗争。

译2　中国人民正在为使自己不可分割的领土台湾回归祖国、实现祖国的统一而进行着积极的努力,韩国人民完全支持中国人民争取祖国统一的斗争。

鉴于两种语言定语顺序的主要不同点,在翻译的时候须要特别注意不要将表示领属关系的修饰语的位置搞错。例19、20的译文1就忽略了这个问题,把定语顺序颠倒了。译文2将"中国自己""中国人民"在定语中的位置调整了过来,杜绝了定语语序的翻译错误。

8.4 翻译练习

8.4.1　选择较好的翻译

① 삼계탕 전문 식당에 서 있으면 얼굴이 장미꽃 색으로 붉게 변한 손님들이 땀을 닦으며 식당에서 나오는 모습을 보게 된다.

　　—— 站在参鸡汤专卖店门口,就可以看到脸色变得红润,一边擦着汗一边走出来的顾客们的样子。

　　—— 在参鸡汤专卖店门口,可以看到吃得红光满面的顾客们一边擦着汗一边从店里走出来。

② <토탈리콜>이나 <매트릭스> 같은 SF영화를 보면 미래의 세계는 크게 두 가지 상반된 경험 속에서 그려진다. 하나는 개인 일상의 모든 행동과 체험이 디지털화 되는 모습이고, 다른 하나는 그러한 일상의 편리함이나 가상성이 개인에게 행복을 주는 것이 아니라 불행을 주는 모습을 보여 준다.

第8课 声 明

——《魔鬼总动员》或《黑客帝国》之类的科幻电影,将未来世界描绘成两种截然不同的情景,一种将人的行为和生活体验数字化;另一种表现出数字化带来的生活便捷和虚拟世界给人带来的不幸。

——《全面回忆》(又名《魔鬼总动员》或《宇宙威龙》)和《黑客帝国》之类的科幻电影,将未来世界描绘成两类截然不同的景象:一类是个人的日常行为和体验都被数字化了;另一类是数字化带来的便捷与虚拟,并没有给个人带来幸福,而是带来了不幸的形象。

③ 이 영화를 보면서 주인공들과 함께 아름다운 조국을 그리운 눈물도 흘리기도 하게 되는 요인이 바로 이러한 진실성을 보여 주는 것이다.

——人们欣赏这部电影,能够与主人公一起思念美丽的祖国并为之动情落泪,就因为电影体现了生活的真实性。

——观赏这部电影,人们与主人公一起思念美丽的祖国并为之动情落泪,这部电影之所以能够引人入胜,是因为电影体现了生活的真实情感。

④ 인터넷 커뮤니티는 인터넷이 생겨 나면서 가장 강력한 사회적 파워와 파급 효과를 형성할 수 있게 만든 주역이다.

——互联网的诞生,引起了强烈的社会反响,网络社区的推动和普及作用不可小觑。

——网络社区是从互联网诞生之日起就使其拥有最强有力的社会力量并使之发挥影响方面的主力。

⑤ 한국 대통령은 8일 숙소인 조어대에서 한·중 양국의 경제인 2백50명을 초청한 오찬 연설에서 "지금 세계 경제환경은 급변하고 있다"며 "전세계적으로 '글로벌라이제이션'이 급속히 진행되고 있는가 하면 다른 한편에선 지역 협력을 강화하려는 움직임이 활발하다"고 강조했다.

——韩国总统8号在其下榻的钓鱼台国宾馆一个邀请了韩中两国250名经济人士的午餐演说中强调:"现在世界经济环境正在巨变之中","全世界性的'globalization'正在急速地进行之中,在其他地方为了强化地区合作,各种运动十分活跃。"

——8日,韩国总统在其下榻的钓鱼台国宾馆宴请韩中两国250名经济界人士,他在席间讲话中强调:"目前世界经济环境正处在巨变之中","地球村在快速形成'globalization'的同时,各地都在为强化区域合作而积极行动"。

⑥ 베이징에서 한·중 정상회담을 수행 중인 한국 대통령의 한 핵심측은 "우리도 북미무역자유지대(NAFTA)와 유럽경제공동체(EEC)와 같은 수준의 지역경제 공동체를 한번 바라보게 됐다"며 강한 희망을 피력했다.

—— 随韩国总统到北京参加韩中首脑会谈的一位高层官员透露:"我们希望一个有着和北美自由贸易区(NAFTA)以及欧洲经济共同体(EEC)相同水准的地区经济共同体"并表达了强烈的愿望。

—— 随同韩国总统参加韩中首脑会谈的一位高官透露出一个迫切的愿望:"我们希望组成一个区域经济共同体,能够与北美自由贸易区(NAFTA)和欧洲经济共同体(EEC)相媲美。"

8.4.2 改错

① 제3차 회담 중에 참가국들은 건설적, 실용적, 실질적인 토의를 가졌다.
　　—— 在第三次会谈中,各方进行了建设性和实用性的实质性讨论。
　　——

② 제2차 회담 의장성명에 반영되어 있는 컨센서스에 기초하여 참가국들은 한반도 비핵화 목표에 대한 의지를 재확인하였으며 그 목표를 향하여 가능한 한 조속히 초기 조치들의 필요성을 강조하였다.
　　—— 基于第二轮六方会谈主席声明中表达的共识,各方重申致力于实现朝鲜半岛无核化的共同目标,并强调有必要采取第一阶段措施。
　　——

③ 제3차 6자회담을 준비하기 위하여 두 차례의 실무그룹회의가 5월 12~15일과 6월 21~22일 베이징에서 개최되었다. 참가국들은 실무그룹회의 운영에 관한 '개념문건'(concept paper)을 승인하였다.
　　—— 为准备第三轮六方会谈,各方工作组于5月12日至15日和6月21日至22日在北京举行了会议,通过了工作组概念文件。
　　——

④ 참가국들은 제4차 6자회담을 9월 말 이전에 베이징에서 개최하자는 데 원칙적으로 합의하고 일자는 실무그룹의 진행을 고려하여 외교 경로를 통하여 결정하기로 하였다.
　　—— 与会国原则上同意第四轮六方会谈定于9月末在北京举行,具体开会日期考虑工作组的安排,通过外交途径决定。
　　——

第 8 课 声 明

⑤ 1992년 8월 24일, 치엔치천 중국 국무위원 겸 외교부장과 이상옥 외교부장관은 베이징에서 한중 양국의 정식 수교 공동성명에 서명했다.
—— 1992年8月24日,中国国务委员兼外交部长钱其琛同韩国外交部长李相玉在北京签署了中韩两国共同声明。
——

⑥ 공동성명에서 대한민국 정부와 중화인민공화국 정부는 1992년 8월 24일부터 대사급 외교관계 상호 승인과 수립 결정을 공표했다.
—— 联合声明宣布,大韩民国政府同中华人民共和国政府自1992年8月24日起,相互承认并建立外交关系。
——

⑦ 삼다도의 남쪽 해안에 위치하고 있는 인구 8만5천의 도시, 서귀포는 제주도의 그 어느 곳보다 기후가 따뜻하며 아름다움을 간직하고 있다.
—— 位于三多岛南部有着8万5千人口的城市西归浦有着比济州道其他地方更加温暖的气候和更突出的美丽。
——

⑧ 바로 이곳, 천혜의 자연 경관을 자랑하는 서귀포에서 지구촌 최대 스포츠 행사의 하나인 2002 FIFA 월드컵 축구 3개 경기가 개최되며, 세계적인 축구스타들이 기량을 펼쳐 전 세계 축구팬들에게 흥미진진한 볼거리가 제공될 것이다.
—— 在这里,以天惠的自然景观而著称的西归浦,将进行世界最大的运动盛事之一的2002FIFA世界杯的3场赛事,世界级的球星们尽情地向世界的球迷们展现精彩的赛事。
——

8.4.3 填空

① 조선, 한국, 미국, 중국, 일본, 러시아 6개국은 26일 오전 베이징 댜오위타이내 팡페이위앤에서 비공개 전체회의를 열어 총 8개항으로 이뤄진 의장성명(Chairman's Statement)을 채택했다.
朝鲜、韩国、美国、中国、日本、俄罗斯六国于26日上午在北京钓鱼台国宾馆芳菲苑召开了非公开全体会议,讨论通过了八条(　　　　　　　　　　)。

② 조선, 일본, 한국, 러시아, 미국 대표단들은 중국측이 제3차 회담의 성공을 위하여 기울인 노력에 대하여 사의를 표명하였다.

朝鲜、日本、韩国、俄罗斯、美国代表团对中方为第三轮六方会谈的成功所做的努力表示（　　　　　　　　　　）。

③ 신문은 최근 미국 미시간대가 세계 인구의 85%를 차지하는 78개국을 대상으로 조사한 결과 "세계 가치관 조사"보고서의 자료를 인용해 유럽과 미국간에 중요하게 생각하는 가치관은 따르며 이는 결국 양측간 외교정책의 틈새를 벌릴 수 있다는 주장을 내놓았다.
美国密歇根大学以占世界人口85%的78个国家为对象进行调查，发布了"世界价值观调查"报告书。新闻最近引用该报告书中的资料提出（　　　　　　　　　　），认为欧洲和美国之间的主流价值观相近，由此终究可消除双方外交政策上的隔阂。

④ 한국 대통령은 한·중 정상회담을 마친 뒤 공동기자회견에서 "상품의 교역은 낮은 수준의 교류 협력이며 상품 교역만으로는 무역의 불균형도 해소하기 어렵다"며 "따라서 이제는 자본과 기술 분야에 있어서 협력관계를 더욱 더 발전시켜 양국이 경제협력 관계를 더욱 더 높고 긴밀하게 해 나가는 것이 필요하다"고 역설했다.
韩国总统在韩中首脑会议结束之后共同举行的新闻发布会上强调："商品交易是低水平的交流合作，仅通过商品交易解决贸易的不均衡是很困难的"，"因此现在有必要进一步发展在资本和技术领域的（　　　　　　　　　　），（　　　　　　　　　　）韩中两国的经济合作关系"。

⑤ 참가국들은 이러한 제안, 의견, 건의들의 제출을 환영하고 향후 작업에 유용한 기초가 될 공통의 요소들이 있다는 데 주목하면서, 참가국들 사이에 의견이 남아 있다는 데에도 유의하였다.
与会国欢迎各种（　　　　　　　　）、（　　　　　　　　）和（　　　　　　　　）的提出，认为这些不仅有益于与会国之间保留不同意见，还有助于今后共同开展工作。

⑥ 참가국들은 공통의 기반을 확대하고 기존 차이점을 줄여 나가기 위해 추가 토의가 필요하다는 데 의견을 같이하였다.
各方一致认为，有必要通过进一步深入讨论，（　　　　　　　　　　），（　　　　　　　　　　）。

8.4.4 翻译笑话

정답과 반답

① 중학교 국어 시험
   문제: 내가 (   ) 돈은 없을지라도 마음만은 부유하다.
   정답: (비록)
   반답: 내가 (씨발) 돈은 없을지라도 마음만은 부유하다.

② 중학교 가정 시험
   문제: 찐 달걀을 먹을 때는 (   )을 치며 먹어야 한다.
   정답: (소금)
   반답: 찐 달걀을 먹을 때는 (가슴)을 치며 먹어야 한다.

③ 고등학교 생물 시험
   문제: 곤충은 머리,가슴, (   )로 나누어져 있다.
   정답: (배)
   반답: 곤충은 머리,가슴 (으)로 나누어져 있다.

④ 초등학교 글짓기 시험
   문제: "(   )라면 (   )겠다"를 사용해 완전한 문장을 만들어 보세요.
   정답: (내가 부자)라면 (가난한 사람들을 도와주)겠다.
   반답: (컵)라면 (맛있)겠다.

⑤ 초등학교 체육 시험
   문제: 올림픽의 운동에는 (   ), (   ), (   ), (   )가 있다.
   정답: (육상), (수영), (체조), (권투) 등등.
   반답: 올림픽의 운동에는 (여), (러), (가), (지)가 있다.

⑥ 초등학교 과학 시험
   문제: 개미를 세 부분으로 나누면 (   ), (   ), (   )가 있다.
   정답: (머리), (가슴), (배).
   반답: 개미를 세 부분으로 나누면 (죽), (는), (다).

8.4.5 翻译句子

① 언제나 당신을 먼저 생각합니다. 하늘 높이 날아 오르는 당신 뒤에서 늘 최선을 다하겠습니다.

② 언어의 힘이 곧 문화의 힘이며 국력의 상징임을 잘 알고 있는 문화관광부도 한국어 해외 보급 사업과 각종 번역 사업 등을 통해 우리말과 글을 널리 알리는 일에 매진하는 한편, 여러분들의 노력에 부응하여 한국어를 가꾸고 지키는 데 있어 모든 지원과 관심을 아끼지 않을 것임을 약속드립니다.

③ 2015년 6월 1일, 한·중 간에는 자유 무역 협정을(FTA) 정식적으로 체결했다.

④ 자유 무역 협정을 추진하는 이유는 다음과 같다.
첫째, 개방을 통해 경쟁을 심화시켜 생산성을 향상시키기 위해서이다.
둘째, 외국인 직접 투자를 유치하여 경제를 성장시킬 수 있기 때문이다.
셋째, 자유 무역 협정은 원하는 무역 상대국과 비교적 단기간에 협상이 가능하기 때문에 자유 무역 질서를 유지·확대하는 데 기여한다.
넷째, 유럽 연합, 북미 자유 무역 협정과 같은 지역주의 체제의 확산에 따른 대응책으로서의 기능도 있다.

⑤ 경제보좌관은 "지난해 12월에 중국에서 제의해서 올해 10월의 아세안+3 (한·중·일) 정상회담에서 다시 재확인하고 적극적으로 추진하게 될 것"이라고 설명했다.

⑥ 이미 한·중·일 3국은 올해부터 연구기관 간 FTA 공동연구를 시작한 상태다. 이같은 연구가 경제협력 공동선언의 토대가 될 전망이다.

8.5 翻译作业

대한민국과 중화인민공화국간의 외교관계 수립에 관한 공동성명

1. 대한민국 정부와 중화인민공화국 정부는 양국 국민의 이익과 염원에 부응하여 1992

년 8월 24일자로 상호 승인하고 대사급 외교관계를 수립하기로 결정한다.

2. UN헌장의 원칙들과 주권 및 영토 보전의 상호 존중, 상호 불가침, 상호 내정 불간섭, 평등·호혜·평화·공존의 원칙에 입각하여 항구적인 선린우호 협력관계를 발전시켜 나갈 것에 합의한다.

3. 대한민국 정부는 중화인민공화국 정부를 중국의 유일한 합법정부로 승인하며 오직 하나의 중국만이 있고 타이완은 중국의 일부분이라는 중국의 입장을 존중한다.

4. 양국간의 수교가 한반도 정세의 완화와 안정, 그리고 아시아의 평화와 안정에 기여할 것으로 확신한다.

5. 중화인민공화국 정부는 한반도가 조기에 평화적으로 통일되는 것이 한민족의 염원임을 존중하고 한반도가 한민족에 의해 평화적으로 통일되는 것을 지지한다.

6. 1961년의 외교 관계에 관한 빈협약에 따라 각자의 수도에 상대방의 대사관 개설과 공무 수행이 필요한 모든 지원을 제공하고 빠른 시일 내에 대사를 상호 교환하기로 합의한다.

1992년 8월 24일
대한민국 정부대표 이상옥, 중화인민공화국 정부대표 치엔치천

8.6 参考资料

성명(聲明)에 관하여

(1) 성명의 의미

어떤 일에 대한 자기의 입장이나 견해 또는 방침 따위를 공개적으로 발표하는 것을 성명이라 한다. 성언(聲言)이 비슷한 말로서 예를 들면.

● 각 정당은 새 정부 출범에 즈음해 각각 성명을 발표하였다.
● 각 시민 단체에서 정부의 개발 계획을 반대하는 성명을 냈다.
● 두 나라의 정상은 앞으로 두 나라가 모든 분야에서 긴밀히 협력할 것임을 성명하였다.

(2) 대한민국과 중화인민공화국 공동성명
(2003년 7월 8일 북경)

① 대한민국 노무현(盧武鉉)대통령은 중화인민공화국 후진타오(胡錦濤) 주석의 초청으로 2003년 7월 7일부터 10일까지 중국을 국빈 방문하여 중국정부와 국민의 정중한 환영과 따뜻한 영접을 받았다.

방문 기간 동안 노 대통령은 후진타오 주석과 정상회담을 가졌으며, 중화인민공화국

우방궈(吳邦國) 전국 인민대표대회, 상무위원회 원자바오(溫家寶) 국무원총리, 쩡칭훙(曾慶紅) 국가부주석과 면담하였다.

회담과 면담을 통해 양측은 한·중 우호협력 관계의 더 나은 발전과 지역 및 국제 문제에 관한 공동 관심사에 관해 심도 있게 의견을 교환하고 광범위한 분야에서 인식의 일치를 보았다.

② 한·중 양국 정상은 수교 후 11년 동안의 양국 선린우호 협력관계의 발전을 전반적으로 회고하면서 총결산하고, 양국의 정치, 경제, 사회, 문화 등 제반 분야에서의 협력이 그간 현저한 성과를 거둔 데 대해 만족을 표명하였으며, 이는 양국 국민에게 큰 이익을 가져다 줄 뿐만 아니라, 이 지역의 평화, 안정 및 변혁을 촉진시키는 데에도 중요한 기여를 해 왔다고 평가하였다.

양국 정상은 유엔헌장의 원칙과 한·중 수교 공동성명의 정신 및 기존의 협력동반자관계를 기초로, 미래를 지향하여 전면적 협력 동반자 관계를 구축하기로 합의하고 이를 선언하였다.

③ 양국은 각기 국내 정세 및 대외 정책을 소개하였다. ……

④ 양측은 한반도의 평화와 안정을 유지하고 한반도의 비핵화 지위가 확보돼야 한다는 데 인식을 같이하였다. ……

⑤ 중국측은 세계에 하나의 중국만이 있으며, 대만은 중국 영토의 불가분의 일부분임을 재천명하였다. ……

⑥ 양측은 한·중 고위층 교류 및 양국 정부, 의회, 정당간 교류가 양국간 전면적 협력을 가일층 강화해 나가는 데 중요한 의의를 가진다는 데 인식을 같이하였다. ……

⑦ 양측은 양국간 경제, 통상 협력을 더욱 확대, 심화하는 것이 양국의 공동 이익에 부합되고 양국의 공동 발전에 도움이 된다는 데 인식을 같이하였다. ……

⑧ 양측은 새로운 협력 분야의 협력 방식을 개발해 양국간 "미래지향적 경제협력관계"를 모색해 나가기로 합의하였다. ……

⑨ 양측은 2002년 한·중 교류의 해 활동이 성공했음을 인식하고 이를 토대로 매년 '한중 교류 축제' 개최에 대한 문제를 연구할 것을 합의하였다. ……

⑩ 양측은 아태지역에서 부상하고 있는 역내 협력 과정의 추진을 위해 적극 노력하기로 합의하였다. ……

⑪ 양측은 노무현 대통령의 중국 방문 성과에 대해 만족을 표명하고 노무현 대통령의 금번 방문이 양국 관계의 장기적인 발전에 중요한 계기가 될 것이라는 데 인식을 같이하였다. ……

 9.1 课文范文

9.1.1 泡菜

김치

　쌀밥을 제외한 한국 음식에는 김치, 된장, 간장, 고추장, 새우젓 등과 같이 곡류(두류를 포함하는)나 생선을 발효시켜 만든 음식들이 많이 있으며, 이것들이 풍기는 냄새 때문에 한국 음식을 기피하는 경우가 종종 있었다. 그러나 몇 번 먹어 이 음식과 친숙해지게 되면 방문자의 한국 생활은 고통에서 즐거움으로 탈바꿈하게 될 것이다.

　한국음식을 말할 때 김치를 빼놓고는 음식 이야기를 시작할 수는 없다. 그래서 한국에 와 본 사람이라면 이 김치를 안 먹어 본 사람이 없을 정도로 쌀밥과 김치는 한국 음식의 중심에 위치한다.

　김치는 그 종류가 많고 맛 또한 집집마다 다르기 때문에 외국 사람들에게 김치에 대한 설명을 하는 것은 쉽지가 않다. 가장 기본적인 김치는 배추를 소금에 절여 꺼낸 후 여기에 여러 가지(무 채썬 것, 파, 굴, 발효시킨 생선, 배, 밤 등의 여러 가지 속) 재료를 배추잎 사이에 넣고 흙으로 만들어 고열에서 구운 독에 넣고 저온에서 발효시킨 것이다. 이 때 기호에 따라 고춧가루가 일정양 추가된다. 대개 땅이 얼기 전 김치를 넣은 독을 땅 속에 묻어 익힌(발효시킨) 것이 제일 맛이 좋다고들 한다. 집집마다 고추를 넣는 양이 다르고, 고추도 종류에 따라 매운 정도가 다르기 때문에 어떤 사람에게는 이것이 너무 맵게 느껴지기도 하고, 또 어떤 사람에게는 이것이 너무 싱겁게 느껴질 수도 있다.

　한 가지 더 추가할 것은 발효와 맛을 돕기 위해서 파, 마늘 및 생강이 이곳에 추가하게 되는데 이들 향신료들이 김치 특유의 냄새를 풍긴다는 사실이다. 그래서 이 냄새를 싫어하거나 매운 것을 못 먹는 사람은 김치를 입에 대려고 하지 않지만 일단 몇 번 참고 먹어 본 사람은 나중에는 이 김치 없이는 밥을 먹을 수 없다는 지경에까지 이르게 된다.

이 음식은 발효 음식이어서 특이한 발효취를 풍긴다. 그리고 이것을 냉장고에서 꺼내어 실온에 오래 방치하게 되면 맛이 나빠진다. 김치에는 이와 같이 매운 것도 있지만 그 종류에 따라 맵지도 심한 냄새가 나지도 않는 것 등 여러 가지가 있다.

9.1.2 词汇注释

쌀밥	米饭	고통(苦痛)	痛苦
곡류(穀類)	谷物,粮食	두류(豆類)	豆类
특유(特有)	特有	기피하다(忌避하다)	不喜欢
종종	往往,常常	기호(嗜好)	嗜好
친숙해지다(親熟해지다)	亲近	발효시키다(醱酵시키다)	使发酵
탈바꿈하다	变样,改变	절이다	腌渍
새우젓	虾酱	추가하다(追加하다)	补充
전통식품(傳統食品)	传统食品	일정량(一定量)	一定量
기호식(嗜好食)	喜爱的食品	방치하다(放置하다)	放置
특이하다(特異하다)	特别,别致	발효취(醱酵臭)	发酵味
향신료(香辛料)	香辛料		

9.1.3 参考译文

泡菜

在韩国饮食中,除了米饭之外,还有许多用谷物或鲜鱼发酵后制成的食品,如泡菜、大酱、酱油、辣椒酱、虾酱等。这些食品散发出一些味道,许多人都避而远之。但访问韩国的外国人吃过几次之后,能很快习惯泡菜的味道,会吃得有滋有味,由苦转乐。

说到韩国饮食,不提泡菜就会无从说起。米饭和泡菜是韩国饮食中最主要的成分,凡是来过韩国的人没有没品尝过泡菜的。

泡菜种类繁多,味道又家家各异,因此向外国人介绍泡菜并不容易。泡菜最基本的做法是将白菜用盐稍腌渍后,在白菜叶片间塞入各种材料,如萝卜丝、葱、牡蛎、腌鱼、梨丝、栗子等,然后将白菜放入经高温烧制而成的陶缸内,在低温条件下使其慢慢发酵。此时,还可以根据个人口味的不同,加入适量的辣椒面。一般在地冻之前将泡菜缸埋入地下使泡菜发酵,据说这样发酵的泡菜是最好吃的。由于各家放的辣椒面量不同,辣椒品种不同,每家的泡菜的辣味也有所不同。有些人感觉很辣,而另一些人又会感觉不怎么辣。此外,为了增强发酵效果和风味,还要加入适量的葱、大蒜和姜,这些香辛料能使泡菜散发出一种特有的气味。讨厌这种味道或不能吃辣的人会避之不及。但强忍着吃上几次后,就有可能会渐渐发展到没有泡菜就吃不下饭的地步了。

泡菜是发酵食品,会产生特殊的发酵味道。另外,如从冰箱里面取出来,在室温下长时间放置的话,味道就会变坏。泡菜种类很多,有辣味的,也有既不辣、味道又不那么重的。

9.2 正误评析

❶ 쌀밥을 제외한 한국 음식에는 김치, 된장, 간장, 고추장, 새우젓 등과 같이 곡류(두류를 포함하는)나 생선을 발효시켜 만든 음식들이 많이 있으며 이것들이 풍기는 냄새 때문에 한국 음식을 기피하는 경우가 종종 있었다. 그러나 몇 번 먹어 이 음식과 친숙해지게 되면 방문자의 한국 생활은 고통에서 즐거움으로 탈바꿈하게 될 것이다.

误译:除了米饭之外,韩国饮食大多是用诸如泡菜、大酱、酱油、辣椒酱、虾酱等由谷物(包含豆类)或海鲜类发酵制成的。因为这些食品散发出来的味道,有很多人不喜欢吃韩国菜。但吃过几次之后,便会喜欢上这种食品,并且访问者能给痛苦的韩国生活带来欢乐。

正译:在韩国饮食中,除了米饭之外,还有许多用谷物或海鲜类发酵后制成的食品,如泡菜、大酱、酱油、辣椒酱、虾酱等。这类食品散发出一些味道,许多人都避而远之。但访问韩国的外国人吃过几次之后,能很快习惯泡菜的味道,会吃得有滋有味,由苦转乐。

评析:韩国食品不是由泡菜等发酵制成的,而是用谷物发酵制成的。☯ "방문자"指来韩国访问或旅游的外国人,要表达清楚,不能按照汉字直译。☯ 不是给痛苦……带来欢乐,是由痛苦转为欢乐,"탈바꿈하게 된다"的意思是"由哭相变为笑脸"。

❷ 한국 음식을 말할 때 김치를 빼놓고는 음식 이야기를 시작할 수는 없다. 그래서 한국에 와 본 사람이라면 이 김치를 안 먹어 본 사람이 없을 정도로 쌀밥과 김치는 한국 음식의 중심에 위치한다.

误译:说起韩国饮食,就不能不从泡菜开始。米饭和泡菜在韩国饮食中处于中心地位,凡是来过韩国的人没有没尝过泡菜的。

正译:说到韩国饮食,不提泡菜就会无从说起。米饭和泡菜是韩国饮食中最主要的成分,凡是来过韩国的人没有没品尝过泡菜的。

评析:说泡菜处于"中心地位",给读者一种强烈的方位感,不如意译为"韩餐的主要成分"更贴切。

❸ 김치는 그 종류가 많고 맛 또한 집집마다 다르기 때문에 외국사람들에게 김치에 대한 설명을 하는 것은 쉽지가 않다. 가장 기본적인 김치는 배추를 소금에 절여 꺼낸 후 여기에 여러 가지(무 채썬 것, 파, 굴, 발효시킨 생선, 배, 밤 등의 여러 가지 속) 재료를 배추잎 사이에 넣고 흙으로 만들어 고열에서 구운 독에 넣고 저온에서 발효시킨 것이다. 이 때 기호에 따라 고춧가루가 일정양 추가된다.

误译:泡菜的种类繁多,而且每家腌制的味道又各不相同,因此要向外国人讲解泡菜是不容易的。泡菜最基本的做法是将白菜用盐腌得蔫了之后,将各种材料(萝卜丝、葱、牡蛎、腌鱼、梨、栗子等)放置在白菜叶之间,然后将白菜放入由土制并经过高温烧制而成的缸内,在低温下让其发酵。这时,再根据个人的口味加入一定量的辣椒面。

正译:泡菜种类繁多,味道又家家各异。因此,向外国人介绍泡菜并不容易。泡菜最基本的做法是将白菜用盐稍腌渍后,在白菜叶片间塞入各种材料,如萝卜丝、葱、牡蛎、腌鱼、梨丝、栗子等,然后将白菜放入经高温烧制而成的陶缸内,在低温条件下使其慢慢发酵。此时,还可以根据个人口味的不同,加入适量的辣椒面。

评析:"由土制并经过高温烧制而成的缸内",中文不通顺。

❹ 대개 땅이 얼기 전 김치를 넣은 독을 땅 속에 묻어 익힌(발효시킨) 것이 제일 맛이 좋다고들 한다. 집집마다 고추를 넣는 양이 다르고, 고추도 종류에 따라 매운 정도가 다르기 때문에 어떤 사람에게는 이것이 너무 맵게 느껴지기도 하고, 또 어떤 사람에게는 이것이 너무 싱겁게 느껴질 수도 있다.

误译:据说大概在土地结冰以前将装有泡菜的缸埋入地下,这样腌熟的泡菜是最好吃的。由于各个家庭加入的辣椒分量不同,或是辣椒的种类不同,因此泡菜辣的程度也不一样。所以对有的人来说会觉得太辣了,而对有些人来说会完全感觉不到辣味。

正译:一般在地冻之前将泡菜缸埋入地下使泡菜发酵,据说这样发酵的泡菜是最好吃的。由于各家放的辣椒面量不同,辣椒品种不同,每家的泡菜的辣味也有所不同。有些人感觉很辣,而另一些人又会感觉不怎么辣。

评析:"据说"后面拖两个分句,不如带一个分句表达得更清楚。☯ 最后一句活译为"完全感觉不到辣味",在程度上说重了。

第 9 课　介　绍

❺ 한 가지 더 추가할 것은 발효와 맛을 돕기 위해서 파, 마늘 및 생강이 이곳에 추가하게 되는데 이들 향신료들이 김치 특유의 냄새를 풍긴다는 사실이다. 그래서 이 냄새를 싫어하거나 매운 것을 못 먹는 사람은 김치를 입에 대려고 하지 않지만 일단 몇 번 참고 먹어 본 사람은 나중에는 이 김치 없이는 밥을 먹을 수 없다는 지경에까지 이르게 된다.

误译：还要补充的一点是，要加入对发酵和口味有所帮助的葱、大蒜和姜，这是泡菜散发出特有<u>味道</u>的原因。因此有些讨厌这种<u>味道</u>的人，或是不能吃辣的人会觉得泡菜不合口味，可也有人一旦吃过几次之后，会喜欢到<u>甚至</u>没有泡菜就不能吃饭的地步了。

正译：此外，为了增强发酵效果和风味，还要加入适量的葱、大蒜和姜，这些香辛料能使泡菜散发出一种特有的气味。讨厌这种味道或不能吃辣的人会避之不及。但万事开头难，一旦强忍着吃上几次后，就有可能会渐渐发展到没有泡菜就食不下咽的地步了。

评析："要加入对发酵和口味有所帮助的葱……"这句话过于直译，外语腔调。☯"味道"与"气味"分别相当于韩国语的"맛"与"냄새"。☯"甚至……"表现原文"지경에까지"的意义，而在中文中可有可无。

❻ 이 음식은 발효 음식이어서 특이한 발효취를 풍긴다. 그리고 이것을 냉장고에서 꺼내어 실온에 오래 방치하게 되면 맛이 나빠진다. 김치에는 이와 같이 매운 것도 있지만 그 종류에 따라 맵지도 심한 냄새가 나지도 않는 것 등 여러 가지가 있다.

误译：因为泡菜是发酵食品，所以会产生特殊的味道。并且如果将它从冰箱里拿出来在室温中长时间放置的话，它的味道会变坏。在泡菜中，<u>虽然有跟它一样辣的</u>，但根据种类的不同，也有<u>不辣又没有很浓味道的等等各种各样的泡菜</u>。

正译：泡菜是发酵食品，会产生特殊的发酵味道。另外，如从冰箱里面取出来，在室温下长时间放置的话，味道就会变坏。泡菜种类很多，有辣味的，也有既不辣、味道又不那么重的。

评析："……이와 같이 매운것도 있지만……"直译为"虽然有跟它一样辣的"，句子意义前后不连贯。☯"也有不辣又没有很浓味道的等等各种各样的泡菜"这句话的翻译照顾了原文的形式，忽略了译入语习惯，定语成分过于复杂，读来不顺。

9.3 翻译知识

谓语的翻译

韩国语句子的许多语法功能和意义都集中在谓语部分表现,谓语成分在句子中占有极重要的位置,韩国语的特征之一是其句子谓语成分的复杂性。

例1 박선생님께서 어제 그렇게 말씀하시었습디다.
  我昨天听到朴老师那么讲了。

这个简单句的谓语成分里所包含的内容分解如下:
말씀하 —— 谓语动词词干,表示行动"说"。
시 —— 尊敬的词缀,表示行动者是位值得尊敬的人物。
었 —— 时制词尾,表示行动的过去时。
습 —— 自谦词尾,表示说话者恭敬谦虚的态度。
디 —— 目击说法,表示所叙述的事情是说话者亲耳听到,或亲身体验到的。
다 —— 终结词尾,表示句子结束,并表示这个句子是叙述句。

又如释图:

말씀하 시 었 습 디 다.
　⑥　　⑤　④　③　②　①

　　　　　　① —— 终结词尾,表示这是一个叙述句。
　　　　　　② —— 惯用词尾,表示目击说法。
　　　　　　③ —— 敬语词尾,表示自谦。
　　　　　　④ —— 时制词尾,表示过去时。
　　　　　　⑤ —— 尊敬词尾,表示对行动者的尊敬。
　　　　　　⑥ —— 谓语动词词干,表示说话的意思。

韩国语句子的谓语依靠各种谓语词尾集中表达多种语义,并与句子中的其他成分在语法上、意义上相联系。汉语的各种句子成分分工相对对等,谓语成分没有韩国语谓语成分那样大的包容性。了解两种语言中谓语表达的不同特点,才能够将韩国语句子所表达的意义充分表达出来。

9.3.1 句式的翻译

语气是语感的关键,翻译应将每句话的语气翻译出来,而韩语句子的语气主要体现在谓语成分里,由陈述、疑问、命令、共动、感叹等句式表现。

例2　당신의 능력은 곧 당신의 의지에 달려 있다.
　　　你的能力由你的意志所决定。

例3　단 돈 만원 들고 떠나는 알뜰여행 아시나요?
　　　你知道仅带1万韩元就出去的实惠旅行吗?

例4　이벤트에 참여하시고 푸짐한 경품도 받아 가세요.
　　　请您参加比赛,收获丰盛的奖品!

例5　우리도 본때 있게 일해 보자!
　　　咱们也好好干吧!

例6　드디어 세종대왕께서 훈민정음이라는 이름으로 만민 앞에 공포하니 이것이 곧 오늘날 우리들이 우리 글로 쓰고 있는 한글이다. 아, 얼마나 갸륵한 일인가!
　　　终于,世宗大王向国民颁布了《训民正音》,这就是我们今天使用的韩民族文字。啊!这是一项多么令人欣慰的伟大事业呀!

以上是韩国语的几种基本句式,各种句式在语言中的表现是极为丰富的。

例7　그러면 국자 한글은 민족 역사상 얼마나 귀중한 존재이며, 또 이 한글을 통해 얼마나 위대한 민족의식이 약동하고 있는가!
　　　由此看来,韩文字的创制,被视为韩民族发展史上的重大创举;韩文字的问世,显示出一个伟大民族意识的觉醒!

例8　음, 내가 갔다 올 게, 울지 말고 기다려라.
　　　嗯,我去去就来,别哭,等着我!

例9　야, 그 사람, 일 솜씨가 보통이 아니군!
　　　啊!那个人的手艺可真棒呀!

例10　"아니, 이게 명호 씨로구만."
　　　그는 놀라움 섞인 목소리로 명호를 끌어 안았다.
　　　"唉?这不是明浩吗?"他吃惊地喊着,一下子抱住了明浩。

以上各种韩国语句式都表示了不同的语气和语感,每一种句式,还可以细分为表示不同情感的类型。要译好这些细微的感情色彩,须恰当地选用汉语的语气助词,如表示疑问的"吗、呢",表示感叹的"呀!啊!呵!",表示确定的"的、了"等等。

9.3.2　谓语惯用型

韩国语谓语成分使用终结词尾表示,还经常用一些惯用型,表示谓语的程度、状态等添加意义。

例11 학술대회에 참가하신 모든 선생님이 발전된 한국의 모습을 확인하고 한국어 교육에 관해 깊이 논의하고 한국어 교육의 발전에 더 많이 기여해 주시길 <u>기대해 마지않습니다</u>.

我们殷切期待全体与会教师对韩国语研究的成就给予肯定，对韩国语教育提出建设性的意见，对韩国语教育的发展作出贡献。

例12 이렇게 의미 있는 국제학술대회는 여러 기관, 특히 한국국제교류재단의 적극적인 지원과 협조가 있었기에 가능했습니다. 이 자리를 빌어 국제학술대회를 적극 도와주신 여러분께 다시 한번 깊은 감사를 드립니다. 한국어 교육계의 성장과 발전을 위하여 적극 참여하셔서 멋진 토론의 장을 <u>만들어 주시기 바랍니다</u>.

能够召开如此意义深远的国际学术讨论会，完全仰仗各单位的支持，尤其是韩国国际交流财团的积极资助。借此机会，我再次向诸位表示深深的谢意，感谢你们大力协助举办本届学术讨论会。同时我也希望诸位积极参与讨论，使学术讨论会取得圆满成功，以促进韩国语教育界的发展。

例13 우리는 누구나 비록 육체적으로는 노쇠하더라도 정신적으로는 쇠진하지 말고 언제나 청춘의 기백을 <u>잃지 말아야 한다</u>.

无论是谁，肉体都会衰老，但是我们的精神常新，永远不应失去青春的光彩。

"-고야 말 것입니다"、"기대해 마지않습니다"、"만들어 주시기 바랍니다"、"잃지 말아야 한다"。以上例句中谓语所使用的这种惯用型，对谓语进行肯定、否定、强调修饰，使感情色彩更加丰富细腻。这类谓语惯用型依附在谓语之后起到修饰作用，不起结构作用。虽然略去不译也能表达出句子大意，但是谓语惯用型对全句语感起着重要作用。

例14 언어가 영원히 존재하기 위해서는 최소한 사용 인구가 1억 명은 <u>되어야 한다고 합니다</u>.

一般认为，要永久维持一种语言的存在，使用这种语言的人数至少应有1亿人。

例15 뜨거운 여름철에 열리는 국제학술대회가 다소 불편을 주더라도 여러 선생님들의 열기로 더위를 식힐 수 있는 즐거움을 더할 수 있는 게 아닌가 생각해 봅니다.

如此炎炎夏日召开国际学术会议，大家会感到有些不便。但诸位的参与热情不是可以防暑降温，为大会增添清新的愉快气氛吗？

例16 흔히 사람들은 기회를 기다리고 있지만 기회는 기다리는 사람에게 잡히지 않는 법이야.

人们常常等待时机，但机会却是不等人的呀！

例17 TV라도 있다는 사실이 얼마나 <u>다행인지 모르겠습니다</u>.

拥有一台电视，都是一件多么幸运的事情呀！

例18 경순이는 다만 자기 공부에 <u>성실할 따름이었다</u>.

庆顺只是专心致志地念自己的书。

如果对上面几个句子谓语成分中表现的惯用型省略不译的话,就不能保证全句语感的表达。

9.3.3 谓宾搭配

中文和韩文句子成分中的谓宾组合关系,除了前后顺序不同以外,在谓宾搭配、组词习惯方面也有不同之处。

例19 정부는 공표된 무역에 관한 조약과 일반적으로 승인된 국제 법규가 정하는 바에 따라 자유롭고 공정한 무역을 조장한다.
政府根据已公布的有关贸易条约和公认的国际法规,扶持自由公正的贸易。(助长,促进)

例20 정부는 공표된 무역에 관한 조약과 일반적으로 승인된 국제 법규에서 무역에 대한 제한을 정한 규정이 있는 경우에는 그 제한 목적을 달성하기 위하여 필요한 최소의 범위 안에서 이를 운영하여야 한다.
在已公布的贸易条约和被普遍公认的国际法则中,如有关于限制贸易的规定时,政府为了达到该限制规定的目的,必须在所需的最小范围内执行本法。(达成,运营)

例21 우리 나라 또는 우리 무역의 상대국에 대해 전쟁, 사변 또는 천재지변이 있을 때 물품의 수출, 수입의 제한 또는 중지에 관한 특별 조치를 할 수 있다.
韩国以及韩国贸易对象国发生战争、事变和自然灾害时,可以采取特别措施,限制或禁止货物的进出口。(有,出现)

例22 중국은 개혁, 개방화 정책 노선을 선언한 이후 시장 기능을 적극적으로 도입함으로써 경제발전을 이룩하기 위해 노력해 왔다.
中国自从推行改革开放路线以来,积极引进市场功能,一直为发展经济而努力。(宣言,取得经济发展)

例19、20句子中"무역을 조장한다"原词是"助长贸易","목적을 달성하기 위하여"原词是"为了达成目的"。在现代汉语中这种搭配不成立,所以必须按照现代汉语的谓宾搭配,翻译成"扶持贸易"和"达到目的"。例21、22,若按照原文直译成为"有了战争、事故、天灾""宣言改革开放的政策和路线""取得经济发展"的话,在意思上是可以说通的。但是不如翻译成"发生战争、事故和自然灾害""推行改革开放路线""发展经济",更为通顺,更符合汉语的语言习惯。

例23 중한 양국 간의 협력은 협의의 측면에서 다양성이 내재되어 있으면서도 광의의 측면에서 협력의 공통점을 도출할 수 있는 의식과 관습의 유사성을 보유하고 있다. 즉, 다른 어떤 지역경제 블록화의 조직보다 신속한 이해와 공감대를 형성할 수 있어 유연한 협력체제를 가질 수 있는 장점이 있다.

从狭义上说,中韩两国的合作意义具有多样性的内涵特征;从广义上看,两国都保留着共通意识和相近的习惯。也就是说,与其他地区经济区域化组织相比,两国的长处是能够互相理解,迅速达成共识,建立灵活的合作体制。

这个句子最后部分的谓宾关系"신속한 이해와 공감대를 형성할 수 있어",直译的话是"迅速形成理解和同感"。而中文中动词"形成"可以与"共识"搭配,不能够与"理解"搭配。所以,在这种一个谓语动词不能带两个宾语名词的情况下,翻译时需要添加补充谓语动词,翻译成"互相理解,达成共识"。韩国语句子中类似情况不少,需要译者定夺添加。

例24 기업은 여러 종류의 조직 중에서 가장 빠르게 변화하면서 새로운 환경에 맞추어 간다. 그는 변화의 과정에서 기업의 기술적 기초와 풍부한 경험을 마련하여 제 때에 삼성그룹을 설립하였다.

译1 企业是在各种类型的组织之中变化得最快、最需要适应新环境的单位。根据在社会变革过程中打下的技术基础和丰富经验,他及时创建了三星集团。

译2 企业是在各种类型的组织之中变化最快、最需要适应新环境的单位。凭借在社会变革过程中打下的技术基础和积累的丰富经验,他及时创建了三星集团。

韩国语句子中的分句谓语"마련하다"可以带两个宾语"기업의 기술적 기초"和"풍부한 경험",但是在中文中我们找不到这样一带二的谓语。译1"打下……基础"可以成立,"打下……经验"的谓宾组合是不成立的。所以必须像译2那样添加上一个动词,译为"打下……基础和积累……经验"。

9.4 翻译练习

9.4.1 选择较好的翻译

① 자네가 먼저 떠나게. 나도 곧 따라 가겠다구.
—— 你先走,我随后就到!
—— 你先走,我也马上跟着走。

② 여보세요, 롯데월드에선 매일 밤 여성을 여왕으로 모십니다. 여왕님 어서 오십시오!
—— 诸位女士,乐天世界每天晚上迎接您来这里做女王。女王们快来吧!
—— 女士们!乐天世界的大门每天夜晚向您敞开!像迎接尊贵的女王一样恭候您的到来!

③ 밤이 깊어 갈수록 두산타워는 불야성을 이루고 오가는 손님을 부르기에 여념이 없다.
　　—— 斗山塔是个不夜城,夜色越深,来往的客人越多。
　　—— 斗山塔是个不夜城,夜色越深,吸引来的顾客越多。

④ 동경의 "오전 패션"이 서울의 "오후 패션"으로 전파될 만큼 "동시 패션시대"를 연계기 중 하나가 서울에 동대문시장이 활성화 되었기 때문이다.
　　—— 由东京的"上午时尚",到首尔的"下午时尚",再由首尔东大门市场将两点一线牵,形成"同步时装秀"。
　　—— 东京的"上午时尚",首尔的"下午时尚","同步时尚"在首尔的东大门市场。

⑤ 어느 연구소는 동대문시장이 한국적인 산업 집약적 모델이라는 점과 미국의 실리콘밸리와 유사한 점이 많다고 하면서 이곳의 성공비결을 지적했다.
　　—— 某研究所指出:东大门市场是韩国产业集约的典型,和美国的硅谷具有相似性,是当地成功的秘诀。
　　—— 某项研究认为:东大门市场是韩国集约型产业的典型商场,其特点与美国的硅谷相似,是当地商业成功的秘诀所在。

⑥ 관동팔경이 펼쳐 있어 곳곳이 명승이요. 구석구석 별천지로다. 그 아니 좋을손가.
　　—— 关东八景展开,每一个地方都是名胜区,到处都另有一番景象。
　　—— 关东八景,处处名胜,一角一隅,别有洞天。

9.4.2 改错

① 우리가 자기 운명의 주인이다. 우리의 주장과 불굴의 의지를 믿는 한 이루지 못할 일은 아무 것도 없을 것이다.
　　—— 我们是自己命运的主人,只要我们坚信我们的主张和不屈的意志,就没有达不到的事情。
　　——

② 2018평창동계올림피를 계기로 세계의 관심이 한국으로 집중되어 있는 이 시점에 우리의 자랑거리를 세계에 알릴 수 있는 방법이 무엇일까를 다시 생각해 보게 됩니다.
　　—— 以2018平昌冬季奥运会为契机,世界的关心集中到韩国,这是我们的骄傲,需要我们重新思考用怎样的方法向世界宣传韩国。
　　——

③ 대학 때부터 하고 싶은 일도 많아서 이것저것 많이 해 봤지만 결국 제가 원하는 것은 따로 있더군요.빈민국가에서 자원봉사로서 의술을 펼치는 일, 이것이야말로 저의 꿈이에요.
—— 上大学的时候,这也干,那也做,结果自己真正想要做的却是别的事情。做一个志愿者,到贫困国家去展开医术,这才是我的梦想。
——

④ 서울시 관계자는 "남대문과 명동 일대는 패션거리와 귀금속 상가 등 관광산업과 연계할 수 있는 자원이 골고루 분포돼 있는 데다 호텔과 레저시설도 밀집해 있어 국제적인 관광명소로 육성하는 것이 바람직하다"고 밝혔다.
—— 首尔有关人士评论说:"南大门和明洞一带到处分布着时尚街和贵金属商店等与旅游产业可以相连的资源,而且饭店和休闲设施也密集,有希望培养成为国际观光名所。"
——

⑤ 앞으로 남대문이 세계적인 쇼핑관광 시장으로서 명성을 확고히 할 것으로 전문가들은 내다 보고 있다.
—— 专门家看好南大门市场,认为今后南大门市场确定可以发展成为世界性的购物观光名胜地。
——

⑥ 한국의 1등 패션 명소로 떠오른 서울 동대문시장의 두산타워, 밀리오레 등 패션몰의 인기는 가히 폭발적이다. 이같은 대형 패션몰의 등장으로 동대문시장은 한국 젊은이들이 저렴한 가격에 멋진 옷을 사기 위해 반드시 들러야 하는 "패션특구"로 부활했다.
—— 韩国的一流时尚名胜地浮出,首尔的斗山购物商店、美利商城等时装中心人气火爆,这种大型时尚店的登场,使东大门市场成为韩国年轻人为了购买物美价廉的衣物,一定要去的"时尚特区"。
——

9.4.3 翻译笑话

떡과 참기름

떡이랑 참기름이 싸웠다.
그런데 떡만 교도소로 갔다.
그 이유는 참기름이 고소해서.
그런데 며칠후 참기름도 교도소에 갔다.
그 이유는 떡이 붙어서.

9.4.4 翻译句子

① 남이 잘 모르는 내용을 도표나 사진 등을 곁들여 독자들로 하여금 빠르게 이해시키기 위해 어떤 사물을 그대로 사진 찍듯이 쓰는 글이 설명문이다.

② 설명은 가장 기본적인 지식 전달의 방법이다. 살다 보면 어떤 원리나 뜻, 또는 어떠한 대상을 여러 사람들에게 분명하고 자세하게 알려야 할 일들이 생긴다.

③ 설명문은 전달하고자 하는 내용이 명확하게 드러나야 하는 글이기 때문에 문맥이 조리 있고 정리되어 있어야 한다.

④ 설명문은 머리말, 본문, 맺는말의 세 부분으로 구성되고, 체계적으로 일관성 있게 일정한 순서로 서술해 나가는 것이 중요하다.

⑤ 머리말에서는 설명하고자 하는 대상이나 설명 방법, 글 쓰는 이유 등을 간략하게 소개하고, 본문에서는 대상에 대해서 자세히 설명하며, 맺음말에서는 앞에서 설명한 내용을 요약해 제시해야 한다.

⑥ 영국에서 등장한 샌드위치, 미국에서 생겨난 햄버거와 핫도그, 인도의 카레라이스 등이 음식들은 간단하게 먹을 수 있는 한 끼 식사로 꾸준히 사랑 받고 있다. 한국에도 그런 음식들이 있으니 그 가운데 자주 거론되는 것이 비빔밥이다.

9.4.5 翻译短文

어떤 나라든 그 나라를 대표하는 음식에는 다양한 이름이 붙게 마련이다. 예를 들어 외국인이 프랑스에 가면 제일 어려워하는 것 중 하나가 치즈에 대한 것이다. 종류가 많고 모양(外樣)과 색깔(色)이 다양하기 때문이다. 그럴 만도 한 것이 소개 문헌을 보면 프랑스에서 생산하는 치즈는 그 종류만도 무려 365 가지라고 한다.

그러나 비빔밥 또는 비빈밥은 다양한 종류만큼 이름이 많지 않다. 때문에 외국인들도 당혹해 할 필요가 없다. 비빔밥이란 이름 하나만 외우면 되므로. 그래도 '꽃(花) 비빔밥'처럼 아주 특이한 경우에는 비빔밥이란 말 앞에 독특한 재료 이름이 붙기도 하고, 때로는 '전주(全州) 비빔밥'처럼 지역 이름이 붙어 비빔밥의 특징을 나타내기도 한다. 그렇지만 꽃비빔밥이라 해서 꽃이 비빔밥의 주요 재료(主材料)가 되는 것은 아니다. 꽃이라는 특수한 재료가 밥과 함께 들어가는 것이다. 또한 전주 비빔밥은 비빔밥에 콩나물(soybean sprout)을 넣는 것이 특징이다. 그래서 비빔밥은 주어진 여건에 따라 얼마든지 응용할 수 있는 장점이 있다. 만드는 사람의 기호라든가 들어가는 재료에 따라 맛도 모양도 달라지는, 독특하고 합리적인 음식이다.

9.5 翻译作业

비빔밥
——먹기 좋고 영양 많은 일품요리

비빔밥은 밥 한 그릇에 고기와 나물, 달걀, 참기름 등을 고루 섞어서 만든 일품요리(一品料理)이다. 한 끼에 필요한 영양소가 골고루 담겨 있는 영양식(營養食)이기도 하다.

비빔밥은 미리 준비한 밥에 살짝 데친 채소와 산나물(山菜), 버섯, 반 쯤 익힌 계란, 그리고 익힌 고기 등을 함께 넣고 고추장을 풀어 비벼 먹는 음식이다. 여기에 고소한 참기름을 넣어 향을 돋우면 금상첨화(錦上添花)다. 한국인의 식습관을 잘 모르는 외국 사람들에게는 '비빈다'는 개념이 좀 애매(曖昧)할 것이나 다양한 재료들이 잘 혼합(混合)되어 조화로운 맛을 내는 것이 비빔밥의 진수(眞髓)이다. 더욱이 비빔밥은 재료의 종류, 음식을 만드는 시기, 만드는 사람의 기호 등에 따라 재료 배합(配合)을 달리할 수 있기 때문에 얼마든지 색다른 음식으로 탈바꿈할 수 있다.

비빔밥이 처음으로 언급된 문헌은 1,800년대 말엽(末葉)에 간행된 <시의전서(侍醫全書)>이다. 이 문헌에는 비빔밥을 '부빔밥'으로 표기(表記)하고 있다. 또 비빔밥을 골동반(骨董飯)으로도 표기하는데, 골동(骨董)이란 여러 가지 물건을 한데 섞은 것을 말한다. 그러므로 골동반이란 이미 지어놓은 밥에 여러 가지 반찬을 섞어 비빈 것이란 뜻이다.

비빔밥은 그 유래도 매우 다양한데, 일반적으로 다음과 같은 학설(學說)들이 알려져 있다. 우선적으로, 궁중음식설(宮中飮食說)이다. 조선 시대 임금이 드시는 밥을 수라(水剌)라고 했는데, 비빔은 점심 때나 종친(宗親)이 입궐(入闕)하였을 때 먹는 가벼운 식사였다고 한다. 다음은 농번기(農繁期) 음식설이다. 농번기에는 하루에 여러 번 음식을 먹게 되는데 그 때마다 일터에서 제대로 상(床)을 차리기 어렵고, 또한 그릇을 충분히 가져 가기도 어려워 그릇 하나에 여러 가지 음식을 섞어 먹게 되었다는 것이다.

셋째, 동학혁명설(東學革命說)이다. 동학 농민운동(東學農民運動, 1894년 전라도(全羅道) 고부군(古阜郡)에서 시작된 농민들의 혁명 운동 (정부의 부패와 외세의 침략에 항거함)이 일어났을 때 전장(戰場)에 나간 동학군이 그릇이 충분하지 않자 그릇 하나에 밥과 여러 가지 반찬을 넣어 비벼 먹었던 것이 비빔밥의 시초라는 것이다. 마지막으로 음복설(飮福說)이다. 음복은 제사(祭祀)를 마치고 제사상(祭床)에 놓은 제물(祭物)을 빠짐 없이 먹는 것을 말하는데, 제물을 골고루 먹기 위해 그릇 하나에 여러 가지를 담아 비벼서 먹게 되었다는 것이다.

다양한 유래 가운데 어느 것이 옳은지 정확하게 밝힐 수는 없다. 하지만 이렇듯 많은 유래가 있다는 것은 비빔밥이 한국인의 식생활에 깊이 뿌리내린 음식이라는 사실을 반증한다고 볼 수 있다.

 9.6 参考资料

설명문에 대하여

(1) 설명문이란

설명문은 어떤 사물이나 지식, 대상에 대해 설명하는 이가 알고 있는 바를 일반인들이 정확하게 이해할 수 있도록 쉽게 풀어 쓴 글을 말한다. 설명은 가장 기본적인 지식 전달의 방법이다. 독자가 쉽게 이해할 수 있도록 평이성, 명확성, 사실성이 있고 간결하고 정확하게 쓴 개관적인 글인 것이다. 설명문은 객관적인 글이며 설명의 목적은 정확하고 유용한 정보의 전달이어야 한다. 거치장스러운 수식은 줄이는 것이 좋고 의미가 명확한 낱말을 사용하며 추상적인 낱말은 피하도록 해야 한다.

(2) 설명문의 종류

목적에 따라 실용적 설명문, 학술적 설명문으로 나뉜다.

1) 실용적 설명문

일상생활에 직접 도움을 주기 위한 설명문으로 정보 전달의 요소가 강한 글이다. 예를 들면 각종 물건의 사용 설명서, 기사문, 안내문, 보고문 등이다.

2) 학술적 설명문

어떤 일이나 사물에 대해 조리를 세워 학술적 지식이나 교양을 전달할 목적으로 쓴 글로, 체계와 논리가 중시된다. 예를 들면 연구보고서, 학술논문, 교과서, 사전, 전문서적 등을 들 수 있다.

(3) 요리에 대한 설명문

설렁탕의 유래

설렁탕은 설농탕(雪濃湯)이라고도 한다. 설렁탕의 유래에 대해서는 여러 가지 설이 있는데, 조선시대 임금이 선농단에서 제전을 올린 후 친경(親耕)을 하던 행사에서 비롯되었다는 설이다. 또한 〈조선요리학〉에서는 세종이 선농단(先農壇)에서 친경을 베풀다가 갑작스런 비로 인해 거동을 못할 지경에 이르자 소를 잡아 끓여 먹었다는 데서 유래했다는 것이다. 일찍부터 설렁탕은 대중음식으로 널리 이용되었다. 만드는 법은 소의 머리·내장·족·무릎·도가니·뼈다귀 따위를 넣고 푹 끓이면 유백색의 국물이 되는데, 이때 누린내를 제거하기 위해 파·생강·마늘 등을 넣는다. 고기류는 끓는 국에 넣어 국물이 뽀얗게 우러나면 뼈는 건져 내고 살과 내장은 먹기 좋게 썰어 다시 넣는다. 다 익었으면 뚝배기에 설렁탕을 담고 밥과 소금·후춧가루·고춧가루·다진파 등의 양념장을 곁들이는데 삶은 고기는 따로 건져서 편육으로 먹는다.

10.1 课文范文

10.1.1 韩国现代建筑的发展方向

한국 현대 건축의 방향: 근대주의와 전통 사이

한국의 현대 건축은 크게 두 가지의 흐름으로 발전되어 왔다. 하나는 한국의 독자적인 문화와 풍토를 건축물에 어떻게 나타내는가 하는 것이며, 다른 하나는 근대 이후의 '현대'라는 문화적인 쟁점을 어떻게 소화해 내는가 하는 점이다. 이와 같은 한국 현대 건축의 문제는 70년대부터 시작되었다. 한국에서 70년대란 고도의 경제 성장에 따라 본격적으로 도시와 건축이 대규모화·고층화하는 시기였으며, 동시에 문화적 주체성을 구현하기 위해 건축의 전통적 표현이 의식적으로 강조된 시기였다. 그 결과, 한국 현대 건축은 현대적 기능에 전통적 양식의 형태를 공존시킨다는 이원적인 길을 걷지 않을 수 없었다.

그렇지만 이 두 가지 흐름은 획일적인 환경을 만든 주요 원인이 근대건축이므로, 그것이 지니지 못했던 역사나 의미를 도입하여 근대건축의 결함을 보완한다는 생각에 바탕을 두었다는 점에서 공통점이 있다. 그렇지만 이 두 흐름은 엄밀한 의미에서 결코 보완적인 것이 아니라 대립적이다. 한국의 현대건축은 바로 이러한 사정을 배경으로 진행되어 왔는데, 앞으로의 발전도 이와 깊은 관련을 맺고 있다.

한국의 현대건축은 특히 80년대 이후 크게 변모하였다. 이때부터 서울을 비롯한 대도시는 점차 크고 작은 빌딩의 숲으로 가득 채워지게 되었다. 도시 생활의 패턴도 기계와 전자 문명과 함께 호흡하며 서서히 변화해 갔다. 밤마다 점멸하는 네온사인과 각종 광고판, 도시 한가운데를 꿰뚫는 고가도로와 지하철, 플라스틱과 PVC 재료들, 그리고 철제 계단과 철탑들로 도시의 일상적인 풍경으로 변모하게 만들었다.

이와 같은 한국 현대 건축의 급격한 변모는 일차적으로 테크놀러지의 변화와 그에 따른 문화적 감성의 변화에서 비롯한 것이다. 곧 서구의 선진국이 구사하고 있는 최첨단의 기술을 지향하려는 의지와 그러한 테크놀러지가 불러 일으키는 일상적인 감성의 변화가 바로 전환기에 선 오늘날 한국 현대 건축의 변수로 작용하고 있는 것이다. 그렇지만 이런 상황이 한국의 현대 건축을 반영하는 것은 아니다. 반면 서울과 같은 대도시의 중심부에는 여전히 획일화된 근대 기능주의의 건물이 산재해 있고, 포스트모던풍의 상업적 건물이 혼재하고 있다. 이와 함께 역사적 전통은 점차 잃어 가고 있으며 역사적 건축물은 도시에서 고립되고 말았다.

그러므로 첨단의 기술이 자아내는 다이너미즘과 일상 풍경 속에서 한국 고유 문화의 독자성을 어떻게 발견할 것인가는 21세기에도 여전히 한국 건축가들에게 커다란 딜레마로 작용하게 될 것이다.

10.1.2　词汇注释

풍토(風土)	风土	다이너미즘(dynamism)	活力
보완하다(補完하다)	补充, 完善	철탑(鐵塔)	铁塔
획일적(劃一的)	整齐划一, 单一的	고층화(高層化)	高层化
사정(事情)	情况, 状况	고가도로(高架道路)	高架公路
변모하다(變貌하다)	变化, 变样	네온사인(neon sign)	霓虹灯
패턴(pattern)	方式, 样式	플라스틱(plastic)	塑料
테크놀러지(technology)	技术	변수(變數)	变数, 变化
지향하다(志向하다)	追求, 向往	포스트 모던풍(post modern風)	后现代主义风格
최첨단(最尖端)	最尖端		
독자성(獨自性)	独特性	혼재하다(混在하다)	夹杂, 并存
딜레마(dilemma)	难题, 左右为难	쟁점(爭點)	论争焦点
산재하다(散在하다)	分散		

10.1.3　参考译文

🌼 韩国现代建筑的发展方向 🌼
——近代主义与传统之间

　　韩国现代建筑的研究大体有两大流派。其一注重如何在建筑物上体现韩国独特的文化与风土,其二则致力于如何吸取近代以后的所谓"现代"文化。诸如此类韩国现代建筑的论争从20世纪70年代就开始了。随着经济的高度增长,70年代韩国的城市和建筑趋于大规模化和高层化发展。同时,为了体现文化主体性,特别强调要表现建筑的传统特色,导致韩国现代建筑不由自主地走上了一条现代功能与传统风格共存的二元化发展道路。

　　但是,这两大流派的共同点是具有同一种思路,都认为近代建筑构成了整齐划一的环境,却缺乏历史传统意境，需要弥补其不足。然而从严格意义上讲，这两个流派绝不是相辅相成的，而是相互对立的。韩国现代建筑以此为背景发展起来，今后的发展也将与此密切相关。

　　进入20世纪80年代以后，韩国现代建筑大为改观。从那时起，首尔等大城市里大大小小的楼群拔地而起、鳞次栉比。伴随着机械与电子文明的发展，城市生活模式也在逐渐发生转变。夜空中闪烁的霓虹灯和各种广告牌，市中心纵横交错的高架公路和地铁，塑料和聚氯乙烯材料以及钢筋水泥材质的台阶和铁塔，构成了一道道都市风景线。

　　韩国现代建筑的这种急剧变化，首先体现在科学技术上，随之而来的是文化观感的变化。获取西方发达国家的尖端技术的愿望，以及由科技引起的日常感观变化，左右着如今正处于转折时期的韩国现代建筑的发展方向。但这并不反映韩国现代建筑的全貌，相反，在首尔等大都市的中心，近代功能主义建筑依然比比皆是，后现代主义风格的商业建筑混迹其间。与此同时，历史的脉络正在逐渐消失，具有历史意义的建筑物在城市里显得形只影单。

　　因此，如何激发尖端科学技术的活力，如何从日常生活中发掘韩国固有文化的独特性，依然是韩国建筑师在21世纪所面临的巨大难题。

10.2 正误评析

❶ 한국의 현대 건축은 크게 두 가지의 흐름으로 발전되어 왔다. 하나는 한국의 독자적인 문화와 풍토를 건축물에 어떻게 나타내는가 하는 것이며, 다른 하나는 근대 이후의 '현대'라는 문화적인 쟁점을 어떻게 소화해 내는가 하는 점이다. 이와 같은 한국 현대 건축의 문제는 70년대부터 시작되었다.

误译：韩国的现代建筑由两大派别发展而来。一个致力于如何在建筑物上表现韩国独特文化风俗，另一个则致力于如何消化近代以后"现代"文化的特点并将其表现出来。这种韩国现代建筑的问题始于20世纪70年代。

正译：韩国现代建筑的研究大体有两大流派。其一注重如何在建筑物上体现韩国独特的文化与风土，其二则致力于如何吸取近代以后的所谓"现代"文化。诸如此类韩国现代建筑的论争从20世纪70年代就开始了。

评析："소화해 내는가"是一个动词，有消化吸收的意思，不是"消化并表现"。❷为了译文读者理解的方便，有些句子可以添译，如最后的"建筑问题始于70年代"可以加词译为"诸如此类韩国现代建筑的论争从20世纪70年代就开始了"

❷ 한국에서 70년대란 고도의 경제 성장에 따라 본격적으로 도시와 건축이 대규모화·고층화하는 시기였으며, 동시에 문화적 주체성을 구현하기 위해 건축의 전통적 표현이 의식적으로 강조된 시기였다. 그 결과, 한국 현대 건축은 현대적 기능에 전통적 양식의 형태를 공존시킨다는 이원적인 길을 걷지 않을 수 없었다.

误译：在韩国,随着经济的高度发展,70年代是城市和建筑正式进行大规模化、高层化的时期,同时也是为了表现文化主体性而在意识上强调建筑传统表现的时期。其结果,韩国现代建筑不得不走上使现代机能和传统样式的形态共存这样的二元式道路。

正译：随着经济的高度增长,70年代韩国的城市和建筑趋于大规模化和高层化发展。同时,为了体现文化主体性,特别强调要表现建筑的传统特色,导致韩国现代建筑不由自主地走上了一条现代功能与传统风格共存的二元化发展道路。

评析："高层化的时期"的汉语说法很晦涩,意译为"高层化"发展较通顺。☯ "在意识上强调……"汉语习惯说"特别强调……"。☯ "现代机能和传统样式"照搬韩语汉字词,使读者感到生涩。☯ "……这样的……"有画蛇添足的感觉。

❸ 그렇지만 이 두 가지 흐름은 획일적인 환경을 만든 주요 원인이 근대 건축이므로, 그것이 지니지 못했던 역사나 의미를 도입하여 근대 건축의 결함을 보완한다는 생각에 바탕을 두었다는 점에서 공통점이 있다.

误译：但是这两股潮流之所以能够共存的主要原因是因为它们在改善近代建筑无法负担的历史意境的缺点的基础上,两者具有共同点。

正译：但是,这两大流派的共同点是具有同一种思路,都认为近代建筑构成了整齐划一的环境,却缺乏历史传统意境,需要弥补其不足。

评析："二者在某一方面具有共同点"是原文整句话的结构框架。"在某一方面"是一个状语从句,即"획일적인 환경을 만든 주요 원인은 근대건축이므로, 그것이 지니지 못했던 역사나 의미를 도입하여 근대건축의 결함을 보완한다는 생각에 바탕을 두었다는 점에서"。如果按照原文句子结构翻译,会使句子某一成分过于沉重,使用复指法,将状语从句提出来另加说明,可以解决这一难题。☯ "无法负担的历史意境的缺点的基础上",一句话连续使用三个"的",在汉语修辞中较忌讳。

❹ 그렇지만 이 두 흐름은 엄밀한 의미에서 결코 보완적인 것이 아니라 대립적이다. 한국의 현대건축은 바로 이러한 사정을 배경으로 진행되어 왔는데, 앞으로의 발전도 이와 깊은 관련을 맺고 있다.

误译：但是这两种流派从严格意义上来说,它们绝不是互相补充,而是互相对立的。韩国现代建筑就是在这样的背景下发展而来的,今后的发展也会与此有很深的关系。

第10课　论　文

　　正译：然而从严格意义上讲,这两个流派绝不是相辅相成的,而是相互对立的。韩国现代建筑以此为背景发展起来,今后的发展也将与此密切相关。
　　评析："它们"是多余的,可删除。☯"有很深的关系"是口语化的语言。

❺ 한국의 현대건축은 특히 80년대 이후 크게 변모하였다. 이때부터 서울을 비롯한 대도시는 점차 크고 작은 빌딩의 숲으로 가득 채워지게 되었다. 도시 생활의 패턴도 기계와 전자 문명과 함께 호흡하며 서서히 변화해 갔다.
　　误译：韩国现代建筑特别是在20世纪80年代以后发生了很大变化。从那时起,像首尔这样的大城市中,各种或大或小的建筑渐渐鳞次栉比。城市生活的形式也与机械和电子文明共同呼吸,慢慢地变化着。
　　正译：进入20世纪80年代以后,韩国现代建筑大为改观。从那时起,首尔等大城市里大大小小的楼群拔地而起、鳞次栉比。伴随着机械与电子文明的发展,城市生活模式也在逐渐发生转变。
　　评析："城市生活"不能与"机械"和"电子文明""共同呼吸",词组搭配不当。

❻ 밤마다 점멸하는 네온사인과 각종 광고판,도시 한가운데를 꿰뚫는 고가도로와 지하철, 플라스틱과 PVC 재료들, 그리고 철제 계단과 철탑들로 도시의 일상적인 풍경으로 변모하게 만들었다.
　　误译：每晚闪烁不停的霓虹灯和各种广告牌,纵横于都市中的高架公路和地铁,塑料和聚氯乙烯材料,以及铁梯和铁塔等构成了城市新的日常风景。
　　正译：夜空中闪烁的霓虹灯和各种广告牌,市中心纵横交错的高架公路和地铁,塑料和聚氯乙烯材料以及钢筋水泥材质的台阶和铁塔,构成了一道道都市风景线。
　　评析："新的日常风景"中的"新"没有添译的必要。

❼ 이와 같은 한국 현대 건축의 급격한 변모는 일차적으로 테크놀러지의 변화와 그에 따른 문화적 감성의 변화에서 비롯된 것이다.
　　误译：像这样的韩国现代建筑的急剧变化,首先是科技上的变化和随之而来的文化上的感性变化。
　　正译：韩国现代建筑的这种急剧变化,首先体现在科学技术上,随之而来的是文化观感的变化。
　　评析："像这样的"过于直译,译文显得不够精练。

❽ 곧 서구의 선진국이 구사하고 있는 최첨단의 기술을 지향하려는 의지와 그러한 테크놀로지가 몰러 일으키는 일상적인 감성의 변화가 바로 전환기에 선 오늘날 한국 현대 건축의 변수로 작용하고 있는 것이다.

误译： 尽快获得西欧先进国家正在运用的最尖端技术之意志，以及由科技引发的日常感性变化，对于正处于转换期的今天的韩国现代建筑来说是作用在其身上的一个变数。

正译： 获取西方发达国家尖端技术的愿望，以及由科技引起的日常感观变化，左右着如今处于转折时期的韩国现代建筑的发展方向。

评析： 韩国语汉字词"의지"与汉语"意志"的词义有所区别。汉语"意志"表示"坚强意志""钢铁意志"等。韩国语汉字词的"의지(意志)"表示"어떠한 일을 이루려는 적극적인 마음. 강한 의지, 불굴의 의지；어떠한 목적을 실현하기 위해 자발적으로 의식적인 행동을 하게 하는 내적 요구；심리적 의미에서 반사적, 본능적 행동과는 구별됨"。可见"의지"一词中包含着"志愿、愿望、毅力、自强、自律"等更丰富的意思。翻译时需根据前后词组的搭配来决定，本文译为"愿望"较合适。
☯ 中文定语语序要求表示时间处所的名词或代词之后是以动词为主的词组、不表示领属关系的名词。所以"正处于转换期的今天的韩国现代建筑"中"今天"的位置应提前。

❾ 그렇지만 이런 상황이 한국의 현대 건축을 반영하는 것은 아니다. 반면 서울과 같은 대도시의 중심부에는 여전히 획일화된 근대 기능주의의 건물이 산재해 있고, 포스트모던풍의 상업적 건물이 혼재하고 있다. 이와 함께 역사적 전통은 점차 잃어가고 있으며 역사적 건축물은 도시에서 고립되고 말았다.

误译： 但是这些情况并没有正确反映韩国的现代建筑。与之相反的是，在汉城这种大都市的中心地带仍然充斥着清一色的近代机能主义建筑，以及后现代主义商业建筑。同时，历史性的文脉逐渐遗失，历史性建筑物也被城市孤立。

正译： 但这并不反映韩国现代建筑的全貌，相反，在首尔等大都市的中心，近代功能主义建筑依然比比皆是，后现代主义风格的商业建筑混迹其间。与此同时，历史的脉络正在逐渐消失，具有历史意义的建筑物在城市里显得形只影单。

评析： "与之相反的是"，可以删去"的是"。☯ 现代主义商业建筑原文意思不是"充斥"，而是零星分布在功能主义建筑之中。

❿ 그러므로 첨단의 기술이 자아내는 다이너미즘과 일상 풍경 속에서 한국 고유 문화의 독자성을 어떻게 발견할 것인가는 21세기에도 여전히 한국 건축가들에게 커다란 딜레마로 작용하게 될 것이다.

误译： 因此，引发尖端技术的活力，并让韩国固有文化的独特性在日常的风景中体现出来，在21世纪仍然需要韩国的建筑家们为解决这个两难的问题作出贡献。

正译： 因此，如何激发尖端科学技术的活力，如何从日常生活中发掘韩国固有文化的独特性，依然是韩国建筑师在21世纪所面临的巨大难题。

评析: 译文"韩国建筑家为解决难题作出贡献"与原文意思"对韩国建筑家来说依然是个巨大的难题"意思相差太远。

 10.3 翻译知识

语态的翻译

"语态"指韩国语谓词的主动态、被动态和使动态及中动态。如韩国语说吃饭,可以说"밥을 먹다——밥을 먹이다——밥을 먹으라 한다——밥을 먹게 하다——밥을 먹도록 하다——밥을 먹게 되다"。动词"먹다"原形表示主动意义;动词"먹다"词干后加上使动或被动的形态,表示驱使、命令、指使或被迫去吃的意义。这里的主动语态比较简单,而被动态和使动态及中动态在双语转换的时候会发生一些变化,需要引起注意。

10.3.1 使动态的翻译

韩国语使动句使用添缀法"-이다",更词法"-시키다",组合法"-하게 하다,-하도록 하다"表示使动意义。中文使动句的表现方法是动词原形不变,只在受动者前面加上"使、使得、让、叫、令"等词。

例 1 어머니는 외국에서 온 편지를 아들에게 읽힌다.
妈妈叫儿子读国外来信。

例 2 디지털 문화는 한국뿐만 아니라 전세계적으로 이제 막 걸음마를 뗀 새로운 문화이다. 그것을 올곧게 발전시키기 위해선 무엇보다 문화를 향유하는 사람들의 성숙한 자세가 필요하다.
数字文化是一种新兴文化,不仅在韩国,在全世界也才刚刚起步。要使其健康发展,最重要的是享有这种文化的人应具备成熟的心态。

例 3 유학생들로 하여금 우리 대학의 캠퍼스를 견학하게 하였다.
让留学生们参观了我们的大学校园。

例 4 입학 교육을 통해서 학생들에게 학습의 중요성을 철저히 인식시키도록 하였다.
入学教育使得学生充分认识到了学习的重要性。

有些韩国语使动句必须翻译成同等的中文使动句,而有些则可以翻译成中文的主动句。

例5　중국에 한류가 불기 시작한 것은 1997년 CCTV 채널1에서 '사랑이 뭐길래'가 방영되면서부터다. 이어 클론, NRG, H.O.T 등의 세련되고 화려한 댄스가수들이 가세해 한류 열풍의 분위기를 한층 <u>고조시켰다</u>.

"韩流"刮进中国是从1997年中国中央电视台第一套节目播放的电视剧《爱情是什么》开始的。之后,"酷龙"、NRG、H.O.T等歌舞明星的推波助澜,使"韩流"热潮一浪高过一浪。

例6　이렇게 탄소는 최초의 생명체를 세상에 <u>생겨나게 하였고</u>, 또 그 모든 생명체들이 살아 나가는 데 필요한 온도 조건을 보장해 주고 있다.

就这样,碳元素催生了最初的生命体,并且为一切生命体提供了生长所需要的温度保障。

例5具有强烈的使动意义,必须把这层意义翻译出来,因此译文要保留使动语态的形式。例6如果按照原文直译成"碳使最初的生命诞生于世"的话,不如译成主动态"碳催生了最初的生命体"更简洁明了。因此,韩国语语态在翻译时可以"变态"。

例7　A 하마트면 배를 침몰시킬 뻔했다.
　　　　差点把船弄翻了。
　　　B 하마트면 배가 침몰될 뻔했다.
　　　　船差点翻了。

例8　A 그는 나를 속였다.
　　　　他骗了我。
　　　B 그는 나에게 속았다.
　　　　他被我骗了。

例7的A、B句子分别是使动态和主动态,表达了相同意义,译文都可以翻译成主动态。例8的A、B就必须按照原文的语态翻译,不然句子意义也会随之发生变化。有时候一个句子里会出现双重语态。

例9　심판이 그로 하여금 선수들을 운동장에 <u>집합시키게 하였다</u>.
　　　裁判叫他把选手们集合到运动场上。
例10　침략자들의 만행은 온 세상사람들로 하여금 의분으로 치가 <u>떨리게 하였다</u>.
　　　侵略者的罪行使全世界人切齿痛恨。

从韩国语的语法结构上看,例9是"使动态+使动态",一个动词同时带有两个语态,这在韩国语语法中称为"双语态"。中文译文使用一个使动词和一个把字句进行了处理。例10是"被动态+使动态",也是一个双语态句子,中文使用使动词和一个词组解决了这个句子的翻译问题。

10.3.2 被动句的翻译

韩国语被动态主要使用被动词来表示,如"깨이다, 추천되다, 당하다"等。中文的被动语态动词本身没有任何变化,只是在动词前加上"被、叫、给、为……所"等虚词。

例 11 한국의 디지털 문화를 자랑하며 흔히 드는 수치 가운데 가장 대표적인 것이 인터넷 가입자수와 초고속망 보급이다. 좁은 국토와 아파트라는 밀집된 주거 형태가 초고속망 확산에 유리하게 작용하였다는 지형적인 요인도 들먹이곤 한다.

韩国数字文化引以自豪的统计数字中,最具代表性的就是互联网的使用人数和宽带网的普及率。国土面积小、公寓式的密集居住状态有利于宽带网的普及,这一地理因素也常被人们提及。

例 12 인류의 세 번째 혁명이라 불리는 디지털 혁명의 물결이 거세다.

被称为人类第三次工业革命的数字革命浪潮正滚滚袭来。

例 11 中既有主动者"人们",又有被动者"地理因素",这种情况在中文中称"完全被动句"。例 12 只有被动者"人类第三次工业革命的数字革命浪潮",而无主动者"谁称……",所以在中文中叫"不完全被动句",这样的被动句一般在翻译中要将被动态表现出来。还有一种被动句,既无主动者,又无被动虚词,称为"半被动句"。

例 13 초고속 성장기에 만연된 '빨리빨리'의 성급함은 부실 공사를 낳기도 했지만 짧은 기간에 산업화된 국가로서의 면모를 갖추는 데 일조를 한 것도 사실이다.

诚然,经济快速发展时期盛行的一切从快的急躁情绪造成了一些劣质工程,但从快情绪确实也有其不可否认的作用,使韩国在很短时间内具备了工业化国家面貌。

例 14 그동안 우리 고향은 모든 것이 몰라 보게 변했다.

这期间,家乡发生了翻天覆地的变化。

这种半被动语句,由于动作是动词自己发出并且具有自身承受的形态,所以也有学者将其称为"中动态"。这类句子不一定要翻译成被动态。

例 15 버지니아보다 작은 지역에 4600만 명이 몰려 사는 한국은 세계에서 인터넷이 가장 널리 보급된 나라가 되었다. 정치, 오락, 성, 미디어, 범죄와 상업이 오프라인과 온라인에서 재형성되고 있다.

国土面积不及美国弗吉尼亚州的韩国聚集了4600万人口,成为世界上互联网最为普及的国家之一。政治、娱乐、性、传媒、犯罪和商业活动等在线下和线上重新洗牌。

上面例句的谓语动词不涉及第二者或第三者,为中动态,这种句子一般被译成中文的主动态。最典型的中文被动态表示法是"被"字。"被"字的本质是"遭受"的意思。

例16 우리 민족은 지금은 옛날 침략자놈들에게 눌리워 살던 그런 민족이 아니다.
现在,我们民族已不是过去<u>被</u>侵略者任意践踏的民族了。

例17 이와 함께 역사적 전통은 점차 잃어 가고 있으며 역사적 건축물은 도시에서 <u>고립되고 말았다</u>.
与此同时,历史的脉络正在逐渐消失,城市中那些具有历史意义的建筑物<u>被冷落孤立</u>。

例18 그리고 검은 복장을 한 순사들과 총대를 맨 군대들이 오락가락한다더라. 게다가 부자들이 많다지, 그 놈들이 알기만 하면 우리를 그냥 둬둘라구······
大道上净是穿黑衣裳的警察和扛枪的大兵,还有不少财主。要是<u>叫他们知道了</u>,咱们这些庄稼汉还有个好?

例16、17原文都是表示"悲惨境地"的被动语态,一定要译成被动语态,以体现中文被动句的本质意义。例18的"그 놈들이 알기만 하면"是一个主动态词组,意为"要是他们知道了的话";而它所讲述的是造成一个困难局面的假设,译文将它翻译成了被动词组"要是叫他们知道了的话",可以强调句子表示困难的意义。有时为了突出强调被动者,不管原文是不是被动句,都可以译成被动句。与此相反,许多韩国语的被动句可以根据译文需要翻译成主动句。

例19 하여 복잡한 유기화합물로 이루어진 핵산 효소들이 합성되었을 것이며 이로부터 단백질이 만들어져 최초의 원시적인 생명체가 지금으로부터 5억 년 전에 나타나게 되었던 것이다.

译1 这样,由复杂的有机化合物所形成的核酸、酶<u>便被合成了</u>。从这里产生出蛋白质。最原始的生命体在距今5亿年前<u>被展现出来</u>。

译2 这样,就合成出由复杂的有机化合物所形成的核酸、酶,从而产生蛋白质。在距今5亿年前,出现了最原始的生命体。

例20 "에그, 이제사 소리 한 마디 <u>듣게 됐고마</u>."
배나무집 노친이 중방턱으로 바싹 나앉으며 머리칼이 꽂꽂하게 일어서 명찬이의 투박하게 생긴 얼굴을 새삼스럽게 바라보았다.

译1 "哎哟,你的歌这才<u>被听到</u>!"梨树家大娘坐在隔扇门的门边,倒竖着头发,好奇地瞅着明灿那粗犷的脸庞。

译2 "哎哟,可听到你的歌啦!"梨树家大娘坐在隔扇门的门边,倒竖着头发,好奇地瞅着明灿那粗犷的脸庞。

中文被动句是一种强调句,是使句法简洁的一种手段。例19的译1"被动"得牵强附会,不如译2句通顺明了。在可译可不译成被动句的情况下,如果上下文没有特殊的需要,还是按照中文的习惯译为主动句较好。例20的译1"······歌被听到"完全是直译,显得勉强。译2把原文被动态译成主动态,句子较通顺。因此,韩中翻译时而使用这种语态"变态"的转换手法是必要的。

10.4 翻译练习

10.4.1 填空

① 삼계탕이란 닭의 내장을 제거하고 그 속에 대추·생강·마늘 그리고 찹쌀과 함께 인삼을 넣고 푹 고아 만든 음식이다.
参鸡汤的做法是将鸡的内脏取出,放入大枣、生姜、蒜、糯米和人参以后(　　　　　　)。

② 인삼이 정력을 돋우어 준다는 사실은 단순한 소문만은 아니다. 유럽의 의서나 건강을 다루는 책들을 보면 정력제 목록 중에 반드시 이 인삼이 기록되어 있다.
人参可以增强人的精力并不只是传闻,在欧洲的医书和保健书籍中的精力剂章节中(　　　　　　　　　)。

③ 더욱이 일본이나 중국의 의서에는 인삼은 귀한 약재로서 병후 환자의 회복이나 면역력의 강화, 암의 예방 등에 효과가 있다는 사실이 기록되어 있다.
尤其在日本和中国的医书中(　　　　　　　　)人参作为珍贵的药材,对病人恢复健康、增强免疫力、预防癌症等很有效果。

④ 삼계탕의 주원료인 인삼은 한국·중국 등 동양의 여러 나라에서 신비의 영약으로 여겨져 왔다.
人参作为参鸡汤的主要原料,在韩国、中国等东方国家中一直(　　　　　　　　)。

⑤ 이것은 지쳐서 힘이 없는 사람에게 이상하리 만큼 힘을 주었으며 몸의 균형이 깨졌을 때, 즉 혈압이 낮은 사람은 높게, 그리고 높은 사람은 낮게 하여 병자를 속히 회복시키는 힘을 가진 것으로 믿어져 왔다.
(　　　　　　　　　　)它能近乎神奇地给予疲惫无力的人以力量,将低血压提高,将高血压降低。当身体平衡被破坏时,它能使病人迅速恢复健康。

⑥ 특히 병에 걸린 사람에게 병균에 대항할 수 있는 면역력을 키워 주어 병을 쉽게 낫게 하는 힘이 있는 것으로 동양의학에서는 믿어 왔다.
东方医学(　　　　　　)人参可以增强病人抵抗病毒的免疫力,使病人更快痊愈。

10.4.2 改错

① 낮은 울타리 너머 냇물을 굽어 보면서 울 밖 자연 공간까지 뜰로 삼았던 우리의 조상들은 자신과 건축 공간 모두를 자연과 융합시키고자 했던 독특한 건축관의 소유자로 평가된다.
—— 我们的祖先被评价为具有融会自身与建筑空间及自然的独特建筑观的所有者，他们建筑的家宅使院外的自然空间景色尽收眼底，透过低矮的篱笆可以望到溪水曲折婉转流淌的自然风光。
——

② 한국건축사 통사인 이 책은 또한 현존하는 건축물에 대한 친절한 해설서이며 발로 뛰어 만든 생생한 현장 보고서이다. 사진에 담을 수 없는 사라진 건축물들을 도면으로 되살린 살뜰한 자료이다.
—— 《韩国建筑史通史》这本书是了解现存建筑物的最宝贵解说资料，生动记载了各种建筑物，许多已经遗失了的建筑物也被活生生地整理出来，以相片展示。
——

③ 한국의 건축 공간은 또 하나의 자연 공간이었다. 주 구조재로 삼은 자연산 목재, 휘어진 나무를 그대로 세운 기둥, 그리고 노년기 지형의 완만한 능선과 어울리는, 부드러운 지붕의 곡선까지 이 모두가 한국 건축만이 지닌 고유한 특성이다.
—— 韩国的建筑空间是一个自然空间。主要建筑材料是天然木材，树木作为房子的柱子，还利用老年期地形的委婉棱线与屋顶的柔和曲线，这些都是韩国建筑固有的特征。
——

④ 특히 한반도에서 나는 야생 인삼은 산삼(山蔘)이라 불리는데, 오래 묵은 것일수록 비싸다. 한국 시장에서 나이가 많은 깨끗한 산삼 한 뿌리에 10,000$가 훨씬 넘는 경우도 드물지 않다.
—— 特别是朝鲜半岛出产的野生人参称为"山参"，越老越贵。在韩国市场上，一根干净的老山参卖到10,000美元以上的情况并不少见。

⑤ 한국에는 아직도 대를 이어 이 산삼을 캐는 직업을 가진 사람들이 있어 이들을 흔히 '삼마니'라고 불린다.
—— 在韩国仍然有世世代代以采人参为工作的，这种人被叫做"采参人"。
——

⑥ 해외 여행 경험이 많은 사람들이 오랜 해외 여행을 떠날 때 짐 속에 반드시 챙겨 가는 것이 한 두 가지 있게 마련이다.
—— 旅游经验丰富的人出差时,行李中定有一两件东西是必需的。

10.4.3 翻译句子

① 1990년대 인터넷이 대중화되면서 대한민국의 '초고속' 신화는 다시 한번 화려하게 부활한다.
———

② 한국의 인터넷은 대학을 비롯한 연구기관이나 공공 분야를 중심으로 발전한 것이 아니라 기업들의 상업화라는 경제적 동기에 의해 주도되었다.
———

③ 한국을 깔보는 오리엔탈리즘의 연장선에 있다는 한국인들의 비판도 있었고, 새로운 과학기술에 따르는 일반적인 부작용을 굳이 한국의 독특한 현상으로 설정할 수 있느냐는 반론도 있었다.
———

④ 한편 한국의 초고속망이 전국적으로 빠른 기간에 퍼진 이유로 낮은 요금을 들면서 낮은 요금 진입 장벽이 초기에는 사용자를 빨리 확보할 수는 있지만 그것이 적자 요인으로 작용하리라는 경제적인 차원에서 제기된 글도 있었다.
———

⑤ 한·중 양국은 지역 경제의 상호 협력을 통한 선진 경제로부터의 보호와 경쟁을 유도하는 중심적인 역할을 수행할 수 있을 것이다.
———

⑥ 다시 말해서 한·중협력에 있어서 한국의 성공적인 경제개발 경험과 축적된 자본, 그리고 시장 대응력은 기술 혁신의 상호작용 모델 차원에서 미개발된 중국의 무궁한 잠재력을 개발할 수 있는 동반자적 역할(partnership role)과 경험 비용(experience cost)을 줄일 수 있다는 것이다.
———

10.4.4 翻译笑话

건강이 제일

① 똑똑한 사람은 예쁜 사람을 못 당하고
② 예쁜 사람은 시집 잘 간 사람을 못 당하고
③ 시집 잘 간 사람은 자식 잘 둔 사람을 못 당하고
④ 자식 잘 둔 사람은 건강한 사람을 못 당하고
⑤ 건강한 사람은 세월 앞에 못 당한다.

10.4.5 翻译论文题目

위인들의 졸업 논문 제목
① 공학 계열
    이순신: 센서를 이용한 거북선 제조 이론
    노벨: 차세대 무기 '활'에 대한 연구
    라이트 형제: 인간은 하늘을 날 수 없는 것에 대한 기계학적 증명
    한석봉: 무조명 아래서의 떡 써는 방법 연구

② 사회과학 계열
    나폴레옹: 전시에 방위병 퇴근에 관한 국가적 손실에 관한 고찰
    마르크스: 공산주의 사상에 대하여
    맹자: 잦은 이사가 자녀 학업에 미치는 영향

③ 법정 계열
    뉴턴: 내 앞 마당에 떨어진 옆집 사과에 대한 소유권의 법적 해석
    제임스 본드: 특수 요원 살인 면허의 정당성에 대한 검증

④ 예술 계열
    피카소: 발가락으로 그림 그리는 법
    모짜르트: 랩과 뉴에이지 음악의 이해
    레오나르도 다빈치: 수묵 채색화의 올바른 표현법

⑤ 생화 과학 계열
    김소월: 진달래꽃을 이용한 꽃꽂이 방법
    멘델: 완두콩 제대로 기르는 법

⑥ 농·축산 계열
   나도향: '뽕밭에 가면 님도 보고 뽕도 딸 수 있나'에 대한 조사
   아인슈타인: 'DHA가 들어 있는 우유 언제쯤 만들 수 있나?'에 대한 연구

 10.5 翻译作业

한·중 경제권에서의 성공적인 협력 모델

　한·중 양국은 지정학적인 여건과 경제 발전사의 유사성, 그리고 문화적 동질성이라는 특징이 역사적으로 짧은 단절의 시대를 극복하고 양국의 경제적 의존 및 협력의 관계를 급속하게 발전시킨 근본적 배경이다.
　앞으로 한·중 양국의 협력이 상생이라는 원칙하에 왜 제도적이고 안정적인 협력을 추구해야 하는 지에 대한 지정학적인 관점, 정보 및 지식 기반의 경제적 관점, 그리고 정치적 관점에서 그 필요성과 당위성을 살펴 보면 다음과 같다.
　먼저, 지정학적인 관점에서 한·중 양국의 협력은 지리적 인접성과 문화적으로 한자문화권에 속해 있기 때문이다. 따라서 양국 간의 협력은 협의의 측면에서 다양성이 내재되어 있으면서도 광의의 측면에서 협력의 공통점을 도출할 수 있는 의식과 관습의 유사성을 보유하고 있다. 즉 다른 어떤 지역경제 블록화의 조직보다 신속한 이해와 공감대를 형성할 수 있어 유연한 협력체제를 가질 수 있는 장점이 있다.
　다음으로 정보 및 지식 기반 경제적 관점에서 양국 간의 협력은 첫째, 정보 통신기술의 발전에 따라 자국 내의 내수시장 장벽의 와해로 세계화에 직면하고 있기 때문이다. 즉 변화하는 지구촌의 시장 욕구에 낙오되지 않기 위해서 제품에 투자된 지식 및 연구 개발 집약도가 제품의 국제 경쟁력을 결정하고 톱다운 의사결정 구조와 중앙집중적 관료체제가 불확실한 시장에 적절한 의사 결정을 위해 유연성 있는 팀워크 체제가 도입되어져야 하기 때문이다.
　둘째, 선진국가들의 경제블록화에 대한 대응 조치로 한·중 경제 협력을 기반으로 동북아 경제 협력 기구 결성의 모태 역할을 하여야 한다. 구체적으로 유럽 및 미주 지역의 국가들은 이미 지역경제 블록화를 통해 지역의 이익을 대변하는 경제 활동을 지향하므로 경제 비블록지역 국가들의 경제 발전에 커다란 장벽으로 작용하고 있다. 이에 정치, 경제체제의 차이로 인한 경제적인 이익단체 결성을 미루어 왔던 동북아 지역의 국가들이 지역의 이익을 대변하는 지역경제 협력 조직체의 결성이 구체화되어야 한다는 것이다.
　셋째, 한·중 양국의 경제 협력은 네트워크의 경제와 국제적 협력경쟁을 실현할 수 있다. 즉 한·중 간의 경제적 상호 의존성과 보완성(한국—자본, 기술, 생산; 중국—노동, 천연자

원, 거대한 시장)이 점증함에 따라 신사고적 협력의 지평선을 열어 세계경제의 중심축으로서의 역할을 수행할 수 있다.

마지막으로, 정치적 관점에서의 한·중 협력은 교착 상태에 있는 남북의 긴장 관계를 완화시키는 데 기여할 뿐만 아니라 북한의 개방화와 이를 통한 교류의 확대로 남북한 통일을 앞당길 수 있는 지렛대로 작용할 수 있다.

10.6 参考资料

논문의 기본적인 체제와 형식

어떤 주제에 대하여 조사, 연구한 결과로 얻어진 여러 가지 사실과 이러한 사실에 대한 연구자 자신의 바판이나 평가를 종합한 것을 일정한 양식과 체제에 맞추어 제시한 것이 논문이다. 논문은 정확성, 객관성, 공정성, 검증성 등의 요건이 강조된다.

논문은 갖추어야 할 기본적인 체제와 형식이 통일되어 있으므로 함부로 어느 부분을 빼내면 안 된다. 반드시 갖추어야 할 요목별 항목은 다음과 같다.

일반 논문

서두 (preliminary)	표제지(title page)
	머리말(preface) 또는 일러두기(introductory remarks)
	차례 (contents)
	수표 목록(list of table)
	도표 목록 (list of catalogue)
본문 (the text)	서론 (introduction)
	중간 표제지(half- title page)
	본론 (body)
	결론 (conclusion)
참고사항 (references)	참고문헌 목록(bibliography)
	부록(appendix)
	요약(summary)

학위논문

서두부 (書頭部)	표제지 (標題紙) 또는 표지 (表紙)
	제출서 (提出書)
	인준서 (認准書)
	서문 (序文) 및 사사 (謝辭)—(필요한 경우)
	약호 목록 (略號目錄)—(필요한 경우)
	목차 (目次)
	표 목록 (表目錄)—(필요한 경우)
	그림 목록 (圖表目錄)—(필요한 경우)
본문부 (本文部)	서론 (序論)
	본론 (本論)
	결론 (結論)
참고 자료 부분 (參考資料部分)	참고 문헌 (參考文獻)
	부록 (附錄)—(필요한 경우)
	색인 (索引)—(필요한 경우)
	초록 (抄錄)—영문인 경우 한글 초록, 한글인 경우 영문 초록

11.1 课文范文

11.1.1 韩国政府与中国政府间贸易协정

대한민국 정부와 중화인민공화국 정부간의 무역협정

　　대한민국 정부와 중화인민공화국 정부(이하 "체약당사자"라고 한다)는 호혜평등의 기초 위에 양국간 무역관계 및 경제협력을 더욱 촉진시킬 것을 희망하며, 우호적인 협의를 통하여 다음과 같이 합의하였다.
제1조
　　체약 당사자는 이 협정과 각국의 유효한 법령과 규정에 따라 대한민국과 중화인민공화국간의 무역관계의 발전을 촉진시키기 위하여 모든 적절한 조치를 취한다.
제2조
　　1. 수출입과 관련된 사항, 특히 다음과 같은 사항에 대하여 상호 최혜국 대우를 부여한다.
　　가. 상품의 수출입에 적용되는 모든 관세, 내국세 및 부과금과 그러한 관세, 내국세 및 부과금의 징수 방법 그리고 수출입과 관련된 형식 절차 및 세관 규정
　　나. 수출입상의 지불과 그 지불에 따른 국제적 이전
　　2. 제1항의 규정은 어느 일반 체약당사자가 국경 무역을 용이하게 하기 위하여 인접 국가에 부여할 수 있는 우대와 이익에는 적용하지 아니한다.
제3조
　　다음 물품은 타방 국가로부터 수입되거나 그 국가로 수출되는 경우 각국의 법령에 따라 관세, 조세 및 기타 부과금을 면제한다.
　　가. 상업적 가치가 없는 견본과 광고용 물품
　　나. 가공 및 수리 후 재수출되는 상품 및 그 자재
　　다. 시험용 및 실험용 물품
　　라. 박람회 및 전시회에 전시 후 수출되는 물품

마. 재수출에 사용되거나 국제무역에 사용되는 특수한 콘테이너와 포장

바. 현지에서 공급이 불가능하며 공사를 하는 상대국 기업이 수입하여 공장과 기타 잔업시설의 공사에 사용하기 위한 특수한 공구와 설비단, 그 공구와 설비는 규정된 기간 내에 재수출된다.

제4조

타방 국가 영역에서 출발하여 제3국으로 향하는 타방 국가 물품의 통과에 대하여 모든 관세, 내국세 및 부과금, 그리고 그 통과와 관련된 규칙·규정 및 형식에 관한 사항에 있어서 상호 최혜국 대우를 부여한다.

제5조

양국 간의 무역에 관한 모든 지불은 각국의 외환 관리에 관한 법령에 따라 자유태환성 통화로 이루어진다.

제6조

가. 체약 당사자는 양국의 법인간, 자연인간 및 법인과 자연인간의 상거래로부터 발생한 분쟁의 해결을 위하여 우호적인 협의의 채택을 장려한다.

나. 그러한 분쟁을 우호적 협의에 의하여 해결할 수 없는 경우, 분쟁 당사자는 그들의 계약 또는 그 계약과 관련된 별도 약정에 명시된 규정에 따라 중재에 회부할 수 있다.

다. 체약 당사자는 모든 가능한 조치를 취하여 분쟁 당사자로 하여금 양국의 중재기관을 이용하도록 장려한다.

라. 체약 당사자는 적용 가능한 법률 및 규정에 따라 집행이 청구된 중재 판정의 집행을 보장한다.

제7조

체약 당사자는 타방 국가에서의 무역전시회의 개최를 장려하고 용이하게 한다. 전시회 참가 및 개최는 개최의 관련 규정 및 요건에 따른다.

제8조

체약 당사자의 대표는 상호 이해의 정신에 기초하여 양국간 무역의 확대와 관련된 사항을 토의하고 이 협정의 집행에서 발생한 문제를 해결하기 위하여 매년 1회 서울과 북경에서 교대로 회합한다.

제9조

1991년 12월 31일 서명한 "대한무역진흥공사와 중국국제상회간의 무역협정"은 이 협정의 발효와 동시에 종료한다.

제10조

이 협정은 서명 후 체약 당사자가 국내법적 절차가 완료되었다는 통고문을 교환한 날부터 발효한다. 이 협정의 유효 기간은 3년이며, 일반 체약 당사자가 3개월 이전까지 타 당사자에게 서면으로 이 협정을 종료하거나 또는 수정하려는 의사를 통고하지 아니하는 한 자동적으로 1년씩 계속 연장된다.

이상의 증거로 아래 서명자는 그들 각자의 정부로부터 정당하게 권한을 위임 받아 이 협정에 서명하였다.

1992년 9월 30일 북경에서 동등하게 정본인 한국어, 중국어 및 영어로 각 2부씩 작성하였다. 해석상 상위가 있을 경우에는 영어본이 우선한다.

대한민국 정부를   중화인민공화국 정부를
대표하여   대표하여

11.1.2 词汇注释

호혜평등(互惠平等)	平等互惠, 互利互惠	부과금(賦課金)	税费
수출입(輸出入)	进出口	경제협력(經濟協力)	经济合作
관세(關稅)	关税	재수출(再輸出)	再出口, 转口输出
자유태환성 통화	自由流通货币	공구(工具)	工具
조세(租稅)	租税	면제(免除)	免征
인접국가(隣接國家)	毗邻国家, 邻国	내국세(內國稅)	国内税
외환관리(外換管理)	外汇管理	형식절차(形式節次)	方法顺序, 形式程序
타방 국가(他方國家)	其他国家, 第三方国家	박람회(博覽會)	博览会
불가능하다 (不可能하다)	不可能	용이하다(容易하다)	方便, 便利, 容易
		전시회(展示會)	展览会
견본(見本)	样本, 样品	중재판정(仲裁判定)	仲裁裁决
잔업시설(殘業施設)	作业设施场	상거래	商业交易
세관(稅關)	海关	콘테이너(container)	集装箱
별도약정(別途約定)	补充协议, 附件	종료하다(終了하다)	终止, 终结, 结束
발효하다(發效하다)	生效	회부하다(回附하다)	支付, 交付, 递交
체약 당사자(締約當事者)	缔约双方	청구되다(請求되다)	要求, 请求
		타당사자(他當事者)	另一方
설비(設備)	设备	위임(委任)받다	受委托

11.1.3 参考译文

大韩民国政府和中华人民共和国政府间贸易协定

大韩民国政府和中华人民共和国政府(以下简称缔约双方)在平等互利的基础上,本着进一步促进两国间的贸易关系和经济合作的愿望,通过友好协商达成以下协议。

第一条

缔约双方应以本协定和各自国家的有效法律条文为准则,为了促进大韩民国和中华人民共和国之间贸易关系的发展,而采取一切可行措施。

第二条

1. 有关进出口事项,特别是对以下事项相互赋予最惠国待遇。

   a. 进出口商品的所有关税,国内税和税费等关税,国内税和税费等关税的征收方法以及与进出口相关的办理手续和海关规定。

   b. 进出口方面的支付以及伴随支付的国际转移。

2. 第一款的规定不适用于缔约双方的任何一方为方便过境贸易而给予或可能给予毗邻国家以优惠和利益。

第三条

依据各自国家的法令,对从对方国家进口或向对方国家出口的下列物品免征关税、租税及其他税费。

1. 无商业价值的样本或广告用品。
2. 加工和修理后再出口的商品及其材料。
3. 试验和实验用物品。
4. 博览会或展销会展览过后出口的物品。
5. 用于再出口或者国际贸易中使用过的特殊集装箱以及包装。
6. 当地无法提供的、承建工程的对方国家企业为建设工厂和其他工业设施而使用的特殊工具和设备,在规定的期间之内需要再出口的工具和设备。

第四条

经由对方发往第三国的过境物品,在所有关税、国内税和附加税以及过境规定与程序相关事项上,相互给予最惠国待遇。

第五条

两国间有关贸易的所有支付,应根据各自国家有关外汇管理法令,使用可以自由兑换的货币进行。

第六条

1 缔约双方为了解决两国法人之间、自然人之间以及法人和自然人之间由于商业往来所发生的纷争,尽可能采取友好协商的办法解决。

2. 用友好协商的办法不能够解决此类纠纷时,纠纷当事人可根据合同和与合同有关的附加协议的规定提交仲裁解决。

3. 缔约双方尽可能采取一切可能措施,鼓励纠纷当事人利用两国的仲裁机构。

4. 缔约双方根据可适用的法律和规定,保障仲裁判决书的执行。

第七条

缔约双方鼓励在对方国内举办贸易展销会并为之提供便利条件。参加和举办展销会应遵循举办地的有关规定和条件进行。

第八条

缔约双方的代表每年轮流在汉城和北京会晤一次,本着相互理解的精神,讨论扩大两国贸易的有关事项,解决在执行本协议中发生的问题。

第九条

1991年12月31日签署的"大韩贸易振兴公社和中国国际商会贸易协定"在本协定生效的同时终止。

第十条

本协定自签署后,缔约双方互相通告已履行各自国内法律手续之日起生效,有效期为三年。如果缔约方中的任何一方在期满前3个月内未以书面形式通知另一方要求终止或修改本协定,本协定以一年为期不断顺延。

作为上述协议的证据,下面的署名者受各自政府的正当授权在本协定上署名。

本协定于1992年9月30日在北京用韩语、中文和英文各制作两份,三种文本具有同等效力。如果在解释上发生分歧,以英文本为准。

大韩民国政府代表　　　　　　　　　　　　　　中华人民共和国政府代表

11.2 正误评析

❶ 체약 당사자는 이 협정과 각국의 유효한 법령과 규정에 따라 대한민국과 중화인민공화국간의 무역관계의 발전을 촉진시키기 위하여 모든 적절한 조치를 취한다.

误译:缔约当事国应以本协定和<u>各国</u>的有效法律条文为准则,为了促进大韩民国和中华人民<u>共和国</u>的贸易关系,实施的适当的措施。

正译:缔约双方应以本协定和各自国家的有效法律条文为准则,为了促进大韩民国和中华人民共和国之间贸易关系的发展,而采取一切可行措施。

评析:"各国的……"泛指所有国家的,而本文的原意只指缔结本贸易条约的两个国家,准确翻译应为"各自国家的……"。这种具有法律性质的协议书或文件的翻译要

第11课 协定与法规

求绝对准确无误。☯"实施的适当的措施"使宾语"措施"变成了"主语",造成句子成分混乱;"的"字连用,显得累赘。

❷ 수출입과 관련된 사항, 특히 다음과 같은 사항에 대하여 상호 최혜국 대우를 부여한다.
误译:进出口相关事项,特别是关于对以下事项的给予最惠国待遇部分。
正译:有关进出口相关事项,特别是对以下事项相互赋予最惠国待遇。
评析:"进出口相关事项",过于直译,中文习惯说"关于进出口事项"或者"有关进出口事项"。☯原文的意思是"相互赋予……",译文漏译了"相互"。

❸ 수출입상의 지불과 그 지불에 따른 국제적 이전.
误译:进出口商品的支付以及与其他国家之间的移动。
正译:进出口方面的支付以及伴随支付的国际转移。
评析:"国际转移"是贸易术语,不能解译为"国家之间的移动"。☯漏译了"伴随支付"而带来的国际转移的意思。

❹ 제1항의 규정은 어느 일반 체약 당사자가 국경 무역을 용이하게 하기 위하여 인접국가에 부여할 수 있는 우대와 이익에는 적용하지 아니한다.
误译:第一项的规定适用于任何一般政体当事人之间的国际贸易,但是不适用于相邻两国之间的优待和利益。
正译:第一款的规定不适用于缔约双方的任何一方为方便过境贸易而给予或可能给予毗邻国家以优惠和利益。
评析:翻译成"适用于"和"不适用于"两个分句,是理解错误,曲解了原义。

❺ 다음 물품은 타방 국가로부터 수입되거나 그 국가로 수출되는 경우 각국의 법령에 따라 관세, 조세 및 기타 부과금을 면제한다.
误译:以下物品同建立关系的国家输入或者向其国家输出的话,根据各国的法令,免除关税、税收以及其他税金。
正译:依据各自国家的法令,对从对方国家进口或向对方国家出口的下列物品免征关税、租税及其他税费。
评析:"타방 국가"不一定是"建立关系的国家",这里仅指相互进行贸易的对象国。☯"……的话"是口语化的说法,显得语言啰嗦,不符合合同文体的简练要求。☯"各国的法令"容易理解成"诸国的法令",不如译成"各自国家的法令"概念更清楚。协议书或法规具有法律效果,翻译不能含混不清。

❻ 양국간의 무역에 관한 모든 지불은 각국의 외환관리에 관한 법령에 따라 자유태환성 통화로 이루어 진다.

误译：关于两国间贸易的所有支出，根据各国的<u>外换管理</u>法令达到<u>自由通货</u>的目的。

正译：两国间有关贸易的所有支付，应根据各自国家有关外汇管理法令，使用可以自由兑换的货币进行。

评析："외환 관리"不能直译为"外换管理"，应是"外汇管理"。☯"자유태환성 통화"指自由兑换的货币，不能按照字面直译成"自由兑换性通货"，因为中文中没有这种词。☯"……로 이루어진다"仅从语法意义上理解，具有达到某种目的的意思，但在句中是"用、由"的工具性格助词的意义。

❼ 그러한 분쟁을 우호적 협의에 의하여 해결할 수 없는 경우, 분쟁 당사자는 그들의 계약 또는 그 계약과 관련된 별도 약정에 명시된 규정에 따라 중재에 회부할 수 있다.

误译：友好的<u>商议</u>不能解决这种纷争的情况下，<u>纷争</u>当事者可以根据他们的合同，还有跟合同有关的其他<u>约定</u>递交仲裁。

正译：用友好协商的办法不能够解决此类纠纷时，纠纷当事人可根据合同和与合同有关的附加协议的规定提交仲裁解决。

评析：将"분쟁"翻译成"纷争"，将"협의"译成"商议"，将"약정"译成"约定"，都是韩文汉字词的直译。韩语汉字词与中文汉语词词义相近，但在语序、内涵等方面有差别，翻译时要慎重斟酌汉字词的确切含义。此处应按照现代汉语的习惯翻译成"纠纷""协商""规定"。☯"可以提交仲裁"后加译"解决"，使句子意义显得更加完整。

❽ 이 협정은 서명 후 체약 당사자가 국내법적 절차가 완료되었다는 통고문을 교환한 날부터 발효한다. 이 협정의 유효 기간은 3년이며, 일반 체약 당사자가 3개월 이전까지 타당사자에게 서명으로 이 협정을 종료하거나 또는 수정하려는 의사를 통고하지 아니하는 한 자동적으로 <u>1년씩</u> 계속 연장된다.

误译：本协定签署后，自签约双方<u>交换完整的国内法律秩序的通告书</u>之日起开始生效。此协定的有效期限是3年，一方签约当事人如<u>在3个月之内</u>没有以书面形式通知对方协定完成或希望修订事项的话，本协定则<u>自动延长一年</u>。

正译：本协定自签署后，缔约双方互相通告已履行各自国内法律手续之日起生效，有效期为三年。如果缔约方中的任何一方在期满前3个月内未以书面形式通知另一方要求终止或修改本协定，本协定以一年为期不断顺延。

评析：缔约双方没有"交换"完整的法律通告书，理解不准确，造成误译。☯协议内容不能模棱两可，概念不清，"在3个月之内"不通知对方的内容交代得不清楚，原文的意思是"在协定期满前的3个月之内"。☯"自动延长一年"没有交代清楚，忽略了一年"씩"，"本协定以一年为期不断顺延"，这是一般协议常用套话。

❾ 이상의 증거로 아래 서명자는 그들 각자의 정부로부터 정당하게 권한을 위임 받아 이 협정에 서명하였다.

误译：根据以上的证据,以下署名者得到各自政府委任的正当权限签署本协定。

正译：作为上述协议的证据,下面的署名者受各自政府的正当授权在本协定上署名。

评析："증거로"表示用以下署名为以上内容作证,语法意义表示资格,不是根据。❷"위임받아"是得到委任的意思,翻译成"得到……正当授权……",显得译文更精练。

❿ 1992년 9월 30일 북경에서 동등하게 정본인 한국어, 중국어 및 영어로 각 2부씩 작성하였다. 해석상 상위가 있을 경우에는 영어본이 우선한다.

误译：1992年9月30日在北京制成相同的韩国语、中文和英文正本两份,解释上有分歧的时候,以英文本为准。

正译：本协定于1992年9月30日在北京用韩文、中文和英文各制作两份,三种文本具有同等效力。如果在解释上发生分歧,以英文本为准。

评析："작성하였다"的汉字词是"制成",但原文有"用……制作"的意思。❷制成"正本两份",没有表达清楚"각 2부씩"各两份的意思。❸"解释上有分歧的时候"译文不够简练,协议书类文体越简练越好,不能拖泥带水,只要将意思交代清楚即可,多余的词语要删掉。

11.3 翻译知识

数量词的译法

韩国语和汉语量词在应用上有些差别,要想把数量词翻译得贴切,需要了解两种语言数量词的不同搭配方法和译法。

现代汉语特点之一是广泛应用适用于各种事物的不同量词,因此汉语的量词远比韩国语丰富,而且分工细致,各司其职。

例 1

韩国语数量词	汉语数量词
물고기 한 마리	一条鱼
돼지 한 마리	一头猪
소 한 마리	一头牛
말 한 마리	一匹马
범 한 마리	一只老虎

如图所示,韩国语的几种动物可以合用一种数量词,而汉语的动物有各自专用的量词。如果把汉语数量词一一翻译成韩国语,许多数量词找不到一对一的词。

例 2

汉语数量词	韩国语数量词
一台、一架	한 대
一只、一个、一件	한 개
一幢、一所、一间	한 채
一双、一对、一副	한 짝
一回、一次、一趟、一遍、一下、一遭、一番、一场	한 번

为了将数量词翻译得更加贴切,翻译韩国语的数量词,可以尝试使用更换法、倒置法和添加译法。

11.3.1 更换法

例 3　나는 먼저 몇 가지 실례를 들어 보려고 합니다.
　　　我想首先举一些实例。

例 4　지금까지 세상에 알려진 화학 원소는 100여 개가 넘는다.
　　　迄今为止,世界上已知的化学元素有百余种。

例 5　한 권에 8000원입니다.
　　　一本卖8000韩元。

例6 봉투 열 장과 공책 다섯 권, 볼펜 두 자루를 주십시오.
请给我10个信封、5本笔记本、2支圆珠笔。

例3"몇 가지"翻译为"一些"更符合汉语的说话习惯。划分事物类别时用"种",化学元素有多种,所以例4将原文的"个"更换成了"种"。例5的"권"更换为"本",例6的"장"更换为"个",都是出于译文语言习惯上的需要。

11.3.2　倒置法

汉语与韩国语量词在句子中的位置正好相反。

例7 종이 한 장(纸一张) —— 一张纸
고양이 네 마리(猫四只) —— 四只猫
사람 두 명(人二名) —— 两个人
옷 다섯 벌(衣服五套) —— 五套服装
술 세 병(酒三瓶) —— 三瓶酒
구두 여섯 켤레(皮鞋六双) —— 六双皮鞋
커피 한두 잔(咖啡一二杯) —— 一两杯咖啡
사과 너댓 개(苹果四五个) —— 四五个苹果
책 두세 권(书二三卷) —— 两三本书
밥 대여섯 그릇(饭五六碗) —— 五六碗饭
연필 서너 자루(铅笔三四支) —— 三四支铅笔
선생님 예닐곱 분(老师六七位) —— 六七位老师

例8 고양이가 새끼 네 마리를 낳았어요.
猫下了四只小猫崽。

例9 혼자서 술 세 병을 마셨어요.
自己喝光了三瓶酒。

在表示人物或事物的物量词中,韩国语习惯于把量词放在名词之后做同位语,汉语则习惯于把量词放在名词之前做名词的定语。只有在极为特殊的情况下,为了突出数量的意义,强调数量在句子中的作用时,韩国语才会把数量词放到名词前面去。例如:

例10 살기 어려운 60년대에 우리는 한 알의 쌀, 한 올의 실도 아껴 썼다.
在生活艰难的60年代,我们爱惜节约每一粒米,每一根线。

表示动作、行为的动量词在句子中的位置,韩国语与汉语也有所不同,韩国语数量词位于动词之前,汉语则是数词与动量词结合而位于其后。

例 11 하루 종일 일했다.　工作了一天。
　　　　밤새 의논했다.　商量了一个晚上。
　　　　미국에 한 번 갔다 왔다.　去了一趟美国。
　　　　논밭을 두 번 갈았다.　锄了两遍地。

　　韩国语与汉语量词在句子中的位置正好相反,翻译的时候要注意把顺序颠倒过来。

例 12 教室里放着3张桌子和6把椅子。
　　　　교실에는 책상 세 개와 걸상 여섯 개가 놓여 있다.
例 13 这部电影我在一个月里看了3次。
　　　　이 영화를 나는 한 달에 세 번이나 보았어요.

11.3.3　添加法

　　韩国语的数词可以不带量词,直接加到名词上。汉语一般不能省略物量词和动量词,习惯组合起来以一个数量短语的形式出现。

例 14　한 사람——一个人
　　　　등불 하나——一盏灯
例 15　조그만 서점을 경영하시는 아버지는 정직과 성실을 좌우명으로 삼고 계십니다.
　　译1　经营着小书店的父亲以正直和诚实为座右铭。
　　译2　我父亲经营着一家小书店,他是一个以正直和诚实为座右铭的人。

　　中文量词比较发达,例15的译2在译文的"小书店"前面添加数量词"一家",更迎合中文量词使用的习惯。在译文中添加原文里没有的词,使译文更充分地表达原意,是添加翻译手法的功能。在父亲后添加"是一个……人",比译1显得语言生动,意义突出。
　　韩国语的数量词只表示确切的数量意义,汉语的数量词除了表示数概念之外,还习惯于作为单位名词用在数量模糊或不可计数的事物上。

例 16　바람과 함께 달빛에 새어 들어 좁다란 방안에 하나 가득 <u>한 줄의</u> 푸른 빛이 물들어 있다.
　　　　月光伴着清风倾泄而入,狭小的房间浸润在一片蓝光中。
例 17　그는 놀라서 새삼스럽게 넓은 밭을 둘러 보았다.
　　　　她吃了一惊,新奇地望着这一大片土地。
例 18　오염을 모르는 자연의 땅 속 깊은 곳에서 솟아 오르는 티없이 맑고 깨끗한 샘물, 분화구에서 이글거리는 동물처럼 뜨겁게 타 번지는 용광로의 붉은 쇳물이다.
　　　　一股清清的泉水从大自然那没有污染的地下喷涌而出,一股红红的铁水在炼钢炉那烘烘的喷火口中滚滚沸腾。

韩国语在没有明确的数量关系情况下，一般不会出现数量词。所以例16中"한 줄의 푸른 빛"中"한 줄"是多余的，应该去掉。而汉语为了将具有模糊数量的对象表达清楚，习惯于使用一些不确定数量的数量词。比如例17"望着这一大片土地"中"一片"是必须的，不能省略。例18"一股……泉水……，一股……铁水……"译文中的"一股"是为了追求译文修辞效果而添译的。在名词或动词前使用数量词，是汉语表达加强语言效果的一种手段。比较下列两种翻译。

例19 화학이 현대적인 과학으로 발전하기 시작한 것은 화학원소에 대한 과학적 개념이 밝혀진 이후부터다.
  译1 化学作为现代科学发展起来，是从阐明化学元素的科学概念之后开始的。
  译2 自从科学家阐述了化学元素的科学概念之后，化学就作为一门现代科学开始发展起来。

例20 늘어지게 울리는 매미소리에 무심히 귀를 기울이면 귀밑머리를 간지럽히는 바람결에 무르익은 산 열매 냄새가 향긋하게 풍겨 온다.
  译1 听着悦耳的蝉叫声，从那使人耳根发痒的清风里，传来果熟的香味。
  译2 倾听着一阵阵悦耳的蝉叫声，呼吸着徐徐清风带来的一股股透熟的果香味。

例21 세상 사람이 모두 직업이 있어
  각각 벌어 먹는 꼴이 다르지만
  우리는 구태어 뱃사람 되어
  타고 다니는 것은 칠성판이요.
  먹고 다니는 것은 사자밥이라.
  译1 世上的职业多又多哟，各人的营生不一样啊，咱们偏要去闯大海呀，坐的是七星板子，吃的是祭鬼饭哟！
  译2 世上的职业多又多哟，各人的营生不一样啊，咱们偏要去闯大海呀，坐的是一块七星板子哟，吃的是一碗祭鬼饭哟！

以上句子的译2都使用了"添加法"，在译文中增加了原文中没有的数量词"一门""一阵阵""一股股""一块""一碗"等，读起来的效果明显比译1生动。因此，添加法是韩译汉量词的有效译法之一。

11.4 翻译练习

11.4.1 选择较好的翻译

잡지 한 권 —— 一本杂志 —— 一卷杂志

입 하나 —— 嘴一张 —— 一张嘴

앵무새 한 쌍 —— 一双鹦鹉 —— 一对鹦鹉

책상 두 개 —— 两个桌子 —— 两张桌子

단순한 문제들 —— 一些简单的问题 —— 简单的问题

여덟 사람 —— 八个人 —— 八人

11.4.2 改错

① 이 대학에는 외국 유학생이 몇 명 있습니까?
　　—— 这个大学里外国留学生有几名?
　　——

② 중국 선수들은 이번 경기에서 아시아 기록 3개와 세계 기록 2개를 갱신했다.
　　—— 中国选手在比赛中打破了亚洲纪录三项、世界纪录两项。
　　——

③ 한달 동안 프랑스팀이 출전하기만 하면 파리시는 텅 비었다. 축구경기 외의 모든 일이 중단된 듯하였다. 남녀노소를 막론하고 모두 얼굴에 보디페인팅을 하는 등 온통 흥분에 휩싸여 있다.
　　—— 一个月期间, 每逢有法国队出场, 巴黎就是万人空巷, 除了足球在转, 所有的事情好像都已经停止。男女老少在脸上涂上三色油彩, 兴奋不已。
　　——

④ 여름만 되면 저는 일종의 불안감을 느꼈습니다.
—— 一到夏天，我就有不安的感觉。

⑤ 바느질 도구 중 하나이지만 수를 놓아 정성을 담은 골무는 조선 후기 작품인 <규중칠우쟁론기>에 감투할미로 묘사될 만큼 규중 부인들의 총애를 받았으며, 조각 골무 상자에는 장수를 기원하는 뜻에서 백 개의 골무를 채웠다.
—— 顶针虽然仅仅是做针线活儿的工具，却绣进了主人的深情，正像朝鲜王朝后期的作品《闺中七友争论记》中描述的那样，受到了闺中夫人的宠爱，为祈愿长寿，通常在雕刻的顶针盒内放一百个顶针。

⑥ 중·한 수교 30년 기념 세미나를 곧 시작하겠사오니 준비해 주시고 입장해 주시기 바랍니다.
—— 中韩建交30周年纪念研讨会马上就要开始了，希望各位准备进场。

11.4.3 填空

① 이 법은 외국환과 그 거래 기타 대외 거래를 관리하여 국제 수지의 균형, 통화 가치의 안정과 외환 자금의 효율적인 운용을 기함을 목적으로 한다.
制定本法的目的，是为了管理外国贸易及其他对外贸易，平衡国际收支，稳定通货价格以及做到外汇资金（   ）。

② 재무부 장관은 국무회의의 심의를 거쳐 대통령의 승인을 얻어 내국 통화의 기준 환율을 정한다. 재무부 장관은 외국환 거래에 있어서의 외국환 매매율, 재정환을 기타 환산율과 취급 수수료를 정할 수 있다.
财务部长负责制定的国内通货基本兑换率须经过国务会议审议并由总统批准。财务部长可以规定外汇交易中的外汇率和财政兑换率以及其他换算率和（   ）。

③ 갑은 한국 소설의 중국어 번역 및 출판과 관련하여 아래 사항을 을에 위임한다.
甲方将韩国小说的中文翻译和出版的（   ）委托给乙方。

④ 을은 번역을 완성한 후, 중국 내에서의 출판을 전적으로 책임진다.
乙方完成翻译之后，（   ）该翻译小说在中国的出版。

⑤ 을은 갑으로부터 한글판 소설책을 인수 받은 날로부터 8개월 이내에 중국어 번역을 완성한다. 갑은 을에게 출판과 관련된 비용을 본 협약을 서명한 날로부터 30일 이내에 일괄 지불한다.

从甲方得到韩文版小说之日起8个月内,乙方应完成中文翻译。甲方在本协定签字之日起30日内,向乙方(　　　　　)出版及相关费用。

⑥ 한국소설 중국어판 저작권은 전적으로 "갑"에 귀속된다.

韩国小说的中文版著作权归(　　　　　)。

11.4.4　翻译笑话

① 산수와 기하의 차이
선생님: 숫자 8 을 반으로 나누면 얼마가 되지?
학생: 가로로 말인가요, 세로로 말인가요?
선생님: 그게 무슨 말이니?
학생: 세로로 나누면 3이 되고 가로로 나누면 0이 되니까요.

② 개그콘서트의 집중 토론
영원히 풀리지 않는 숙제
—— 엄마가 좋은가, 아빠가 좋은가?
불특정 다수를 노린 테러
—— 음식점 배달 "방금 출발했어요"를 과연 믿어야 하는가?
솔로몬도 두 손을 든 미스터리
—— 영화관 의자의 팔걸이, 과연 어느 쪽이 내 것인가?
신용을 잃어 버린 이 시대의 자화상
—— "야 ,언제 밥 한번 먹자," 과연 언제 먹을 것인가?
인류의 풀리지 않는 미스터리 로맨스
—— 114 안내원의 안내 멘트 "사랑합니다, 고객님!" 진정 날 사랑하는 것인가?

11.4.5　翻译句子

① 한국교육과학출판사(이하"갑"이라 함)와 중국화하출판사(이하 "을"이라 함)는 한국소설의 중국어 번역 및 출판에 따른 협약을 다음과 같이 체결한다.
——

第11课　协定与法规

② 표기 상품의 계약에 관해서 귀하의 절대적인 협력에 감사드립니다. 우리들의 오랜 세월에 걸친 해외 거래, 특히 귀국과의 거래에 있어서 이번처럼 우리들의 의사 표명을 함에 있어 고심한 것은 처음 있는 일입니다. 매우 죄송하게 생각하는 바입니다.
———

③ 증권이라 함은 모든 종류의 공채, 사채, 주식 출자의 지분에 관한 권리를 부여하는 증서, 채권 재정증권, 저당증권 또는 이에 유사한 증권, 배당금 증권, 이찰 또는 이찰 상환권 등을 말한다.
———

④ 환전상 업무라 함은 외국통화의 매매 및 외국에서 발행한 여행자수표의 매입을 말한다.
———

⑤ 거주자 및 비거주자는 제3항의 규정에 의하여 재무부 장관이 정한 기준 환율, 외국환 매매율, 재정환율 기타 환산율과 취급 수수료에 의하지 아니하는 거래를 하여서는 아니된다.
———

⑥ 중국상품검사국에서 발급한 품질과 수량 검사증이 마지막 근거로 쌍방이 같이 구속력을 갖는다.
———

⑦ 이 법은 대한민국 내에 사무소를 둔 법인, 대리인, 사용인과 기타의 종업인이 외국에서 그 법인의 재산 또는 업무에 관하여 행한 행위에도 적용한다.
———

⑧ 본 협약서에 명시되지 않은 사안이 발생할 경우 쌍방은 상호 신뢰를 바탕으로 협의하여 결정한다.
———

11.4.6　翻译短文

소크라테스의 준법 정신

70세가 된 소크라테스는 국가의 신을 섬기지 않고 젊은이들을 그릇된 길로 인도하고 있다는 죄명으로 법정에 서게 되었는데 자신의 결백을 밝히고 누명을 벗으려 하였지만 그렇게 하지 못하고 죽음을 당하게 되었다.

이때 그의 동료와 제자들은 그를 탈출시키려 하였지만 소크라테스는 다음과 같은 말로 탈출을 거부하고 억울한 죽음을 당하였다.

"나라가 법에 의한 판결을 내 마음대로 어기면 나라가 쓰러질 수밖에 없기에 탈옥할 수 없다. 나는 태어나서 법을 어긴 일도 없으며 만약 법을 어긴다면 저 세상에 가서도 노여움을 산다."

11.5 翻译作业

한국 대외무역법

총칙

제1조 (목적) 이 법은 대외무역(이하 "무역"이라고 한다)을 진흥하고 공정한 거래 질서를 확립하여 국제수지의 균형과 통상의 확대를 도모함으로써 국민경제의 발전에 이바지함을 목적으로 한다.

제2조 자유롭고 공정한 무역의 원칙 등

1. 정부는 헌법에 의하여 체결·공포된 무역에 관한 조약과 일반적으로 승인된 국제법규가 정하는 바에 따라 자유롭고 공정한 무역을 조장함을 원칙으로 한다.

2. 정부는 이 법이나 다른 법을, 또는 헌법에 의하여 체결·공포된 무역에 관한 조약과 일반적으로 승인된 국제 법규 기타 국제 협정에서 무역에 대한 제한을 정한 규정이 있는 경우에는 그 제한을 정한 목적을 달성하기 위하여 필요한 최소한의 범위 안에서 이를 운영하여야 한다.

제3조 무역의 진흥을 위한 조치

상공부 장관은 무역의 진흥을 위하여 필요하다고 인정할 때에는 대통령이 정하는 바에 의하여 물품의 수출·수입을 지속적으로 증대하기 위한 조치를 취할 수 있다.

제4조 무역에 관한 제한 등 특별 조치

상공부 장관은 다음 각호의 1에 해당하는 때에는 대통령이 정하는 바에 의하여 물품의 수출·수입의 제한 또는 금지에 관한 특별 조치를 할 수 있다.

1. 우리 나라 또는 우리 나라 무역의 상대국(이하 "교역상대국"이라 한다)에 전쟁, 사변 또는 천재지변이 있을 때

2. 교역 상대국이 국제 협정에서 정한 우리 나라의 권익을 부인할 때

3. 교역 상대국이 우리 나라의 무역에 대하여 부당하거나 차별적인 부담 또는 제한을 가할 때

제5조 무역에 관한 규정의 협의 등

1. 무역에 관하여는 이 법이 정하는 바에 의한다.

2. 이 법 외의 법령에서 물품의 수출·수입을 제한하는 규정을 정하고자 할 때에는 관계 행정기관의 장은 미리 상공부 장관과 협의하여야 한다.

제6조 용어의 정의

이 법에서 사용하는 용어의 정의는 다음과 같다.

1. "무역"이라 함은 물품의 수출·수입을 말한다.

2. "물품"이라 함은 외국환관리법에서 정하는 지급 수단, 증권 및 채권을 화체한 서류 외의 동산을 말한다.

3. "무역업"이라 함은 무역을 업으로 영위하는 것을 말한다.

4. "무역 대리업"이라 함은 외국의 수입업자 또는 수출업자의 위임을 받은 자(외국의 수입업자 또는 수출업자의 지사 또는 대리점을 포함한다)가 국내에서 수출 물품의 구매 또는 수입 계약의 체결과 이들에 부대되는 행위를 업으로 영위하는 것을 말한다.

5. "외국인"이라 함은 대한민국의 국적을 가지지 아니한 자, 대한민국의 국적과 대한민국 외의 국적을 이중으로 가진 자 및 외국법인을 말한다.

6. "외국 법인"이라 함은 외국의 법률에 의하여 설립된 법인 또는 외국에 본점 또는 주권 사무소를 가진 법인과 대한민국의 법률에 의하여 설립된 법인으로서 그 주식 또는 지분의 2분의 1이상을 외국인이 소유하고 있는 법인을 말한다.

7. "디자인"이라 함은 물품의 형상, 모양이나 색체 또는 이들의 결합이나 물품이 가지는 기능이 변화하는 경우에 그 변화 상태를 외관으로 식별할 수 있는 것을 말한다.

11.6 参考资料

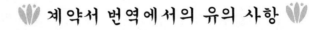

계약서 번역에서의 유의 사항

(1) 계약서란

계약이란 사법상의 일정한 법률 효과의 발생을 목적으로 하는, 2인 이상의 당사자의 의사표시의 합치로써 이루어지는 법률 행위이다. 다시 말하여 서로 자기에게 이익이 된다고 생각되는 것을 교환하는 행위로, 상거래 교섭이 진행되어 합의가 성립되고 거래 계

약이 맺어지면 법적 구속력을 갖게 된다. 이런 계약이 성립될 때 그 증거로 남기기 위해 작성하는 것이 계약서이다.

(2) 계약서의 기본 원칙
* 한 장의 약정서, 계약서에 적당한 양을 담도록 한다.
* 행과 행 사이의 간격을 두어 간결하게 표현한다.
* 글을 가운데 위치하게 하고 사방으로 적당한 여백을 둔다.
* 눈으로 읽기 쉽게 배열한다.

(3) 계약서 문체의 번역
* 조사
한글에서 조사의 사용은 문장의 의미를 결정하는 데 중요한 역할을 한다. 조사 한 글자의 해석에 따라 수백 억의 소송이 걸리기도 한다. 계약서를 번역할 때 "-의" 같은 조사의 의미를 세밀하게 따져야 한다.
* 모호한 표현
모호한 표현은 분쟁을 불러 올 수 있어 이러한 표현을 사용하지 않도록 해야 한다.
* 수량사
정확하고 구체적인 수치를 사용하도록 한다. 어림잡아 표현하는 것은 계약, 거래 문서에서 금지되고 있다. 수량사를 정확하게 번역해야 한다.
* 단어
같은 맥락의 단어를 반복해서 사용하면 안 된다.
*비유나 과장 표현을 사용하지 않는다.
*부정문보다 긍정문을 주로 사용한다.

(4) 일반 계약서 서식 예시(아래쪽 참고)

고용 계약서

근로자 성명:	주민등록번호:
현주소:	생 년 월 일:
	(전화번호:　　　)

아래 근로 조건으로 계약한다.
고용기간:　　　　년　월　일부터　　　　년　월　일까지
취업장소:
업무내용:
업무시간:　　오전　　시부터　　오전　시　　분까지
　　　　　　오후　　시부터　　오후　시　　분까지
휴게 시간:
휴일:
임금:
수당:
임금 지급:
승급:
기타:
　　　　　년　월　일
　　　　　고용자　　　　　인
　　　　　근로자　　　　　인

第 12 课 记叙文

12.1 课文范文

12.1.1 启迪众生的真谛之音

중생을 일깨우는 진리의 종소리

　우리는 영화 <노트르담의 꼽추>에서 안소니 퀸이 성당의 높은 첨탑에 매단 종을 치는 장면을 인상 깊게 간직하고 있다. 서양의 종은 그 안에 종설이 있어서 그것을 흔들거나 아니면 종 자체를 움직여 종설을 부딪쳐 소리를 낸다. 종을 치는 것도 시간을 알리거나 사람을 모으거나 할 때인 만큼, 결국 도구에 불과하다. 반면, 한국의 종은 종교 의식 때 사용하던 고대 중국의 편종을 불교의 범종으로 변형하고 확대한 것이다. 밖에서 긴 나무 방망이로 치도록 되어 있고 높이 달지도 않는다.

　중국의 범종은 기능 위주로 만들어졌으나 한국은 중국의 고대 전통 악기인 편종을 응용하면서 종을 악기로 인식하여 좋은 소리를 내는 데 심혈을 기울였다. 종루를 지어 지면 가까이 매달고 종 바로 밑 땅을 반구형으로 파서 종소리가 나는 내부 공간을 타원체처럼 확장하였다. 또 종 위에 음관을 만들어 세워 굴뚝처럼 종 내부와 통하게 했다. 음관은 종을 쳤을 때 잡음을 흡수하는 기능을 하는 것으로 신라인이 창안한 독특한 구조이다.

　중국의 편종은 높이가 30㎝에서 100cm에 이르기까지 여러 크기가 있는데, 한국의 신라시대에는 그 편종의 기본적 형태를 따르면서 불교의 종으로 변형시켰다. 즉 신라인은 고리를 두 마리의 용머리를 대칭으로 맞붙인 한 마리의 용으로 만들었다. 표면의 기하학적이고 추상적 동물 무늬는 향로를 받쳐 들거나 악기를 연주하는 비천(飛天) 무늬로 바뀌고, 종의 위아래 띠는 꽃과 잎을 덩굴 무늬로 연결시켜 아름답게 장식했다. 전체의 윤곽선이 탄력 있고 아름다울 뿐 아니라 표면 장식이 화려하고 힘차다.

　국보 29호 성덕대왕신종은 한국의 종 가운데 기념비적인 걸작이다. 이 종은 경덕왕(742-765)이 아버지 성덕왕(702-737)의 위업을 기리기 위하여 만들었는데 번번이 실패한 나머지, 살아 생전에 완성을 보지 못했다. 궁궐 안에 있던 봉덕사에서 20여 년간 시행착오 끝에 771년 그의 아들 혜공왕(765-780)이 완성했다. 그 즈음, 토함산에서는

第12课　记叙文

　　불국사와 석굴암이 그 웅장한 자태를 드러내고 있었다.
　　그러면 왜 신라인들은 아름답고 우렁찬 종소리를 듣고자 그토록 심혈을 기울였을까. 종의 양면에는 1000여 자에 이르는 긴 명문이 있는데, 종을 만든 목적과 제작에 참여한 후원자와 장인들의 이름이 상세히 새겨져 있었다. 그 종명의 첫머리에 우레처럼 들리는 말이 적혀 있는데 종을 만드는 첫째 목적이, 이를 쳐서 나는 소리는 우주에 가득한 절대적 진리의 소리여서 이를 들은 모든 중생으로 하여금 깨닫게 하려는 데 있다고 하였다. 뿐만 아니라 신과 사람이 힘을 합쳐 만든 종이어서 신종(神鐘)이라 한다고 새겨놓았다.
　　중생은 성인의 말씀이나 물소리, 혹은 떨어지는 낙엽을 보면서도 홀연히 깨닫는 수가 있다. 사랑할 때나 헤어질 때도 깨달으며 정신적으로 성숙해 간다. 그러나 불교에서 말하는 깨달음은 완전한 깨달음, 그 무엇과도 비교할 수 없는 궁극적 깨달음이다. 그렇듯 위대한 깨달음을 성취했을 때 우리는 그 사람을 해탈(解脫)했다고 한다. 해탈은 참된 자유와 평등의 경지에 들었음을 의미한다. 그런데 신라인들은 이 신종을 만들어 그 종소리로 인해 중생들이 해탈하기를 바랐다. 따라서 종소리는 부처님이 설법하는 절대적 진리의 소리와 같은 것이요, 소리가 나는 종 자체는 부처의 몸, 즉 신체가 된다.
　　연꽃은 만물을 생성하게 하고 소생시키는 물에서만 자라기 때문에 만물 생성의 근원을 상징한다. 부처님조차 늘 그 연꽃에서 탄생하며 연꽃 위에 앉아 설법을 한다. 그런데 신종에는 치는 자리가 정해져 있고, 그 자리에 커다란 연꽃이 새겨져 있다. 그 연꽃을 치면 소리가 난다. 말하자면 연꽃에서 궁극적인 완전한 진리의 소리가 탄생하는 것이다.
　　세상에 이처럼 커다란 염원을 담은 종이 또 있을까. 그처럼 고매한 염원이 있었기에 신종이 비로소 완성될 수 있었던 것이다. 궁극적 진리의 소리를 담아 내려면 종소리가 사자후처럼 우렁차고, 가릉빈가(迦陵頻伽 Kalavinka, 아름다운 음색을 지닌 상상의 새)의 새소리처럼 청아하고 아름다워야 한다. 그래서 신라인들은 다른 어느 곳에도 없는 음관을 종에 장치하면서까지 그러한 종소리가 멀리까지 울려 퍼지게 했으니. 실제로 새벽에 이 신종을 치면 그 소리가 백리까지 퍼져 나간다.
　　진리의 소리처럼 온 누리에 종소리가 널리 퍼지도록 하기 위함이었을까. 신종은 높이가 366㎝나 되고, 청동으로 만든 종의 무게는 무려 20톤에 달한다. 우렁찬 소리를 내려면 종이 어느 정도 무거워야 하는데, 이처럼 크고도 무거운 종을 만들면서 동시에 정교하고 아름답게 만들고, 게다가 신비한 소리를 내기는 어렵다. 고대의 과학 기술은 물론 현대 과학으로도 아직까지 신종 제작 과정의 비법을 밝혀 내지 못하고 있다.
　　아름다운 형태에서 아름다운 소리가 나게 마련이다. 그래서 종의 모양도 심혈을 기울여 만들었다. 이제 종은 부처님의 신체이므로 그의 모습처럼 위풍당당해야 한다. 그래서 신종은 뫼와 같이 우뚝하다. 그 표면의 보상화문이나 연꽃 무늬, 비천, 용고리 등이 뛰어나게 아름답고 힘찬 것도 그런 이유에서다. 특히 음관을 감싸고 있는 용의 모습은 세계의 용 조각품 가운데 가장 훌륭한 것이다.
　　종소리는 궁극적 진리의 소리이고 종은 그 소리를 내는 신체이니 신종은 결국 예배의 대상이 된다. 불상만이 예배의 대상이 아니다. 이처럼 종을 종교적 예배의 대상으로 만들었던 예는 인류 역사상 일찍이 없었다. 그러한 맥을 이어 지금도 중생을 깨닫게 하고 지옥에서 고통 받는 중생까지도 구원하려는 바람에서 종을 치는 것이다.

12.1.2 词汇注释

노트르담	巴黎圣母院	종설(鐘舌)	钟舌
범종(梵鍾)	梵钟	첨탑(尖塔)	尖塔
편종(編鐘)	编钟	해탈(解脫)	解脱
간직하다	铭记	변형하다(變形하다)	变形
음관(音管)	音管	종루(鐘樓)	钟楼
매달다	挂	반구형(半球形)	半球体
타원체(楕圓體)	椭圆体	굴뚝	烟囱
확장하다(擴張하다)	扩大,扩张	잡음(雜音)	杂音
흡수하다(吸收)	吸收	향로(香爐)	香炉
용머리	龙头	대칭(對稱)	对称
비천(飛天)	飞天	신라인(新羅人)	新罗人
받쳐들다	托	신종(神鐘)	神钟
탄력(彈力)	弹力	무늬	花纹
궁궐(宮闕)	宫殿	경덕왕(景德王)	景德王
성덕대왕(聖德大王)	圣德大王	윤곽선(輪廓線)	轮廓线
명문(銘文)	铭文	위업(偉業)	丰功伟绩
기리다	称赞	장인(匠人)	工匠
봉덕사(奉德寺)	奉德寺	시행착오(施行錯誤)	反复试验,反复体验
혜공왕(惠恭王)	惠恭王	토함산(吐含山)	吐含山
불국사(佛國寺)	佛国寺	석굴암(石窟庵)	石窟庵
궁극적(窮極的)	终极的	후원자(後援者)	资助人
경지(境地)	境界,境地	첫머리	开头
성인(聖人)	圣人	깨닫다	觉悟
설법하다(說法하다)	说法,说教	소생시키다(蘇生/甦生시키다)	使复苏
고매하다(高邁하다)	高尚,崇高	가릉빈가(Kalavinka)	迦陵频伽
위풍당당하다(威風堂堂하다)	威风凛凛	청아하다(淸雅하다)	优雅
정교하다(精巧하다)	精巧	보상화문(寶相花紋)	宝相花纹
뫼	山	예배(禮拜)	礼拜
우뚝하다	耸立	음색(音色)	音色
중생(衆生)	众生		

第12课　记叙文

12.1.3　参考译文

启迪众生的真谛之音

在影片《巴黎圣母院》中,安东尼·奎恩敲响高悬在教堂尖塔上大钟的场面给我们留下了深刻的印象。西方的钟内有钟舌,摇动钟舌或钟体,大钟自行摆动撞击钟舌发出声音。通常,敲钟是为了报时或召集人,故而西方的钟不过是一种工具而已。而韩国的钟是从古代中国编钟演变而来的、是在宗教仪式中使用的梵钟。钟悬挂的位置不高,用长木棒敲击钟体发出声音。

中国的梵钟与传统乐器无关,是以功能为主铸造的。韩国的钟则源于中国古代传统的乐器编钟,被视为一种能够发出声音的乐器,因而非常注重钟声的音色优美。钟楼建立后,将钟悬挂在距离地面较近的位置,在钟口正下方挖出一个半球形地坑,这样,钟的内部发声空间扩展为椭圆型。此外,在钟的上部设有音管,形状似烟囱,与钟的内部相通。音管能够吸收敲钟时发出的杂音,这是新罗人的独特发明。

中国编钟的高度从30厘米到100厘米大小不等,韩国新罗时期的钟沿循了中国编钟的基本形态,又将其演变为佛教的梵钟。新罗人制造的钟钮是一对形状对称的双头龙,钟的表面是手托香炉、演奏乐器的仙女飞天图,这种图代替了原来编钟多维、抽象的动物图案。钟体上下部分刻着花朵和叶子用藤蔓花纹相连,装饰极美。钟的整体轮廓优美,线条柔和,钟的表面不仅美观而且装饰华贵且颇有气魄。

国宝第二十九号圣德大王神钟堪称韩国钟文化的里程碑。铸造此钟原本是景德王(742—765年)的一个夙愿,想以此颂扬其父圣德王(702—737年)的丰功伟绩。但屡铸屡败,在其有生之年未能如愿完工。后其子惠恭王(765—780年)在宫中的奉德寺内继续苦心铸造,历时二十余年最终于公元771年完美竣工。与此同时,吐含山上建起了雄伟的佛国寺和石窟庵。

那么,新罗人为何要呕心沥血铸造一个声音美妙洪亮的大钟呢? 钟壁内外刻有长达千余字的铭文,文中详细记载了铸造神钟的目的,并列有捐资者和参与铸造的工匠名单。铭文开宗明义,如雷鸣般震撼人心,刻曰:"为唤醒芸芸众生而铸造此钟,钟声乃响彻宇宙真谛之音"。不仅如此,钟上还刻有"此钟乃神人合力之造,故曰神钟"的字样。

人们在聆听圣人的教诲或潺潺流水声,或看到落叶飘零时,会有所醒悟;相爱离别时,也会有所感悟,进而在精神上逐渐走向成熟。佛教的悟性是大彻大悟,是无与伦比的思想觉醒。当人们获得了这种彻底的顿悟之时即被认为得到了解脱,解脱意味着进入真正自由平等的境界。新罗人铸造神钟,正是期待用钟声唤醒众生,使众生获得解脱。因而,神钟的钟声就如同佛祖说法布道、传达真谛之音,发出声音的神钟即视为佛祖的化身。

水是世间万物生命之源,莲花生长在清水之中,象征着万物生长之根,佛祖结跏趺坐于莲花之上说法布道。人们敲击神钟的部位是固定的,那里雕刻着一朵大莲花,每每敲击莲花,神钟便发出洪亮的钟声。即表明,绝对真谛之音发自莲花。

世上还有如此蕴涵伟大凤愿的神钟吗?正是因为人们怀着这般崇敬的情感铸钟,才使神钟得以问世。若要发出绝对真谛之音,其声音须同狮吼般洪亮,像迦陵频伽(佛经中传说的鸟,啼鸣声极其优美)的鸣叫声一般清雅动听。于是,新罗人在钟体上设置了其他国家的钟上所没有的音管,以使钟声传得更远。的确,清晨人们敲响神钟,钟声能够传至百里以外。

或许是为了使钟声如同真谛之音响彻寰宇!神钟采用青铜铸造,高366厘米,重达20吨。若要使钟声发出更加洪亮的共鸣声,就必须使钟体达到一定的重量。铸造如此高大厚重、造型精巧、声音奇妙的大钟绝非易事。且不说古代的科学技术水平,就是今日,现代科学也未能揭开神钟铸造过程的秘诀。

优美的音色源于优美的形体,神钟的外形设计也别具匠心。神钟既然意指佛祖的神体,其形态也应该高大神圣,为此,神钟犹如一座山一样矗立挺拔。钟体表面的宝相华纹、莲花和飞天图,以及龙状钟钮等雕刻精美而有气魄。尤其是盘绕在音管周围的龙,可谓世界龙雕中的杰作。

钟声为真谛之音,神钟为发音的神体,因而神钟成为人们顶礼膜拜的对象。佛像不再是唯一的膜拜对象,神钟成为宗教信仰崇拜的对象,这是前所未有的。今天,为了启迪众生,为了解救在地狱中饱受煎熬的众生,人们秉承敲钟的传统,使神钟时时长鸣!

12.2 正误评析

❶ 우리는 영화 <노트르담의 꼽추>에서 안소니 퀸이 성당의 높은 첨탑에 매단 종을 치는 장면을 인상 깊게 간직하고 있다. 서양의 종은 그 안에 종설이 있어서 그것을 흔들거나 아니면 종 자체를 움직여 종설을 부딪쳐 소리를 낸다. 범종을 치는 것도 시간을 알리거나 사람을 모으거나 할 때인 만큼 결국 도구(道具)에 불과하다. 반면, 한국의 종은 종교 의식 때 사용하던 고대 중국의 편종을 불교의 종으로 변형하고 확대한 것이다. 밖에서 긴 나무 방망이로 치도록 되어 있고 높이 달지도 않는다.

误译:电影《巴黎圣母院》加西莫多敲击圣堂高高的铁塔上悬挂的钟的场面给我们留下了深刻的印象。西洋的钟其内有钟舌,摆动或是移动钟时,撞击钟舌发出声响。敲钟是为了提示时间或是召集人群。这也不过是工具罢了。但是,韩国的钟是将宗教仪式时使用的古代中国的编钟变形为佛教的梵钟并且扩大了外形。除此之

외, 종不悬挂很高, 采用木棒敲击。

正译: 在影片《巴黎圣母院》中, 安东尼·奎恩敲响高悬在教堂尖塔上大钟的场面给我们留下了深刻的印象。西方的钟内有钟舌, 摇动钟舌或钟体, 大钟自行摆动撞击钟舌发出声音。通常, 敲钟是为了报时或召集人, 故而西方的钟不过是一种工具而已。而韩国的钟是从古代中国编钟演变而来的、是在宗教仪式中使用的梵钟。钟悬挂的位置不高, 用长木棒敲击钟体发出声音。

评析: "안소니 퀸"的翻译可在网上搜查相关资料, 核对人名。◐"성당"指教堂。◐"첨탑"汉字是"尖塔", 意思为"뾰족한 탑", 不是"철탑"铁塔。◐"提示时间"不如说"报时"。

❷ 중국의 범종은 기능 위주로 만들어졌으나 한국은 중국의 고대 전통 악기인 편종을 응용하면서 종을 악기로 인식하여 좋은 소리를 내는 데 심혈을 기울였다. 종루를 지어 지면 가까이 매달고 종 바로 밑 땅을 반구형으로 파서 종소리가 나는 내부 공간을 타원체처럼 확장하였다. 또 종 위에 음관을 만들어 세워 굴뚝처럼 종 내부와 통하게 했다. 음관은 종을 쳤을 때 잡음을 흡수하는 기능을 하는 것으로 신라인이 창안한 독특한 구조이다.

误译: 中国的佛钟是以技能为主制造的。韩国应用中国古代传统的乐器编钟, 将钟视为一种能够发出悦耳的声音的乐器, 而倾注了大量的心血。建立钟楼, 将钟悬挂在离地面近的地方, 正下方挖成半圆形。发声时, 在内部呈类似椭圆体的空间中扩散。此外, 在钟的上部刻有音管, 形似烟囱贯通钟的内外。敲钟时, 音管能够吸收杂音, 这是新罗人创造的独特的构造。

正译: 中国的梵钟与传统的乐器无关, 是以功能为主铸造的。韩国的钟则源于中国古代传统的乐器编钟, 被视为一种能够发出声音的乐器, 因而非常注重钟声的音色优美。钟楼建立后, 将钟悬挂在距离地面较近的位置, 在钟口正下方挖出一个半球形地坑, 这样, 钟的内部发声空间扩展为椭圆型。此外, 在钟的上部设有音管, 形状似烟囱, 与钟的内部相通。音管能够吸收敲钟时发出的杂音, 这是新罗人的独特发明。

评析: 第一个分句可断成两个更小的分句述说。◐"종을 악기로 인식하여"中, 没有"发出悦耳声音"的意思。◐"반구형"指向下凹进去的半球形状, 不是"半圆型"。◐"钟的上部"没有"刻"音管, 是设置了一个音管。◐"形似烟囱贯通钟的内外", 原文的意思只是贯通钟体内部。

❸ 중국의 편종은 높이가 30㎝에서 100㎝에 이르기까지 여러 크기가 있는데, 한국의 신리시대에는 그 편종의 기본적 형태를 따르면서 불교의 종으로 변형시켰다. 즉 신라인은 고리를 두 마리의 용머리를 대칭으로 맞붙인 한 마리의 용으로 만들

었다. 표면의 기하학적이고 추상적 동물 무늬는 향로를 받쳐 들거나 악기를 연주하는 비천 무늬로 바뀌고, 종의 위아래 띠는 꽃과 잎을 덩굴 무늬로 연결시켜 아름답게 장식했다. 전체의 윤곽선이 탄력 있고 아름다울 뿐 아니라 표면 장식이 화려하고 힘차다.

误译：中国的编钟高度从30cm到100cm不等，韩国新罗时期根据编钟基本的形态演变而成佛教的梵钟。新罗人用环将两个对称相连的龙头连成一条。表面是立体的抽象的动物图纹托起香炉，或是变为演奏乐器的飞天图纹，钟的上下部连接有由花和叶的图藤，将钟装饰的很美丽。整体轮廓像线条有张力，不仅美观而且表面装饰的华丽而有力。

正译：中国编钟的高度从30厘米到100厘米大小不等，韩国新罗时期的钟沿循了中国编钟的基本形态，又将其演变为佛教的梵钟。新罗人制造的钟钮是一条形状对称的双头龙，钟的表层是手托香炉、演奏乐器的仙女飞天图，这种图代替了原来编钟多维、抽象的动物图案。钟体上下部分刻着的花朵和叶子用藤蔓花纹相连，装饰极美。钟的整体轮廓优美，线条柔和，钟的表面不仅美观而且装饰华贵且颇有气魄。

评析：文中"30cm到100cm"这样的度量单位应用中文表示。❷"韩国新罗时期根据编钟基本的形态演变而成佛教的梵钟"，无主语，中文句子不通，需要补上主语"新罗的钟"。❷"新罗人用环将两个对称相连的龙头联成一条"本意是新罗人将钟环造成了一个双头龙的形状，理解不透彻，翻译就不到位。❷"表面是立体的抽象的动物图纹托起香炉，或是变为演奏乐器的飞天图纹，"这句误译也是理解错误。

❹ 국보 29호 성덕대왕신종은 한국의 종 가운데 기념비적인 걸작이다. 이 종은 경덕왕(742-765)이 아버지 성덕왕(702-737)의 위업을 기리기 위하여 만들었는데 번번이 실패한 나머지, 살아 생전에 완성을 보지 못했다. 궁궐 안에 있던 봉덕사에서 20여 년간 시행착오 끝에 771년 그의 아들 혜공왕(765-780)이 완성했다. 그 즈음, 토함산에서는 불국사와 석굴암이 그 웅장한 자태를 드러내고 있었다.

误译：韩国国宝29号圣德大王神钟是韩国所有钟之中最具纪念价值的，是景德王(742-765年)为纪念其父圣德王的业绩而制造的，因为屡屡失败，所以其有生之年未能看到大钟的完工。在宫中的奉德寺反复试验了二十多年，最终于771年他儿子惠恭王(765-780年)在位时完成。此后，神钟在吐含山佛国寺和石窟庵中展现雄伟的姿态。

正译：国宝第二十九号圣德大王神钟堪称韩国钟文化的里程碑。铸造此钟原本是景德王(742—765年)的一个凤愿，想以此颂扬其父圣德王(702—737年)的丰功伟绩。但屡铸屡败，在其有生之年未能如愿完工。后其子惠恭王(765—780年)在宫中的奉德寺内继续苦心铸造，历时二十余年最终于公元771年完美竣工。与此同时，吐含山上建起了雄伟的佛国寺和石窟庵。

第12课　记叙文

评析：是谁"在官中的奉德寺反复试验了二十多年"没有主语,读者理解困难。◐"그 즈음"不是"此后",是"与此同时"的意思。◐"토함산에서는 불국사와 석굴암이 그 웅장한 자태를 드러내고 있었다"中,展现雄姿的不是"神钟",是"佛国寺和石窟庵"。

❺ 그러면 왜 신라인들은 아름답고 우렁찬 종소리를 듣고자 그토록 심혈을 기울였을까. 종의 양면에는 1000여 자에 이르는 긴 명문이 있는데, 종을 만든 목적과 제작에 참여한 후원자와 장인들의 이름이 상세히 새겨져 있었다. 그 종명의 첫머리에 우레처럼 들리는 말이 적혀 있는데 종을 만드는 첫째 목적이, 이를 쳐서 나는 소리는 우주에 가득한 절대적 진리의 소리여서 이를 들은 모든 중생으로 하여금 깨닫게 하려는 데 있다고 하였다. 뿐만 아니라 신과 사람이 힘을 합쳐 만든 종이어서 신종(神鍾)이라 한다고 새겨놓았다.

误译：那么为什么新罗人费尽心血想让钟发出美妙而洪亮的声音呢？钟的两面有多达1000字的长篇铭文,上面详细地记录了制造钟的目的、制造过程的支持者和工匠们的名字。文章的首句如雷贯耳,制造钟的第一个目的是:敲钟时的钟声是充斥宇宙间绝对真理的声音,它欲唤醒听到钟声的芸芸众生。钟上还刻着"神与人协力所造故称神钟"。

正译：那么,新罗人为何要呕心沥血铸造一个声音美妙洪亮的大钟呢？钟壁内外刻有长达千余字的铭文,文中详细记载了铸造神钟的目的,并列有捐资者和参与铸造的工匠名单。铭文开宗明义,如雷鸣般震撼人心,刻曰:"为唤醒芸芸众生而铸造此钟,钟声乃响彻宇宙真谛之音"。不仅如此,钟上还刻有"此钟乃神人合力之造,故曰神钟"的字样。

评析："후원자"是援助人、资助者的意思,与"支持者"略有差异。◐"如雷贯耳"形容人的名声很大,没有原文"우레처럼 들리는 말"声音响亮的意思。

❻ 중생은 성인의 말씀이나 물소리, 혹은 떨어지는 낙엽을 보면서도 홀연히 깨닫는 수가 있다. 사랑할 때나 헤어질 때도 깨달으며 정신적으로 성숙해 간다. 그러나 불교에서 말하는 깨달음은 완전한 깨달음, 그 무엇과도 비교할 수 없는 궁극적 깨달음이다. 그렇듯 위대한 깨달음을 성취했을 때 우리는 그 사람을 해탈(解脫)했다고 한다. 해탈은 참된 자유와 평등의 경지에 들었음을 의미한다. 그런데 신라인들은 이 신종을 만들어 그 종소리로 인해 중생들이 해탈하기를 바랐다. 따라서 종소리는 부처님이 설법하는 절대적 진리의 소리와 같은 것이요, 소리가 나는 종 자체는 부처의 몸, 즉 신체가 된다.

误译：人们听到圣人的教诲或是看到落叶会忽然间觉悟。相爱或是离别时会觉悟而走向精神上的成熟。但是,佛教中所谓的觉悟是完全的觉悟,是无与伦比的大彻大

219

悟。像这样伟大的成功达到觉悟时,人们称其为解脱。解脱意味着达到真正的自由和平等的境界。新罗人造钟是希望众生能够因为钟声而得到解脱。所以钟声犹如佛祖所说的绝对真理。发出声音的钟体就成了佛祖的身体即神体。

正译: 人们在聆听圣人的教诲或潺潺流水声,或看到落叶飘零时,会有所醒悟;在相爱或离别时,也会有所感悟,进而在精神上逐渐走向成熟。佛教的悟性是大彻大悟,是无与伦比的思想觉醒。当人们获得了这种彻底的顿悟之时即被认为得到了解脱,解脱意味着进入了真正自由平等的境界。新罗人铸造神钟,正是期待用钟声唤醒众生,使众生获得解脱。因而,神钟的钟声如佛祖说法布道、传达真谛之音,发出声音的神钟即视为佛祖之化身。

评析: 第一句漏译了"听到流水声"。❷ "위대한 깨달음을 성취했을 때"翻译成"伟大的成功",与佛教追求"悟"的意义不符。

❼ 연꽃은 만물을 생성하게 하고 소생시키는 물에서만 자라기 때문에 만물 생성의 근원을 상징한다. 부처님조차 늘 그 연꽃에서 탄생하며 연꽃 위에 앉아 설법을 한다. 그런데 신종에는 치는 자리가 정해져 있고, 그 자리에 커다란 연꽃이 새겨져 있다. 그 연꽃을 치면 소리가 난다. 말하자면 연꽃에서 궁극적인 완전한 진리의 소리가 탄생하는 것이다.

误译: 莲花因为长于源生万事万物的水中,所以它象征着万事万物生性的本源。就连佛祖也诞生在莲花之中并常坐在莲花上说法。所以敲钟的位置是固定的,在那个位置刻着一朵大大的莲花。敲击莲花便发出声音。换句话说,在莲花中产生绝对终极真理的声音。

正译: 水是世间万物生命之源,莲花生长在清水之中,象征着万物生成之根,佛祖结跏趺坐于莲花之上说法布道。人们敲击神钟的部位是固定的,那里雕刻着一朵大莲花,每每敲击莲花,神钟便发出洪亮的钟声。即表明,绝对真谛之音发自莲花。

评析: "기 때문에"直译为"因为……所以……",这种关联结构在中文中有时可以灵活地用"意合法"处理,使句子更干练。

❽ 세상에 이처럼 커다란 염원을 담은 종이 또 있을까. 그처럼 고매한 염원이 있었기에 신종이 비로소 완성될 수 있었던 것이다. 궁극적 진리의 소리를 담아 내려면 종소리가 사자후처럼 우렁차고, 가릉빈가(迦陵頻伽 Kalavinka, 아름다운 음색을 지닌 상상의 새)의 새소리처럼 청아하고 아름다워야 한다. 그래서 신라인들은 다른 어느 곳에도 없는 음관을 종에 장치하면서까지 그러한 종소리가 멀리까지 울려 퍼지게 했으니. 실제로 새벽에 이 신종을 치면 소리가 백리까지 퍼져 나간다.

误译: 世间还有这么巨大的包含愿望的钟吗?因为有这样的宏愿才制成了神钟。包含

第12课　记叙文

着绝对的真理的钟声一定如同狮子吼般洪亮,像迦陵频伽(佛经中出现的具有美丽音色的想象的鸟)的鸟叫声一样清脆而美妙。所以新罗人在钟上安装了别的国家没有的音管,使声音能够传到更远的地方。实际上,清晨敲响神钟能够传到百里之外。

正译:世上还有如此蕴涵伟大夙愿的神钟吗?正是因为人们怀着这般崇敬的情感铸钟,才使神钟得以问世。若要发出绝对真谛之音,其声音须同狮吼般洪亮,像迦陵频伽(佛经中传说的鸟,啼鸣声极其优美)的鸣叫声一般清雅动听。于是,新罗人在钟体上设置了其他国家的钟上所没有的音管,以使钟声传得更远。的确,清晨人们敲响神钟,钟声能够传至百里以外。

评析:"敲响神钟能够传到百里之外"表意不全,应该讲敲响钟,钟声可传出去。

❾ 진리의 소리처럼 온 누리에 종소리가 널리 퍼지도록 하기 위해서였을까. 신종은 높이가 366㎝나 되고, 청동으로 만든 종의 무게는 무려 20톤에 달한다. 우렁찬 소리를 내려면 종이 어느 정도 무거워야 하는데, 이처럼 크고도 무거운 종을 만들면서 동시에 정교하고 아름답게 만들고 게다가 신비한 소리를 내기는 어렵다. 고대의 과학 기술은 물론 현대 과학으로도 아직까지 신종 제작 과정의 비법을 밝혀 내지 못하고 있다.

误译:是为了让像真理一样的钟声在整个宇宙中广为传播吗?神钟高366cm,用青铜制成的钟的重量足有20吨。要想发出如此洪亮声音,那么钟得需要有多重呢?制造像这样大而重的钟的同时,又要制得精巧美丽,还要能够发出神秘的声音,真是十分困难。且不说古代的科学技术,就是连现代的科学也不能解答神钟在制造过程中的秘法。

正译:或许是为了使钟声如同真谛之音一般响彻寰宇!神钟采用青铜铸造,高366厘米,重达20吨。若要使钟声发出更洪亮的共鸣声,就必须使钟体达到一定的重量。铸造如此高大厚重、造型精巧、声音奇妙的大钟绝非易事。且不说古代的科学技术水平,就是今日,现代科学也未能揭开神钟铸造过程的秘诀。

评析:钟声是不能"传播"的。❷"종이 어느 정도 무거워야 하는데"不是疑问句,是带有疑问代词的叙述句。❸"就是连"具有相同意思的词重复使用,是中文修辞的忌讳。

❿ 아름다운 형태에서 아름다운 소리가 나게 마련이다. 그래서 종의 모양도 심혈을 기울여 만들었다. 이제 종은 부처님의 신체이므로 그의 모습처럼 위풍당당해야 한다. 그래서 신종은 뫼와 같이 우뚝하다. 그 표면의 보상화문이나 연꽃 무늬, 비천, 용고리 등이 뛰어나게 아름답고 힘찬 것도 그런 이유에서나. 특히 늠판늘 감싸고 있는 용의 모습은 세계의 용 조각품 가운데 가장 훌륭한 것이다.

误译： 在美丽形态中发出美妙的声音。所以钟的外形也是费尽心血制造出来的。现今，钟身作为佛祖的神体，<u>应该如其一样威风凛凛</u>。所以神钟和山一样高耸，是因为它的外面有<u>宝像华文</u>，莲花图纹，飞天，龙环等异常<u>美丽而有力</u>的图案的缘故。尤其是包住音管的龙是世上所有龙雕刻品中最为杰出的。

正译： 优美的音色源于优美的形体，神钟的外形设计也别具匠心。神钟既然意指佛祖的神体，其形态也应该高大神圣，为此，神钟犹如一座山一样矗立挺拔。钟体表面的宝相华纹、莲花和飞天图，以及龙环状钟钮等雕刻精美而有气魄。尤其是盘绕在音管周围的龙，可谓世界龙雕中的杰作。

评析： "应该如其一样威风凛凛"，说法不通。☯"아름답고 힘찬 것도"译为"美丽而有力"来形容雕塑图案，略有不妥，"有力"可改为"有气魄"或"有气势"。

⓫ 종소리는 궁극적 진리의 소리이고 종은 그 소리를 내는 신체이니 신종은 결국 예배의 대상이 된다. 불상만이 예배의 대상이 아니다. 이처럼 종을 종교적 예배의 대상으로 만들었던 예는 인류 역사상 일찍이 없었다. 그러한 맥을 이어 지금도 중생을 깨닫게 하고 지옥에서 고통 받는 중생까지도 구원하려는 바람에서 종을 치는 것이다.

误译： 钟声是绝对真理的声音，钟是发出声音的神体，神钟结果成了<u>被礼拜</u>的对象。礼拜的对象不只是佛像。像这样钟成了宗教礼拜的对象的事例在人类历史上是绝无仅有的。一脉相承，至今敲钟是希望钟声使众生觉悟，<u>甚至</u>使在地狱中受苦的众生得到救赎。

正译： 钟声为真谛之音，神钟为发音的神体，因而神钟成为人们顶礼膜拜的对象。佛像不再是唯一的膜拜对象，铜神钟成为宗教信仰崇拜的对象，这是前所未有的。今天，为了启迪众生，为了解救在地狱中饱受煎熬的众生，人们秉承敲钟的传统，使神钟时时长鸣！

评析： "예배의 대상이 되었다"译为被动语态"被礼拜"是理解误差，只表示"成为"。☯"지옥에서 고통 받는 중생까지도"中的助词"……까지도"，直译为"甚至……"是赘译。

12.3 翻译知识

句子翻译方法

在汉语语法理论研究中,经常使用"三个平面"的方法,即,将句法分析、语义分析和语用分析的界限区分开来,同时又相互兼顾地结合起来进行研究。首先以句法为基础,同时向隐层挖掘语义,然后再向外层探求语用意义,使语言的形式与意义有机地结合起来。这"三个平面"的方法同样适用于句子翻译理论和方法。句子的翻译十分重要,之所以这样说,是因为在语素、词汇、词组、句子、句群、文章这些语言结构的基本单位之中,只有句子在语言形式与内容相统一方面具有相对独立性,在翻译技巧上能够连带所有语言结构单位。

无论是翻译韩国语句子,还是翻译汉语句子,首先要关注两种语言句子表现的特征。比如韩国语句子在语序、习惯搭配、固定用法与文体修饰手法上的表现方法与汉语句子多有不同,翻译句子须熟知两种语言的不同特点,才能够成功地完成两种语言的转换。

句子翻译须关注三个方面,即"点""线""面"的翻译。所谓"点"的翻译,指句子所指意义上的强调点;所谓"线"指句子结构意义上前后贯穿的呼应线;所谓"面"指句子语篇意义上下关联的平衡面。

12.3.1 "点"的翻译

一个句子在表达一个完整意义时都有一个逻辑重点,这个重点是句子的所指意义,它会表现出一种特定语感,往往是语韵的突破点。

例1　나에게는 아무 것도 없다.
　　　我一无所有。
例2　산딸기는 우리 고장에서 유명하답니다.
　　　我们这儿盛产山莓。
例3　이 천은 희다 못해 청색빛을 띤다.
　　　这布别提多么白了,白得发青。

韩国语句子的逻辑重点经常使用添意助词、语序和惯用型来表现。例1使用添意助词"도"表示什么都没有。例2用引用形式说明以盛产山莓而闻名。例3用了一个惯用型表示程度之深。

例4　청정한 나뭇잎 사이로 보인 푸른 하늘은 얼마나 큰 지 모른다.
　　　透过树叶望到的蓝天不知有多大。

例5　청정한 나뭇잎 사이로 푸른 하늘 조각이 보인다. 그 파란 하늘 조각이 얼마나 큰지 모른다.

　　　透过一片片树叶,可以望到蓝天的一角。不知那蓝天的一角有多大。

例6　청정한 나뭇잎 사이로 푸른 하늘 조각이 보인다. 그 파란 하늘 조각은 얼마나 큰지 모른다.

　　　透过一片片树叶,可以望到蓝天的一角。那蓝天的一角有多大呀?

　　例4、5、6三个句子的意思完全一样。但是,作者要表达的意义重点不同,表达的方式也略有不同。例4表达了基本意义,没有过多的感情色彩。例5选用了两个分句,前后两次提到"蓝天的一角",两个"蓝天的一角"后面用的是表示句子语法结构主语的主格助词"이/가"。例6在后一分句的"蓝天的一角"上又加上了强调句子语意结构意义的添意助词"은/는",对"蓝天的一角"进行了再次强调,表示出作者特别要强调的句子重点意义。韩国语在体词、谓词或副词后面放上各种添意助词,表示添加意义,表达作者语感的强调点。

例7　양 볼 따라 쉬임없이 흘러 내리는 눈물을 그는 훔칠 염도 못하였다.

　　　他任凭泪水顺着面颊流淌下来。

例8　낮 동안은 바람 한 점 없이 맵싸하기만 하던 날씨였다.

　　　白天没有一丝风,数九寒天,干冷干冷的。

例9　형이 못한 공부를 동생이라도 하게 하려고 무진 애를 썼으나 공부는 고사하고 입에 풀칠도 할 수 없었던 일제 식민지 통치 시기를 영원히 잊을 수 없다.

　　　他哥没念成书,那就让弟弟上几天学吧! 谁成想费了半天劲,还是白搭。别说读书了,连吃饭都吃不上。就是到了下辈子,也忘不了日本殖民统治时期的苦处。

例10　정말이다 뿐이겠습니까? 제가 직접 봤는 걸요.

　　　那当然是真的了! 是我亲眼看到的。

　　例7至10都是带有添意助词的句子。以上的译文注意到了添加意义重点的翻译。如果译文不译出添加的意义,就会抹煞原文的韵味和语感。

　　韩国语的语序比较灵活,当句子语意结构的意义重点转移时,语序可以作适当变动。译文也要按照这种变化调节句子,以翻译出句子意义的色彩。

例11　우리는 오늘 금강산에 간다.

　　　我们今天去金刚山。

例12　오늘 우리는 금강산에 가겠다.

　　　今天,我们要奔向金刚山。

例13　금강산에 우리는 오늘 간다.

　　　向着金刚山,我们今天就出发!

第12课 记叙文

  韩国语属于黏着语,每一个句子成分都用一定的形态表示,由于讲话者强调的内容不同,出于强调重点的需要,句子成分有时会作前后调动。如例11、12、13的意义一样,而语序不同,表现出细微的语感差别,如果都译得一模一样,便不能表达原文所要强调的语感重点。

例14 저기 도망간다. 저 놈을 잡아라. 어서!
   往那边逃啦,抓住那家伙!快!

例15 아버지가 말씀하셨어요. 수일 내에 도착하신다고.
   爹说了,过几天他就回来。

例16 양 떼가 몰려 가듯이 흰 구름이 아득한 산발우에서 뭉게뭉게 피여 올랐다.
   一团团白云好像一群群羊儿,慢慢浮上山峦。

例17 살구산 깊은 골짜기에서 소쩍새가 운다. 그러면 이 쪽 범바위의 깊은 이깔나무 숲 속에서도 회답하는 밤새 소리가 울려 왔다.
   杏山的深谷里,杜鹃一叫,便会听到这边虎岩深处赤木丛中夜莺的回音。

  例14的状语"快",例15的谓语"说",例16的状语"山峦",例17的地点状语"赤木丛中"都放到了非常规位置上。这样做是为了强调突出这些句子成分的意义。译文译出了"顺序颠倒"的结构特点,保留了原文色彩。还有一些不完全名词、词组、词尾组合的惯用型,也能表示韩国语句子的强调重点。

例18 학습을 게을리하는 사람은 뒤떨어질 수밖에 없다.
   在学习中偷懒的人只能落伍。

例19 이제는 날이 밝기만 기다리는 판이다.
   现在只有等待天亮。

例20 저마다 감탄하여 마지 않았다.
   人人感叹不已。

例21 그가 이런 일을 하였을 리 만무하다.
   他绝不会做这样的事。

  "을 수 밖에 없다""는 판이다"等,上面列举的这些惯用句型,是韩国语的习惯组合说法,这种固定惯用句型能够明确表达特定意义,反映说话者的感情和语气,翻译时需要留意。韩国语用添意助词、语序、惯用型表现的句子意义色彩,都是句子"点"翻译的关键,顺"点"译句,可以表现出句子原有的感情色彩。

12.3.2 "线"的翻译

由连接词表示的韩国语复句中,为了加强某种关联意义,常常在连接词尾前放上具有关联意义的副词,达到句子前呼后应,此唱彼和的线向效果。

例22　그간 놈들이 아무리 날고 뛴대야 하늘에 손가락질하기지 어림도 없어.
　　　不管那些家伙怎样猖狂,终究是蚍蜉撼大树,没有什么蹦头儿了。

例23　설사 날이 궂는다 하더라도 행사에 방해되는 일은 없을 게요.
　　　即便天公不作美,也没有关系。

以上是副词与连接词尾相互呼应的例子。还有一些副词与终结词尾呼应,也可以产生线向关系。

例24　늙은이들도 배우고 있는데 하물며 젊은 사람이 배우지 않겠습니까?
　　　连老人都在学习,更何况年轻人了。

例25　교실 바닥이 어찌나 매끈한지 하마터면 넘어질 뻔했어요.
　　　教室地面别提有多滑了,差一点摔个跟头。

例26　만사는 기계처럼 맞물려 돌아가는 것이 아니어서 당신이 원하는 대로는 꼭 되지 않을 수도 있어.
　　　事情运行不是机器运转,不可能事事都能遂你所愿。

韩国语副词与连接词尾相呼应,表达出更加明确的转折、假设、条件等关联意义;副词与终结词尾相呼应,表现出更为明显的否定、推测、反问、预测等意义。所以翻译的时候要注意整个句子的线向关联意义,翻译要"瞻前顾后"。

12.3.3 "面"的翻译

饭要一口一口地吃,句子要一句一句地翻译。就像一顿饭需要靠蔬菜、肉类、主食等综合搭配才能保证营养全面一样,有时候句子的修饰意义、含蓄意义要靠一个句群表达出来。翻译时,要关注句子与句群之间语篇意义的表达。

例27　　　　　소망　　　　　　　　　　　　　　凤愿
　　　나는 한그루 나무 되어　　　　　　　　我愿变为一棵大树,
　　　반도아리 허리에 뿌리 내리고 싶소.　　矗立在半岛南北之间。
　　　나는 타고르 등불 되어　　　　　　　　我愿化作一团火焰,
　　　웃음 잃은 삼천리를 밝히고 싶소.　　　照亮三千里遗失的笑脸。
　　　하나가 둘이 되고 둘이 우리가 되어　　一化为二,二化为众,
　　　칠천만 숨결이 하나가 되도록　　　　　使七千万同呼吸共命运,

나는 그날 그날을 위해 　　　我愿化身一只不死鸟,
불사조 되고 싶소.　　　　　　期盼着那一天的到来!

以上是一首短诗,作者开始形容自己愿做一棵大树,之后表示愿化做一团火焰,诗尾述说愿做一只不死鸟,从始至终都在表达为了祖国的统一而献身的意愿。为使各个句子协调连贯,顺理成章,翻译时需全面关照整首诗的中心思想,围绕主题,渐次译出全篇意义。

例28 국문학의 위기! 위기는 사실 왔었다. 그러나 국문학은 여기서 과연 종지부를 찍을 것인가. 수천년의 역사와 전통을 가지고 꾸준히 발전하여 온 국문학이 이런 불의 지변을 당하였다 하여 과연 종지부를 찍을 것인가. 아니다. 종지부를 찍기에는 역사가 너무 멀고 일제의 발악은 너무나 야만적이고 최종적이었다. 하늘은 절대로 무심하지 않을 것이니, 민족은 가슴을 가라 앉혀 가만히 후일을 기다려야 할 것이다.

　　韩国文学面临着危机! 这是迫在眉睫的现实。但是,韩国文学果真就此画上终止符吗? 具有数千年历史传统、顽强发展起来的韩国文学遭此劫难,果真会消亡吗? 不! 绝不能! 韩国文学的未来仍然是长久的。日本帝国主义的狂暴恶行是野蛮的,但也是最后的挣扎。苍天有眼,我们民族在黑暗中期盼着未来的曙光。

例29 11월 11일 오후 생매장된 것은 유증렬 씨 일가족뿐이었는가. 운이 그렇게도 없는 그들뿐이었는가? 그리고 나머지 우리 국민들은 그들보다 운이 좋아서 그 날 그런 끔찍한 일을 당하지 않았는가, 정말 그랬는가?

　　그러나 여기 온 국민이 당하고 있는 더 무겁고 더 끔찍한 사실이 있지 않은가, 만인이 만인을 두려워하고 무서워하는 것, 만인을 싫어하고 미워하는 것, 만인을 만인 의심하고 불신하는 것, 만인이 만인을 흉악범 후보로 보는 것, 온 국민이 인간성에 대한 신뢰심을 버리고 온 국민이 착하게 살 수 있다는 한 가닥 소망의 빛 줄기마저 상실한 건 정말로 생매장된 것은 바로 이것이 아닌가?

　　11月11日下午被活埋的仅仅是柳增烈一家吗? 仅仅是他们不幸吗? 那么,其他公民只因比他们运气好而未遭灭顶之灾吗? 果真如此吗?

　　实际上,全民的遭遇不是更可怕、更触目惊心吗? 人们相互厌恶、相互仇视、相互怀疑猜测,人人都视对方为鬼怪再生。全民的这种厌世丧志情绪,正在毁灭着生活的希望,真正被活埋的,不正是这些人吗?

　　韩国语的自然段落比汉语分得细致,为的是使语法关系和段落意思表现得更清晰。有时候一个自然段就是一个句群,有时候一个句群又可以是几个自然段。如上面例29的句群包括两个自然段。两段在意义上相互紧密连接,第一自然段提出问题,第二自然段用一个排比反问句作出回答,一环扣一环,上下文呼应形成一个中心意思。如果不看上下文,就很难理解单句的感情意义。要想翻译出每个句子的特有内容意义,必须综合考虑整个句群的语篇含义。

例 30 1930년 봄이였다. 그 동안 자주 다니던 이 선생님은 우리 마을에 오셨다.

那是1930年的春天,云游四方,形踪不定的李先生来到了我们村。

例 31 더불어 고향을 찾아 떠나는 우리의 회귀 본능을 생각하면서 결국 우리가 돌아 가야 할 곳은 어디인가 생각해 본다. 누군가가 이야기하기를, 사람은 자신이 갈 곳을 향해 머리를 두고 산다고 했다. 즉 엄마의 뱃속에 있을 때는 땅을 향해, 그리고 이 땅에 살 때는 하늘을 향해 머리를 두고 산다는 것이다. 엄마의 뱃속에서 계속 머리를 아래로 향하지 않으면 사산되는 것처럼 이 땅에 살면서도 하늘을 향해 머리를 두고 살지 않으면 결국 땅으로 돌아 가는 것이니 온전한 삶을 사는 것이 아니라는 것이다. 그런 것을 생각해 보면 죽음 뒤에 아무 것도 없을 것이라는 생각은 매우 궁색한 생각이라 여겨진다. 여하튼 우리의 인생은 어디를 향해 살 것인가에 따라 삶의 가치가 결정될 것이다. 하늘의 고향을 바라보며 살 것인가? 아니면 썩어질 이 땅에 소망을 두고 살 것인가?

我们常常回家乡探亲,这种回归本能使我浮想联翩——人究竟应该回归到哪里去? 人言:活着的人将头朝向前方;胎儿在母亲的腹中头是朝下的,而出生以后,婴儿的头是朝上的。腹中胎儿的头如果不朝下,母亲就会难产;如果人在出生之后头不朝上,那就表明已回归大地,在人生道路上夭折了。这样想来,人死万事皆空的认识很耐人寻味。总之,人各自追求的方向不同,人生价值也各有不同。是面向广阔的天空而生呢? 还是面对即将腐朽的大地宿命呢?

例 32 산업화는 늦었지만 정보화는 앞서 가자. 어느 신문사가 내걸었던 캐치프레이즈이다. 속도를 중시하는 디지털의 속성상 정보화는 한국에게 상당히 유리한 트렌드였다. 실제 한국 경제의 성장에서 IT 부문의 역할은 매우 크다. IT산업이 GDP에서 차지하는 비중은 1998년 9.3%에서 2002년 14.9%로 높아졌다. IT가 수출에서 차지하는 비중은 1990년 13%에서 2002년 28.2로 증대하였다. 같은 기간 승용차, 선박, 철강 등 3대 전통 산업의 수출 점유율은 15%에서 21%로 완만한 성장세를 기록한 것과 비교하면 대단한 성장세이다. 이에 따라 세계 IT업계에서 우리 기업들이 점하는 위상도 크게 상승하였는데 2002년 세계 메모리의 45%, TFT-LCD의 41%를 점유하고 있는 것이 한국이다. IT가 경제 성장을 견인하는 주도 산업으로 확고히 자리를 잡았음에 틀림없다.

"我们在工业化中慢了一步,在信息时代一定要走在前头!"韩国一家报纸提出这样的倡议。数字产业重在速度,从这一特点来看,信息时代非常有利于韩国。事实上,IT产业在韩国经济增长中发挥着十分重要的作用。IT产业在韩国国内生产总值(GDP)中的比重从1998年的9.3%增长到2002年的14.9%,在出口中所占比重从1990年的13%增长到2002年的28.2%。同期,汽车、造船和钢铁三大传统产业在出口中所占比重只从15%增加到21%。与传统产业的缓慢增势相比,IT产业的增长速度确实非常快。与此同时,韩国企业在世界IT产业中的地位也得到迅速提升。2002年,全球市场上45%的存储器和41%的液晶面板(TFT-LCD)是韩国生产的。毫无疑问,IT产业已经牢固地占据了拉动经济增长主导产业的位置。

例30的第一句是无主句,这是韩国语的一种常用句型之一。它实际上与下一句紧密相连,有的时候甚至可以转换为下一句的某个成分。如"1930년 봄이었다"就可以做下一句的时间状语。例31的整段话都围绕人生的主题展开,例32以"韩国的数字化经济"为题展开了议论。翻译这两个句子时,如果不了解上下文的意思,无法正确翻译每一句话,就容易断章取义。

例33 보라, 우리의 생활이 어떻게 변하여 갈 것인가를……
　　 看吧!我们的生活将会发生怎样的变化……

例34 처녀 놀래 멈춘다.　　　　　　　姑娘惊奇地站住了,
　　 바위 옆에 그가 섰다.　　　　　　是他,立在岩边.
　　 "철호!" 처녀의 부르짖음　　　　"哲浩!"姑娘喊了一声,
　　 놀라움과 기쁨에 섞인　　　　　　声音里掺着惊喜和兴奋,
　　 쥐었던 꽃뭉치 부스스 떨어져　　手中的花一朵朵地落下,
　　 샘물을 다시 덮는다.　　　　　　散落到水面上。

通过句子成分换位而达到强调某语法成分的效果,这种手法在文学作品中不乏其例。如例33颠倒了谓语和宾语的位置,例34颠倒了定语的位置。这都是从全文或一个句群角度考虑使用的手法,所以翻译要全面衡量,保证文章的整体修饰效果。

例35 쇼핑을 즐겨라, 더 많은 브랜드, 더 많은 스타일, 더 많은 혜택이 있는 곳인 면세점에서.
　　 欢迎您到免税店购物!购买各种名牌商品,欣赏多种时尚风采,享受种种免税优惠!

例36 끊임없는 경쟁과 욕망 속에 놓인 삶을 잠시 내려 놓습니다. 그리고 자연 속에 침잠합니다. 언제든 변함없이 그 자리를 지켜 내는 나무와 숲, 쉬지 않고 흐르는 시냇물과 구름, 그 속에 동화되어 살아 가는 새와 숲 속 동물 친구들, 그들의 이야기에 귀를 기울입니다. 그들이 있기에 당신이 있고 당신이 있기에 그들이 있습니다.
　　 暂时放下那些由无限竞争滋生的无尽欲望,沉浸到自然中去,倾听它们的声音吧!树木和草丛,随时随地都在静静守候;溪水和白云,时时刻刻都轻轻地流动;飞禽和走兽,永永远远都与蓝天绿地共生。正是因为它们的存在才有你的生存,也正因为你的存在才有它们的繁盛!

以上例35通过颠倒语序,达到广告的效果,例36依靠几个短句表达出了一个较完整的意义。这些都是韩国语句子的修辞手法,因此在韩中翻译中,按照句子的功能意义和修饰意义,将基本翻译单位定于表达出一个完整意义的句子或句群,便于译者进行翻译活动。

概而言之,"点"的所指意义指一个句子的主题强调点,翻译时要做到"画龙点睛";"线"的关联意义指句子前后呼应线,翻译要注意"瞻前顾后";"面"的修辞意义指句子与句群的整体平衡面,翻译要"面面俱到"。句子翻译要顾及点、线、面,力求达到语篇整体翻译的最佳效果。

12.4 翻译练习

12.4.1 选择较好的翻译

① 내 걱정일랑 말고 어서 가서 일을 잘 해라.
　　——别为我担心,赶快去干活吧!
　　——别为我担心,去干活。

② 참! 일 솜씨가 여간 아닙니다 그려.
　　——噢!这手艺可是不一般呀!
　　——噢!手艺很好。

③ 저쪽 청년은 이미 이쪽을 발견한 모양인지 걸음을 멈추고 올려다 보곤한다.
　　——那青年似乎发现了什么,停住了脚步,抬头探望。
　　——那青年好像已经发现了什么,停下来,抬着头一个劲儿地往这边瞧。

④ 어머니는 답답한 마음을 달랠 길 없었다.
　　——母亲怎么也消解不了郁闷的心情。
　　——妈妈消解不了烦闷的心情。

⑤ 만일 그들이 돌아 오거든 곧 저에게 알려 주세요.
　　——他们一回来,就马上告诉我!
　　——他们回来的话,告诉我一声。

⑥ 아래 열 가지 "단동치기 십계훈"에는 아기들이 바른 사람으로 성장하기를 바라는 조상님들의 소망이 잘 담겨 있습니다. 다 함께 알아 보아요.
　　a. 불아불아: 하늘과 내가 둘이 아니라 하나라는 뜻.
　　b. 달궁달궁: 끝 없는 하늘까지 달달달 통한다는 뜻.

第12课 记叙文

　　c. 도리도리: 고개를 오른쪽 왼쪽으로 돌리면서 도리에 맞는 행동을 하라는 뜻.
　　d. 단지단지: 두 손바닥으로 손뼉을 치면서 단군 자손임을 잊지 말라는 뜻.
　　e. 지암지암: 손가락을 오므리면서 땅과 오행을 알라는 뜻.
　　f. 곤지건지: 오른손 가운데 손가락으로 왼손 손바닥을 찌르면서 천지 음양을 알라는 뜻.
　　g. 질라횔횔: 나쁜 병을 털어 버리고 훨훨 자유롭게 날아 다니라는 뜻.
　　h. 작궁작궁: 마음을 둥글게 하라, 혹은 내 말 알아 들었지라는 뜻.
　　i. 섬마섬마; 자주, 독립, 자조하라는 뜻.
　　j. 자장자장: 내 손은 약손이니 걱정 말고 잠들라는 뜻.

—— 下面这首《檀童致基十戒训》歌中,有韩国祖先盼望子孙长大成人的内容。让我们一起来学习。

　　a. 亮亚亮亚 —— 老天爷与我非二者,天人同一。
　　b. 达穹达穹 —— 一望无尽的天涯,四通八达。
　　c. 道理道理 —— 头自左向右转动,动静循道。
　　d. 檀知檀知 —— 双手击掌,切记吾檀君子孙。
　　e. 地岩地岩 —— 把手握起来,知大地与五行。
　　f. 坤旨乾旨 —— 用右手手指之一戳左手手掌,知天地阴阳。
　　g. 疾罗呼呼 —— 排除病患,自由翱翔。
　　h. 作穹作穹 —— 心呈圆形,听懂了吗?
　　i. 石摩石摩 —— 自主、独立、自助。
　　j. 自奖自奖 —— 用我的药手拍拍,放心地睡吧。

—— 下面这首《檀童十戒训》歌词中,有韩国祖先教诲敦促子孙长大成人的内容。让我们一起来学习。

　　a. 亮呀亮呀 —— 苍天吾与,天人合一,同一统一。
　　b. 达穹达穹 —— 天涯海角,一望无垠,四通八达。
　　c. 道理道理 —— 自左向右,旋转头部,循循悟道,
　　d. 天知天知 —— 双手击掌,檀君子孙,莫忘莫忘。
　　e. 地知地知 —— 手指拳起,大地五行,知晓知晓。
　　f. 坤知乾知 —— 指戳掌心,乾坤阴阳,知了知了。
　　g. 疾患飘散 —— 排除疾患,一身轻松,飘散飘散。
　　h. 交友交友 —— 敞开心扉,仔细倾听,理解理解。
　　i. 放松放松 —— 自理自立,自主自助,独立独立。
　　j. 睡吧睡吧 —— 轻轻拍拍,催眠催眠,呼呼睡吧!

12.4.2 填空

① 바람이 부는 데다 비조차 억수로 퍼부었으나 사람들은 일손을 계속 다그쳐 나가기만 하였다.
（　　　　　　　　　　　　　　　　　　）人们仍然冒雨苦干。

② 모든 일이 빈틈 없으니 아마도 일은 순조롭게 될 것 같아요.
安排得很周到，（　　　　　　　　　　　　　　）。

③ 제주도는 한반도의 서남단 북태평양 상에 위치한, 한국 최대의 섬으로 8개의 유인도와 55개의 무인도로 이루어져 있다.
济州岛位于朝鲜半岛的西南端太平洋之上，是韩国最大的岛屿，由（　　　　　　　　）。

④ 제주의 옛 명칭은 도이(島夷)·주호(州胡)·탐모라(耽牟羅)·섭라(涉羅)·탁라(乇羅)·탐라(耽羅) 등 시대에 따라 다르게 불렸다.
济州岛在（　　　　　　）分别被称为岛夷、州胡、耽牟罗、涉罗、乇罗、耽罗等。

⑤ 제주도는 삼다도라고도 한다. 돌 많고 바람 많고 미녀가 많다. 자연과 문화의 완벽한 조화를 이룬 제주도는 어느 곳보다 뛰어난 관광자원과 복합적인 문화적 가치를 지니고 있다.
济州岛有（　　　　　　　　　）之称，石头多，风多，美女也多。自然与人文景观完美结合的济州岛比任何一个地方都有着更加优越的观光资源和复合文化价值。

⑥ 돌하루방, 산악, 해안, 동굴, 폭포, 초원, 희귀식물, 계곡, 농원, 목장, 선사유물, 역사유적, 신화 및 전설, 민요, 해수욕장 등은 마치 섬 전체가 거대한 자연박물관 같은 생각을 들게 한다. 이러한 아름다운 섬 제주에는 아직도 사람들에게 자태를 드러내기를 거부하는 빼어난 경관이 곳곳에 숨어 있다.
石神、山岳、海岸、洞窟、瀑布、草原、珍稀植物、溪谷、农园、牧场、史前遗物、历史遗迹、神话传说、民谣、海水浴场等，令人感到整个岛屿就好像一个巨大的自然博物馆。（　　　　　　　　　　　　　　）。

12.4.3 改错

① 2002년 제주의 주요 행사는 온통 월드컵 축제라고 할 만큼 월드컵을 전후하여 다채로운 문화행사들이 줄지어 열린다.

第12课　记叙文

——2002年济州岛的主要活动首先是世界杯, 之后是丰富多彩的文化活动。

② 제주 월드컵경기장에서는 6월 8일, 브라질-중국전과 12일, 슬로베니아-파라과이전의 예선 2경기와, 15일 E조 1위와 B조 2위가 맞붙는 16강전 1경기 등 모두 3경기가 치루어진다.
——6月8日将迎来中国对巴西的比赛, 12日有斯洛文尼亚对巴拉圭, 还有15号E组第一名对B组第二名的16强比赛, 一共将举办3场比赛。

③ 우리 모든 삶이 언어로 이루어집니다. 따라서 외국어를 배우는 이유는 잘 살기 위한 것입니다.
——我们的生活离不开外语, 所以学习外语的目的是为了使我们生活得更充实。

④ 오늘부터 실천 가능한 계획을 세우고 하나하나 이루어 가는 기쁨을 얻는다면 한 달이 못되어 큰 성과를 거둘 것입니다. 투자하지 않고 얻을 수 있는 것은 아무 것도 없답니다.
——今天制定一个计划, 然后一项项地尝试实践, 不到一个月就会很有收获。任何事情都是如此, 不投资便无效益可言。

⑤ 기사문을 작성할 때는 기사문의 구성 형식에 따라 '누가', '언제', '어디서', '무엇을', '어떻게', '왜' 했느냐 하는 사항들을 밝혀야 한다.
——写记叙文的时候, 要按照记叙文写作的形式要求, 写清楚"谁""什么时间""在哪里""做什么"的内容。

⑥ 효과적인 기사문 작성을 위해서는 취재 대상의 결정, 자료 수집 및 취재, 기사문 작성 등의 과정을 따르는 것이 좋다.
——为了提高记叙文写作质量与效果, 最好按照书写对象的选定、资料的收集等顺序过程去完成。

12.4.4　翻译句子

① 기사문은 보고 들은 사실을 전달하는 글이다. 기사문의 구체적인 예는 신문에서 쉽게 찾아 볼 수 있다. 기사문은 보고 들은 사실을 객관적으로 신속하게 전달해야 하기 때문에 내용이 간결하고 표현이 정확해야 한다.
———

② 기사문은 신문에서 흔히 볼 수 있는데, 요즘은 인터넷을 통해 정보가 신속히 전달되므로 정보화 시대에 특히 중요한 글 쓰기라고 할 수 있다.
———

③ 기사문은 '보도성, 사실성, 공정성, 간략성, 객관성, 정확성, 신속성'을 특징으로 합니다.
———

④ '육하원칙'은 기사문을 쓰는 일반적인 원칙이다.
———

⑤ 기사문에서 효과적인 전달을 위해서는 그림이나 사진, 통계 등의 자료를 활용합니다.
———

⑥ 기사문의 내용은 얼마든지 구할 수 있겠지요. 기사문을 잘 쓰려면 어떻게 해야 하죠, 그리고 수학여행 기사문은 어떻게 써야 하는지에 대해서 선생님은 기사문의 형식과 구조에 대해서 설명하지요.
———

12.4.5　翻译短文

죽음으로 가는 생각

사형수들을 연구한 적이 있다. 사형수들에게 미리
"당신은 교수형 대신 피를 빼어 죽게 하겠다"고 했다.
죄수를 침대에 눕히고 주사 바늘을 꽂았다.
죄수의 귀에는 물방울이 떨어지는 소리를 듣게 하였다.
죄수들은 이 물방울 소리를 자기의 피가 빠지는 소리로 듣고 스스로 죽고 말았다는 얘기다.

12.5 翻译作业

한강

　　태백산 검용소에서 발원한 한강은 강원도와 충청도, 경기도와 서울을 지나 서해로 흘러 간다. 514km에 달하는 너른 품에 한국의 역사와 한국인의 삶을 껴안고 바다로 흘러 든다.
　　그렇다면 514km, 즉 천삼백 리를 흐르는 한강의 발원지는 어디인가? <세종실록 지리지(世宗實錄地理志)>를 비롯한 옛 문헌들에는 한강의 발원지를 오대산 우통수(于筒水)라고 기록하고 있다. 한강의 발원지가 오대산 우통수에서 지금의 강원도 태백시(太白市) 하장면(下長面) 금대산(金臺山) 밑 검용소로 바뀐 것은 1918년 조선총독부 임시 토지조사국(土地調査局)에서 실측 조사한 결과에 의해서였다.
　　"이곳 검용소는 한강 514.4km의 발원지로 하루 2천여 톤 가량의 물줄기가 석회 암반을 뚫고 나온다. 깊이 1.5m, 넓이 1.2m의 암반 20~30m를 지나 이루어 낸다. 수온은 사계절 내내 9℃이며, 암반 주변 풀 이끼는 신비함과 오염되지 않은 자연을 그대로 보여 주고 있다"고 안내판에 기록되어 있다. 검용소에서 시작된 강물이 골지천으로 들어 가고 물길은 정선 아리랑의 무대인 아우라지에 닿는다.
　　"아우라지 뱃사공아 배 좀 건너 주게. 싸리골 올동백이 다 떨어진다. 떨어진 동백은 낙엽에나 쌓이지, 사시장철 임 그리워 못 살겠네"라는 정선아리랑의 구슬픈 가락을 따라 송천(松川)을 합한 강물은 정선읍(旌善邑) 광하리(廣河里)에서 동강(東江)으로 유입된다.
　　동강과 서강을 받아 들이며 넓어진 남한강은 단양군(丹陽郡) 영춘면(迎春面)에 이른다. 남한강이 강답게 넓어진 그 아래에 한강의 중요한 나루터이자 이름난 장터였던 목계(牧溪) 장터를 만난다.
　　이제 강물은 충청도를 지나 경기도로 들어선다. 여주(驪州) 일대를 흐르는 남한강을 여강(驪江)이라고 부르고 이곳에 '벽절(壁寺)'이라 불리는 신륵사(神勒寺)가 있다. 양근(陽根)나루가 있던 양평(楊平)을 지나면 북한강과 남한강이 만나 한몸이 되는 양수리(兩水里) 즉 두물머리에 다다른다. 우리 민족의 큰 스승이자 실학자인 정약용(丁若鏞) 선생이 태어나고 말년을 보낸 그 두물머리가 바로 서울 시민의 상수원이자 서울에 전력을 공급하는 팔당댐이다.
　　팔당댐 아래 미사리(渼沙里) 앞에서 한강은 마지막으로 여울져 흐르고 그곳에서부터 강물은 더욱 몸집을 키워 광나루, 삼전도(三田渡) 같은 옛 나루터를 지난다. 이곳에 이르면 압구정이 지척이고 강 건너에 남산이 올려다 보인다.
　　남산 자락에 살곶이원(箭串院), 홍제원(洪濟院), 보제원(普濟院)과 함께 서울의 4대 원(院) 가운데 한 곳이었던 이태원(梨泰院)이 있고, 강물은 노량진(鷺梁津)에 이른다. 백로가 거닐던 나루터라서 그런 이름을 붙였다는, 노량진은 양화진(楊花津), 한강진(漢江津)과 더불어 서울의 삼진 가운데 한 곳이었다.

그곳에서 멀지 않은 곳에 여의도(汝矣島)가 자리한다. 고려시대만 해도 귀양지였던 여의도는 현재 한국의 정치·경제·언론·문화의 새로운 중심지로 자리잡았다. 그 건너 편에 삼개나루라고 불리던 마포나루가 있었다. 마포와 용산포에는 전국에서 거두어 들인 곡식들이 서해의 뱃길을 따라 한강을 거슬러 올라와 산더미처럼 쌓여 광흥창(廣興倉), 대흥창(大興倉) 같은 여러 창고들이 세워졌었다.

그러한 사실을 아는지 모르는지 한강은 쉬지 않고 흘러 임진왜란 때 3대 대첩의 현장인 행주산성(幸州山城)을 지나서 김포시에 닿는다. 고양시에서 한강은 금강산 부근에서 발원한 임진강을 받아 들이고 김포시 월곶면(月串面) 보구곶리(甫口串里)에서 강으로서의 생을 마감한 후 서해로 들어 생을 다한다.

"강을 보라, 수많은 우여곡절 끝에 그 근원인 바다로 들어 가지 않는가"라고 니체가 말했던 것처럼, 한강은 어느 지류 하나도 거부하지 않고 받아들인 뒤 천삼백 리 물길을 흘러서 바다로 흘러 든다. 그렇다. 한강은 우리 민족의 역사와 문화를 끌어 안고 세세토록 흐르고 흐를 것이다.

 12.6 参考资料

🌸 기사문을 쓰는 '육하원칙' 🌸

기사문[記事文]은 알릴 만한 가치가 있는 사실을 객관적으로 서술하는 글이다.

(1) 기사문의 종류에는,
　① 보도 기사: 학교나 집, 사회나 자연에서 일어난 일을 사람들에게 널리 전하는 기사.
　② 해설 기사: 어떤 사물이나 문제를 정리하여 보다 정확하게 독자들이 이해하도록 설명한 기사.
　③ 논설 기사: 사실의 진실성을 파악한 뒤 그 사실을 평가하며 그것에 대한 의견을 서술하는 기사.
　④ 기획 기사: 신문 편집자(글쓴이)의 생각을 명확히 제시하면서 기사에 살을 붙여 문제 의식을 가지고 사실을 파헤치는 기사.
　⑤ 탐방 기사: 특정 인물이 보도의 대상이 될 때, 혹은 그 사람의 입을 통해 어떤 사실을 알아내려고 할 때 그 사람의 대화로 얻어진 기사.
　⑥ 대담 기사: 기자가 직접 뉴스가 있는 곳을 찾아 가 보고 느낀 바를 적은 기사.

第12课　记叙文

(2) 기사문의 구성 형식에는
   ① 표제: 전체 기사 내용을 대략 짐작할 수 있게 압축·요약한 문구
   ② 부제: 표제를 보완한 간결한 문구
   ③ 전문: 육하 원칙에 따라 표제의 압축된 내용을 다소 구체화한 것
   ④ 본문: 기사 내용을 자세히 기술한 것
   ⑤ 해설: 독자들의 이해를 돕기 위해 덧붙인 참고 사항이나 설명

(3) 기사문을 쓰는 '육하원칙'에는
   ① 누가(who), 언제(when), 어디서(where), 무엇을(what), 왜(why), 어떻게(how), 즉 인물(주체), 시간, 장소, 대상(객체), 원인, 어떻게 하였는가를 밝혀야 한다.
   ② 이 순서는 고정되어 있는 것이 아니므로 중요하거나 읽는 이의 관심을 끌 만한 것부터 먼저 쓸 수 있다.

(4) 기사문의 특성으로는
   ① 대중성: 그 신문을 읽을 독자들을 대상으로 한다.
   ② 보도성: 사실을 대중들에게 널리 전달한다.
   ③ 객관성: 사실을 있는 그대로 기록하여 전달한다.
   ④ 간략성: 독자가 쉽고 빠르게 이해할 수 있도록 간결하고 쉽게 표현한다.
   ⑤ 정확성: 부정확하거나 모호한 표현이 있어서는 안 된다.
   ⑥ 신속성: 가능한 한 빠르게 전달하려고 한다.

13.1 课文范文

13.1.1 江原道

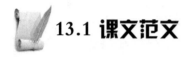

강원도

　강이 시작되는 곳, 강원도는 많은 강들의 고향이다. 아름다운 산과 강, 바다 등 푸른 자연이 잘 보존되어 있는 한반도의 숨통이다. 강원도는 태백산맥을 경계로 기후와 풍습이 다른 두 개의 문화권으로 나뉜다.

　강원도는 한반도의 중간쯤에서 동해와 닿아 있는 지역이다. 강원도란 지명은 강이 시작되는 곳이란 뜻으로 강릉(江陵)과 원주(原州)란 두 도시의 이름에서 따온 것이다. 많은 큰 산들의 골짜기를 따라서 수많은 강이 흐르고 흘러서 바다에 닿는데, 남한에서 가장 긴 낙동강(길이 525km)과 그 다음으로 긴 한강(길이 481km)도 강원도의 산에서 발원한다. 그러므로 강의 고향은 강원도의 높은 산들이다. 그런 강원도는 아름다운 산과 강, 바다 등 푸른 자연이 여전히 잘 남아 있는 한국의 숨통이나 다름 없다.

　한국의 산업은 급속하고 광범위한 개발로 자연을 황폐화시키면서 발달했다. 그런데 산업체에서 일을 하여 생활이 안정된 많은 사람들은 아이러니컬하게도 주말이나 휴가 때는 자연을 찾는다. 강원도에는 해수욕장과 스키장들이 많고, 설악산(해발 1,708m)과 오대산 (해발 1,563m) 같은 국립공원도 강원도에 있기 때문이다.

　강원도는 면적이 1만 6873.51km²이며 인구는 약 156만 명에 달한다. 인구가 20만 명이 넘는 도시가 원주, 춘천, 강릉 등 세 곳이다. 강원도 주민들은 주로 농업과 어업,축산업에 종사한다. 산악지대를 관통하는 도로와 고속도로가 늘면서 산업체도 많아지고 있다. 강원도 사람들은 산업이 발달하기를 기대하고 있으나, 다른 곳에서 사는 많은 사람들은 강원도만큼은 자연이 파괴되지 않고 잘 보존되기를 바란다.

　강원도 북쪽은 북한과 닿아 있다. 그래서 강원도 고성의 한 고지대에는 통일 전망대라는 곳이 있다. 그러나 그 전망대에서 바라다 보이는 광경은 통일이 아니라 분단된 현실이다. 남한과 북한을 가르고 있는 비무장지대와 그 너머로 아련하게 북한의 산들이 바라다 보인다. 비무장지대 바로 너머에는 금강산(해발 1,638m)이 솟아 있다. 금강산은 뾰족한 봉우리가 1만 2천 개나 있다는, 예로부터 널리 알려진 아름다운 명산이다.

  금강산에 버금가는 아름다운 산이 강원도 속초에 있는 설악산이다. 두 산은 지역적으로도 가까이 있으며 산의 아름다운 자태 또한 비슷하다. 두 산은 다 노령기의 산으로서 능선과 봉우리는 날카로운 암석들이 드러나 있다. 날카로운 봉우리들이 아름답고, 그 봉우리들 사이로 흐르는 계곡과 폭포들이 사람들의 눈과 마음을 사로잡는다. 더욱이 단풍이 온 산을 붉게 물들이는 가을이면 사람들은 거의 맹목적으로 그 아름다움에 빠져든다.

13.1.2 词汇注释

숨통	咽喉	동해(東海)	东海
태백산맥(太白山脈)	太白山脉	경계(境界)	界
골짜기	山谷,峡谷	오대산(五臺山)	五台山(韩国江原道的五台山)
닿다	触及,到达		
발원하다(發源하다)	发源	아이러니컬하다 (ironical하다)	讽刺,冷嘲热讽
해발(海拔)	海拔		
황폐화(荒廢化)시키다	使荒废	해수욕장(海水浴場)	海水浴场
스키장(ski 場)	滑雪场	강릉(江陵)	江陵
원주(原州)	原州	어업(漁業)	渔业
춘천(春川)	春川	아련하다	模糊
국립공원(國立公園)	国立公园	고성(高城)	高城(郡)
봉우리	山峰	축산업(畜産業)	畜牧业
산악지대(山岳/山嶽地帶)	山岳地带	비무장지대(非武裝地帶)	非武装地带
전망대(展望臺)	展望台	능선(稜線)	棱线
분단되다(分斷되다)	被分裂,被分开	속초(束草)	束草
폭포(瀑布)	瀑布	물들이다	染色,染成彩色
뾰족하다	尖耸	노령기(老齡期)	老龄期
암석(巖石)	岩石	사로잡다	活捉
개울	溪流	단풍(丹楓)	枫叶
맹목적(盲目的)	盲目的		

13.1.3 参考译文

江原道

　　一条条江河的源头——江原道是大小河川的故乡。那里保留着青山绿水、碧海蓝天的自然风光,是朝鲜半岛的生命之源。江原道以太白山脉为界分为气候与风俗相异的两个文化圈。

　　江原道位于朝鲜半岛中部,与大海毗邻。顾名思义,江原道即"江河之源"的意思,为江陵与原州两个城市的合称。条条江河沿着群山幽谷流淌而出,奔向大海。韩国第一长河洛东江(长525公里)以及第二长河汉江(长481公里)都源自江原道的崇山峻岭。因此说,江河的故乡在江原道的高山之上。被完好地保留下来的青山绿水、碧海蓝天,构成一幅幅自然景观,成为韩国绿色生命之源。

　　韩国工业快速、大规模的发展严重破坏了自然环境。然而具有讽刺意味的是,在产业部门工作的人们待生活稳定之后,要利用周末或假日去寻找自然,享受休闲之乐。江原道无疑是休闲胜地,因为那里有很多海水浴场和滑雪场,还有雪岳山(海拔1708米)和五台山(海拔1563米)这样的国立公园。

　　江原道的面积为16873.51平方公里,人口约为156万。其中人口超过20万的城市有原州、春川、江陵三地。江原道人主要从事农业、渔业和畜牧业。随着贯通山岳地带的道路和高速路的修筑,企业也不断增多。虽然江原道人期盼本地工业快速发展,但是其他地方的人们却希望江原道的自然风光能够维持原状而不被损坏。

　　江原道北部与朝鲜接壤。江原道高城郡的一个高地上有一个叫做"统一展望台"的地方。但站在展望台上向下望去,看到的不是统一而是分裂的现实。越过分割南北的非武装地带,依稀可见北方的山峦,非武装地带的正前方便是金刚山(海拔1638米)。金刚山山峰有12000座之多,美丽的山峰自古闻名遐迩。

　　能够与金刚山相媲美的只有江原道束草市的雪岳山了。两座山不仅地理位置相近,连山形的秀美之处也颇为相似,两座山山龄亦相差不多,都具有悠久的历史。山上怪石嶙峋,山峰挺拔秀丽,山间的溪流与瀑布引人入胜。尤其在满山红叶尽染的金秋季节,人们常常陶醉其中,如临仙境。

13.2 正误评析

❶ 강이 시작되는 곳, 강원도는 많은 강들의 고향이다. 아름다운 산과 강, 바다 등 푸른 자연이 잘 보존되어 있는 한반도의 숨통이다. 강원도는 태백산맥을 경계로 기후와 풍습이 다른 두 개의 문화권으로 나뉜다.

误译: 作为江河的起源地,江原道是许多江的故乡。在这里,美丽的山河、大海等绿色自然景致被完好的保存,是朝鲜半岛的枢纽所在。江原道以太白山脉为界被划分为气候和风俗各不相同的两个文化圈。

正译: 一条条江河的源头——江原道是大小河川的故乡。那里保留着青山绿水、碧海蓝天的自然风光,是朝鲜半岛的生命之源。江原道以太白山脉为界分为气候与风俗相异的两个文化圈。

评析: 常常说"发源地",而不说"起源地"。❷ 译文"江原道是大小河川的故乡",中文修辞从字数到韵律都讲究对仗,说"江的故乡",不如说"江河的故乡",或"江之故乡",更显词组修辞的平稳。❸ 按照词义"숨통"可以多译为"咽喉地带""枢纽""命脉"等,根据上下文的意思,译成"生命之源"更为恰当。

❷ 강원도는 한반도의 중간쯤에서 동해와 닿아 있는 지역이다. 강원도란 지명은 강이 시작되는 곳이란 뜻으로 강릉(江陵)과 원주(原州)란 두 도시의 이름에서 따온 것이다. 많은 큰 산들의 골짜기를 따라서 수많은 강이 흐르고 흘러서 바다에 닿는데, 남한에서 가장 긴 낙동강(길이 525km)과 그 다음으로 긴 한강(길이 481km)도 강원도의 산에서 발원한다. 그러므로 강의 고향은 강원도의 높은 산들이다. 그런 강원도는 아름다운 산과 강, 바다 등 푸른 자연이 여전히 잘 남아 있는 한국의 숨통이나 다름 없다.

误译: 江原道位于朝鲜半岛中部地区,靠着大海。江原道的意思就是江起源的地方。顺着许多大山的山谷流下无数的江水,聚集起来汇入大海。韩国第一长河洛东江(长525公里)以及第二长河汉江(长481公里)都发源于江原道的群山之中。因此,江的故乡其实就是江原道的高山。在江原道,美丽的山水风光和大海等绿色自然景致被完好的保存下来,这里不愧为韩国的枢纽。

正译: 江原道位于朝鲜半岛中部,与大海毗邻。顾名思义,"江原道"即江河之源的意思,为江陵与原州两个城市的合称。条条江河沿着群山幽谷流淌而出,奔向大海。韩国第一长河洛东江(长525公里)以及第二长河汉江(长481公里)都源自江原道的崇山峻岭。因此说,江河的故乡在江原道的高山之上。被完好地保留下来的青山绿水、碧海蓝天,构成一幅幅自然景观,成为韩国绿色生命之源。

评析："靠着大海",过于口语化,不是散文修辞语言。☯ 江的量词是"条","수많은강"直译为"无数的江水",不符合中文数量词的组合习惯。应该添加量词,翻译成"无数条河""条条江河"。☯ "韩国最长的江洛东江"译为"韩国第一大江洛东江",更简洁明了。☯ "完好的保存下来"中"的"是误用助词,应该用"地"。☯ "枢纽"多与交通相连,无论是原文的江河之源,还是自然山水都与生态环境有关。

❸ 한국의 산업은 급속하고 광범위한 개발로 자연을 황폐화시키면서 발달했다. 그런데 산업체에서 일을 하여 생활이 안정된 많은 사람들은 아이러니컬하게도 주말이나 휴가 때는 자연을 찾는다. 강원도에는 해수욕장과 스키장들이 많고, 설악산(해발 1,708m)과 오대산(해발 1,563m) 같은 국립공원도 강원도에 있기 때문이다.

误译:韩国的产业高速发展,广范围开发的同时荒废了自然。但是相反地在产业社会中工作,生活安定的许多人在周末或者是休假都走进自然。那是因为海水浴场和滑雪场很多,还有类似像雪岳山(海拔1708米)和五台山(海拔1563米)这样的国立公园。

正译:韩国工业快速、大规模的发展严重破坏了自然环境。然而具有讽刺意味的是,在产业部门工作的人们待生活稳定之后,要利用周末或假日去寻找自然,享受休闲之乐。江原道无疑是休闲胜地,因为那里有很多海水浴场和滑雪场,还有雪岳山(海拔1708米)和五台山(海拔1563米)这样的国立公园。

评析:"광범위한 개발로"直译为"广范围的开发",有外国腔。☯ "相反地……"是添译,原文没有这个意思。☯ "类似像雪岳山……"犯了语言重复的错误,或者说"类似……",或者说"像……"都可以。

❹ 강원도는 면적이 1만6873.51km²이며 인구는 약156만 명에 달한다. 인구가 20만명이 넘는 도시가 원주, 춘천, 강릉 등 세 곳이다. 강원도 주민들은 주로 농업과 어업,축산업에 종사한다. 산악지대를 관통하는 도로와 고속도로가 늘면서 산업체도 많아지고 있다. 강원도 사람들은 산업이 발달하기를 기대하고 있으나, 다른 곳에서 사는 많은 사람들은 강원도만큼은 자연이 파괴되지 않고 잘 보존되기를 바란다.

误译:江原道的面积是16873.51平方公里,人口约为156万。人口超过20万的城市有原州、春川、江陵三市。江原道的人们多以农业、渔业、畜牧业为生,但是随着贯穿山区的道路和高速路的修建,产业种类也逐渐增多起来。就在江原道的人们期待着产业发展的同时,其他地方的人们却希望不破坏并好好保存像江原道这样的自然。

第13课 散 文

正译：江原道的面积为168713.51平方公里,人口约为156万。其中人口超过20万的城市有原州、春川、江陵三地。江原道人主要从事农业、渔业和畜牧业。随着贯通山岳地带的道路和高速路的修筑,企业也不断增多。虽然江原道人期盼本地工业快速发展,但是其他地方的人们却希望江原道的自然风光能够维持原状而不被损坏。

评析："산업체"不是"产业种类",是"企业"。☯"希望不破坏并好好保存像江原道这样的自然。"希望后面的成分太复杂,包孕沉重,需要轻装。

❺ 강원도 북쪽은 북한과 닿아 있다. 그래서 강원도 고성의 한 고지대에는 통일 전망대라는 곳이 있다. 그러나 그 전망대에서 바라다 보이는 광경은 통일이 아니라 분단된 현실이다.

误译：江原道的北部与朝鲜接壤。因此在江原道的高城郡的一个高地上有一个叫统一展望台的地方。但是,从那个高台向下望,看到的不是统一,而是分断的现实。

正译：江原道北部与朝鲜接壤。江原道高城郡的一个高地上有一个叫做"统一展望台"的地方。但站在展望台上向下望去,看到的不是统一而是分裂的现实。

评析：连接词"因此"在可要可不要的情况下,可省略。☯"분단된 현실"直译为"分断的现实",中国人听不懂,这是韩国语汉字词使用与现代汉语词意义及组合的差别。

❻ 남한과 북한을 가르고 있는 비무장지대와 그 너머로 아련하게 북한의 산들이 바라다 보인다. 비무장지대 바로 너머에는 금강산(해발 1,638m)이 솟아 있다. 금강산은 뾰족한 봉우리가 1만 2천 개나 있다는, 예로부터 널리 알려진 아름다운 명산이다.

误译：从这儿我们看得到分断韩国和朝鲜的非武装地带和朝鲜那边的山脉。那一边正是金刚山所在地。金刚山有尖耸的一万两千余座山峰,是一座闻名已久的美丽的山。

正译：越过分割南北的非武装地带,依稀可见北方的山峦,非武装地带的正前方便是金刚山(海拔1638米)。金刚山山峰有12000座之多,美丽的山峰自古闻名遐迩。

评析："看得到……山脉"之间定语成分过长,需分解。☯"正是……所在地",多用于某一座城市或一个单位,极少用在名胜上。☯"尖耸的一万两千余座山峰",语序应该颠倒过来说"一万两千余座尖耸的山峰"。☯"美丽的山"读起来词组搭配不够稳当,可讲"美丽的山峰"或"美丽山峰"。

❼ 금강산에 버금가는 아름다운 산이 강원도 속초에 있는 설악산이다. 두 산은 지역적으로도 가까이 있으며 산의 아름다운 자태 또한 비슷하다.

误译：江原道束草市的雪岳山的美丽并不逊色于北方的金刚山。两山在地域上很邻近,山的美丽之处也很相似。
正译： 能够与金刚山相媲美的只有江原道束草市的雪岳山了。两座山不仅地理位置相近，连山形的秀美之处也颇为相似。
评析： "두 산은"直译成中文"两山"有误，之间必须加量词译为"两座山"。"地域"与"地理位置"词概念的范围大小不同。

❽ 두 산은 다 노령기의 산으로서 능선과 봉우리는 날카로운 암석들이 드러나 있다. 날카로운 봉우리들이 아름답고, 그 봉우리들 사이로 흐르는 계곡과 폭포들이 사람들의 눈과 마음을 사로잡는다. 더욱이 단풍이 온 산을 붉게 물들이는 가을이면 사람들은 거의 맹목적으로 그 아름다움에 빠져 든다.
误译： 两座山都是老龄山，都是由尖耸的岩石形成的。尖耸山峰的美丽，山间流淌的小溪和瀑布吸引着人们。尤其是到了赏枫叶的季节，满山枫叶都被染红的时候，人们就盲目地投入美景之中。
正译： 两座山山龄亦相差不多，都具有悠久的历史。山上怪石嶙峋，山峰挺拔秀丽，山间的溪流与瀑布引人入胜。尤其在满山红叶尽染的金秋季节，人们常常陶醉其中，如临仙境。
评析： "……맹목적으로 그 아름다움에 빠져든다"直译为"盲目地投入美景之中"，这种翻译绝对忠实原文，包括句子的形式甚至词汇的使用。但是原文文体是"散文"，应体现一些"诗的韵味"，要在充分理解原文意境的基础上进行译文的修辞艺术加工。

13.3 翻译知识

复句的翻译

翻译的基本语言单位是以句子为基础表达一个相对完整意义的句法单位。句子按照结构划分，一般可以分为单句和复句、包孕句。单句一般只有一个主谓结构；复句由两个以上的分句构成，有两个或两个以上主谓结构；包孕句被称为主谓短语作句子成分的单句，即句子中的主、谓、宾、定、状、补的某一个成份或某几个成份是由主谓短语从句充当的。此外还有复杂复句与复杂包孕句之分。需要注意的是汉语与韩语在复句的划分上不尽相同，韩国语语法规定复句分为两种，一种是由连接词尾构成的连接复句，另一种是某一句子成分带有主谓关系从句的包孕复句。为使下述内容简明易懂，下文按照单句、复句、包孕句的区分，讲解韩文与中文复句的特点和翻译技巧。

13.3.1 复句结构的表现法

韩国语复句的分句使用连接词尾或者惯用词表示,中文的分句使用两种方法连接,一种是关联词连接法,另一种是意合法。

例1 디지털 문화의 특성을 몇 가지로 꼽<u>으면</u> 아마도 일상의 편리함, 처리의 신속함, 가상적 연대감, 감각적 자유로움 정도로 요약할 수 있지 않을까 한다.
如果让我举出数字文化的几个特点的话,也许可以归纳为:方便、快捷、虚拟连带感和自由感。

例2 어느 열혈 커뮤니티 네티즌은 자신이 직접 운영하는 커뮤니티만 30여 개, 회원으로 직접 활동하고 있는 커뮤니티만 해도 300여 개가 된다고 한다. 물론 이 사람처럼 커뮤니티에 의해 일상이 심하게 지배받는 것은 아니<u>지만</u>, 대부분 모든 30대 이하의 네티즌들은 한두 개 정도는 온라인 커뮤니티에 가입해서 활동하고 있다.
有个热衷于网络社区的网民说,他管理的网络社区有三十多个,以会员身份直接参与活动的达三百多个,虽然并非所有的人都像他一样完全陷进去以至于严重影响了日常生活,但是三十岁以下的大部分网民几乎都参加一两个在线论坛活动。

例3 디지털 카메라로 찍은 사진을 파일로 전송해서 컴퓨터에 입력하고 다시 내 이메일로 보내주는 사람들을 보<u>면</u> 배우고 싶다는 생각보다는 신기한 생각만 들 뿐이다.
看到有人用数码相机摄影,并将它以文件形式输入电脑,再发到自己的信箱里,与其说这使我产生了想学一学的念头,不如说让我产生了一种新奇感。

例1复句的两个分句之间是假设关系"...면...";例2是表示转折关系的"……지만……",韩国语将表示各种关系的连接词尾放在两个分句之间,使人一目了然。汉语则用关联词"如果……就……""虽然……但是……"连接分句,或者什么形态都不用,只靠句子前后的意义连接。如例3也是表示假设关系的"……면……",而在译文中找不到任何表示假设的词和关联词,只是依靠上下文的意思,完整地将假设意义表示了出来,这叫"意合法"。

中文复句依靠关联词连接分句。关联词常常是前呼后应的,前呼词叫"启下词",后应词叫"承上词"。一般"启下词"不单用。

例4 디지털 기술은 일상적인 <u>편리함뿐 아니라</u>, 개인의 사고 방식과 의사 소통 방식을 빠르게 바꾸어 놓았다.
数字技术不仅方便了人们的日常生活,而且快速地改变了人们的思维与交流方式。

例5 아직 싹트고 꽃 필 때는 멀었<u>건마는</u> 그래도 봄 기운만은 흠뻑 머금어 새로운 향기가 풍겨지는 것 같아요.
虽然离发芽开花还为时尚早,但已出现了几分春意,似乎繁花已芬芳四溢了。

中文的关联词"不仅……而且……"和"虽然……但……"之中,"不仅"和"虽然"为启下词;"而且"和"但"为承上词。启下词与承上词分别位于分句之首和之间。韩国语表示连接意义的惯用词"뿐만 아니라"和连接词"건만"都位于两个分句之间。

例6　만약 그가 안 오면 내가 그를 찾아 가겠다.
　　　如果他不来的话,我就去找他。

　　例6中"만약"是个副词,与"……면……"形成前呼后应的关系。但是它与译文中的关联词"如果……就……"的呼应关系完全两样。副词只起修饰强调作用,不起句子结构作用,即使将它们去掉,原句的基本意义也不会改变。而"如果……就……"是配套使用的,缺一不可,只有在口语中会出现省略启下词的情况。
　　中文复句的另一种表现方法是意合法,不需要任何关联词,只靠句子中词或词组间的相互关系来表示复句的内在联系。特别是一些表示并列关系的复句,常用这种方法。

例7　우리 나라는 기후도 온화하거니와 땅도 기름지다.
　　　译1　我国不但气候温暖,而且土地肥沃。
　　　译2　我国气候温暖,土地肥沃。
例8　하늘이 맑고 햇빛이 따뜻하다.
　　　译1　天气晴朗,并且阳光灿烂。
　　　译2　天气晴朗,阳光灿烂。

　　例7、8译1照搬直译出了原句连接词形态,显得拖泥带水;译2使用了意合法,既节约了关联词,又符合汉语复句的表达习惯。

13.3.2　连接谓语与终结谓语

　　韩文复句中的终结谓语可以包含连接谓语要表示的许多语法意义,而中文则不行。

例9　바람이 몹시 불거나 비가 내리겠습니다.
　　　不是要刮风,就是要下雨。
例10　그들이 우리한테로 오든가 우리가 그들한테로 가야 해.
　　　要么他们到我们这儿来,要么就得我们到他们那儿去。

　　韩国语的终结谓语可以包含连接谓语要表示的许多语法意义,如时间、阶称等。例9终结词尾"-겠"同时包括了连接谓语"刮风"的将来时意义。例10的终结谓语"……가야 해",表示连接谓语也有同样的意义。这就是说,在某些方面,韩国语的连接谓语对终结谓语有一定的依赖关系,而中文则不具备这种特点。

例 11 국가는 독립하고 민족은 해방하려고 한다.

  国家要独立,民族要解放。

例 12 우리는 제품을 더 많이 증산하며 자재를 적극 절약하여야 한다.

  我们应该大幅提高产量,努力节约原材料。

  中文句子的分句可以不厌其烦地平分秋色,如例11"要……,要……"。或者像例12那样将"大幅提高产量,努力节约原材料"变为并列词组。

13.3.3　包孕句与复句的翻译

例 13 내가 그 참기 어려운 모진 고비를 꿋꿋이 견디어 낼 수 있었던 것은 오직 나라에 충성하려는 굳은 의지 때문이다.

  我克服了许多难以想象的困难坚持下来,这完全靠的是忠诚于国家的坚强意志。

例 14 나는 오로지 나라에 충성하려는 굳은 의지로 인해 그 참기 어려운 모진 고비를 꿋꿋이 견디어 낼 수 있었다.

  正因为我有忠诚于国家的坚强意志,我才能够克服那种种难以想象的困难而坚持下来。

  例13原文是包孕句,例14是连接复句。翻译之后中文的两个句子都是复句。这两个句子原文的意思基本相同,但所强调的部分不同。例13强调克服困难的过程,例14强调克服困难的原因。两个句子的中译文都译成了复句,恰当地表示了原句的意思。这说明韩国语的包孕句可以翻译成中文的复句。

例 15 동아시아 문화권에서 오랜 역사를 통해 엄청난 영향을 끼친 공자와 맹자, 그리고 여러 선현들이 몸소 실천하며 직접 체험한 것을 바탕으로 가르치고 보여 준 내용이 경전 가운데 그대로 남아 있지만 아무도 믿지 않을 뿐만 아니라 온통 비판의 소리만 높다.

  译 1　在东亚文化圈中,虽然在漫长历史中产生了巨大影响的孔子、孟子和许多先贤们躬行的教诲内容虽在经典中原封不动地保留了下来,但是不仅没有任何人相信,而且唯有批判的声音高涨。

  译 2　在东亚文化圈形成的漫长历史中,孔子、孟子等许多至圣先师的出现对人类文明的发展产生了巨大的影响。他们的教诲与经典虽然被原封不动地保留了下来,但是未有人笃信躬行,唯有批判的声音一浪高过一浪。

  例15译2将包孕句里的包孕部分提出来,翻译成一个分句,使包孕句变成几个分句的复句形式。

例 16 "순은 동쪽 오랑캐이며, 문왕은 서쪽 오랑캐이다. 땅이 천 리 이상 떨어지고 시대가 천 년 이상 흘렀지만 뜻을 얻어 나라를 다스리게 되면 부절을 합친 듯하니 옛날의 성인과 후세의 성인 생각은 하나이다"라는 맹자의 말은 유학의 문제 의식은 시간과 공간을 넘어 하나가 될 수 있는 보편 윤리의 인식과 실천에 있다는 것을 의미한다.

译1 孟子云:"舜,东夷之人也;文王,西夷之人也。地之相去也,千有余里;世之相后也,千有余岁;得志行乎中国,若合符节。先圣后圣,其志一也。"这句话将儒学的问题意识放到能够超越时空与空间,存在于普遍性伦理的认识和实践当中。

译2 孟子云:"舜,东夷之人也;文王,西夷之人也。地之相去也,千有余里;世之相后也,千有余岁;得志行乎中国,若合符节。先圣后圣,其志一也。"这句话说明,儒学的问题意识存在于认识与实践之中,是一种能够超越时间与空间的、具有普遍性的伦理道德意识。

例16是一个宾语从句包孕句。译1完全按照原句子的顺序翻译,由于宾语从句包孕的内容太多,使读者理解起来很吃力,读完后一时不知所云。译2将包孕的内容化解为两个分句述说,全句翻译成带两个小分句的复句,使读者一目了然。

13.3.4　单句与复句的翻译

首先,我们知道韩国语的单句与复句可以互变。

例17 실제로 디지털 기술 혁명은 개인의 일상적인 편리함뿐 아니라 몸의 느낌과 사고 방식과 의사소통 방식을 급격하게 바꾸어 놓았다.

事实上,数字技术革命不但为个人的日常生活和工作带来方便,而且迅速地改变了人们的感受、思维方式和交流方式。

例18 실제로 디지털 기술 혁명은 개인에게 일상적인 편리함을 준다. 뿐만 아니라 사람들이 몸의 느낌과 사고 방식과 의사소통 방식을 급격하게 바꾸어 놓았다.

数字技术革命的确为个人的日常生活和工作带来了方便。不仅如此,数字技术革命还迅速地改变了人们的感受、思维方式和交流方式。

从句子结构看,例17原句是一个连接复句,例18是两个单句形式;从句子意义上看,例17、18说的是一个意思。就是说,韩国语的复句与单句形式可以互换。但是仔细观察时,会发现单句与复句互换之后的意思不完全对等。例17的两个分句之间在意义上密切相联,表达出一个完整的意思;例18的两个句子,两句话可以分开来说,表达了两个完整的意思。翻译时须兼顾整个句子的表达,注意分句之间的逻辑关系。

第13课　散　文

 13.4 翻译练习

13.4.1　选择较好的翻译

① 이번 추석에 한국에서 무려 2천8백만여 명의 인구가 이동했다고 한다. 그렇게 길이 막히고 짜증 나지만 명절 때만 되면 우리는 움직이게 된다.
　——据说今年中秋节韩国大约有两千八百万人口在流动。虽然如此拥挤,有些让人受不了,但只要到了节日那天,我们还是要动起来的。
　——据说这次中秋节韩国大约有两千八百万人回老家过节。回乡之路拥挤不堪,令人烦躁不安,但一到节日,人们还是要往回赶。

② 이 땅에 근본 없이 태어난 사람이 없는 것처럼 이후에 우리의 갈 길이 정해져 있다면 우리는 이 땅에서 욕심대로 마음대로 살 수만은 없을 것이다.
　——在这片土地上土生土长的人,如果今后决心在这里生存扎根,就不能欲望膨胀,在这片土地上为所欲为!
　——正如这片大地原本就没有人一样,如果我们已经决定好了我们的未来之路,那么我们就只能沿着希望和信念前行。

③ 방문 겸 대문들이 거의 충돌할 듯 말 듯 차창을 휙휙 스쳐 지나갔다. 손잡이를 잡고 있는 내 손에서 벌써 땀이 배어 나오고 있었.
　——大门紧贴着车窗,嗖嗖掠过。我抓着扶手的手心里已经渗出了汗水。
　——火车飞速前行,车窗外,一扇扇大门嗖嗖而过。我紧紧抓着扶手,手心里汗津津的。

④ 디지털 문화는 우리에게 유토피아와 디스토피아를 동시에 제공하고 있고 우리는 그러한 세계 속에서 디지털 문화가 만든 행복과 불행의 순간들을 동시에 체험하고 있는 것이다.
　——数字文化为我们同时提供了乌托邦和反乌托邦,而我们在这样的世界上又正在同时感受着数字文化所带来的幸福与不幸的每一个瞬间。
　——数字文化为我们同时提供了乌托邦与反乌托邦理念。在这样的世界里,我们将时时刻刻感受着数字文化带来的幸福与不幸。

⑤ 글로벌 시장 형성, 이미 확보된 국내 기반, 우리 문화 코드와의 적합성 등을 감안할 때 디지털이야말로 한국의 희망임에 틀림 없다.
—— 从全球化的市场、已构筑的产业基础及韩国文化数码化的相融性等条件来看,毫无疑问,数字化才是韩国未来的希望所在。
—— 全球化的市场、产业基础的稳定、韩国文化与数字化的兼容,由此看来,数字化才是韩国未来的希望所在。

13.4.2　填空

① 수필의 소재는 생활 경험, 자연 관찰, 인간성이나 사회현상에 대한 새로운 발견 등 무엇이나 좋을 것이다. 그 제재가 무엇이든지 간에 쓰는 이의 독특한 개성과 그 때의 심정에 따라 '누에의 입에서 나오는 액이 고치를 만들 듯이' 수필은 써지는 것이다.
随笔来自生活的经验和对自然的观察,以及对人性和社会现象的新发现等等。不管是什么题材,只要作者有独特的个性,只要作者跟着感觉走,就像(　　　　　)一样,随笔便会一挥而就。

② 수필은 플롯이나 클라이맥스를 필요로 하지는 않는다. 필자가 가고 싶은 대로 가는 것이 수필의 행로이다. 그러나 차를 마시는 것과 같은 이 문학은, 그 차가 방향을 가지지 아니할 때에는 수돗물 같이 무미한 것이 되어 버리는 것이다.
随笔不需要情节梗概或高潮顶点,随笔的创作是随心所欲的。但是,随笔就像喝茶一样,当茶散发不出茶的香味儿时,(　　　　　　　　　　　　)。

③ 수필은 청춘의 글은 아니요, 서른여섯 살 중년 고개를 넘어 선 사람의 글이며, 정열이나 심오한 지성을 내포한 문학이 아니요, 그저 수필가가 쓴 단순한 글이다. 수필은 흥미는 주지만 읽는 사람을 흥분시키지 아니한다. 수필은 마음의 산책이다. 그 속에는 인생의 향기와 여운이 숨어 있다.
随笔不是青春的篇章,而是35岁以上的中年人书写的作品。它不是热情奔放或内涵深刻的文学,只是作者随笔抒写的单纯的文章。随笔给人以兴趣,但不会使人兴奋不已。(　　　　　　　　),文中隐含着人生的香气和韵味。

④ 세계 여러 곳을 여행한 사람들의 공통적인 견해는 한국의 제주도 만한 데도 드물다는 것이다. 웅장한 한라산과 광활한 초원, 신이 조각한 듯한 해안 기암 절벽과 청정한 바다, 입에서 살살 녹고 뱃속에 아늑하게 스며드는 각종 회와 생선 요리. 그것들을 기억에 담고 잠이 들면 태평양에서 불어 와 한라산에서 한번 더 정제되는 공기가 밤 새 단 맛으로 꿈을 적셔 준다.

许多世界旅游爱好者都认为,像韩国济州岛这样的地方很罕见。这里有雄伟的汉拿山、广阔的草原、(　　　　　　)的海岸、(　　　　　　)和清澈宁静的大海,还有令人垂涎的海鲜。游人将这些美好的记忆留在脑海中,伴随着吹过太平洋的海风和越过汉拿山的气息沉沉入睡,进入梦乡。

⑤ 달은 시방 구름 속에 잠겨 있다. 구름은 이곳저곳에 멍울멍울 떠 있는데 어떤 것은 희며 어떤 것은 연회색이다. 구름장의 한 복판은 두터워도 양 가장자리는 실실이 풀리어 바람에 하늘하늘 나붓기는 듯하다. 그리고 구름과 구름의 벌어진 틈에 맑은 하늘이 파릇이 엿보이며 한개 두개 조그만 별들이 졸음 오는 듯이 깜박거리고 있다.
月亮沉浸在云海中,云海中的云彩一团团的,有洁白的,有淡灰的,云团中心浓浓的,云边淡淡的。空中和风徐来,云团间露出湛蓝的天空,不时有一两颗小星星(　　　　　　　　　　　　　　　　　)。

⑥ 주객일체, 물심일여라 할까, 현요하다 할까, 무장무애이다. 이러한 때 나는 모든 것을 잊고, 모든 것을 가진 듯이 행복스럽고, 또 이러한 때 나에게는 아무런 감각의 혼란도 없고, 심정의 고갈도 없고, 다만 무한한 풍부의 유열과 평화가 있을 따름이다.
将这种感触说成是主客一体、心物一如呢? 还是形容为灵光闪烁呢? 总之,是那么一种无思无念、无挂无碍的大彻大悟! 此时,我仿佛忘却了一切,又拥有了一切,只觉得幸福无比。此时,感觉的混乱停止了,内心的枯竭也消失了,(　　　　　　　　　　　)。

13.4.3 改错

① 그는 수필 두 편을 써서 잡지사에 기고하였다.
—— 他写了两篇文章,快递给了杂志社。
——

② 그는 수필 문학의 새로운 경지를 개척한 작가이다.
—— 他是一位将随笔文学引入了一个新境界的作家。
——

③ 그는 평생 동안 수필을 500 편이나 썼다.
—— 他一生写作了五百篇文章。
——

④ 그는 여행 다녀 온 일을 내용으로 수필집을 냈다.
　　── 他以旅游经历为题材内容编写散文集。
　　———

⑤ 그는 수필이라는 형식을 빌어 자기의 속 이야기를 풀어 갔다.
　　── 他借散文形式来抒发自己的故事。
　　———

⑥ 신변잡기의 단순한 열거만으로는 좋은 수필이 되기 어렵다.
　　── 列举杂记,很难写出好的散文来。
　　———

⑦ 수필에는 지은이의 생활 태도와 인생관이 반영되어 나타난다.
　　── 散文反映出了作者的生活态度。
　　———

⑧ 수필은 그 쓰는 사람을 가장 솔직히 나타내는 문학 형식이다.
　　── 散文是最直接披露人的文学形式。
　　———

13.4.4　翻译句子

① 수필은 개성적인 문학이다, 작가의 심적 상태, 개성, 취미, 지식, 인생관 등이 개성 있는 문체로 드러나 보이는 글이다.
　　———

② 수필은 무형식의 문학이다. 짜임에 제약이 없고 다른 문장 형식을 자유로이 이용할 수 있다.
　　———

③ 수필은 일정한 형식을 따르지 않고 인생이나 자연 또는 일상생활에서의 느낌이나 체험을 생각나는 대로 쓴 산문 형식의 글이다.
　　———

④ 수필은 넓은 의미로는 모든 문서류나 일상 회화까지 포함될 수 있으나 일반적으로는 문학 용어로서 '산문문학'을 가리킨다.
———

⑤ 수필은 근대의 소설·희곡·평론·수필 등의 분야로 시기적으로 운문에 비해 뒤늦은 중세 후기에야 확립되었다.
———

⑥ 그러나 오늘날에 와서 문학의 주류는 오히려 산문이며, 이는 18세기 이후에 발전한 소설의 영향이 크다고 할 수 있다.
———

13.4.5　翻译短文

① 낙엽의 말
힘들고 외로울 때 길가의 낙엽을 하나 주워 봐.
낙엽이 이렇게 말할 거야.
'일단 놓고 얘기하자!'

② 깨달음
　　어느 날 농부가 호박을 보면서 생각한다.
　　'신은 왜 이런 연약한 줄기에 호박을 달아 줬을까? 그리고 왜 두꺼운 상수리나무에는 보잘것 없는 도토리를 주셨을까?'
　　며칠 뒤 농부가 상수리나무 아래에서 낮잠을 자는데 뭔가 이마에 떨어져 잠이 깼다.
　　도토리였다. 순간 농부는 큰 깨달음을 얻었다.
　　'휴~ 호박이면 어쩔 뻔했을까?'

③ 한·중 수필 번역가를 모집합니다.
　　한국의 문화와 정서, 작가의 심리, 수필의 특징인 운치가 잘 배어 나오도록 하면서 언어적으로도 되도록 원어민에 가까운 수준이면 좋겠습니다. 앞의 조건을 전제로 하여 인문, 철학, 심리학 등의 분야를 전공하신 분을 선호합니다. 일은 지속적으로 많이 있습니다. 재능있는 분들의 많은 지원 기다립니다.
　　감사합니다.

13.5 翻译作业

신록예찬

　봄, 여름, 가을, 겨울 두루 사시(四時)를 두고 자연이 우리에게 내리는 혜택에는 제한이 없다. 그러나 그 중에도 그 혜택을 풍성히 아낌없이 내리는 시절은 봄과 여름이요, 그 중에도 그 혜택을 가장 아름답게 나타내는 것은 봄, 봄 가운데도 만산(萬山)에 녹엽(綠葉)이 싹트는 이 때일 것이다.

　눈을 들어 하늘을 우러러 보고 먼 산을 바라 보라. 어린애의 웃음같이 깨끗하고 명랑한 5월의 하늘, 나날이 푸르러 가는 이 산 저 산, 나날이 새로운 경이를 가져 오는 이 언덕 저 언덕, 그리고 하늘을 달리고 녹음을 스쳐 오는 맑고 향기로운 바람— 우리가 비록 빈한하여 가진 것이 없다 할지라도 우리는 이러한 때 모든 것을 가진 듯하고, 우리의 마음이 비록 가난하여 바라는 바, 기대하는 바가 없다 할 지라도 하늘을 달리어 녹음을 스쳐 오는 바람은 다음 순간에라도 곧 모든 것을 가져올 듯하지 아니한가?

　나는 오늘도 나의 문법 시간이 끝나자 큰 무거운 짐이나 벗어 놓은 듯이 옷을 훨훨 떨며, 본관 서쪽 숲 사이에 있는 나의 자리를 찾아 올라 간다. 나의 자리래야 솔밭 사이에 있는, 겨우 걸터 앉을 만한 조그마한 소나무 그루터기에 지나지 못하지마는, 오고 가는 여러 동료가 나의 자리라고 명명(命名)하여 주고, 또 나 자신도 하룻 동안에 가장 기쁜 시간을 이 자리에서 가질 수 있으므로 시간의 여유가 있을 때마다 나는 한 특권이나 차지하는 듯이 이 자리를 찾아 올라 와 앉아 있기를 좋아한다.

　물론, 나에게 멀리 군속(群俗)을 떠나 고고(孤高)한 가운데 처하기를 원하는 선골(仙骨)이 있다거나, 또는 나의 성미가 남달리 괴팍하여 사람을 싫어한다거나 하는 것은 아니다. 나는 역시 사람 사이에 처하기를 즐거워하고, 사람을 그리워하는 갑남을녀(甲男乙女)의 하나요, 또 사람이란 모든 결점이 있음에도 불구하고 역시 가장 아름다운 존재의 하나라고 생각한다. 그리고 또, 사람으로서도 아름다운 사람이 되려면 반드시 사람 사이에 살고, 사람 사이에서 울고 웃고 부대껴야 한다고 생각한다.

　그러나 이러한 때— 푸른 하늘과 찬란한 태양이 있고, 황홀(恍惚)한 신록이 모든 산, 모든 언덕을 덮는 이 때, 기쁨의 속삭임이 하늘과 땅, 나무와 나무, 풀잎과 풀잎 사이에 은밀히 수수(授受)되고, 그들의 기쁨의 노래가 금시라도 우렁차게 터져 나와, 산과 들을 흔들 듯한 이러한 때를 당하면 나는 곁에 비록 친한 동무가 있고 그의 재미있는 이야기가 있다 할지라도 이러한 자연에 곁눈을 팔지 않을 수 없으며, 그의 기쁨의 노래에 귀를 기울이지 아니할 수 없게 된다.

　그리고 또, 어떻게 생각하면 우리 사람이란— 세속에 얽매여 머리 위에 푸른 하늘이 있는 것을 알지 못하고 주머니의 돈을 세고 지위를 생각하고 명예를 생각하는 데 여념이 없거나, 또는 오욕칠정(五慾七情)에 사로잡혀 서로 미워하고 시기하고 질투하고 싸우는 데 마음에 영일(寧日)을 가지지 못하는 우리 사람이란, 어떻게 비소(卑小)하고 어떻게 저속한 것인지. 결국은 이 대자연의 거룩하고 아름답고 영광스러운 조화를 깨뜨리는 한 오점(汚點) 또는 한 잡음(雜音)밖에 되어 보이지 아니하여, 될 수 있으면 이러한 때를 타서 잠깐 동안이나마 사람을 떠나 사람의 일을 잊고, 풀과 나무와 하늘과 바람과 한가지로 숨쉬고 느끼고 노래하고 싶은 마음을 억제할 수가 없다.

그러기에, 초록(草綠)에 한하여 나에게는 청탁(淸濁)이 없다. 가장 연한 것에서 가장 짙은 것에 이르기까지 나는 모든 초록을 사랑한다. 그러나 초록에도 짧으나마 일생이 있다. 봄바람을 타고 새 움과 어린 잎이 돋아 나올 때를 신록의 유년이라 한다면, 삼복 염천(三伏炎天) 아래 울창한 잎으로 그늘을 짓는 때를 그의 장년 내지 노년이라 하겠다. 유년에는 유년의 아름다움이 있고, 장년에는 장년의 아름다움이 있어 취사(取捨)하고 선택할 여지가 없지마는, 신록에 있어서도 가장 아름다운 것은 역시 이즈음과 같은 그의 청춘 시대— 움 가운데 숨어 있던 잎의 하나하나가 모두 형태를 갖추어 완전한 잎이 되는 동시에, 처음 태양의 세례를 받아 청신하고 발랄한 담록(淡綠)을 띠는 시절이라 하겠다. 이 시대는 신록에 있어서 불행히 짧다. 어떤 나무에 있어서는 혹 2, 3주일을 셀 수 있으나 어떤 나무에 있어서는 불과 3, 4일이 되지 못하여 그의 가장 아름다운 시절은 지나가 버린다.

그러나 이 짧은 동안의 신록의 아름다움이야말로 참으로 비할 데가 없다. 초록이 비록 소박(素朴)하고 겸허(謙虛)한 빛이라 할지라도 이러한 때의 초록은 그의 아름다움에 있어 어떤 색채에도 뒤서지 아니할 것이다. 예컨대, 이러한 고귀한 순간의 단풍(丹楓) 또는 낙엽송(落葉松)을 보라. 그것이 드물다 하면 이즈음의 도토리, 버들, 또는 임간(林間)에 있는 이름 없는 이 풀 저 풀을 보라. 그의 청신한 자색(姿色), 그의 보드라운 감촉, 그리고 그의 그윽하고 아담(雅淡)한 향훈(香薰), 참으로 놀랄 만한 자연의 극치(極致)의 하나가 아니며, 또 우리가 충심으로 찬미하고 감사를 드릴 만한 자연의 아름다운 혜택의 하나가 아닌가?

 13.6 参考资料

붓 가는 대로 쓰는 글

(수필[隨筆]은 말 그대로 '붓 가는 대로 쓰는 글'이다.)

수필이란 뜻은 다음과 같다.
형식에 구애됨이 없이 생활 속의 체험을 소재로 하여 다양한 형식과 내용으로 자유롭게 쓴 글이다. 일반적으로 사전에 어떤 계획이 없이 어떠한 형식에 구애 받지 않고 자기의 느낌, 기분, 정서 등을 표현하는 산문 양식의 한 장르(분야)이다.

지은이가 생각나는 대로 붓 가는 대로 견문이나 체험, 또는 의견이나 감상을 적은 글, 그것은 뚜렷한 형식이 없는, 비교적 짧고 개인적이며 서정적인 특성을 가진 산문이라고 할 수 있다.

수필의 성격을 보면 다음과 같다.
① 무형식의 문학: 형식에 얽매이지 않고 자유롭게 쓴다.
② 개성의 문학: 제재, 형식, 내용 등을 통해 글쓴이의 개성이 반영된다.
③ 신변 잡기적인 문학: 생활 주변에서 보고 느끼는 것 모두가 제재가 된다.
④ 비전문적인 문학: 누구나 쉽게 쓸 수 있는 대중적인 글이면서 문학적인 글이다.

수필의 유래는 다음과 같다.

수필이라는 형식은 16세기말 프랑스의 저술가 미셸 드 몽테뉴에 의해서였다. 몽테뉴 자신의 글은 개인적인 사고와 체험을 표현하려던 것이었기 때문에 '에세'(essay: 프랑스어로 '시도', '시험'이라는 뜻)라는 말을 써서 자신의 시도와 노력의 산물임을 강조했다. 몽테뉴는 자신의 사사로운 일들에 대한 생각을 매우 뛰어난 솜씨로 포착해 생생하고 인상적인 방식으로 기록했다. 1588년 완전히 마무리되어 출간된〈수상록 Essais〉은 아직도 수필문학의 백미로 꼽히고 있다.

그때로부터 일정한 형식을 따르지 않고 인생이나 자연 또는 일상생활에서의 느낌이나 체험을 생각나는 대로 쓴 산문 형식의 글을 수필(隨筆), 에세이(essay), 산문(散文, prose)이라 한다.

第14课 剧 本

 14.1 课文范文

14.1.1 《生死谍恋》

❀ 쉬리 ❀

……
#204 수족관
(총격으로 엉망이 된 수족관 내부. 깨진 어항, 진열장, 거울……부서지지 않고 남은 어항 하나. 그 속에 정겹게 헤엄치는 키싱구라미 한 쌍. 계속되는 명현의 소리)
이명현: 부탁이 있어. 중원 씨 내 앞에 나타나지 마. 다른 사람 보내. ……(한참)……중원 씨와 같이 있었던 지난 일 년. 그게 내 삶의 전부야. 그 순간만큼은 이명현도 이방희도 아닌……나였어. 나 이해해 달란 말 안할 게……(울먹) 지금 중원 씨 너무 보고 싶어. …… 너무 보고 싶어……
(우두커니 서 있는 유중원)
#205 제주도 한라 요양원
(바닷가 보이는 요양원 언덕. 따사로운 햇빛. 살랑이는 바람. 벤취에 앉아 책 <시집> 읽고 있는 이명현. 이어폰 끼고 흥얼흥얼……문득, 고개들어 한쪽 본다. 바로 옆에서 자신을 보고 있는 유중원. 이명현, 너무 뜻밖에)
이명현: 웬, 웬 일이세요?
유중원: 앉아도 돼요?
이명현: 그럼요, 앉으세요.
(나란히 같이 앉는다)
이명현: (미소)언닌 만났어요?
유중원: 아뇨.
이명현: 언니랑 같이 왔으면 좋았을 텐데.
(유중원, 끈으로 묶은 조그만 어항을 내민다)

이명현: ……
유중원: 키싱구라미라는 물고기예요.
이명현: 저 주시는 거예요?
유중원: (끄덕)
(이명현, 어항 어루만지며)
이명현: 너무 이뻐요. 정말 고마워요.
(이명현, 어항 속 물고기를 보며 소녀처럼 좋아한다)
유중원: 한 마리가 죽으면 나머지 한마리도 뒤따라 죽죠.
이명현: 외로움을 견디지 못해 말라 죽기도 하고 배에 물이 차 죽기도 하죠.
유중원: ……
이명현: (씨익) 놀라실 거 없어요. 언닌 물고기 박사였거든요. 있잖아요 언니…… 언니 흉 봐도 돼요?
유중원: ……
이명현: 언니랑 병원 몰래 같이 많이 잤었거든요. 잠버릇이 얼마나 고약한 지 알아요? 일어날 때 보면 항상 침대 밑에 떨어져 있어요. 그리고 같이 밥 먹을 땐 항상 긴장해야 돼요. 젓가락질이 서툴러서 언제 음식이 튀어 올지 모르거든요.
(얼핏 눈물 비치는 유중원. 이명현, 듣고 있던 이어폰을 끼워 준다. "머라이어 케리의 룩킹 인")
이명현: 이 노래 알아요? 언니가 좋아하던 노래예요.
유중원: ……
(아무 것도 모른 채 흥얼흥얼 따라하는 이명현. ……바라 보는 유중원. ……씨익 웃는 이명현. ……어항 속 노니는 키싱구라미. 바람에 나부끼는 들풀…… 유중원, 더 이상 이명현을 보지 못하고 고개 돌려 다른 곳 본다. ……주룩 볼을 타고 흐르는 눈물. ……)
(카메라, 한동안 두 사람의 모습 길게 잡고 있다가 천천히 부감으로 떠오른다. 멀리 하늘과 맞닿은 바다. 선회하는 갈매기, 파도소리…… "룩킹 인" 고조되며 크레딧 타이틀 떠오른다. 끝)

14.1.2 词汇注释

수족관(水族館)	水族馆	키싱구라미(kissing gourami)	亲吻鱼
크레딧 타이틀(credit title)	字幕,片头,标题	어항(魚缸)	鱼缸
고약하다	凶恶,怪	벤취(bench)	长椅子
총격(銃擊)	枪击	엉망	乱糟糟
우두커니	呆呆的	요양원(療養院)	疗养院
흥얼흥얼	哼歌貌;自言自语	시집(詩集)	诗集
문득	突然	이어폰(earphone)	耳机
카메라(camera)	照相机	들풀	草
얼핏	轻轻地	갈매기	海鸥

14.1.3 参考译文

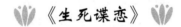

《生死谍恋》

……

场记第204,水族馆。

(激战过后,水族馆内一片狼藉。破碎的鱼缸、橱窗、镜子……唯一一个完好无损的鱼缸里,一对亲吻鱼深情地游来游去。明贤的声音断断续续地传来。)

李明贤:拜托你,仲原,不要再来见我,让其他人来。……(片刻)……和你在一起生活的一年时间是我生命的全部。那段时间我不是李明贤,也不是李芳姬……我就是我自己。我不奢求你的理解……(呜咽)。现在,我真的很想你…… 很想再见到你……

(柳仲原木然地站在那里。)

场记第205,济州岛汉拿疗养院。

(疗养院的小山坡上一眼可以望到海边。和煦的阳光,轻拂的微风。李明贤戴着耳机坐在长凳上,一边读着《诗集》,一边轻轻地哼唱着歌曲……突然,她抬起头,发现了站在自己旁边注视着自己的柳仲原,感到非常意外。)

李明贤:咦,你怎么来了?

柳仲原:可以坐下吗?

李明贤:当然了,请坐。

(两人并肩而坐)

李明贤:(明朗地微笑着)见到姐姐了吗?

柳仲原:没有。

李明贤:要是你和姐姐一起来,那该多好啊!

(柳仲原,拿出一个用带子系着的小鱼缸)

李明贤：……？

柳仲原：这种鱼叫亲吻鱼。

李明贤：是送给我的吗？

柳仲原：(点点头)

(李明贤一边抚摸着鱼缸一边说)

李明贤：好漂亮啊！太谢谢你了。

(李明贤望着鱼缸里的鱼，像少女般开心)

柳仲原：如果其中一条死了的话，另一条也会跟着死去的。

李明贤：那是由于太孤独寂寞而死去，或者过饮撑死的吧？

柳仲原：……？

李明贤：(微微一笑)你用不着惊讶，姐姐可是个鱼类专家呢！对了，姐姐……让我来揭揭姐姐的短儿吧！

柳仲原：……

李明贤：我们常常瞒着医生在一起睡觉。你知道她的睡相有多古怪吗？我每次起床的时候都看到她掉到床底下去了。还有，一起吃饭的时候，一定要小心，因为她不怎么会用筷子。所以呀，不知道什么时候饭菜就会溅出来。

(柳仲原的眼眶有些湿润了。李明贤把耳机从自己头上摘下来给柳仲原戴上，是玛丽亚·凯利的"Looking In"。)

李明贤：你知道这首歌吗？这是姐姐最喜欢的歌。

柳仲原：……

(李明贤好像对一切都一无所知，只是自顾自地哼着歌曲……柳仲原注视着她……李明贤嫣然一笑……鱼缸里，亲吻鱼悠然自得；绿地上，小草随风摇摆……柳仲原再也无法控制自己的感情，将头转了过去……泪水潸然而下……)

(镜头长时间地对准二人，两人的特写镜头渐渐由近拉远。远处天海相连，海鸥在空中飞翔，波涛声此起彼伏……待歌曲《眺望》达到高潮，字幕出现"终"字。)

第14课 剧本

14.2 正误评析

❶ (총격으로 엉망이 된 수족관 내부. 깨진 어항, 진열장, 거울……부서지지 않고 남은 어항 하나 그 속에 정겹게 헤엄치는 키싱구라미 한 쌍. 계속되는 명현의 소리)

误译: (打斗后混乱的水族馆内,破碎的鱼缸、橱窗、镜子……在余下的一个没有被打碎的鱼缸里,有一对鱼游来游去,明贤的声音断断续续。)

正译: (激战过后,水族馆内一片狼藉。破碎的鱼缸、橱窗、镜子……唯一一个完好无损的鱼缸里,一对亲吻鱼深情地游来游去。明贤的声音断断续续地传来。)

评析: 电影的实际场面是经历了一场激烈的枪战,而不是"打斗"。☯"키싱구라미"不是一般的鱼,是专有所指、有所象征的,可将鱼名译为"亲吻鱼"。☯ 这段不是对白,是剧本的说明部分,各种动感场面须交代清楚,"明贤的声音断断续续传来"说明明贤人不在现场,她的声音从另外的地方传过来。

❷ 이명현: 부탁이 있어. 중원 씨 내 앞에 나타나지 마. 다른 사람 보내. ……(한참)……중원 씨와 같이 있었던 지난 일 년. 그게 내 삶의 전부야. 그 순간만큼은 이명현도 이방희도 아닌……나였어. 나 이해해 달란 말 안할게……(울먹) 지금 중원 씨 너무 보고 싶어. ……너무 보고 싶어……

(우두커니 서 있는 유중원)

误译: 李明贤:我有一个请求,仲原,<u>不要再出现在我面前</u>,让其他人来。……(片刻)和仲原先生一起生活的日子是我生命中<u>最快乐的时光</u>。在那个瞬间,我不是李明贤,也不是李芳姬……我就是我,我不会乞求你的理解……(呜咽)<u>真想你</u>……真的……

正译: 李明贤:拜托你,仲原,不要再来见我,让其他人来。……(片刻)……和你在一起生活的一年时间是我生命的全部。那段时间我不是李明贤,也不是李芳姬……我就是我自己。我不奢求你的理解……(呜咽)。现在,我真的很想你……很想再见到你……

评析: "내 앞에 나타나지 마."直译为"不要再出现在我面前",显得语言生硬,原文细微的感情意义是两个相恋的恋人痛苦地拒绝再相见。☯ 二人在一起的时间是去年的一年时间,须交代清楚。☯ 对于李芳姬(又名李明贤)来说,与仲原一起生活的一年是她一生的全部,比"最快乐的时光"意义更深一层。☯ 一年时间不能说"那个瞬间",应是"那段时间"。☯ "真想你"说的是"现在"这一刻。

261

❸ #205 제주도 한라요양원

(바닷가 보이는 요양원 언덕. 따사로운 햇빛. 살랑이는 바람. 벤취에 앉아 책〈시집〉읽고 있는 이명현. 이어폰 끼고 흥얼흥얼······문득, 고개들어 한쪽 본다. 바로 옆에서 서 자신을 보고 있는 유중원. 이명현, 너무 뜻밖에)

误译：场记第205，济州岛汉拿疗养院。

（站在小山坡上能望到疗养院，和风丽日，李明贤戴着耳机坐在长凳上看着《诗集》，轻轻地哼唱着歌曲。······突然抬起头看向一边，柳仲原正站在一旁看着自己，李明贤很意外）

正译：场记第205，济州岛汉拿疗养院。

（疗养院的小山坡上一眼可以望到海边。和煦的阳光，轻拂的微风。李明贤戴着耳机坐在长凳上，一边读着《诗集》，一边轻轻地哼着歌曲······突然，她抬起头，发现了站在自己旁边注视着自己的柳仲原，感到非常意外。）

评析：原文意思是说在一个能够望到海的疗养院的小山坡上，而不是说站在小山坡上可以看到疗养院。❷"抬起头看向一边"是原文"고개들어 한쪽 본다"的直译，在中文中是明显的"木偶动作"式的机械语言。

❹ 이명현: 웬, 웬 일이세요?
유중원: 앉아도 돼요?
이명현: 그럼요, 앉으세요.
(나란히 같이 앉는다)

误译：李明贤：有,有什么事吗？
柳仲原：我可以坐下吗？
李明贤：可以,请坐。
（两人并肩而坐）

正译：李明贤：咦,你怎么来了？
柳仲原：可以坐下吗？
李明贤：当然了,请坐。
（两人并肩而坐）

评析："웬"应该翻译为表示轻微吃惊的感叹词。❷电影对白的翻译须考虑现场对话的效果，注意纯粹口语化。❸还要考虑配音效果，注意译入语言长短与原话尽量接近，如"앉아도 돼요?"，因为有现场环境，可以不使用人称代词，还因为这句话译为"可以坐下吗？"与原句长短基本一致，"我"字可删除。❹"그럼요."译为"可以""当然"都没有错误，为了对上这三个音节，最好译成"当然了"。

❺ 이명현: (미소)언니 만났어요?

유중원: 아뇨.

이명현: 언니랑 같이 왔으면 좋았을 텐데.

(유중원, 끈으로 묶은 조그만 어항 내민다)

이명현: ……

유중원: 키싱구라미라는 물고기예요.

이명현: 저 주시는 거예요?

유중원: (끄덕)

误译：李明贤：(开朗地)见到姐姐了吗?

柳仲原：没有。

李明贤：你和姐姐一起来就好了。

(柳仲原，拿出一个用绳子捆好的小鱼缸)

柳仲原：这是亲吻鱼。

李明贤：是送给我的吗?

柳仲原：(点头)

正译：李明贤：(明朗地微笑着)见到姐姐了吗?

柳仲原：没有。

李明贤：要是你和姐姐一起来，那该多好啊!

(柳仲原，拿出一个用带子系着的小鱼缸)

李明贤：……?

柳仲原：这种鱼叫亲吻鱼。

李明贤：是送给我的吗?

柳仲原：(点点头)

评析："开朗地"这半句话最好能说全，读起来会显得较完整。❻按照原句的语序，将话里安插一处断句，配音时会更容易，如"要是你和姐姐一块儿来，那就好了"。

❻ (이명현, 어항 어루만지며)

이명현: 너무 이뻐요. 정말 고마워요.

(이명현, 어항 속 물고기를 보며 소녀처럼 좋아한다)

유중원: 한 마리가 죽으면 나머지 한 마리도 뒤따라 죽죠.

이명현: 외로움을 견디지 못해 말라 죽기도 하고 배에 물이 차 죽기도 하죠.

유중원: ……

误译：(李明贤，一边抚摸着鱼缸，一边说)

李明贤：太漂亮了。谢谢。

(李明贤，看着鱼缸里的鱼，像少女般开心)

柳仲原：如果其中一条死了，另一条也会跟着死去的。
柳明贤：有的饿死，有的是喝水太多撑死的吧？
柳仲原：……

正译：（李明贤一边抚摸着鱼缸一边说）
李明贤：好漂亮啊！太谢谢你了。
（李明贤望着鱼缸里的鱼，像少女般开心）
柳仲原：如果其中一条死了的话，另一条也会跟着死去的。
李明贤：那是由于太孤独寂寞而死去，或者过饮撑死的吧？
柳仲原：……？

评析：标点符号按照中文的习惯点。❷"有的饿死，有的喝水太多撑死的吧？"与原文意思有出入。

❼ 이명현:（씨익）놀라실 거 없어요. 언닌 물고기 박사였거든요. 있잖아요 언니…… 언니 흉 봐도 돼요?

유중원: ……

이명현: 언니랑 병원 몰래 같이 많이 갔었거든요. 잠버릇이 얼마나 고약한 지 알아요? 일어날 때 보면 항상 침대 밑에 떨어져 있어요. 그리고 같이 밥먹을 땐 항상 긴장해야 돼요. 젓가락질이 서툴러서 언제 음식이 튀어 올지 모르거든요.

误译：李明贤：（微微一笑）没什么好惊讶的，姐姐可是个鱼博士呢。不是吗，姐姐……让我来挑挑姐姐的毛病吧。
柳仲原：……
李明贤：我们常常<u>瞒着医院</u>一起睡觉。你知道她睡觉的习惯有多奇怪吗？我每次起床的时候都会看到她掉到床底下去了。我们一起吃饭的时候她总叫人紧张。因为她不太会用筷子，不知道什么时候食物会溅起来。

正译：李明贤：（微微一笑）你用不着惊讶，姐姐可是个鱼类专家呢！对了，姐姐……让我来揭揭姐姐的短儿吧！
柳仲原：……
李明贤：我们常常瞒着医生在一起睡觉。你知道她的睡相有多古怪吗？我每次起床的时候都看到她掉到床底下去了。还有，一起吃饭的时候，一定要小心，因为她不怎么会用筷子。所以呀，不知道什么时候饭菜就会溅出来。

评析："병원 몰래"直译为"瞒着医院"，实际上是"瞒着医生"或"背着大夫"。

❽ (얼핏 눈물 비치는 유중원. 이명현, 듣고 있던 이어폰을 끼워 준다. "머라이어 케리의 룩킹 인")

이명현: 이 노래 알아요? 언니가 좋아하던 노래예요.

유중원: ······

(아무 것도 모른 채 흥얼흥얼 따라하는 이명현. ······바라 보는 유중원. ······씨익 웃는 이명현. ······어항 속 노니는 키싱구라미. 바람에 나부끼는 들풀······ 유중원, 더 이상 이명현을 보지 못하고 고개 돌려 다른 곳 본다. ······주룩 볼을 타고 흐르는 눈물. ······)

(카메라, 한동안 두 사람의 모습 길게 잡고 있다가 천천히 부감으로 떠오른다. 멀리 하늘과 맞닿은 바다. 선회하는 갈매기, 파도소리······ "룩킹 인" 고조되며 크레딧 타이틀 떠오른다. 끝)

误译: (柳仲原的眼眶突然湿润了。李明贤把自己正在听的耳机给柳仲原戴上,是玛丽亚·凯利的《眺望》)

李明贤:知道这首歌吗？这是姐姐最喜欢的歌。

柳仲原:······

(李明贤好像什么都不知道一样,天真地哼着歌。······看着她的柳仲原。······微笑着的李明贤。······鱼缸里的一对亲吻鱼轻轻戏水,清风吹拂者青草······柳仲原,看不下去了,掉过头去看其他地方······两道泪水悄悄流下······)

(摄影机,两个人的长镜头,慢慢升高,变成俯瞰。远方海天相接处,海鸥在盘旋,波涛声······《眺望》的歌声达到高潮,现字幕。)

正译: (柳仲原的眼眶有些湿润了。李明贤把耳机从自己头上摘下来给柳仲原戴上,是玛丽亚·凯利的《眺望》("Looking In")。)

李明贤:你知道这首歌吗？这是姐姐最喜欢的歌。

柳仲原:······

(李明贤好像对一切都一无所知,只是自顾自哼着歌曲······柳仲原注视着她······李明贤嫣然一笑······鱼缸里,亲吻鱼悠然自得;绿地上,小草随风摇摆······柳仲原再也无法控制自己的感情,将头转了过去,避开李明贤······泪水潸然而下······)

(镜头长时间地对准二人,两人的特写镜头渐渐由近拉远。远处天海相连,海鸥在空中飞翔,波涛声此起彼伏······待歌曲《眺望》达到高潮,字幕出现"终"字。)

评析: "바라보는 유중원"直译成"看着她的柳仲原",不如译为"柳仲原看着她"更符合汉语习惯。❃"摄影机"是半句话,说话一定要说全,应是"镜头长时间地对准二人"。

14.3 翻译知识

熟语的译法

韩国语的"성구、속담"直译为"成句、俗谈",相当于汉语的熟语,包括成语、谚语、格言、惯用语、歇后语。例如:

① 누워서 떡 먹기 —— 躺着吃打糕,轻而易举。
② 금강산도 식후경 —— 金刚山也要吃饱了再去游览。
③ 이열치열 —— 以热制热。

中国成语和俗语,例如:

① 好吃不如饺子 —— 교자는 무엇보다 맛있다.
② 民以食为天 —— 사람에게 음식은 제일 중요하다.
③ 以毒攻毒 —— 독은 독으로 치료한다.

熟语是一种人们经常喜闻乐见的活的语言形式,是千百年来流传下来的民族文化语言的精华,是在漫长历史的发展过程中,人类文化在语言中的积淀。熟语以简单的语言形式反映人们对自然社会和人类社会规律的认识、判断、推理,是人们的智慧和经验之谈。熟语内容涉及一个民族的历史、风俗、饮食、生活习惯、地理环境等,具有浓厚的民族色彩。如韩国人过年时喜欢吃打糕,于是就有"누워서 떡 먹기——躺着吃打糕,轻而易举"的说法;中国人喜欢吃饺子,就说"好吃不如饺子——교자는 무엇보다 맛있다";韩国人眼中最美丽的风景区是金刚山,所以说"금강산도 식후경——金刚山也要吃饱了再去游览";东方人比较讲究吃,"民以食为天——사람에게 음식은 제일 중요하다";朝鲜半岛三面环海,夏天的梅雨季节非常潮湿,所以大夏天要喝热乎乎的狗肉汤"이열치열——以热制热"来发汗,驱赶潮气;中国菜世界闻名,是因为使用的材料无所不有,天上飞的、地上跑的统统包括在内,然而营养过剩必然带来物极必反的效应,需要用"以毒攻毒——독은 독으로 치료한다"的方法最终平息肚子内"动物园的战斗"……

韩国语之所以将这类语言叫做"成句",是因为这些"俗谈"主要是以句子形式出现的,但又是一种固定形式的特殊句子或词组,不能类推更改。由于"成句"和"俗谈"言简意赅,短小精悍,生动活泼,哲理性强,通俗易懂,语言形象鲜明,栩栩如生,在韩国语和汉语中都不失为一种有效的修辞手段。

中国和韩国的历史地理环境、民俗习惯不同,所以使用的熟语也各有不同的特点。但由于两国有漫长的文化交流史,所以韩国语中有许多汉字词汇,也有不少四字结构的熟语。

14.3.1 对译法

在翻译成语时,如能找到对等的熟语进行翻译,会产生最佳效果。韩国语的熟语有一部分是由汉字词成语组成的,在汉语中可以找到意思对等的内容。

例1 일거양득: 꿩 먹고 알 먹기.
　　　一举两得。

例2 백문불여일견: 백번 듣는 것이 한번 보는 것만 못하다.
　　　百闻不如一见。

例3 如果我们观察问题是像走马观花似的各样都弄一点,那只是空花费了时间,一事无成。
　　　우리가 문제를 관찰함에 있어서 말 타고 꽃 구경하듯이 어느 것이나 다 조금씩 보기만 한다면 결국 시간만 허비하고 아무 것도 얻지 못하게 된다.

韩国语和汉语的熟语,两者在含义与修饰作用上相同,只在说法上略有差别时,须要找到意义相对应的成语,然后做适当调整。

例4 뭐 호박이 떨어졌지 더 말할 게 없지 않아요.
　　译1 嚯！这可是天上掉南瓜,没说的吧!
　　译2 嚯！这可是天上掉馅饼,唾手可得呀!

例5 호랑이 없는 동산에 토끼가 왕인 셈이지요.
　　译1 山中无老虎,兔子当大王呗!
　　译2 山中无老虎,猴子称大王呗!

例6 낫 놓고 기역자도 모른다.(일자무식)
　　译1 瞧着镰刀就是认不出个"ㄱ"来。(大字不识)
　　译2 目不识丁。

例7 狼心狗肺的东西!
　　译1 승냥이나 개같은 심보를 가진 놈이다.
　　译2 놀부와 같은 심보를 가진 놈이다.

以上例4、5、6、7中,译1都是直译,听起来会觉得比较生涩;译2按照目的语的成语、熟语、谚语习惯说法进行翻译,这种相互对应的对译方法是最好的译法。

14.3.2 多译法

例8 ① 설상가상. 雪上加霜。
　　　② 눈 위에 서리친다. 雪上加霜。
　　　③ 엎친데 덮친 격. 雪上加霜。

例9　아는 길도 물어 가라.　①三思而后行。　②行成于思。　③熟路也要打听着走。

例8是多语一译，例9是一语多译。值得注意的是，这些熟语放到不同的句子，不同的语言环境中，会有不同的译法。

例10　설상가상으로 아버지가 세상을 떠나셨는데 얼마 후에 어머님도 따라 가셨다.
　　　这可真是雪上加霜，父亲和母亲先后都离开了人世。
例11　가난한 집일수록 아이를 많이 낳는다. 이것이야말로 눈 위에 서리친 것과 같다.
　　　越是穷苦的人家孩子越多，这才是苦而益苦、寒又添寒呢！
例12　엎친 데 덮친 격으로 뜻하지 않던 일이 꼬리를 물고 일어났다.
　　　一波未平，一波又起，意外的事接踵而来。

以上三个成语是同义语，但在句子中的关联意义有所不同，感情色彩也不完全一样，所以翻译时不能视同一律，只能个案处理，区别对待。

例13　소 잃고 외양간 고치기.
　　译1　亡牛补厩，已为晚矣。
　　译2　亡羊补牢，未为迟也。
例14　사냥개마냥 기미를 알아 차린 적들은 백색공포를 조작했지만 그것은 소 잃고 외양간 고치는 격이다.
　　　敌人像猎犬一样贼头贼脑地探得机密，便大肆制造白色恐怖，但这一切都是亡牛补厩，已为晚矣。他们失败的命运已不可挽回。

一词多译，"소 잃고 외양간 고치기"既可以翻译成为"亡牛补厩"，又可以翻译成为"亡羊补牢"。二者语言结构相同，但是字面意义有所不同。前者意为"为时已晚"，后者意为"为时未晚"。保证成语在句子中意义的准确性，是使用多译法的前提。又如"하룻강아지 범 무서운 줄 모른다."一般会按照字面意思翻译成为"初生牛犊不怕虎"，表示年轻人敢闯敢干的大无畏精神。而韩国语的这句成语"初生小狗不怕虎"多指"不自量力，冒险盲动"的意思。前者是褒义词，而后者具有贬义色彩，翻译时务必小心落笔。

14.3.3　仿译法

例15　韩信将兵，多多益善。
　　　한신이 군사를 거느리는 격으로 많으면 많을수록 좋다.

带有历史典故的成语，可以将历史典故仿照着翻译到译文中去。中韩两国之间具有悠久的文学交流史，通过文学作品的翻译，许多历史典故相互熟知，比如"诸葛亮""项羽""曹操"的相关故事等。

例 16 10년 공부 나무아미타불.

　　十年之功,废于一旦。

例 17 만일 침략자들이 무슨 "힘"의 위협으로써 우리를 탐내거나 그 무엇을 얻어 보려고 한다면 그것은 어리석은 짓이다. (귀주당나귀의 재주)

　　如果侵略者想以什么武力威胁我们,或者打算从中捞取些什么的话,那不过是黔驴之技罢了!

　　例16如直译为"十年攻读,南无阿弥陀佛",中国人理解起来有困难。仿照原成语的格式和意思意译,既没有失去原文色彩,又能使读者理解。例17努力保留原语的韵味,又使译文词达意顺,同时还让读者容易理解,译者在翻译中发挥了创造性。

14.3.4　释译法

　　如果找不到相对应的成语或熟语,也不宜仿译的话,可采用释译方法。释译的方法要求将原文的意思交代清楚,必要时还可以加注释。

例 18 집안에 들어 앉아 주관적으로 계획을 세우는 것이 해 볼 만한 무슨 가치가 있겠는가?

　　这闭门造车的计划,能有什么可行性吗?

例 19 김 매기 싫은 농군 밭 고랑 재기만 한다.

　　懒汉锄地,不干活,净数垄沟了!

例 20 그 여우같은 것이 동네 사람들이 텃밭에 한두 이랑 심은 담배도 무섭게 단속을 하더니 저는 이런 산 속에 비밀히 담배농사를 벌려 놓았댔군. 까마귀 열두 마리 중 한 마리도 들을 소리 없다고 그 놈의 수작으로 웬 걸 바른 소리를 할까? ……

　　怪不得人们骂他"猴儿精"。别人在园子里种几垄烟草,他都要恶狠狠地干涉干涉,可他自己却偷偷地在山里种了这么一大片烟草。俗话说"乌鸦唱十二曲,没一曲可听的"。他那狗嘴里还能吐得出象牙来? ……

14.3.5　歇后语的译法

　　韩国语成语中没有歇后语的形式,但是在翻译成语俗语时,有时翻译成歇后语效果非常好。例如:

例 21 우물 안의 개구리.

　　译 1　井底之蛙。

　　译 2　井底之蛙——一孔之见。

例 22 그림의 떡.

　　译 1　画上的打糕。

　　译 2　画上的打糕——看得见,吃不着。

例 23　물 위에 뜬 해파리 같다.
　　译1　水上漂。
　　译2　水上漂——摇摆不定。

　　从以上例句中可以看出,使用歇后语翻译,译文意义显得一目了然,且生动有趣。对于具有歇后语意义的熟语都可以采取这种方法翻译。

 14.4 翻译练习

14.4.1　选择较好的翻译

① 지성이면 감천이다.
　　—— 至诚感天。
　　—— 精诚所至,金石为开。

② 개천에서 용 난다.
　　—— 鸡窝里飞出金凤凰。
　　—— 普通人家,出了秀才。

③ 소문난 잔치에 먹을 것 없다.
　　—— 名不副实,有名无实。
　　—— 有名的宴席,没吃的。

④ 미주알 고주알 캐묻다.
　　—— 刨根问底。
　　—— 东问西答。

⑤ 공자님 앞에서 문자 쓴다.
　　—— 班门弄斧。
　　—— 孔子面前讲经。

⑥ 잔디밭에서 바늘 찾기.
　　── 大海捞针。
　　── 草地寻针。

⑦ 하늘에 별 따기.
　　── 上天摘星星。
　　── 上天摘月亮──难上难。

⑧ 빛 좋은 개살구.
　　── 石头泥墙 ── 表面光。
　　── 颜色好看的山杏。

⑨ 밥 위에 떡.
　　── 锦上添花。
　　── 芝麻开花──节节高。

⑩ 두 손에 떡.
　　── 两手捧打糕。
　　── 过年娶媳妇 ── 双喜临门。

⑪ 내리 사랑은 있어도 치사랑은 없다.
　　── 儿行千里母担忧,母行千里儿不愁。
　　── 只有父母爱子女,没有子女爱父母。

⑫ 등잔 밑이 어둡다.
　　── 当局者迷,旁观者清。
　　── 灯盏下的阴影。

14.4.2 填空

① 지성이면 감천. 무슨 일이든 꾸준히 하면 다 이루어진다.
　　(　　　　　　　　　　),只要功夫深,铁杵磨成针。

② 마음만 먹으면 세상에 못할 일이 없고 모든 일은 마음 먹기에 달렸다.
　　世上无难事,只怕有心人。只要(　　　　　　　　　　),就没有过不去的火焰山。

③ 계단 소리만 들리고 사람이 내려 온 게 안 보인다. 말만 무성하다.
 (　　　　　　　　)。只闻下楼声,不见人下来,就知道嚷嚷。

④ 공부란 게 어려운 두뇌 노동이지요. 자기가 공부한 여러 가지 도리와 사리에 통달하기가 쉬운 일이 아니더라구요.
 学习是艰苦的脑力劳动,要把自己学的东西都(　　　　　　　　),不是容易的事情。

⑤ 좋은 대학에 들어가려면 공부에 박차를 가해야 돼.
 要想考上好大学,就得(　　　　　　　　)温习功课。

⑥ 세월은 꿈과 같다고 합니다. 여러분들이 오신 지 벌써 3년이란 세월이 흘렀습니다.
 常言说(　　　　　　　　),你们一转眼都已经来了三年了。

14.4.3 改错

① A: 설문조사 결과를 발표하겠습니다.
 B: 사람들이 뭐라고 대답했습니까?
 A: 이상하게도 모두 같은 대답이었습니다. 한국어 수업에서는 번역수업이 제일 재미있다는군요.
 B: 모두 이구동성으로 그렇게 얘기하는 걸 보니 사실인가 보네요.
 —— A: 调查结果公布了。
   B: 大家都说什么?
   A: 怪了,大家的答案都一样。都说在韩国语课中,翻译课最有意思。
   B: 既然大家都那么说,那肯定是事实啦。
 ——

② A: 다른 나라에서는 요즘 동성애를 법적으로 인정하려는 움직임이 일고 있대요.
 B: 우리나라도 곧 그렇게 해야 하지 않을까요?
 A: 그렇지만 우리의 현실로는 아직 시기상조가 아닐까요?
 —— A: 在其他国家里,最近有些活动,提倡用法律来规定同性恋的合法性。
   B: 我们国家也应该那样做,不是吗?
   A: 可是我国的现实还不允许。
 ——

③ A: 난 얼굴도 잘 생기고 돈도 많고 체격도 근사하고 직업도 훌륭한 사람이 좋아.
B: 그리고?
A: 게다가 성격도 좋고 집안도 좋다면 금상첨화지 뭐.
B: 그런데 그런 완전무결한 사람이 정말 너 같은 애를 좋아할까?
—— A:我喜欢那种长得帅的、有钱的、体格棒的、有好工作的对象。
　　B:还有呢?
　　A:再加上脾气好、家庭好,就锦上添花了。
　　B:可是那种完美无缺的人真能看得上像你这样的吗?
——

④ A: 넌 '오십보소백보'가 뭔지 알아?
B: 형, 그거 서로 실력이 비슷할 때 쓰는 말 아닌가요? 막상막하하고 비슷한 말 같은데요?
A: 이런 무식한 놈, 그건 실력이 위에서 비슷할 때고 이건 아래, 밑에서 비슷할 때 쓰는 거야.
B: 그런가……?
—— A:你知道"五十步笑百步"这句话吗?
　　B:哥,是在相互实力不相上下时说的吧? 所谓马上马下,彼此彼此,不是吗?
　　A:你真够傻的! 在双方都有实力的情况下说"莫上莫下",在两边都不怎么样的情况下说"旗鼓相当"。
　　B:是吗?
——

⑤ A: 전 벌써 대학 졸업 후 삼년 째 집에서 놀고 있어요.
B: 그래요? 저하고 비슷하군요.
A: 그럼. 그쪽도 무위도식한 지 삼년 째라는 얘긴가요?
B: 아니요, 전 아직 2년밖에 안됐어요. 제가 좀 낫죠?
—— A:我从大学毕业到现在,都在家里呆了三年了。
　　B:是吗? 咱俩彼此彼此。
　　A:这么说,敢情你也是无为徒食呀!
　　B:哪里哪里,我只在家里蹲了两年,比老兄您强点儿。
——

⑥ A: 바쁘다, 바빠. 오늘은 거래처에도 가야 하고, 사장님한테 결제도 받아야 하고, 저녁 때는 동창회도 있고 ……몸이 10개라도 모자라.

B: 그렇게 동분서주하는 너를 보니 난 오히려 부럽다. 어디 괜찮은 취직 자리라도 있
　　　으면 하나 소개해 줘.
　　—— A: 忙,忙死了！今天得去一趟交易所,还得等着经理的裁决,晚上有同学聚会……
　　　　　把我掰成八瓣儿也不够用的。
　　　　B: 我还真挺羡慕你的呢！哪儿有什么好工作的话,你也给我介绍介绍。
　　——

⑦ A: 뭘 그렇게 웃고 있니?
　　B: 기분 좋은 일이 있어서 그래.
　　A: 뭐가 그렇게 기분이 좋아?
　　B: 나 어부지리로 아까 도서상품권이 생겼어. 진수하고 영희가 서로 가겠다고 싸우
　　　는 바람에 엄마가 나한테 줘 버렸지 뭐야.
　　—— A: 你笑什么呢?
　　　　B: 有高兴的事呗!
　　　　A: 有什么高兴的呀?
　　　　B: 是渔夫之利！刚才有张图书商品券,真秀和英姬争着都要去,结果妈妈给了我了。
　　——

⑧ A: 오늘 심심하면 백화점에나 갈까?
　　B: 난 싫어.
　　A: 왜 그래? 그렇게 쇼핑을 좋아하는 네가……
　　B: 견물생심이라는 말도 있잖아? 보면 사고 싶어 마음 아프고, 마음 아프면 집에 가
　　　서 병 나면 돈 들고…… 아무튼 아예 보지도 않는 편이 나아.
　　—— A: 今天挺闷得慌的,是不是去趟商店呢?
　　　　B: 我可不愿意去。
　　　　A: 为什么? 你不是挺喜欢买东西的吗?
　　　　B: 不是有见物生心的话吗? 看见就想买,买了就心疼,心疼回家就生病,生病就得
　　　　　去看病,看病就要花钱……干脆什么也没看见的好。
　　——

14.4.4　翻译句子

① 안 되면 조상의 탓, 잘 되면 제 탓이라고 하는데 뭔가 제대로 되는 일은 자기가 잘한
　　공으로 돌리고 못 되는 일은 남을 탓하여 남의 잘못으로 돌려서는 안 된다.
　　——

第14课 剧 本

② 배가 부르기는 커녕 간에 기별도 안 간다고, 먹은 양이 아주 적어서 먹은 것 같지 않다.

③ 아무도 없는 숲길을 밤늦게 걷다 보니까 마치 귀신이 나올 것 같아서 간이 콩알만 해졌다.

④ 은행이 붐비는 줄 알고 아침 일찍 갔더니 개미 새끼 하나도 얼씬하지 않았다. 그날은 공휴일이었다.

⑤ 언짢은 일이 원인이 되어 오히려 전화위복, 좋은 일을 보게 되겠구먼요.

⑥ "끊임없이 연마하고, 덕을 앞세워 발전을 이룬다"는 '칭화 정신'은 모든 배움의 근본 자세라고 생각합니다. 이러한 자세로 매진해 나간다면, 칭화대는 '세계 일류 대학' 건설이라는 큰 목표를 반드시 이루어 낼 수 있을 것입니다.

14.4.5 翻译变异熟语

달라진 속담

① 못 올라 갈 나무는 사다리 놓고 오르라.(오르지 못할 나무는 쳐다 보지도 마라.)

② 작은 고추는 맵지만 수입 고추는 더 맵다.(작은 고추가 더 맵다.)

③ 버스 지나 가면 택시 타고 가라. (버스 지난 뒤 손 들기.)

④ 젊어서 고생 늙어서 신경통이다. (젊어서 고생은 돈 주기도 산다.)

⑤ 호랑이한테 물려 가도 죽지만 않으면 산다. (호랑이한테 물려 가도 정신만 차리면 산다.)

⑥ 윗물이 맑으면 세수하기 좋다.(윗물이 맑아야 아랫물도 맑다.)

⑦ 고생 끝에 병이 든다 .(고생 끝에 낙이 온다.)

⑧ 아는 길은 곧장 가라.(가는 길도 물어서 가라.)

 14.5 翻译作业

엽기적인 그녀

감독: 곽재용
주연: 차태현, 전지현
제작: 신씨네

#1. 강가, 기찻길
강물이 보이고, 강가의 기차역으로 기차 한 대가 들어오고 있다.

#2. 강과 기찻길이 내려다 보이는 나무 아래
기찻길이 내려다 보이는 산, 나뭇잎이 무성한 어느 나무 아래에 망부석처럼 서 있는 견우가 보인다. 누군가를 기다리는 듯한 표정의 견우, 실망한 표정으로 핸드폰의 시계를 본다. 그 위에 흐르는 견우의 나레이션.
견우: 2년 전 바로 오늘, 그녀와 저는 이 자리에 타임캡슐을 묻었습니다. 오늘은 우리가 2년 만에 다시 만나는 날이지만 그녀는 아직 나타나지 않았습니다. 전 기다립니다.

#3 사진관
사진기의 간유리에 보이는 견우의 거꾸로 보이는 모습.
이어, 양복을 입은 견우가 카메라를 보고 무표정하게 앉아 있는 모습이 보이면서 서서히 화면에 얼굴이 가득 찬다.
엷게 미소를 띠고 있는 견우의 얼굴, 정지한 듯 보이고-
사진사 하나, 둘……
그때, 견우의 핸드폰이 울린다.
견우: 잠깐만여…… 여보세요…… 네? 고모? 예…… 죄송해요…… 갈께요. 죄송하다고 했잖아요…… 네…… 간다니까여? 사진 찍고 있어요…… 네.
전화를 끊더니 다시 자세를 바로잡는 견우. 그 위에……

第14课 剧本

견우: (나레이션) ……부모님은 제가 딸이길 원해서 저는 어려서부터 딸처럼 키우셨습니다. 찰칵하고 셔터가 눌러지면서 후렛쉬가 번쩍이며–
어린 시절의 견우 사진으로 장면이 바뀐다. 여자아이처럼 옷을 입고 머리에 리본까지 단 견우.
견우: (나레이션) 그래서 저는 일곱 살까지 여잔 줄로만 알았습니다. 그래서 목욕탕도 엄마하고만 갔습니다. 저는 나이가 들면 꼬추가 점점 작아져서 사라지는 줄로만 알았습니다. 근데, 정 반대더군여.
자막 '전반전'

#4. 순대집
복학 기념으로 동료 복학생들과 순대를 먹는 견우.
견우: (나레이션) ……저는 군대생활을 무사히 끝내고 복학을 했습니다.
친구들: 야, 공익 근무요원이 무슨 군대생활이냐? 제대 좋아하네.
견우: 공익 근무요원이 뭐냐? 공근이라고 불러 공근! 이래 뵈도 전방에서 근무했단 말야!
친구들: –공근은 구파발이 전방이냐?
너는 제대한 게 언젠데 인제 연락하고 지랄이냐?
–어쨌든 견우가 무사히 제대한 것과 복학을 축하한다! ……건배!
술을 마시다가 순대집 앞을 지나가는 늘씬한 여자를 보더니 눈이 휘둥그래지는 견우. @.@
견우: 제 이상형입니다. 이상형이 지나가면 저는 못 참습니다. 말을 부쳐 봐야져!
친구1: (저희들끼리) 야, 남자들은 왜 이쁜 여자만 보면 사족을 못쓰냐?
친구2: 넌 이쁜 여자 보면 사족을 못쓰냐? 난 오족까지 쓸 수 있는데……
친구1: 왜 남자들은 이쁜 여자만 좋아하냐구……(등등, 여자의 미모에 관해 서로 논쟁을 벌인다.)
견우, 일어나 나가려는데 핸드폰이 울린다.
견우: 에이씨! 중요한 시간에 ……여보세요? 누구냐?
견우의 母: (전화) 니 엄마닷! 너 고모네 간다더니 지금 뭐하고 있는 거얏!
친구들은 저희들끼리 계속 논쟁을 벌이며 떠들어대고 있다.
견우: 곧 갈 껀대여? (친구들에게) 조용히 해 떱때들아. 엄마 전화 받잖아!
견우의 母: (전화) 오늘은 꼭 좀 갔다 와라, 응? 고모 본 지 너 1년도 넘었지?
견우: 작년에 봤나?
견우의 母: (전화) 고모 작년에 하나밖에 없는 자식 잃고 적적하게 사는 거 잘 알잖아…… 너하구 개 너무 닮았다 그랬는데…… 고모가 너 보면 얼마나 좋아하겠니?
견우: 닮긴 하나도 안 닮았더구만…… 고모 만나면 얼굴 비벼대구, 뽀뽀할려구, 그래서 싫어. 고모부두 그렇구……
견우의 母: (전화) 너 오면 여자 소개시켜 준다던데……

견우: 고모가 소개시켜 주는 여자 뻔하지. 됐다구 그러세여.

#5. 신도림역
전철을 기다리고 있는 견우, 발그레 취해 있다.
견우의 시선으로 역의 사람들이 스케치된다.
견우: (나레이션) 전 언제나 순정만화 속의 주인공 같은 그런 여자를 만나고 싶었습니다.
       그런데 바로 그 날……
견우, 승강대 끝에 위험하게 서서 술에 취해 까딱까딱거리고 있는 '그녀'를 발견한다.
그때 전철이 역으로 들어오고 있다.
몸이 앞으로 숙여지며 달려 오는 전철에 치기 직전의 그녀.
견우: (나레이션) 앗, 자살?
견우, 후다닥 다가가 전철이 스치는 순간, 그녀를 잡아 준다.
견우를 쓰윽 돌아 보는 그녀, 눈이 풀어져 있다.
견우, 멋쩍은 듯 미소 짓더니 멈추는 전철을 바라보고 있다.
앞을 바라보는 견우의 옆 모습을 바라보는 그녀.
견우, 그녀의 눈길이 따가워 힐끔거리고 있다.
이윽고 전철이 멈추고 문이 열리자 안으로 들어가는 그녀와 견우.

#6. 전철 안
그녀와 견우, 서로 맞은편의 팔걸이 옆에 서 있다.
그녀를 흘끔흘끔 쳐다보는 견우.
견우: 그녀는 제 이상형이지만 전 싫습니다. 왜냐구여? 전 술에 취한 여자는 딱 질색입니다.
그녀에게서 고개를 돌려 외면하는 견우, 하지만 시선이 저절로 그녀에게로 향한다.
그녀, 몸을 돌려 팔걸이에 배를 대고 앞뒤로 까딱까딱 거리고 있다.
견우, 그 모습을 보더니 히쭉 웃으며 옆사람을 보는데 옆사람은 썰렁하게 바라볼 뿐이다.
겸연쩍어지는 견우.
취해서 중심을 못잡고 까딱거리던 그녀, 앞에 노인이 서서 신문을 보고 있고, 젊은 친구가 노약자석에 앉아 있는 모습을 보더니 눈동자가 마치 가로등 불처럼 반짝하고 켜진다.
그녀: 야, 얼른 일어나! 노인네한테 자리 양보해야지!
청년이 눈을 불량스럽게 뜨지만, 그녀의 눈에는 힘이 더 들어가 있다.
청년, 모두 주시하고 있던터라 자리를 양보하고 다른 칸으로 향한다.
그녀: 그리구 너! 분홍색 옷 입지 마, 알았어?
그녀를 위아래로 힐끔 훑어 보며 가버리는 청년.
노인, 당연하다는 듯 자리에 앉고……
우와! 하고 놀라는 표정으로 바라보는 견우.

그녀, 눈이 다시 빠른 속도로 게슴츠레 해지더니 팔걸이에 배를 대고 까딱거리고 있다.
디졸브되며 여러 역을 거치며 사람들이 오르고 내리는 장면이 이어지다가……
표정이 심상치 않은 그녀의 모습을 견우가 바라보고 있다.
갑자기 속에서 무엇이 올라오는 듯 소리없이 우웩우웩 헛구역질을 해대는 그녀.
견우, 그녀의 표정을 보더니 속이 메시꺼워 진다.
급기야 오바이트를 우웩 해대는 그녀.
노인의 머리 위로 그녀의 토사물이 좌르르 쏟아져 내린다.
견우: ……
순식간에 아수라장으로 변하는 전철 안. ……

 14.6 参考资料

대중문화의 꽃

　　영화는 대중문화의 꽃이자 종합 예술의 결정체라고 한다. 한국영화에 대해 말하자면, 한류를 얘기하지 않을 수 없을 것이다. 프랑스 칸 국제영화제에서 최우수상을 받은 <올드 보이 old boy>의 감독 박찬욱, 같은 영화제에서 감독상을 받은 <취화선>의 감독 임권택, 베니스 영화제, 베니스 국제영화제와 로카르노 국제영화제에서 수상한 <나쁜 남자>와 <봄 여름 가을 겨울 그리고 봄>의 감독 김기덕, 베니스 국제영화제에서 감독상을 받은 <오아시스>의 이창동 감독, <살인의 추억>의 감독 봉준호, 해외에서 주목받는 <劇場專>의 감독 홍상수 등이 한국영화를 대표하는 동시에 한국영화를 이끌고 있다. 하지만 이 영화들이 한국영화 산업까지 끌어 가고 있는 것은 아니다.

　　실제 한국영화를 끌어 가고 있는 영화감독들은 <엽기적인 그녀>, <친구>, <가문의 영광>, <집으로>, <살인의 추억>, <동갑내기 과외하기>, <태극기 휘날리며>, <실미도>, <말아톤>, <웰컴 투 동막골> 등이다. 이 영화들은 2001년부터 현재까지 해마다 흥행 1,2위를 기록했다. 이 외에도 한국 관객들의 사랑을 받은 많은 영화들이 있다.

　　한국영화 중에는 높은 평가를 받을 수 없는 영화들도 많이 있지만 그럼에도 불구하고 관객들이 좋아하는 영화나 국제 영화제에서 좋은 평가를 받은 영화들은 공통적으로 격동의 세월을 보낸 한국과 한국인들의 모습이 배어 있다.

　　스타급인 한국의 일부 감독들은 이제 자신의 영화사를 세우고, 영화 상영으로 얻은 수익금 속에서 일정한 비율로 돈을 받을 수 있게 되었다. 영화 한 편을 제작할 때마다 정해진 금액만을 받던 것에서 이제는 투자자처럼 대우를 받게 된 것이다. 따라서 이는 감독

들 역시 흥행에 더욱 신경을 쓰지 않을 수 없게 된 것이다. 물론 그들은 훌륭한 영화들을 매끄럽게 잘 만들어낼 것이다. 하지만 이런 현상이 지속될 때 과연 과거처럼 목소리 높은 영화가 나올 수 있을지는 의문이다. 결국 외국의 시장을 확보해야만 하는데, 그러기 위해서는 외국인들의 입맛에 맞는 영화를 만들어야 되는데, 그것이 영화의 질을 보장해 줄지도 의문이다.

　하지만 그럼에도 불구하고, 아직 정식으로 상업 영화계로 진출하지 못했거나, 상업 영화계 진출을 거부하는 많은 독립영화인들이 있다는 것은 한국영화의 큰 재산이다. 그들은 단편영화 제작 등을 통하여 스스로 수업을 한 후 상업 영화계가 생각할 수 없었던 주제와 소재, 그리고 영화 제작 방식을 들고 나올 것이다. 그들의 제 2, 제 3의 박찬욱, 홍상수가 될 것이다. 하지만 한국 사회의 문제에 대해 무관심하거나, 한국인의 삶에 대한 애정 어린 비판의 시선이 부족할 때는 외국 관객은 물론이고 한국 관객들로부터 외면을 받게 될 것이다. 최근 한국 영화는 한국 영화계의 현실과 한국 사회의 역동적인 현실에서 나오는 것이라고 할 수 있다. (이효인)

 15.1 课文范文

15.1.1 走运的一天

운수 좋은 날

......

　김 첨지는 취중에도 설렁탕을 사 가지고 집에 다다랐다. 집이라 해도 물론 셋집이요 또 집 전체를 세든 게 아니라 안과 뚝 떨어진 행랑방 한 간을 빌려 든 것인데 물을 길어 대고 한 달에 1원씩 내는 터이다.

　만일 김 첨지가 주기를 띠지 않았던들 한 발을 대문에 들여 놓았을 제 그곳을 지배하는 무시무시한 정적 —— 폭풍우가 지나간 뒤의 바다 같은 정적에 다리가 떨렸으리라. 쿨룩거리는 기침 소리도 들을 수 없다. 그르렁거리는 숨소리조차 들을 수 없다. 다만 이 무덤 같은 침묵을 깨뜨리는 —— 깨뜨린다기 보다 한층 더 침묵을 깊게 하고 불길하게 하는 빡빡하게 그윽한 소리, 어린애의 젖 빠는 소리가 날 뿐이다. 만일 청각이 예민한 이 같으면 그 빡빡 소리는 빨 따름이요, 꿀떡꿀떡하고 젖 넘어 가는 소리가 없으니 빈 젖을 빤다는 것도 짐작할는지 모르리라. 혹은 김 첨지도 이 불길한 침묵을 짐작했는지도 모른다. 그렇지 않으면 대문에 들어 서자마자 전에 없이, "이 난장 맞을 년, 남편이 들어 오는데 나와 보지도 않아, 이 오라질 년." 이라고 고함을 친 게 수상하다. 이 고함이야말로 제 몸을 엄습해 오는 무시무시한 증을 쫓아 버리려는 허장성세인 까닭이다.

　하여간 김 첨지는 방문을 왈칵 열었다. 구역을 나게 하는 추기—— 떨어진 삿자리 밑에서 나온 먼짓내, 빨지 않은 기저귀에서 나는 똥내와 오줌내, 가지각색 때가 켜켜이 앉은 옷내, 병인의 땀 썩은 내가 섞인 추기가 무딘 김 첨지의 코를 찔렀다.

　방 안에 들어 서며 설렁탕을 한구석에 놓을 사이도 없이 주정꾼은 목청을 있는 대로 다 내어 호통을 쳤다.

　"이런 오라질 년, 주야장천 누워만 있으면 제일이야! 남편이 와도 일어나지를 못해?" 라는 소리와 함께 발길로 누운 이의 다리를 몹시 찼다. 그러나 발길에 채이는 건 사람의 살이 아니고 나무등걸과 같은 느낌이 있었다. 이 때에 빽빽 소리가 '응아' 소리로 변하였다. 개똥이가 물었던 젖을 빼어 놓고 운다. 운대도 온 얼굴을 찡그려 붙여서 운다는 표정을 할 뿐이다. 응아 소리도 입에서 나는 게 아니고 마치 뱃속에서 나는 듯하였다. 울다가 목도 잠겼고 또 울 기운조차 시진한 것 같다.

　　발로 차도 그 보람이 없는 걸 보자 남편은 아내의 머리맡으로 달려 들어 그야말로 까치집 같은 환자의 머리를 꺼들어 흔들며

　　"이년아, 말을 해, 말을! 입이 붙었어, 이 오라질 년!"

　　"······"

　　"으응, 이것 봐, 아무 말이 없네."

　　"······"

　　"이년아, 죽었단 말이냐. 왜 말이 없어?"

　　"······"

　　"으응, 또 대답이 없네. 정말 죽었나버이."

　　이러다가 누운 이의 흰창을 덮은, 위로 치뜬 눈을 알아 보자마자.

　　"이 눈깔! 이 눈깔! 왜 나를 바라보지 못하고 천정만 보느냐, 응."

　　하는 말끝엔 목이 메었다. 그러자 산 사람의 눈에서 떨어진 닭의 똥 같은 눈물이 죽은 이의 뻣뻣한 얼굴을 어룽어룽 적시었다. 문득 김 첨지는 미칠 듯이 제 얼굴을 죽은 이의 얼굴에 한데 비비대며 중얼거렸다.

　　"설렁탕을 사다 놓았는데 왜 먹지를 못하니, 왜 먹지를 못하니······ 괴상하게도 오늘은! 운수가 좋더니만 ······"

15.1.2　词汇注释

운수(運數)	运气	취중(醉中)	醉了
설렁탕	牛肉汤	행랑방	下房
주기(酒氣)	酒气	무시무시하다	可怕
정적(靜寂)	寂静	취기(臭氣)	臭气
그르렁거리다	被东西堵住的样子	숨소리	呼吸的声音
먼짓내	灰尘的味道	불길하다(不吉하다)	不吉利
빡빡하다	吮奶	삿자리	席子
예민하다(銳敏하다)	敏锐,敏感	수상하다(殊常하다)	异常
허장성세(虛張聲勢)	虚张声势	구역(嘔逆)	呕吐
기저귀	尿布	옷내	衣服味
똥내	大粪的气味	오줌내	尿味
중얼거리다	自言自语,嘀嘀咕咕	호통을 치다	大喊大叫

괴상하다(怪狀하다)	奇怪	찡그려붙다	皱眉头
까치집	喜鹊窝	닭똥	鸡粪
뻣뻣하다	干,僵硬	어룽어룽	点点滴滴
적시다	润湿	나뭇등걸	树桩

15.1.3 参考译文

走运的一天

　　金老帽儿喝醉了,但还没有忘记买了一碗牛肉汤带回家。说是个家,其实就是一间租赁的房子,而且还不是整套房子,只租了一间和里屋完全隔开的下房。月租一块钱,还得自己打水。

　　金老帽儿要不是喝醉了的话,一跨进门就会被吓得两腿打颤。房间里静得令人毛骨悚然,那种沉寂的气氛就像是一场暴风雨刚刚刮过大海一般。听不见喀喀的咳嗽声,也听不见呼呼的喘息声,只有婴儿吧唧吧唧的吮奶声,打破了这坟墓般的沉寂。说是打破沉寂,不如说那死一般的沉寂更加令人感到不安。婴儿吧唧吧唧地干吸着奶头,却听不到咕嘟咕嘟吞咽奶水的声音,使人不得不怀疑那孩子不过是在吸吮着一个干瘪无奶的奶头罢了。或许金老帽儿已经觉察到了这不寻常的沉寂,不然他怎么一进门就喊:"这个欠揍的娘们儿!老头儿回来了也不出来。该死的贱货!"他这么虚张声势地高喊大叫,不过是想赶走那令人毛骨悚然的恐惧感。

　　金老帽儿哗啦一下打开了房门,一股臭气直冲向金老帽儿那麻木的鼻子。掀翻的苇席底下散发出的霉灰味,没洗的尿布上散发的粪便味,一件件脏衣服的霉臭味,夹杂着病人汗液的酸臭味,一股脑儿地刺激着金老帽儿迟钝的嗅觉。进了房间,还没把牛肉汤放下,他就借着酒劲扯着喉咙骂起来:"该死的娘们儿!成天就知道躺着!老头儿回来了都不起来?"金老帽儿抬脚踩到了躺着的那个人的腿,可是感觉不像是人腿却好像是木头一样。就在此时,吧唧吧唧的嗯奶声一下变成了嗯嗯啊啊的哭声。那是狗蛋儿吐掉干奶头之后发出的哭声。哪里是在哭呀?只是一副皱着眉咧着嘴的哭相。嗯嗯啊啊的哭声好像不是从嘴里,而是从肚子里发出来的一般。狗蛋儿就这么一直哭,直到哭哑了嗓子,渐渐断了声儿,好像连哭的力气都没有了。

　　金老帽儿怎样用脚踢,老婆也纹丝不动,他一下子扑到老婆枕边,歇斯底里地揪着老婆那鸡窝似的头发使劲摇晃:

"老婆子!说话啊!张嘴啊!这臭娘们儿!"

"……"

"喂!你给我睁开眼睛看看!你连句话都不会说呀?"

"……"

"臭娘们儿！难道你死啦？怎么不说话！"
"……"
"哼,还不吱声！真的死了么？"
就在这时,他看到妻子的眼睛向上翻着白眼。
"这眼珠子！这眼神！你咋不瞅我,总盯着屋顶呢？啊！"
他说着说着便说不下去了,两行硕大的热泪滚落下来,斑斑点点地弄湿了妻子已经僵硬的脸庞。忽然,金老帽儿像疯了一样把自己的脸贴在死人的脸上,一边抽泣一边嘀咕着：

"老婆,你想吃的牛肉汤我给你买回来了,可你咋不吃呀？你为啥不吃啊！……我今儿出奇地走运,拉车赚了钱,今天这是咋啦？……"

15.2 正误评析

❶ 김 첨지는 취중에도 설렁탕을 사 가지고 집에 다다랐다. 집이라 해도 물론 셋집이요 또 집 전체를 세든 게 아니라 안과 뚝 떨어진 행랑방 한 간을 빌려 든 것인데 물을 길어대고 한달에 1원씩 내는 터이다.

误译：金坚志喝醉了,但还是买了牛肉汤带回家。说起来是家,可实际上当然不是新房子,甚至不能说是大体上算新,只不过租了间破破烂烂还总漏水的下屋,一个月还得花1块钱。

正译：金老帽儿喝醉了,但还没有忘记买了一碗牛肉汤带回家。说是个家,其实就是一间租赁的房子,而且还不是整套房子,只租了一间和里屋完全隔开的下房。月租一块钱,还得自己打水。

评析：按照汉字将"김첨지"译为"金坚志"是误译,"첨지"在这里表示农村里对上年纪人的一种贬意称呼。❶"셋집"的意思是"세를 내고 빌려 사는 집"。相当于"셋방살이"即"셋방을 빌려 사는 살림살이",不能翻译成"新房"。❷原文中没有"破破烂烂"的意思。

❷ 만일 김 첨지가 주기를 띠지 않았던들 한 발을 대문에 들여 놓았을 제 그곳을 지배하는 무시무시한 정적 —— 폭풍우가 지나간 뒤의 바다 같은 정적에 다리가 떨렸으리라.

误译：金坚志不是带着酒气的话,这里就会被寂静所支配,从门缝里钻进来的令人毛骨悚然的寂静,大海上暴风雨过后让人两腿发颤的那种可怕的寂静。

第15课 小　说

正译：金老帽儿要不是喝醉了的话，一跨进门就会被吓得两腿打颤。房间里静得令人毛骨悚然，那种沉寂的气氛好像是一场暴风雨刚刚刮过大海一般。

评析：第一句的关联意义是："如不是……的话，就会被那种死一般的寂静气氛所吓坏的。"❶原句中表示两个并列意义的"정적"(静寂)是一个长状语，处理这种韩语长状语，用"分解"加"复指"方法进行翻译较有效。

❸ 쿨룩거리는 기침 소리도 들을 수 없다. 그르렁거리는 숨소리조차 들을 수 없다. 다만 이 무덤 같은 침묵을 깨뜨리는 —— 깨뜨린다기 보다 한층 더 침묵을 깊게 하고 불길하게 하는 빡빡하는 그윽한 소리, 어린애의 젖 빠는 소리가 날 뿐이다. 만일 청각이 예민한 이 같으면 그 빡빡 소리는 빨 따름이요, 꿀떡꿀떡하고 젖 넘어 가는 소리가 없으니 빈 젖을 빤다는 것도 짐작할는지 모르리라.

误译：就好像嗓子眼里被什么卡住了似的，咳嗽的声音听不到，呼吸的声音也听不到。打破这如坟墓般的沉寂，说是打破，却是更加的沉寂，让人不安的死一般的沉寂，只能听见孩子吮奶的声音。如果是听觉敏锐的人，就会发现只是吧嗒吧嗒吮却没有呼噜呼噜吞奶的声音，让人怀疑是不是在空吮着。

正译：听不见喀喀的咳嗽声，也听不见呼呼的喘息声，只有婴儿吧唧吧唧的吮奶声，打破了这坟墓般的沉寂。说是打破沉寂，不如说那死一般的沉寂更加令人感到不安。婴儿吧唧吧唧地干吸着奶头，却听不到咕嘟咕嘟吞咽奶水的声音，使人不得不猜测那孩子不过是在吸吮着一个干瘪无奶的奶头罢了。

评析：修饰咳嗽声的"쿨룩거리는……"和修饰喘息声的"그르렁거리는……"两个动词是由象声词合成的，将象声意义译出来效果会更好。❷应将孩子吮奶声前面象声词的意义翻译出来，才能表现出原作的动感效果。❸"吧嗒吧嗒"是抽烟声，不是吸奶声，吸奶声应是"吧唧吧唧"。❹"呼噜呼噜"是睡觉的鼾声，不是喝奶的声音，喝奶声是"咕嘟咕嘟"。

❹ 혹은 김 첨지도 이 불길한 침묵을 짐작했는지도 모른다. 그렇지 않으면 대문에 들어 서자마자 전에 없이, "이 난장 맞을 년, 남편이 들어오는데 나와 보지도 않아, 이 오라질 년." 이라고 고함을 친 게 수상하다. 이 고함이야말로 제 몸을 엄습해 오는 무시무시한 증을 쫓아 버리려는 허장성세인 까닭이다.

误译：或者说金坚志也想象过这种恐怖的沉寂？要不然他也不会总是在进门的时候高喊一句："这乱糟糟的年景！老公回来了也不出来看看！这该死的年景！"其实他只不过是想赶走这种侵袭身体令人毛骨悚然的感觉。

正译：或许金老帽儿已经觉察到了这不寻常的沉寂，不然他怎么一进门就喊："这个欠揍的娘们儿！老头儿回来了也不出来。该死的贱货！"他这么虚张声势地高喊大叫，不过是想赶走那令人毛骨悚然的恐惧感。

评析:"년"有"年"的意思,但是在这里是对年长女子的贬称"娘们儿"。

❺ 하여간 김 첨지는 방문을 왈칵 열었다. 구역을 나게 하는 추기—— 떨어진 삿자리 밑에서 나온 먼짓내, 빨지 않은 기저귀에서 나는 똥내와 오줌내, 가지각색 때가 켜켜이 앉은 옷내, 병인의 땀 썩은 내가 섞인 추기가 무딘 김 첨지의 코를 찔렀다.

误译:金坚志终于还是<u>开了门</u>。令人作呕的<u>秋气</u>,翻倒的木椅子底下散发出的霉灰味儿,没洗的尿布上散发的粪便味儿,散落各处一件件衣服的味儿,夹杂着病人的汗液臭味的<u>秋气</u>,刺激着坚志的嗅觉。

正译:金老帽儿哗啦一下打开了房门,一股臭气直冲向金老帽儿那麻木的鼻子。掀翻的苇席底下散发出的霉灰味,没洗的尿布上散发的粪便味,一件件脏衣服的霉臭味,夹杂着病人汗液的酸臭味,一股脑儿地刺激着金老帽儿迟钝的嗅觉。

评析:"开了门"没有把"방문을 왈칵 열었다"的拟声效果译出来,需要加上相应的汉语拟声词"哗啦"一声。☯"추기"不能仅按照汉字直译成"秋气",读一读上下文就可以知道是"臭气"了。☯"刺激着坚志的嗅觉"中漏译了"迟钝的"。

❻ 방 안에 들어 서며 설렁탕을 한구석에 놓을 사이도 없이 주정꾼은 목청을 있는 대로 다 내어 호통을 쳤다. "이런 오라질 년, 주야장천 누워만 있으면 제일이야! 남편이 와도 일어나지를 못해?"라는 소리와 함께 발길로 누운 이의 다리를 몹시 찼다. 그러나 발길에 채이는 건 사람의 살이 아니고 나무둥걸과 같은 느낌이 있었다.

误译:进了房间,还没把糖块放下,他就借着酒劲扯着喉咙骂起来:"<u>这乱糟糟的年景</u>!成天躺着最好了!老公回来了都不能起来看看?"一面用脚去踩躺着那人的腿。可是,那碰触的感觉不似人腿却好像木头一样。

正译:进了房间,还没把牛肉汤放下,他就借着酒劲扯着喉咙骂起来:"该死的娘们儿!成天就知道躺着!老头儿回来了都不起来?"金老帽儿抬脚踩到了躺着的那个人的腿,可是感觉不像是人腿却好像是木头一样。

评析:"这乱糟糟的年景!"的误译是对原文意义的理解错误。

❼ 이때에 빽빽 소리가 '응아' 소리로 변하였다. 개똥이가 물었던 젖을 빼어 놓고 운다. 운대도 온 얼굴을 찡그려 붙여서, 운다는 표정을 할 뿐이다. 응아 소리도 입에서 나는 게 아니고 마치 뱃속에서 나는 듯하였다. 울다가 목도 잠겼고 또 울 기운조차 시진한 것 같다.

误译:就在此时,吧嗒吧嗒的声音变成了嗯嗯啊啊的声音。那是吐掉混着狗屎的奶之后发出的哭声。说是哭,却仅仅是皱着眉头作出哭的表情。就连那嗯嗯啊啊撒开噙着的奶头哭起来,的声音也不似发自嘴里,而好像从肚子里发出来一般。就这么一直哭,直到嗓子也哑了,连哭的力气也没有了。

正译:就在此时,吧唧吧唧的嘬奶声一下变成了嗯嗯啊啊的哭声。那是狗蛋儿吐掉干奶头后发出的哭声。哪里是在哭呀? 只是一副皱着眉咧着嘴的哭相。嗯嗯啊啊的哭声好像不是从嘴里,而是从肚子里发出来的一般。狗蛋儿就这么一直哭,直到哭哑了嗓子,渐渐断了声儿,好像连哭的力气都没有了。

评析:"개똥이"是韩国农村人给小孩起的名字,不能直译为"混着狗屎的奶",可译为"狗蛋""狗剩"之类的土语。

❽ 발로 차도 그 보람이 없는 걸 보자 남편은 아내의 머리맡으로 달려 들어 그야말로 까치집 같은 환자의 머리를 꺼들어 흔들며 "이년아, 말을 해, 말을! 입이 붙었어, 이 오라질 년!"

"……"

"으응, 이것 봐, 아무 말이 없네."

"……"

"이년아, 죽었단 말이냐. 왜 말이 없어?"

"……"

误译:发觉用脚踩是不行的,坚志马上扑到妻子的枕边,用力的晃着妻子那喜鹊巢似的头。

"两年了! 说话啊! 张嘴啊! 这该死的年景!"

"……"

"喂! 睁开眼睛看看啊! 为什么不说话?"

"……"

"两年啦! 难道死了吗? 怎么不说话!"

"……"

正译:金老帽儿怎样用脚踢,老婆也纹丝不动,他一下子扑到老婆枕边,歇斯底里地揪着老婆那鸡窝似的头发使劲摇晃:

"老婆子! 说话啊! 张嘴啊! 这臭娘们儿!"

"……"

"喂! 你给我睁开眼睛看看! 你连句话都不会说呀?"

"……"

"臭娘们儿! 难道你死啦? 怎么不说话!"

"……"

评析:"이년아"译成"两年啦!"是误译,原意是"这个女人呀!" ☯ 中文形容蓬头垢面习惯说头发乱得"像个鸡窝",不习惯说乱得像"喜鹊巢"似的头。

❾ "으응, 또 대답이 없네. 정말 죽었나버이."
이러다가 누운 이의 흰창을 덮은, 위로 치뜬 눈을 알아 보자마자
"이 눈깔! 이 눈깔! 왜 나를 바라보지 못하고 천정만 보느냐, 응."
하는 말끝엔 목이 메었다. 그러자 산 사람의 눈에서 떨어진 닭의 똥 같은 눈물이 죽은 이의 뻣뻣한 얼굴을 어룽어룽 적시었다.

误译："喂！又不出声了！真的死了么？"
　　　就在这时,他发现躺着那人已然翻了白眼儿。
　　　"这眼神！就这眼神！为什么不看我却一直盯着天花板？啊！"
　　　说着说着便说不出话了,从活人的眼里流出鸡屎一般的眼泪,将已经僵硬的脸庞打湿。

正译："哼,还不吱声！真的死了么？"
　　　就在这时,他看到妻子的睛睛向上翻着白眼。
　　　"这眼珠子！这眼神！咋不瞅我,总盯着屋顶呢？啊！"
　　　他说着说着便说不下去了,两行硕大的热泪滚落下来,斑斑点点地弄湿了妻子已经僵硬的脸庞。

评析："将已经僵硬的脸庞打湿"这句话没有交代清楚是谁的脸。

❿ 문득 김 첨지는 미칠 듯이 제 얼굴을 죽은 이의 얼굴에 한데 비비대며 중얼거렸다.
"설렁탕을 사다 놓았는데 왜 먹지를 못하니, 왜 먹지를 못하니……, 괴상하게도 오늘은! 운수가 좋더니만……"

误译：坚志像疯了一样把自己的脸贴着死去老婆的脸摩擦起来。
　　　"牛肉汤我买回来了,为什么你不吃啊！为什么不吃啊！今天这是怎么了！运气还不错的一天……"

正译：忽然,金老帽儿像疯了一样把自己的脸贴在死人的脸上,一边抽泣一边嘀咕着：
　　　"老婆,你想吃的牛肉汤我给你买回来了,可你咋不吃呀？你为啥不吃啊！……我今儿出奇地走运,拉车赚了钱,今天这是咋啦？……"

评析：在摩擦的同时"一边说"被漏译了。☯最后一句"运气还不错的一天……"需要将那种具有反意的语感翻译出来。

15.3 翻译知识

拟声拟态词的译法

韩国语表示事物声音和形态的副词叫做"拟声拟态语"(의성의태어),中文中类似功能的词叫象声词。韩国语的拟声拟态词极为丰富。《训民正音》解例曰:"夫人之有声本于五行。故合诸四时而不悖,叶之五音而不戾。喉邃而润,水也。声虚而通,如水之虚明而流通也。于时为冬,于音为羽。牙错而长,木也。声似喉,而实如木之声于水而有形也。于时为春,于音为角。舌锐而动,火也。声转而飏,如火之转展而扬扬也。……喉乃出声之门,舌乃辨声之管,故五音之中,喉舌为主。……初声之中自有阴阳五行方位之数也。又以声音清浊而言之,ㄱㄷㅂㅈㅅㆆ为全清。ㅋㅌㅍㅊㅎ为次清。ㄲㄸㅃㅉㅆㆅ为全浊。ㆁㄴㅁㅇㄹ△为不清不浊。"这里说的所谓"初声"指现代韩国语语音中的辅音。根据韩国学者的解释,韩国语的初声以五行原理组合。首先将"喉牙舌唇齿"五音配备上各自的属性"水木火土金",然后根据其属性排列方位,证明其"合诸四时而不悖"。春夏秋冬四时表示空间与时间,在这种自然背景之中,"人之有声"有清清浊浊、全清全浊、半清半浊、次清次浊、不清不浊的各种声色。各种音色音质不同,能够相生相克,形成此起彼伏、"声转而飏"、抑扬顿挫的交响曲。韩国语的元音属性也分阴性、阳性及中性。"아오야요"等阳性元音发音比较响亮,表示明朗、欢快、开放的语感;"어우여유"等阴性元音的发音低沉,具有比较低调、阴沉、含蓄的意蕴。比如:

例1 임금님은 하하하 웃으며 곰아가씨를 반갑게 맞아 주었습니다.
　　大王哈哈哈地笑着高兴地迎接了熊女的到来。(大笑)
例2 그럴 때마다 아버지는 재밌다는 듯이 허허허 웃으셨습니다.
　　每当这个时候,父亲总是饶有兴致地呵呵笑。(深沉地笑)
例3 경호는 저녁에 영옥과 같이 구경 갈 것을 생각하며 빙글빙글 웃었다.
　　庆浩想到晚上要和英玉一块儿去看演出,便情不自禁地笑起来。(微笑)
例4 유치원 어린이들이 방긋방긋 웃으며 춤을 춘다.
　　幼儿园的孩子们笑嘻嘻地跳着舞。
例5 사진기 앞에 선 신부는 구경꾼들의 찬사에 빵끗 웃으며 고개를 다소곳이 숙였다.
　　站在照相机前的新娘听到众人的赞叹,嫣然一笑,便低头不语了。
例6 정옥이는 뜻밖에 영화표를 얻게 되자 벙끗벙끗 웃으며 극장에 달려 갔다.
　　贞玉意外地得到了电影票,欢天喜地地朝剧场跑去。

例7　병수는 아무리 좋은 일이 있어도 그저 벙시레 웃기만 한다.
　　　不管遇见什么好事,炳洙总是那么乐呵呵的。
例8　정결이 방시레 웃으며 눈인사를 한다.
　　　贞洁笑眯眯地用眼睛打了个招呼。
例9　모두들의 찬사에 그는 빙시레 웃을 뿐이였다.
　　　他笑容可掬地听着大家的夸奖话。
例10　소리내어 웃어 보자, 깔깔깔, 껄껄껄.
　　　예쁘게 웃어 보자, 방글방글 벙글벙글.
　　　친구들 얼굴에 웃음꽃 피었네.
　　　放声地笑吧！哈哈哈,呵呵呵!
　　　甜美地笑吧！嘻嘻哈哈,嘻嘻呵呵!
　　　朋友们一个个喜笑颜开!

　　据不完全统计,形容音容笑貌的韩国语拟声拟态词就有上百个。比如"하하""허허""방긋방긋""빙글빙글""벙싯벙싯""벙끗벙끗""방시레""벙시레""빙시레""뱅끗"等。韩国语利用辅音与元音的灵活组合搭配,构成多种多样的象声词。韩语句子中很善于使用这种修饰手法,使语言具有立体形象感,产生一种生动活泼、栩栩如生的效果。相比较而言,汉语的象声词表达就没有这么丰富。韩国语拟声拟态词的极大丰富与汉语象声词的相对贫乏,造成了拟声拟态词翻译的难度。我们可以根据韩国语拟声拟态词的构词特点考虑词义的翻译。比如"하하"中的"아"是阳性词素,多表示明朗的色彩,可以翻译成为"喜笑颜开"。而"허허"是由阴性词素"어"组成的词,具有含蓄的意义,应该翻译成"深沉的笑容"。"빙글빙글"中的元音"이"是中性词素,可以考虑翻译成含而不露的"莞然而笑"。

　　在翻译的时候,放过拟声拟态词不翻,并不影响句子大意,但是修饰效果则大不一样。

例11　일행이 오르자 배는 삐꺽삐꺽 하는 노젓 맞히는 소리와 수라수라 하는 물 젖는 소리를 내며 저쪽 기슭을 바라 보고 나간다.
　　译1　大家一上来,船就开了。船响着摇橹声和拨水声,向对岸划去。
　　译2　大家一上来,船就开动了。江里响起了咿咿呀呀的摇橹声和哗啦哗啦的拨水声,船向对岸徐徐驶去。
例12　한 쪽에서는 갓김치를 어석어석 씹기도 하고 한 쪽에서는 김치국을 후륵후륵 들이키고 또 한 쪽에서는 새로 담뱃불을 붙여 물기도 하면서 이야기판을 펼쳐 놓았다.
　　译1　有的啃着芥菜,有的喝着泡菜汤,有的卷起旱烟边抽边聊。
　　译2　有的咔嚓咔嚓地啃着芥菜,有的呼噜呼噜地喝着泡菜汤,有的卷起旱烟一边抽着一边聊天。

　　从以上两个例句中我们可以体味出,将拟声拟态词翻译出来与不译出来,译文的效果显然不同。译2准确地翻译出了原文中的拟声拟态词,给人一种动感,更加接近原文的修饰效果。拟声拟态词的翻译方法一般有对译法、解译法、音译法、删译法、添译法、多译法几种。

15.3.1　对译法

例13　우리 농장에는 온갖 짐승들이 다 있어요. 소는 <u>음아</u>, 돼지는 꿀꿀, 개는 <u>멍멍</u>, 고양이는 <u>야옹</u>, 오리는 박박, 닭은 <u>꼬끼요</u> ……
　　　我们的农场里有各种禽畜:牛哞哞……猪哼哼……狗汪汪……猫喵喵……鸭子嘎嘎……公鸡喔喔……

例14　"뎅,뎅,뎅."
　　　"뻐꾹,뻐꾹,뻐꾹."
　　　괘종시계와 뻐꾸기시계가 서로 자기의 소리를 뽐내었습니다.
　　　"铛!铛!铛!""布谷!布谷!布谷!"挂钟和布谷鸟钟争相显示各自的声音。

例15　토끼들이 신이 나서 <u>깡충깡충</u> 뛰어 나옵니다. 외양간 빗장을 풀자 소들도 신이 나서 <u>경중경중</u> 뛰어 나옵니다.
　　　兔子们来劲了,<u>蹦蹦跳跳</u>地跑了出来。饲养棚的门闩一打开,牛就成群结队的,<u>连跑带蹿</u>地向外涌。

例16　대추나무야, 잘 자라라. 작은 이파리도 <u>무럭무럭</u> 자라고, 맛있는 대추도 <u>주렁주렁</u> 열려라.
　　　小枣树,快长大! 小叶子,<u>茂盛盛</u>! 大红枣,<u>嘟噜噜</u>!

例17　두 무릎 사이에 골을 묻고 <u>뻐끔뻐끔</u> 담배를 빨고 있던 회령집영감이 불쑥 머리를 들더니 성이 난 듯한 목소리로 말했다.
　　　"그러게 말이오다, 거 조금만 더 하지비."
　　　把头埋在双膝之间<u>吧嗒吧嗒</u>地抽烟的会宁老头儿,<u>猛地</u>抬起头来,发火似地嚷了一句:"真是的,你就再唱一段儿!"

　　以上例句中抽烟声、动物叫声在译文中都找到了与原文拟声拟态词意义相应的对译词,句子翻译效果较好。

15.3.2　解译法

例18　그들은 돌돌 바위틈으로 흐르는 개울물에 발을 담그고 이야기를 주고 받았다.
　　　他俩把脚泡在从岩石缝里<u>潺潺</u>流出的溪水里,亲切地交谈着。

例19　고향 마을의 골짜기에는 맑은 시냇물이 <u>졸졸</u> 흐르고 산기슭에는 아름다운 꽃들이 활짝 피어났다.
　　　家乡的山谷里,清流缠绕。山脚边,繁花满枝。

例20 시냇물은 거울처럼 잔잔히 흘러 간다.
潺潺溪水犹如镜子一般透彻明净。

例21 밤새껏 고인 맑은 샘물이 우물굽을 찰찰 넘쳐 흘렀다. 실실 김이 피어 오르는 거울 같은 물 위에 빨간 단풍잎이 몇 개 떠서 천천히 돌아가고 있었다.
通宵积满的一泓清泉,淙淙而流,溢过泉井。那明镜般的水面上,水波粼粼,几片枫叶打着旋儿慢慢的顺流而下。

例22 도랑물이 쫄쫄 흐른다.
沟渠里的水哗哗地流淌。

例23 도랑을 타고 왈왈 흘러 내려 오는 물을 보고 다들 환성을 올렸다.
哗……哗……大伙儿看到水顺着渠道奔流而出,顿时欢声四起。

例24 동물들이 춤추는 모습은 정말 볼 만했어요.
토끼는 깡총깡총
곰은 뒤뚱뒤뚱
닭은 푸드득 푸드득
코끼리는 고개를 끄덕끄덕
원숭이는 어깨를 으쓱으쓱
오리는 엉덩이를 흔들흔들
모두들 덩실덩실 신나게 춤을 추어요.
动物们的舞姿各有千秋。兔子一蹦一跳地跳跃;熊晃动着笨拙的身躯;鸡扑棱棱地扇动着翅膀;大象摇头晃脑;猴子一耸一耸地抖动着肩膀;鸭子一摇一摆地扭动着屁股。大家兴致勃勃地翩翩起舞。

例25 곰이 골짜기에서 가재를 잡고 있습니다. 꾀 많은 여우가 슬금슬금 다가갑니다. "곰아, 저 나무에 있는 꿀을 따서 나눠 먹지 않을래?" 곰이 여우의 뒤를 성큼성큼 따라 갑니다.
熊正在山谷里抓喇咕,诡计多端的狐狸悄悄地走来对熊说:"熊大哥,那边树上有蜂蜜,不去够点儿吃吗?"于是,熊便吭哧吭哧地跟着狐狸向蜂蜜冲去。

例26 듣는 사람이 알아 들을 수 있도록 또박또박 말합니다.
他一句一句、清清楚楚地说着,好让大伙听得明白。

例27 벌들이 여우를 쫓아 가며 침을 쏘아댑니다. 여우의 몸이 퉁퉁 부어 오릅니다. 여우가 엉엉 소리내어 웁니다.
蜜蜂们一边追赶狐狸,一边蜇他。狐狸的身上肿得鼓鼓的,疼得直哼哼。

在汉语中找不到完全相对应的象声词的情况下,需理解原词意义,用译文语言最接近词义的拟声词或拟态词解说翻译,或灵活运用其他副词做补偿翻译。

15.3.3 音译法

例 28 풍덩 엄마오리 연못 속에 풍덩
폿당 아기오리 엄마 따라 퐁당
둥둥 엄마오리, 연못 위에 둥둥
동동 아기오리, 엄마 따라 동동.
"扑通!"一声,鸭妈妈跳到了池塘里,
"嗵……!"小鸭子跟着妈妈也跳了下去。
"扑啦啦!"鸭妈妈上岸了,
"哗啦哗啦!"小鸭子紧跟着妈妈也游上了岸。

例 29 봄이다. 봄이다.　　　　　春天到,春天到,
불어나는 낙동강　　　　　一江春水的洛东江,
구포벌에 이르러　　　　　奔向九浦平原,
넘쳐 흐르네　　　　　　　碧江盈盈,江流滚滚,
흐르네—에—헤—야　　　哎嗨呀——

例 30 이내 봄빛은 다 지나가고
국화, 단풍이 돌아를 왔구나
지화자 좋다
불쑥 첫마디부터 높이 떨리는 명창의 서도창이 무거운 방안 공기를 휘저어 놓았다.
现如今呋,春光过呋,
菊花香来枫叶红呋,
济瓦喳 —— 好呀!
名唱突然甩出一首西道民谣来。他的歌调一开头就高得发颤,一下子搅动了屋子里沉闷的气氛。

例 28 "扑通!"形容掉入水中的声音,音译出来,可以很好地保持原文效果。例 29、30 "哎嗨呀……""济瓦喳……"都是韩国民谣固有的调子,为了保留这种民谣特色,可以音译,使读者能够领略一种异国他乡的曲调风格。

15.3.4 减译法

例 31 바람이 불어 와서 백화묶음이 흔연히 흔들린다. 어디서인가 삐이 비르르 삐이 비르르 산새의 울음 소리가 호젓하게 들려 온다.
一阵风吹来,白色花束迎风摆动。不知从什么地方传来鸟类凄凉的叫声。

例32 그러나 분한 것이 너무도 많았다. 용케 참아 온 것이 이 자리에선 참으려고 하여도 참을 길이 없다. 물끄러미 무덤을 지키는 눈에서 눈물이 두 뺨으로 줄줄 흘러내렸다.

但是,令人悲愤的事情实在太多,到了这儿,他再也无法强忍,他凝视着坟墓,泪水夺眶而出,沿着两颊流淌下来。

例33 동저고릿 바람에 헌 모자 비스듬이 쓰고 보따리 든 촌사람, 검정 두루마기 흰 두루마기 구지레한 양복 혹은 루바시카 입은 사람 자켓 깃 위에 짧은 머리털이 다팔다팔 하는 단발랑 혹은 그대로 틀어 얹은 신여성⋯⋯

他们当中,有穿着短褂,歪戴着破帽子,胡乱提着包裹的乡下人;也有穿着黑、白色长袍、旧西装或乌克兰式服装的人;还有梳着干练的短发,或留着披肩发的新女性⋯⋯

有一些拟声拟态词实在难以找到相应的译文,可以在不影响句子效果的情况下,把原文的拟声拟态词删减,但是需要注意不能够只是删而不顾其余。删去以后,要用其他修饰手法代替,将拟声拟态词的原意补译上。例31的"凄凉",例32的"夺眶而出",例33的"干练的"都使用了减译法。

15.3.5 添译法

例34 기러기 떴다 낙동강에
   가을 바람 부누나 갈꽃이 나붓긴다.
   洛东江上大雁成行,
   秋风瑟瑟芦花飞扬。

在这个句子里,原文没有拟声词,而译文中却增添出一个"瑟瑟"来。这是因为汉语诗歌要求押韵对仗,下句加上一个拟声词,可以保持上下文的对称。遇到这种情况,可以根据译文需要添加拟声词,增强翻译效果。

15.3.6 多译法

例35 가슴이 탁 트이고 시원해지며 쉴새없이 목구멍을 치받치던 기침도 가라앉는 것이다.
   他只觉得胸中一阵爽快感,喉咙被烟呛得忍不住的咳嗽也停止了。

例36 남길은 아까 집에서 유쾌하던 그 기분이 한꺼번에 모래처럼 무너지고 탁 풀렸다.
   南吉刚才在家里的那种愉快心情,像海市蜃楼一样,顿时消失了。

例37 역시 성미가 괄괄하고 탁 트인 장덕대이다.
   张德大到底是个爽直痛快的人。

例38 무정한 장사배에게 떠밀어 냈다는 소리를 듣고 한쪽 구석에 처녀들이 <u>소곤소곤</u> 귓속말을 하였다.

听见老板无情地把人推进水里,挤在炕脚儿上的姑娘们唧唧咕咕地小声议论起来。

例39 남녀 친구들이 <u>소곤소곤</u> 귓속말을 하며 사랑하는 말을 주고 받았다.

男女朋友们成双成对地窃窃私语,说着甜蜜的悄悄话。

例35、36、37句子中的拟声拟态词"탁"是一样的,但是译文的译法却各不相同。例38、39的"소곤소곤"也是同一个词,在不同句子中有不同的翻译。 这说明同样一个拟声拟态词,在不同的句子里,根据不同的语言环境,有时可以译同,有时也可以译异,一词可以一译,也可以多译。

15.4 翻译练习

15.4.1 选择较好的翻译

① 자르랑, 전화벨이 울렸다.
　　——"丁零零……"电话铃响了。
　　——"丁当当……"电话响了。

② 쑥쑥 자라는 성장기, 기초부터 튼튼! 균형 있게 자라다오.
　　——成长期,从基础开始平衡生长吧!
　　——嗖嗖地长个儿时,注意打好基础,使孩子健康成长!

③ 고개를 끄덕끄덕, 어깨를 으쓱으쓱, 엉덩이를 흔들흔들, 덩실덩실 신나게 춤을 추어요.
　　——摇摇头,耸耸肩,扭扭胯,兴致勃勃,跳起舞来。
　　——点点头,抬抬肩,晃晃胯,我们跳跳舞。

④ 시간이 없어서 아침을 못 먹은 날은 셋째 시간만 되면 뱃속에서 꼬르륵 소리가 나요.
　　——早上没时间吃早点的时候,一到第三节课,肚子里就开始咕噜咕噜地叫唤了。
　　——早上没有时间吃早饭,到第三节时,肚子就饿了。

⑤ 모기가 앵 소리를 내며 날아 다닌다.
　　——蚊子哄哄地叫着飞了。

—— 蚊子嗡嗡地叫着飞走了。

⑥ 내 자동차는 너무 낡아서 조금 험한 길을 가면 덜컹덜컹 소리가 나요.
—— 我的车太旧了,走到不好的路段上,便响个没完,像散了架似的。
—— 我的车太旧了,一走上不平整的路段,它就哐哩哐当地响个不停。

⑦ 창 밖에서 바람 소리가 쌩 하고 났다.
—— 窗外的风声嗖嗖的。
—— 窗外响起了嗖嗖的风声。

⑧ 외나무 다리를 건너 가던 아저씨가 미끄러져서 물 속으로 풍덩 하고 빠지고 말았다.
—— 大叔走在独木桥上,脚下一滑,嗵地一声掉进水中。
—— 大叔走在独木桥上,一不小心,掉到了水里。

⑨ 개나리와 진달래가 활짝 핀 걸 보니까 이제 완연한 봄이군요.
—— 连翘花和金达莱盛开,春天到了。
—— 连翘花和金达莱盛开绽放,春天到来啦!

⑩ 순두부 찌개가 불 위에서 보글보글 끓고 있다.
—— 火上的豆腐酱汤咕嘟咕嘟地翻滚着。
—— 豆腐酱汤在火上开锅了。

15.4.2 填空

① 술을 마셨더니 눈 앞이 빙빙 돌고 정신이 하나도 없어요.
喝酒之后,(　　　　　　　　　　)像丢了魂似的。

② 늦은 밤, 광해는 부모님이 깨실까 봐 조심스럽게 문을 열고 살금살금 걸어서 자기 방으로 들어 갔다.
夜里,光海怕吵醒父母,小心翼翼地打开门,(　　　　　　　　　　)走进了自己的房间。

③ 요즘은 장마철이어서 아침부터 밤까지 하루 종일 비가 주룩주룩 내리고 있다.
最近是梅雨季节,从早到晚,雨(　　　　　　　　　　)下个没完。

第15课　小　说

④ 구두닦이 소년은 그날그날 번 돈을 하나도 쓰지 않고 꼬박꼬박 저축했다.
擦皮鞋的少年舍不得花掉自己挣的钱,(　　　　　　　　)攒起来。

⑤ 흥부가 박을 가르자 그 안에서는 번쩍번쩍 빛나는 보물들이 쏟아져 나왔다.
兴夫打开葫芦,那里面的宝贝(　　　　　　　　),喷涌而出。

⑥ 그 아이의 눈은 유난히 반짝반짝 빛나서 참 예뻐요.
那个孩子的眼睛格外明亮,(　　　　　　　　),好漂亮啊!

⑦ 찬 음료수를 많이 마셔서 그런지 배가 살살 아프기 시작했다.
也许是因为喝了冰凉的饮料,肚子里(　　　　　　　　)。

⑧ 새끼오리들이 어미오리 뒤를 졸졸 따라 다니는 모습이 마치 동화의 한 장면 같아요.
小鸭子跟着鸭妈妈(　　　　　　　　),就好像是童话里的场面一样。

15.4.3　改错

① 저와 친구가 대문 안으로 들어 서자 강아지는 멍멍멍멍, 고양이는 야옹야옹, 송아지는 음매 음매, 염소는 매- 매-, 오리는 꽥꽥꽥꽥, 병아리는 삐약삐약, 돼지는 꿀꿀꿀꿀, 쥐는 찍찍찍찍, 닭은 꼬끼오- 소리를 내며 뛰어 왔다. 저는 하하하하, 그는 호호호호 재미있게 웃었다.
—— 我和朋友一进大门,小动物们一窝蜂地迎上来。小狗喵喵,小猫汪汪,小牛咩咩,小羊哞哞,鸭子喔喔,小鸡唧唧,小猪哼哼,老鼠吱吱,公鸡呱呱……我不由得哈哈直乐,他也呵呵地笑起来。
——

② 토끼는 경주를 하다 말고 산 중턱 나무 밑에서 쿨쿨 낮잠을 잤다. 거북이는 토끼를 앞서려고 땀을 벌벌 흘리면서 걷고 또 걸었다.
—— 兔子赛跑到山中途,就在一棵树底下睡起觉来。乌龟想赶过兔子,不停地跑。
——

③ 곰이 골짜기에서 가재를 잡고 있다. 꾀 많은 여우가 슬금슬금 다가갔다.
"곰아, 저 나무에 있는 꿀을 따서 나눠 먹지 않을래?"
곰이 여우의 뒤를 성큼성큼 따라 간다. ……
—— 熊正在山沟里捉蜊蛄,诡计多端的狐狸走过来说:"熊大哥,那边树上有蜂蜜,咱们采来分吃,怎么样?"熊跟在狐狸的后面走去。……
——

④ 어느날 밤이던가, 할머니는 "저 새가 '소쩍쩍 소쩍쩍' 울면 풍년이 들고, '소텡 소텡' 울면 흉년이 든다"는 말씀이었다. 이 전설적인 이야기는 꽤나 오랜 뿌리를 지녀 온 것 같다.
—— 一天晚上,奶奶说:"那鸟要是'唧唧'地叫唤,肯定是个丰收年。若是'咕咕'地叫唤,就是个歉收年。"奶奶的这种话好像是很久以前的传说了。
——

⑤ 우리의 재래종 토종 닭은 어떠한 울음이었을까. 이성계의 역성혁명으로 조선왕조를 점친 무학은 우리의 닭울음 소리를, "고귀위, 고귀위"로 흉내 내기도 하였다. "꼬끼오" 어린 시절 들었던 수탉의 울음 소리인데 한 오백 년 전, 저 시절의 수탉울음 소리는 "고귀위"로 순하고 부드러웠던 것인가. 요즈음 우리말 사전에서는 닭울음 소리를, 꼬끼댁 —— 꼬끼오 —— 꼭꼭 등으로 따담아 놓고 있다. "꼬끼댁"이나 "꼬고"는 주로 암탉이 알을 낳은 뒤나 알을 안을 때 내는 소리요. "꼬끼오"는 수탉이 홰를 치며 기세 있게 뽑아 내는 소리다.
—— 我们土生土长的土鸡是怎么叫唤的呢?巫学大师曾给进行易姓革命、建立朝鲜王朝的李成桂算命,他说我们的鸡叫声是"高贵位,高贵位"。从小就听说公鸡是"喔喔喔"地打鸣,那么五百年前,那个时代的公鸡"高贵位"地叫吗?现在的韩国语词典中记录的鸡叫声有"咯咯咯、喔喔喔、咕咕"等。"喔喔喔"或"咕咕"主要指母鸡下蛋时的叫声,"咯咯咯"是公鸡打鸣时雄鸡一唱天下白的呼唤声。
——

⑥ 오늘날 사람들은 죽을 보양식이나 별미식으로 먹고 있다. 항상 흥얼거리며 골라서 먹는 죽이고 보면, 그 죽먹는 소리는
~ 호로록 호로록 꼴딱 호로록 호로록 꿀떡
~ 힘이 된다 꿀떡
~ 맛이 있다 꼴딱
하는 식으로 죽을 먹는 사람이나 죽 먹는 사람을 옆에서 보는 사람이나 다같이 따낼 수 있으리라는 생각이다.
—— 如今人们将粥看做是"保养食""别味食",多种多样的营养粥任人挑选食用。人们喝粥,敞开胃口喝。无论是喝粥的,还是在旁边观赏的,都是心满意足的样子。
——

⑦ 어느 해인지 "전국 민속예술경연대회"에서 들었던 익산의 지게목발노래는 부르는 노래말과 두드리는 목발소리가 한바탕 어우러져 흥결이었다.
앞산에 불 질러라, 콩 튀어 먹고 넘어 가자.

콩 꺽자 콩 꺽자 두렁 엎어 콩 꺽자.
지게목발 장단 맞춰 재미있게 놀아 보세.
뚝 딱다 뚝 딱다 따닥 따닥 뚝 딱닥.
—— 在民俗会演会上，听到了益山创作的背架木脚歌。演唱的歌子和敲打的木脚声非常和谐。
到前山点火爆豆子吃哟！
打豆子哟，打豆子，翻开田埂打豆子。
敲打背架的木脚玩耍哟！
笃嗒嗒，笃嗒嗒，笃嗒笃嗒，笃嗒嗒。
——

⑧ 섣달 그믐밤을 밝힌 불빛 아래 지나간 한 해를 돌이켜 생각하며 앉았는데 제야의 종소리가 방안 가득히 파동을 놓는다. 그 종소리는 "웅—— 쓸쓰르르룽"의 여운일 터이고, 보람 있었던 한 해의 기쁨과 이 밤의 단란함을 실을 수 있다면 그 종소리는 "웅—— 나울나울나우르"의 여운이 흐를 것이다.
—— 大年三十晚上，坐在灯光下正回想着逝去的一年，除夕夜的钟声在屋子里回旋，掀起了阵阵波澜。波澜里翻滚着悔恨的痛苦和焦虑。那钟声"咚……咚咚……"的余韵不断。
——

15.4.4 翻译句子

① 아이들은 방학 때 가장 빨리 가장 많이 성장합니다. 쑥쑥 잘 자라는 여름방학엔 영양듬뿍 담긴 키앤아이큐를 챙겨 주세요.
——

② 그는 소설을 술술 써 내려 갔다.
——

③ 그런 것 같기도 하고 아닌 것 같기도 하여 얼른 분간이 안 되는 모양을 '알쏭알쏭' 이라고 표현한다.
——

④ 남자가 꽝 소리를 내며 문을 닫고 안으로 들어 왔습니다. 무언가에 화가 나 있는 것 같기도 하고 엉뚱한 일을 당한 것 같기도 하고 큰 잘못을 저지른 것 같기도 한 표정이었다. 냉장고로 성큼성큼 걸어 가 버드와이저 한 병을 꺼내 들고 벌컥벌컥 마셔댔습니다.
―――

⑤ 시험의 마지막 날에는 입술이 통통 부르텄다. 그러나 합격 발표를 기다리며 보낸 명절은 시험 준비 기간보다 더 견디기 힘든 시간이었다. 전을 부치고 나물을 다듬으며 차례상 준비를 했지만 입술이 바짝바짝 탔고 하루에도 몇 번씩 컴퓨터 앞으로 가서 합격자 발표를 기다렸다. 드디어 합격자 발표의 날, 고신대 의대의 합격을 확인한 후 믿을 수 없어 컴퓨터를 껐다. 확인하고 또 확인했다.
―――

⑥ 의견 수집: 식당에 대한 의견이 있으시면 언제든지 작은 소리도 크게 듣겠습니다.
　의견 제출: 수박화채에 수박이 없어요.
　답변의 글: 헛……수박화채에요.처음에는 수박이 그럭저럭 있었거든요…… 그런데 수박을 좋아하시는 몇몇 분들께 수박을 싸……악, 건져서는 이 쑤씨개로 콕콕 찍어서 맛있게 드시더라고요 …… 이렇게 몇 번 드시고 나서, 수박이 없이 썰……렁…… 다음에는요 수박을 좀 더많이 넣고요 …… 중간중간 수박 건데기를 넣어서 되도록 처음에 드시는 분만 수박을 드시는 일이 없도록 하겠습니다.
―――

15.4.5　翻译短文

① 웃음
　친구1: 여자친구에게 프로포즈를 했지. 그러니까 웃어 주더군!
　친구2: 그래? 성공했군. 축하하네.
　친구1: 응, 웃긴 웃었어, 그런데 코로 웃더군 …… 흥 ……

② 단편 소설 <소나기>에 대하여
　핵심정리
　　* 갈래: 단편 소설, 성장 소설, 순수소설
　　* 배경: 여름에서 가을까지의 어느 농촌
　　* 인물: 소년과 소녀
　　* 주제: 소년과 소녀의 순수한 사랑.

* 의의: 잃어 버린 꿈의 세계를 되살리게 하여 인간이 가진 순수한 세계를 재확인시켜 줌.

* 해설

    <소나기>는 1953년 5월 <신문학> 4호에 발표된 단편소설이다. 사춘기 소년과 소녀의 순수한 사랑 이야기를 서정적으로 표현한 이 작품은 관찰자 시점이면서도 심리 묘사가 뛰어나다.

* 독후감

    나는 옆에 앉은 친구에게 물어 보았다. 우리가 <소나기>를 언제 배웠더라, 친구는 중학교 2학년이라고 했다.

    나는 바로 집에 전화를 걸어 중학교 2학년 교과서에 <소나기>가 있는지 물어 보았는데 집에서는 중학교 2,3학년 교과서 둘 다 소나기는 수록되어 있다고 했다.

    맑고 깨끗한 자연을 배경으로 순수한 남녀의 사랑 이야기가 펼쳐지는 것도 그러하고, 소년과 소녀 사이의 애정이 소나기를 매개로 점점 자라나는 것과 소나기를 맞고 있는 느낌이었다.

 15.5 翻译作业

🌸 소나기 🌸

    소년은 개울가에서 소녀를 보자 곧 윤 초시네 증손녀 딸이라는 걸 알 수 있었다. 소녀는 개울에다 손을 잠그고 장난을 하고 있는 것이다. 서울서는 이런 개울물을 보지 못하기나 한 듯이.

    벌써 며칠 째 소녀는 학교에서 돌아 오는 길에 물장난이었다. 그런데, 어제까지 개울 기슭에서 하더니 오늘은 징검다리 한가운데 앉아서 하고 있다.

    소년은 개울둑에 앉아 버렸다. 소녀가 비키기를 기다리자는 것이다.

    요행 지나가는 사람이 있어 소녀가 길을 비켜 주었다.

    다음 날은 좀 늦게 개울가로 나왔다.

    이 날은 소녀가 징검다리 한가운데 앉아 세수를 하고 있었다. 분홍 스웨터 소매를 걷어 올린 목덜미가 마냥 희었다.

    한참 세수를 하고 나더니, 이번에는 물 속을 빤히 들여다 본다. 얼굴이라도 비추어 보는 것이리라. 갑자기 물을 움켜 낸다. 고기 새끼라도 지나가는 듯.

    소녀는 소년이 개울둑에 앉아 있는 걸 아는지 모르는지 그냥 날쌔게 물만 움켜 낸다. 그러나 번번이 허탕이다. 그대로 재미있는 양 자꾸 물만 움킨다. 어제처럼 개울을 건너는 사람이 있어야 길을 비킬 모양이다.

그러다가 소녀가 물 속에서 무엇을 하나 집어 낸다. 하얀 조약돌이었다. 그리고는 벌떡 일어나 팔짝팔짝 징검다리를 뛰어 건너간다.

다 건너가더니만 홱 이리로 돌아 서며, "이 바보."

조약돌이 날아 왔다.

소년은 저도 모르게 벌떡 일어 섰다.

단발 머리를 나풀거리며 소녀가 막 달린다. 갈밭 사잇길로 들어섰다. 뒤에는 청량한 가을 햇살 아래 빛나는 갈꽃뿐.

이제 저쯤 갈밭머리로 소녀가 나타나리라. 꽤 오랜 시간이 지났다고 생각됐다. 그런데도 소녀는 나타나지 않는다. 발돋음을 했다. 그러고도 상당한 시간이 지났다고 생각됐다.

저 쪽 갈밭머리에 갈꽃이 한 옴큼 움직였다. 소녀가 갈꽃을 안고 있었다. 그리고 이제는 천천한 걸음이었다. 유난히 맑은 가을 햇살이 소녀의 갈꽃머리에서 반짝거렸다. 소녀 아닌 갈꽃이 들길로 걸어 가는 것만 같았다.

소년은 이 갈꽃이 아주 뵈지 않게 되기까지 그대로 서 있었다. 문득, 소녀가 던진 조약돌을 내려다 보았다. 물기가 걷혀 있었다. 소년은 조약돌을 집어 주머니에 넣었다.

다음 날부터 좀더 늦게 개울가로 나왔다. 소녀의 그림자가 뵈지 않았다. 다행이었다.

그러나 이상한 일이었다. 소녀의 그림자가 뵈지 않는 날이 계속될수록 소년의 가슴 한 구석에는 어딘가 허전함이 자리 잡는 것이었다. 주머니 속 조약돌을 주무르는 버릇이 생겼다.

그러던 어떤 날, 소년은 전에 소녀가 앉아 물장난을 하던 징검다리 한가운데에 앉아 보았다. 물 속에 손을 잠갔다. 세수를 하였다. 물 속을 들여다 보았다. 검게 탄 얼굴이 그대로 비치었다. 싫었다.

소년은 두 손으로 물 속의 얼굴을 움키었다. 몇번이고 움키었다. 그러다가 깜짝 놀라 일어 나고 말았다. 소녀가 이리로 건너 오고 있지 않느냐.

"숨어서 내가 하는 일을 엿보고 있었구나." 소년은 달리기를 시작했다. 디딤돌을 헛디뎠다. 한 발이 물 속에 빠졌다. 더 달렸다.

몸을 가릴 데가 있어 줬으면 좋겠다. 이 쪽 길에는 갈밭도 없다. 메밀밭이다. 전에 없이 메밀꽃 냄새가 짜릿하게 코를 찌른다고 생각됐다. 미간이 아찔했다. 찝찔한 액체가 입술에 흘러 들었다. 코 피였다.

소년은 한 손으로 코피를 훔쳐 내면서 그냥 달렸다. 어디선가 "바보, 바보" 하는 소리가 자꾸만 뒤따라오는 것 같았다.

토요일이었다.

개울가에 이르니, 며칠 째 보이지 않던 소녀가 건너편 가에 앉아 물장난을 하고 있었다. 모르는 채 징검다리를 건느기 시작했다. 얼마 전에 소녀 앞에서 한번 실수를 했을 뿐, 여태

第15课 小　说

　　큰길 가듯이 건느던 징검다리를 오늘은 조심스럽게 건는다.
　　"애."
　　못 들은 체했다. 둑 위로 올라 섰다.
　　"애, 이게 무슨 조개지?"
　　자기도 모르게. 소녀의 맑고 검은 눈과 마주쳤다. 얼른 소녀의 손바닥으로 눈을 떨구었다.
　　"비단조개."
　　"이름도 참 곱다."
　　갈림길에 왔다. 여기서 소녀는 아래편으로 한 삼 마장 쯤, 소년은 그대로 한 십 리 가까운 길을 가야 한다.
　　소녀가 걸음을 멈추며, "너, 저 산 너머에 가 본 일 있니?"
　　벌 끝을 가리켰다.
　　"없다."
　　"우리, 가 보지 않으련? 시골 오니까 혼자서 심심해 못 견디겠다."
　　"저래 봬도 멀다."
　　"멀면 얼마나 멀기에? 서울 있을 땐 사뭇 먼 데까지 소풍 갔었다."
　　소녀의 눈이 금새 "바보, 바보," 할 것만 같았다.
　　논 사잇길로 들어 섰다. 벼 가을걷이하는 곁을 지났다.
　　허수아비가 서 있었다. 소년이 새끼줄을 흔들었다. 참새가 몇 마리 날아 간다. "참 오늘은 일찍 집으로 돌아가 텃논의 참새를 봐야 할 걸," 하는 생각이 든다.
　　"야, 재밌다!"
　　소녀가 허수아비 줄을 잡더니 흔들어 댄다. 허수아비가 자꾸 우쭐거리며 춤을 춘다. 소녀의 왼쪽 볼에 살포시 보조개가 패었다.
　　저만큼 허수아비가 또 서 있다. 소녀가 그리로 달려 간다. 그 뒤를 소녀도 달렸다. ……

　　…… "어서들 집으로 가거라. 소나기가 올라."
　　참, 먹장구름 한 장이 머리 위에 와 있다. 갑자기 사면이 소란스러워진 것 같다. 바람이 우수수 소리를 내며 지나 간다. 삽시간에 주위가 보랏빛으로 변했다.
　　산을 내려오는데 떡갈나무 잎에서 빗방울 듣는 소리가 난다. 굵은 빗방울이었다. 목덜미가 선뜻선뜻했다. 그러자 대번에 눈 앞을 가로막는 빗줄기.
　　비안개 속에 원두막이 보였다. 그리로 가 비를 그을 수밖에.
　　그러나 원두막은 기둥이 기울고 지붕도 갈래갈래 찢어져 있었다. 그런 대로 비가 덜 새는 곳을 가려 소녀를 들어 서게 했다.
　　소녀의 입술이 파아랗게 질렸다. 어깨를 자꾸 떨었다.
　　무명 겹저고리를 벗어 소녀의 어깨를 싸 주었다. 소녀는 비에 젖은 눈을 들어 한번 쳐다보았을 뿐, 소년이 하는 대로 잠자코 있었다. 그리고는 안고 온 꽃묶음 속에서 가지가 꺾이고 꽃이 일그러진 송이를 골라 발 밑에 버린다. 소녀가 들어 선 곳도 비가 새기 시작했다.

더 거기서 비를 그을 수 없었다.

밖을 내다 보던 소년이 무엇을 생각했는지 수수밭 쪽으로 달려 간다. 세워 놓은 수숫단 속을 비집어 보더니, 옆의 수숫단을 날라다 덧세운다. 다시 속을 비집어 본다. 그리고는 이쪽을 향해 손짓을 한다.

수숫단 속은 비는 안 새었다. 그저 어둡고 좁은 게 안 됐다. 앞에 나 앉은 소년은 그냥 비를 맞아야만 했다. 그런 소년의 어깨에서 김이 올랐다.

소녀가 속삭이듯이, 이리 들어 와 앉으라고 했다. 괜찮다고 했다. 소녀가 다시 앉으라고 했다. 할 수 없이 뒷걸음질을 쳤다. 그 바람에, 소녀가 안고 있는 꽃묶음이 망그러졌다. 그러나 소녀는 상관없다고 생각했다. 비에 젖은 소년의 몸 내음새가 확 코에 끼얹혀졌다. 그러나, 고개를 돌리지 않았다. 도리어 소년의 몸 기운으로 해서 떨리던 몸이 적이 누그러지는 느낌이었다.

소란하던 수숫잎 소리가 뚝 그쳤다. 밖이 멀개졌다.

수숫단 속을 벗어 나왔다. 멀지 않은 앞쪽에 햇빛이 눈부시게 내리붓고 있었다. 도랑 있는 곳까지 와 보니 엄청나게 물이 불어 있었다. 빛마저 제법 붉은 흙탕물이었다. 뛰어 건널 수가 없었다.

소년이 등을 돌려 댔다. 소녀가 순순히 업히었다. 걷어 올린 소년의 잠방이까지 물이 올라 왔다.

소녀는 "어머나" 소리를 지르며 소년의 목을 끌어 안았다.

개울가에 다다르기 전에 가을 하늘이 언제 그랬는가 싶게 구름 한 점 없이 쪽빛으로 개어 있었다.

······

 15.6 参考资料

💠 '운수 좋은 날' 독서 퀴즈 💠

(1) 주인공의 호칭은?
　　① 김첨지　　② 허생원　　③ 이주사　　④ 박진사　　⑤ 최영감
(2) 김 첨지가 집에 사 가지고 간 것은?
　　① 비빔밥　　② 냉면　　③ 설렁탕　　④ 찐빵　　⑤ 검은 콩국수

(3) 설렁탕이 지니는 상징적 의미는?
   ① 취중에 아내를 위해 설렁탕을 사 오면서도 불길한 예감에서 오는 두려움과 공포를 쫓아 버리려고 허장성세의 고함을 지른다.
   ② '운수 좋은 날'은 한국 고등학교 교과서에 실린 것으로 보아 이 작품은 한국 단편소설의 전형을 이룬 우수작으로 손꼽히고 있다. 이 작품의 주인공 김첨지가 집에 사 가지고 들어 간 설렁탕은 돈의 대응물로서 당대 민중의 가난한 현실을 극적으로 보여 주는 객관적 상징물이다.

(4) '운수 좋은 날'의 의미는 무엇인가?
   ① 1920년대 전반기 서울을 배경으로 '일제 강점기 하층민의 비참한 생활상'을 사실주의적 기법으로 보여 준 이 단편소설의 의미는 가장 비극적인 날을 반어법으로 표현하였다. 이 소설은, 가난한 인력거꾼의 고달픈 '운수 좋은 하루'를 통해 이렇게 대립된 양극단이 일치에 도달하는가를 보여 준다.
   ② 이 작품은 한국 현대 단편소설의 한 빼어난 봉우리를 차지하는 작품으로 작가의 문학 세계가 잘 응축된 독자적 위상이 면면히 빛나고 있다.

(5) '운수 좋은 날'이란 단편소설의 작가는 누구인가?
   ① 빙허(憑虛) 현진건(玄鎭健 1900~1943)은 한국 사실주의 단편소설의 기틀을 다진 작가이다. <새벽>48호(1924년 6월)에 실린 '운수 좋은 날'은 한국 단편소설사의 전개 과정에서 확고한 위치를 차지하고 있는 고전적 작품의 하나이다.
   ② 최서해(崔曙海,1901~1932)의 본명은 학송(鶴松)이다. 함경북도 성진에서 태어나 어려서부터 각지로 전전하며 품팔이, 나무장수, 두부장수 등 밑바닥 생활을 빠저리게 체험, 그 귀중한 체험이 그의 문학의 바탕을 이루었다.

(6) '운수 좋은 날'이란 단편소설의 맥은 어떤 것인가?
   답: 한국 단편소설은 과거 고대소설, 신소설의 과정을 거쳐 1920년대부터 본격적으로 창작되기 시작되면서 찬란한 빛을 발하게 되었다. 이광수, 염상섭, 현진건, 김동인, 나도향, 김유정, 채만식, 이상, 이효석……으로 이어지는 단편소설의 맥은 한국문학을 사실주의, 자연주의, 낭만주의적 소설의 문예사조를 형성하면서 깊이와 넓이를 더해 갔다.
   ① 틀렸다   ② 옳다

第 16 课　诗　歌

16.1 课文范文

16.1.1　江

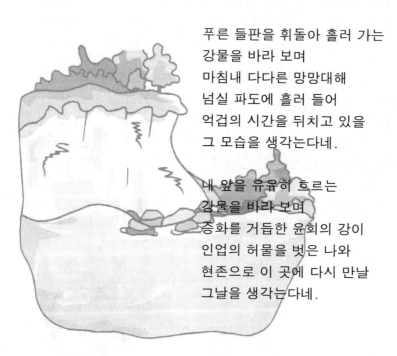

강

산굽이를 감돌아 흘러 오는
강물을 바라 보며
어느 소슬한 산정 옹달샘 속에
한 방울의 이슬이 지각을 뚫은
그 순간을 생각는다네.

푸른 들판을 휘돌아 흘러 가는
강물을 바라 보며
마침내 다다른 망망대해
넘실 파도에 흘러 들어
억겁의 시간을 뒤치고 있을
그 모습을 생각는다네.

내 앞을 유유히 흐르는
강물을 바라 보며
승화를 거듭한 윤회의 강이
인업의 허물을 벗은 나와
현존으로 이 곳에 다시 만날
그날을 생각는다네.

저 산골짜기 이 산골짜기에다
육신의 허물을 벗어
흙 한 줌으로 남겨 놓고
사자들이 여기 흐른다
그래서 강은 뭇 인간의
갈원과 오열을 안으로 안고
흐른다.

나도 머지않아 여기를 흘러 가며
지금 내 옆에 앉아
낚시를 드리고 있는 이 막내애의
그 아들이나 아니면 그 손주놈의
무심한 눈빛과 마주치겠지?

그리고 어느 날 이 자리에서
또다시 내가 찬미만의 모습으로
앉아 있겠지.

16.1.2 词汇注释

산굽이	山脚	소슬하다	萧瑟
산정(山頂)	山顶	옹달샘	泉
지각(地角)	岛屿;岩石	뚫다	穿透
들판	平原	마침내	终于,最终
다다르다	到达,抵达	망망대해(茫茫大海)	茫茫大海
억겁(億劫)	无穷无尽	증화(蒸化)	蒸发
뒤치다	翻转	윤회(輪廻)	轮回
유유히	悠悠地	허물	瑕疵,缺陷
육신(肉身)	肉身	인업(因業)	因业
오열(嗚咽)	呜咽	막내애	最小的孩子,老幺
무심하다(無心하다)	忽略,不关心	갈원(渴願)	渴望
찬미(讚美)	赞美		

16.1.3　参考译文

 江

远望江水，
环山流淌，
险峻山巅，
细泉涌起，
润泽大地，
令人沉思。

远望江水，
穿过绿野，
川川入海。
随波翻滚，
亿劫漂沉，
周回生死，
令人深省。

远望江水，
悠然流淌，
蒸腾升华。
因业轮回，
荡涤污秽，
洁空面世，
令人神羡。

此一山谷，
彼一山谷，
解脱肉身，
抛入黄土。
逝者灵魂，
徜徉其中，
众生渴望，
傍水奔腾！

此一时刻，
彼一时刻，
来世某时，
流经此地，
与子垂钓。
后嗣子孙，
淡然相视！

后之视今，
犹今视昔。
满怀赞意，
泰然安坐！

16.2 正误评析

❶ 산굽이를 감돌아 흘러 오는
　강물을 바라 보며
　어느 소슬한 산정 옹달샘 속에
　한 방울의 이슬이 지각을 뚫은
　그 순간을 생각는다네.

误译：望着
　　　那在山脚下流淌着的江水
　　　在某个山顶上的溪水中
　　　有一滴水珠飞溅出来
　　　想起了那个瞬间

正译：远望江水，
　　　环山流淌，
　　　险峻山巅，
　　　细泉涌起，
　　　润泽大地，
　　　令人沉思。

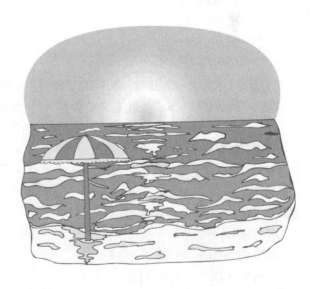

评析: "某个山顶上"的翻译没有将原文"소슬한 산정"的意思翻译出来。❷"지각을 뚫은"的意思被漏译了。❸"想起了那个瞬间",这样翻译过于直译,没有翻译出原作的意境。诗歌翻译不能够平铺直叙,须在充分理解原作者的意图之后进行艺术再创作。

❷ 푸른 들판을 휘돌아 흘러 가는
  강물을 바라 보며
  마침내 다다른 망망대해
  넘실 파도에 흘러 들어
  억겁의 시간을 뒤치고 있을
  그 모습을 생각는다네.

误译: 望着

在流碧田野上流淌着的江水
像清晨看到的茫茫大海
波涛翻滚
经过无穷时间
想起了那个景象

正译: 远望江水,
  穿过绿野,
  川川入海,
  随波翻滚,
  亿劫漂沉,
  周回生死,
  令人深省。

评析: 诗歌的句子都比较短,译成"望着/在流碧田野上流淌着的江水",句子过长,"流碧"词语不通。❷"清晨看到的茫茫大海"错误地理解了原文"终于"(마침내)的意思。❸诗歌的含义比一般文章意义更加抽象化,"억겁의 시간"是用波涛不断地翻滚来形容历史的流逝与未来到来的空间维次,在空间中形容时间的反复,从而引起人们的思考。❹"想起了那个景象",没有把诗的深意译出来。

❸ 내 앞을 유유히 흐르는
  강물을 바라 보며
  증화를 거듭한 윤회의 강이
  인업의 허물을 벗은 나와
  현존으로 이 곳에 다시 만날
  그날을 생각는다네.

误译：望着
　　　　在我面前悠然流淌的江水
　　　　在蒸发轮回中的江水
　　　　摆脱了因业的缺憾
　　　　在现存的这个地方再次相遇的一天
　　　　期待着那一天的到来

正译：远望江水，
　　　悠然流淌，
　　　蒸腾升华，
　　　因业轮回，
　　　荡涤污秽，
　　　洁空面世，
　　　令人神羡。

评析："在蒸发轮回中的江水"，蒸发轮回的并不是江水，是以流动的江水表示人生过程。☯"在现存的这个地方再次相遇的一天"，这句话的含义是人们期待着经过脱胎换骨的轮回修炼后，以全新的面貌重新轮回再现。诗句翻译要求译者适应这种跳跃性、跨越性的节奏感。

❹ 저 산골짜기 이 산골짜기에다
　 육신의 허물을 벗어
　 흙 한 줌으로 남겨 놓고
　 사자들이 여기 흐른다
　 그래서 강은 뭇 인간의
　 갈원과 오열을 안으로 안고
　 흐른다.

误译：那个山谷
　　　这个山谷
　　　摆脱了肉身的缺陷
　　　保留一黄泥土
　　　死者的灵魂就在这泥土中
　　　所以江水是
　　　带着芸芸众生的渴望与苦痛而流淌的

正译：此一山谷，
　　　彼一山谷，
　　　解脱肉身，

抛入黄土。
逝者灵魂，
徜徉其中，
众生渴望，
傍水奔腾！

评析： 诗词形式大体分为格律诗、自由诗、史诗。中文诗歌格律体较多，讲究对仗押韵，韩文诗歌多是自由体。将韩文诗译成中文诗歌的时候，考虑中文诗的修辞要求，作一些文字调整，使词语上下对齐合辙押韵，避免翻译成"所以江水是／带着芸芸众生的渴望与苦痛而流淌的"这样的大白话。

❺ 나도 머지않아 여기를 흘러 가며
  지금 내 옆에 앉아
  낚시를 드리고 있는 이 막내애의
  그 아들이나 아니면 그 손주놈의
  무심한 눈빛과 마주치겠지?

误译： 我的思绪也在不远的地方流淌
  在我旁边坐着
  正在钓鱼的小儿子
  或者是孙子
  能和他们那无忧无虑的眼神对视吗？

正译： 此一时刻，
  彼一时刻，
  来世某时，
  流经此地，
  与子垂钓。
  后嗣子孙，
  淡然相视！

评析： 原文讲到了三代人，我和我的儿子以及我儿子的儿子，翻译为"正在钓鱼的小儿子／或者是孙子"，辈分有点乱了。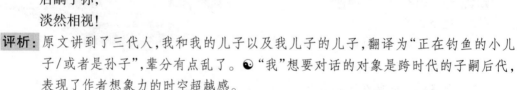"我"想要对话的对象是跨时代的子嗣后代，表现了作者想象力的时空超越感。

❻ 그리고 어느 날 이 자리에서
  또다시 내가 찬미만의 모습으로
  앉아 있겠지.

误译: 而且在未来某天的这个地方
我会再一次带着赞美的心情
坐在这里

正译: 后之视今,
犹今视昔。
满怀赞意,
泰然安坐!

评析: 诗词语言具有高度的浓缩性,"而且在未来某天的这个地方",这句需要译得简练,才能体现诗的美感与韵律。☯"带着赞美的心情",词组搭配不当。

16.3 翻译知识

修辞格的翻译

在一般语言交际中,信息功能所占比例约有20%。在不同类型的翻译文本之中,信息的占有量各有不同:科技类型文本中的信息功能占有量最高;演讲类文本的信息功能占有量次之,讲演者高谈阔论,并须调动听众情绪;文学作品中,特别是诗歌散文传达的更多的是作者的抒情想象,信息功能最低。因此在文学翻译中,比起信息功能来,更重要的往往是语言的祈使功能、移情功能、交感功能、施变功能、审美功能、交际功能等,这些内容依托文体修辞功能表达出来。不了解文学作品为了达到艺术效果所必须采用的超常规语言方式及创造性修辞方法,就不能有效开展文学翻译。奈达将语言修辞功能概括为八种:①整体功能,②美感功能,③强效功能,④得体功能,⑤同调功能,⑥递进、连接功能,⑦重点说明功能,⑧强调功能。这些修辞功能特征适用于所有语言,如韩国语的一些修辞法如下:

例1 비유법 —— 直喻法
산 속의 아침 나절은 졸고 있는 짐승같이 막막은 하나 숨결이 은근하다.
早晨,大山就像个打瞌睡的家畜,虽然寂静无声,但呼吸深沉。

例2 은유법 —— 隐喻法
행복은 꿈이다.   幸福是梦。
저 소년은 천사다.   那少年是个天使。
낮 말은 새가 듣고 밤 말은 쥐가 듣는다.   世上没有不透风的墙。

例3 풍유법(우유법) —— 讽喻法

삶을 대단하게 엔조이할 줄 아는 현대인 가운데 먼지 낀 샘플처럼 거의 폐물에 가까운 도금한 인간이, 자기 만족에 도취하고 있는 우스꽝스런 꼴을 아시겠습니까?
您知道有些现代镀金人有多么可笑吗？他们今朝有酒今朝醉，天天得过且过，就像一堆落满灰尘的废旧样品一样堆积在那里，竟然还会陶醉其中、自我欣赏！

例 4 의인법 —— 拟人法
꽃은 웃고 버들은 손짓한다.
鲜花在微笑，杨柳在招手。

例 5 의태법 —— 拟态法
대체 어디서부터 이 한없이 부드럽고 깨끗한 영혼은 아무 소리도 없이 한들한들 춤추며 내려 오는 것인지?
那无限柔软纯洁的灵魂悄然无声地翩然起舞，到底是从哪里悠悠飞舞而来的呢?

例 6 의성법（성유법）—— 拟声法
만세! 만세! 대한민국 만세!
"와"! "와"!
무엇이 와! 인지 모른다. 뜻도 없다. 멋도 모른다. 그저 누가 하나 와! 하면 따라서 두 팔로 하늘을 찌르며 고함을 치는 것이다.
万岁！万岁！大韩民国万岁！
"哇"！"哇"！
不知道人们在"哇"什么，又没有意思，又没有情调。只是有个人领头一喊"哇"，人们就都跟着挥舞臂膀，冲着天空高喊起来！

例 7 대유법 —— 代喻法
별＝장성급 군인   星＝常胜军人
바지저고리＝시골 사람   裤子配短上衣＝（贬）乡下人，土包子

例 8 중의법 —— 重意法
청산리 벽계수야 수이 감을 자랑 마라.   青山里碧溪水，川流不息莫自夸。
일도 창해하면 돌아 오기 어려우니!   一到沧海难回头啊！
명월이 만공산한데 쉬어 감이 어떠리.   明月满空山呀！留步一休且如何？

例 9 과장법 —— 夸张法
단심가   《丹心歌》
이 몸이 죽고 죽어 일백번 고쳐 죽어,   此身死了死了一百番更死了，
백골이 진토되어 넋이라도 있고 없고,   白骨为尘土魂魄有也无，
님 향한 일편단심이야 가실 줄이 있으랴. 向主一片丹心宁有改理也欤！

例 10 영탄법 —— 咏叹法
그리움마저 얼어 붙은 가슴들인가!
어디로 흩어져 가는 것이냐

第16课 诗 歌

진정
어디로 흩어져 가는 겐가
아 에울어 가는 태양 아래
외로워 가는 조국이여!
그 어디까지 젊은 목숨 위에 초연히 서야 할
유구한 조국, 아 어머니인 나라여!
锁住那无尽思念,
冻结那冰冷心田,
心碎欲绝难自拔。
啊!
西下的落日,
孤独的祖国!
悠悠岁月逝,
何日再生还?
啊!
母亲呀!
祖国!

除此之外,修辞法中还会有反复法、递进法、对照法、借代法、列举法等辞式;有省略法、问答法、连叙法、迂回法、设疑法、倒置法、反诘法、引喻法等句式;有日记、报告、广告、论文、追悼文、贺词、小说、剧本、诗歌等文式。即使是在同一文体形式的文章中,还可以细分,例如诗歌又可以细分为格律诗、自由诗、史诗。每一首诗又会有作者的个性修辞特征,如华丽文体、简易文体、优柔文体、刚健文体等,都是文学家们的艺术创造。翻译中如能够恰当地处理这些修辞手法与形式,将有助于译文传达原文的神韵,使译文达到最佳翻译效果。因此,在进行翻译的时候,译者须关注原文修辞功能与文体特征的构成要素,参考奈达提出的以下三条基本翻译原则,做到保持原文的风姿,恰当把握修饰的程度,使韩中语言修辞功能互补。

(1)译者必须不惜一切代价地传译信息内容,尽可能避免信息丢失或走样。而在信息传译中所指意义的传递应该占据首位。

(2)译者必须尽可能完善地传译信息的联想意义,联想意义比所指意义难于确定和传译,必须引起高度重视。

(3)在保证信息内容和联想意义得到圆满传译的前提下,译者应尽量顾及信息表达形式的传译,但在任何情况下,都不能本末倒置,使形式优先于内容和语言的含义。

16.3.1　保持原文的神韵风姿

翻译是在两种语言之间的迂回工作,至少要经过两个基本步骤才能完成。即对原文意义的深入理解阶段,然后将理解的意义用第二种语言重新组合,并根据上下文的需要确切地表达出来的阶段。其中,第二步主要是从词法、句法上做适当的调整变动,或长或短、或多或少、或双或单、或难或易。而属于修辞手法的辞式和句式都有其修辞目的,为了保持原文的神韵风姿,要在准确传达原文意义的基础上,尽量顾及表达形式和修辞手法的传译。例如:

例 11　꿈을 향해 쏴라!
　　인재가 가진 꿈과 가능성이 우리 대학을 만나 현실이 됩니다.
　　译1　向着梦想发射!
　　　　成材之梦与成材的可能,都要来到我校才能实现。
　　译2　向着梦寐以求的理想目标出发吧!
　　　　怀揣着成材之梦踏进我校大门,定能梦想成真!

这个句子中,原文的修辞手法是隐喻,将人生的愿望与理想比喻为"꿈"(梦)。如果不理解这层意思,直译出来就会使读者费解。译2解读出了原文的隐喻意义,沿用了原文的修辞手法,翻译得明晰生动。

例 12　우리는 친구이며 형제인데 한집 식구와 무엇이 다르겠는가?
　　译1　我们是朋友加兄弟,和一家人一样。
　　译2　我们是朋友加兄弟,和一家人有什么不同呢?

例12是一个无疑自问的反问句,借疑问的形式表达确定的内容。译1翻译成了陈述句,没有译出原文强烈的感情色彩。译2既译出了原文的意思,又保留了原文的形式。

例 13　일하기도 좋고 살기도 좋고 내일은 더 좋을 우리의 시대!
　　译1　工作好,生活好,今天好,明天更好——这就是我们的时代!
　　译2　满意的工作,幸福的生活,充实的今日,美好的明天——这就是我们的时代!

例13是一个排比句。译1机械地将"좋고"直译成四个"好"。中文的"好"字含义很多,不同的情况可以有不同的意义,一概说"好"会使得读者难于理解其具体内容是什么意思。译2比较灵活地翻译成几个词组,读来没有枯燥感。

16.3.2　恰当把握修辞法的效用

修辞格是为了达到一定的目的和一定的效果而使用的一种语言艺术手法。翻译好修辞格需要把握原文表达的程度,不可过,亦不可不及。

例 14 나는 바다의 용사, 너는 하늘의 매!
　　　我,是大海的勇士,
　　　你,是天上的雄鹰!
例 15 따뜻한 날씨였다. 한겨울답지 않게 양지 쪽에는 눈이 녹고 나뭇가지에 매달렸던 고드름 끝에서 진주알 같은 물방울이 똑똑 떨어졌다. 머리 위로 비쳐 드는 햇빛은 숲 속을 그 어떤 수정궁처럼 현란하게 만들어 놓았다.
　　　天气暖融融的,正值冬季,阳面的积雪却融化了。水珠自树枝上结的冰柱滴落,温暖的阳光照得树丛如一座水晶宫一般。

　　将人比喻为勇士和雄鹰,说明人的勇敢和气魄;把树丛比喻为一座水晶宫,形容大自然的美丽。"犹如……""好似……""像……一样"的惯用搭配在比喻中经常使用。

例 16 "백호"의 소리 없는 웃음에도 격파 솟아 구름을 삼킨다.
　　　"白虎"淡然一笑,天池激起怒涛,便将漫天乌云吞噬!
例 17 남이 걸을 때 우리는 뛰어야 하며 남이 뛸 때 우리는 날아야 한다.
　　　别人走,我们就得跑。别人跑,我们就得飞。

　　例 16 译文较恰当地译出了原文的夸张程度。例 17 译文使用了递进的修辞手法,把大小、多少、轻重等有层次关系的几个事物,按照次序一层一层地表达出来。

16.3.3　韩中修辞功能互补

　　韩文与中文的修辞法各有千秋,在翻译中要充分发挥各自的语言优势,互相借鉴,互相补充。

例 18 노을은 아침저녁 피고 지건만 강산의 아름다운 노을 언제나 피네.
　　　朝霞晨起晚霞落,
　　　江山彩霞永不落。
例 19 온 나라 온 강산에 새 힘 새 기상이 약동하고 포전마다 직장마다에 창조의 불길, 혁신의 파도가 굽이치고 있다.
　　　全国各地,呈现一派朝气、全新气象,
　　　企业农村,掀起创造浪潮、改革波涛。
例 20 혁신이 혁신을 불러 일으키고 기적이 기적을 낳는 새 시대에는 어제의 기록이 오늘은 낡고 오늘의 기록은 내일 또 낡아 버린다.
　　　在这样一个革新带动革新、奇迹创造奇迹的时代里,日日创新记录,天天出新成绩。

上面三个例句都是"反复句",分别是句中反复、句头反复和句尾反复。如果使用同样的反复手法翻译,必然会译得啰唆冗长,显示不出原文的辞采。采用中文的对偶法翻译,能够起到互补的语言效果。对偶是中文的一种传统修辞法,要求上下句意思相联、字数相等、结构一致,使人读起来节奏分明,看起来整齐匀称,起句对句互相映衬,相得益彰。例18、例19、例20的译文将韩文的反复句译成了汉语的对偶句,既发挥了汉语的语言特长,又充分表现了原文的修辞效果。

例21 사계절의 바람　　　　　　　　　　　四季风
　　　봄바람은 안기기 잘하는 나비　　　　春风如飞舞的蝴蝶,
　　　여름바람은 핥기 잘하는 곰　　　　　夏风像爬动的大熊,
　　　가을바람은 울기 잘하는 송아지　　　秋风似欢叫的小狗,
　　　겨울바람은 달리는 성낸 말　　　　　冬风犹奔驰的骏马!

例22 거문고　　　　　　　　　　　　　　玄鹤琴
　　　……　　　　　　　　　　　　　　　……
　　　거문고 소리가 높았다가　　　　　　玄鹤琴音抑亦扬,
　　　가늘고 가늘다가 높을 때에　　　　　弦乐悠长声绕梁。
　　　당신은 거문고 줄에서 그네를 뜁니다.　闻曲人欲弦上舞,
　　　마지막 소리가 바람을 따라서　　　　琴声渺渺随风荡。
　　　느티나무 그늘로 사라질 때　　　　　音入榉影不复显,
　　　당신은 나를 힘없이 보면서　　　　　曲终弱弱娇无力,
　　　아득한 눈을 감습니다.　　　　　　　轻合双目琴韵长。

例21是个排比句短诗,利用对比修辞法使四季的特点跃然纸上。例22采用了隐喻修辞法,把玄鹤琴的声情韵思表现得惟妙惟肖,逼真传神。译者要使译文达到与原文同等的效果,翻译就不能仅仅停留在语言结构和意义层面的对等转换,还要关照修辞功能对等。翻译家傅雷谈到"形似、意似、神似"的翻译标准,即指翻译评价至少包括形式表现、意义沟通、艺术同构的三个层面,他强调:"……以效果而论,翻译应当像临画一样,所求的不在形似而在神似。"

16.4 翻译练习

16.4.1　选择较好的翻译

① 아파트 베란다
　난초가 죽고 난 화분에
　잡초가 제풀에 돋아서
　흰 고물 같은 꽃을 피웠다.
　　—— 公寓的阳台上，
　　　　兰草枯萎的花盆中，
　　　　杂草发出嫩芽，
　　　　花开如古玩那样白。
　　—— 阳台上的花盆中，
　　　　兰草已经凋谢了，
　　　　杂草却冒头伸展，
　　　　开放出朵朵白花！

② 저 미미한 풀 한 포기가
　영원 속의 이 시간을 차지하여
　무한 속의 이 공간을 차지하여
　한 떨기 꽃을 피웠다는 사실이
　생각하면 생각할수록
　신기하기 그지없다.
　　—— 那棵微不足道的小草，
　　　　在永恒时间中占领一刻，
　　　　在无限空间中占据一角，
　　　　一枝花儿盛开了，
　　　　想着想着，越想越觉得新奇。
　　—— 那一株孱弱小草，
　　　　拥有永恒的瞬间，
　　　　占有空间的一角，
　　　　一枝花绽放开来，
　　　　寄托着新奇无限！

③ 하기사 나란 존재가 역시
　영원 속의 이 시간을 차지하며
　무한 속의 이 공간을 차지하며
　저 풀꽃과 마주한다는 사실도
　생각하면 생각할수록
　오묘하기 그지없다.
　　—— 我或许也是，
　　　　在永恒时间中占领一刻，
　　　　在无限空间中占据一角，
　　—— 或许我亦是小草，
　　　　拥有永恒中一瞬，
　　　　占有无垠中一角，

    面对花儿，   面对着花草遐想，
    想着想着,越想越觉得奥妙。 孕育着无穷奥妙！

④ 곰곰 그 일들을 생각하다 나는
  그만 나란 존재에서 벗어나
  그 풀꽃과 더불어
   ——认真地想一想，   ——细细地揣摩思索，
    脱离自我，   彻底地抛开自我，
    与花儿相伴。   同花草相依相伴。

⑤ 영원과 무한의 한 표현으로
  영원과 무한의 한 부분으로
  영원과 무한의 한 사랑으로
  이제 여기 존재한다.
   ——永恒时间与无限空间的一种表现， ——那是时空的一种表现，
    永恒时间与无限空间的一个部分， 那是时空的一个部分，
    永恒时间与无限空间的一种爱情， 那是时空的一片挚爱，
    此刻存在。   那是时空的共生共存。

16.4.2　填空

① 인간은 불꽃처럼 타 오를 수도 있고 꺼질 수도 있습니다. 그런데 불꽃을 큰 불길로 활활 타오르게 하는 방법은 단 하나! 노동하고 또 노동하는 것입니다.
  人类就像火花一样,有燃烧的时候,也有熄灭的时刻。让火花如星星之火一般燎原的方法只有一个,那就是(　　　　　　　　　　)。

② 서울의 얼굴이 된 상징물은 '해치(獬豸)'이다. 해치는 한국인들의 상상 속의 동물로 기쁨과 행운을 가져다 주는 상서로운 동물이다. 머리에 뿔이 있고 목에는 방울이 있으며 겨드랑이에는 날개를 닮은 깃털이 있고, 온몸이 비늘로 덮여 있다. 여름에는 물가에서, 겨울에는 소나무 숲에서 지낸다고 알려져 있다.
  獬豸者,喻诸吾城,首尔之徽也。獬豸者,吾民臆而生之,携福乐致人间,故谓祥瑞之兽也。头出犄角,颈悬铜铃,胳生羽翼,身披鳞甲,夏嬉水缘,冬藏松林,(　　　　　　　　)。

③ 한 민족의 언어가 어느 정도의 발달 단계에 이르면 국어로서의 존재에 만족하지 아니하고 문학의 형태를 요구한다. 그리고 그 문학의 성립은 그 민족의 언어를 완성시키

는 길이다.

当民族语言成熟到某种程度之后,它将不再满足于作为国语地位的存在,而是要求其文学形式的发展。文学才是(   )。

④ 향가,장가,경기체가,시조 등을 "시"라 불러야 될 것인가 아니면 "가"라 불러야 될 것인가. 옛날에는 이것을 다들 "가"라고 불러 한시와 구별하였다. "가"는 순우리말로 말하면 "노래"인데 사실 우리 나라에는 옛날에 "노래"라는 말은 있어도 "시"라는 말은 없었으니 그것을 한자로 직역하여 적는다면 "가"로 밖에 적을 수 없다. 그리하여 옛날에는 모두 "가"라 불러 왔고 또 그렇게 적어 왔으나 그러나 향가, 시조 등은 6자백이, 추심가, 산염불, 유산가 등과는 달리 이것을 "가"라 한다면 그것은 "시"라 하여야 마땅할 것도 같다.

乡歌、长歌、景几体歌、时调这些文学作品是"诗"呢,还是"歌"呢? 在古代,人们一般都把它们称作"歌",以便与汉诗相区别。"歌"一词如果用韩国语固有词表示,就是"唱歌"。在古代把一切诗和歌都称作"歌",并且就此沿用下来。但是,诸如乡歌、时调等与《六字白》《愁心歌》《山念佛》《游山歌》不同,(   )。

⑤ 고은(高銀 Ko, Un) 시인은 아마도 세계 문단과 독서계에 가장 잘 알려진 한국 문인일 것이다. 그것은 물론 지난 반세기에 걸친 왕성한 글쓰기의 결과라 여겨진다. 그러나 시집 <허공>에 해설을 쓴 문학평론가 염무웅(廉武雄 Yom Moo-ung)의 현명한 판단대로 고은 시의 절정은 아직 오지 않은 것일지도 모른다. "나는 나의 미래이다."라는 선언이 빈말로 들리지 않는 까닭이다.

在世界文坛中,诗人高银大概是最为读者所熟知的韩国文学家了。这无疑是他在过去半个世纪里笔耕不辍的必然结果。正如诗集《虚空》中文学评论家廉武雄的专评所断言,高银的创作巅峰还没有来到。也许,廉武雄的判断是正确的。因为高银宣言("   "),这绝不会是句空话。

⑥ 그는 번역을 '즐거운 작업'이라고 이야기한다. 하나의 단어를 번역하지 못해 한 달씩 고민한 적도 있지만 시를 번역하는 작업은 여전히 즐거운 도전이면서 유희 같은 것이라고. 한 사람이 좋은 번역가로 훈련 받으려면 적어도 10년의 시간이 필요하다니 서두르며 조급해 해서는 이룰 수 없는 경지다.

他说翻译是一种("   ")。虽然也曾为斟酌一个词而烦恼一个月之久,但他仍然把诗歌翻译看成一种快乐的挑战和愉快的游戏。"十年磨一剑",培养一名优秀的翻译至少需要十年时间;"欲速则不达",急于求成便无法达到一个优秀文学翻译家的境界。

16.4.3　改错

① 훨훨 나는 꾀꼬리는
　　암수 서로 노니는데
　　외로울사 이 내 몸은
　　그 뉘와 더불어 돌아갈꼬.
　　—— 翩翩飞舞的黄鸟，
　　　　雌雄互相依偎着，
　　　　而我却孤零一人，
　　　　谁愿同我回家呢？
　　——

② 넓은 벌 동쪽 끝으로
　　옛이야기 지줄대며 실개천이 휘돌아 나가고
　　얼룩빼기 황소가
　　해설피 금빛 게으른 울음을 우는 곳
　　그곳이 차마 꿈엔들 잊힐리야.
　　—— 小溪承载着古老的传说，
　　　　流过宽阔原野奔向远方，
　　　　在老黄牛慢慢的吼叫声中，
　　　　残雪映着太阳。
　　　　这就是我的故乡，
　　　　魂牵梦绕的地方。
　　——

16.4.4 翻译短诗

① 당신 참 멋져요.
　시는 말의 보배입니다.
　말은 생각의 샘물입니다.
　생각은 맛있는 밥입니다.
　맛은 멋진 사람입니다.
　당신은 참 멋져요.

② 청계천 연가
　어진 사람의 뜻으로 생수가 넘친다.
　사랑이 땅 밑에서 치솟고 있다
　옛이 출출 흐른다. 임이 만들어 놓은
　개울물 위로 버들치들이 흐른다.

　그리움이여
　물새처럼 호이호이 돌다리 위로 오너라.

　북쪽에 너만 오면 너만 화사하게
　웃음을 웃고 오면
　이 나라는 통일이 되리.

16.4.5 翻译笑话

①　　　　　　　인생이란
　시인: 외롭게 피었다가 지는 들국화다.
　여행가: 공수래 공수거하는 무전여행이다.
　약학자: 달콤하고도 쌉쌀한 당의정이다.
　수학자: 완전한 정의를 못 내는 제곱근이다.
　운수업자: 도중하차가 안 되는 직행버스다.
　경제학자: 죽음으로 가는 사양 산업이다.

②　　　　　　　　　　비유법
　초등학교 국어시간에 한 여선생님이 학생들에게 비유법에 대해 설명하고 있었다.
　선생님: 예를 들면,'우리 담임선생님은 김태희처럼 예쁘다.' 가 바로 비유법이에요.
　그러자 한 학생이 손을 번쩍 들고 말했다.
　학생:선생님! 제가 알기로는 그건 과장법인데요 ……

16.5 翻译作业

님의 침묵

님은 갔습니다. 아아, 사랑하는 나의 님은 갔습니다.
푸른 산(山)빛을 깨치고 단풍나무 숲을 향하여 난 작은 길을 걸어서 차마 떨치고 갔습니다.
황금의 꽃 같이 굳고 빛나던 옛 맹세는 차디찬 티끌이 되어서 한숨의 미풍에 날려 갔습니다.
날카로운 첫 키스의 추억은 나의 운명의 지침을 돌려 놓고 뒷걸음쳐서 사라졌습니다.
나는 향기로운 님의 말소리에 귀먹고, 꽃다운 님의 얼굴에 눈멀었습니다.
사랑도 사람의 일이라 만날 때에 미리 떠날 것을 염려하고 경계하지 아니한 것은 아니지만, 이별은 뜻밖의 일이 되고 놀란 가슴은 새로운 슬픔에 터집니다.
그러나 이별을 쓸데없는 눈물의 원천을 만들고 마는 것은 스스로 사랑을 깨치는 것인 줄 아는 까닭에 걷잡을 수 없는 슬픔의 힘을 옮겨서 새 희망의 정수박이에 들어 부었습니다.
우리는 만날 때에 떠날 것을 염려하는 것과 같이 떠날 때에 다시 만날 것을 믿습니다.
아아, 님은 갔지마는 나는 님을 보내지 아니하였습니다.
제 곡조를 못 이기는 사랑의 노래는 님의 침묵을 휩싸고 돕니다.

 16.6 参考资料

시를 말한다

(1) 시에 대하여

문장을 지적인 것과 정적인 것으로 나눌 때, 과학은 지적인 문장이요 문학은 정적인 문장으로 짜여진다고 할 수 있다. 그러므로 시는 상대편에게 어떠한 지식을 주는 것이 아니고 감동을 주는 것이며, 지적·논리적인 사고를 강요하는 것이 아니고 정적인 반응을 일으키기 위해 쓰여지는 특수한 형태임에 틀림없다. 따라서 시는 암시가 주가 된다고 하겠다. 그렇다고 지적인 것이 완전히 배제되는 것은 아니다. 시에 있어서의 암시는 역시 지적인 것을 전제로 해서 비로소 가능해지기 때문이다.
시를 형식적인 면으로 나눈다면 정형시(定型詩)/자유시(自由詩)/산문시(散文詩), 이렇게 세 가지로 볼 수 있다. 정형시란 형식상으로 일정한 운율을 가지고 있는 시를 말하고, 자유시란 일정한 형식은 갖추지 않았으면서도 내재율을 중요시하는 데 반하여, 산문시는 형식상으로나 내용상으로 운율을 가지지 않은 시를 말한다.

(2) 한국을 대표하는 시인

한국을 대표하는 시인은 고은(高銀 Ko, Un)을 손꼽힐 수 있다. 2회에 걸쳐 노벨 문학상 후보에 오르기도 한, 그는 세계인의 인정과 사랑을 받는 행복한 문인이다.

고은 시인은 1933년 8월 전북 군산 출생으로, 본명은 은태(銀泰), 법명은 일초(一超)이다. 1952년 20세의 나이로 입산하여 승려가 되었다.

수도생활을 하던 중 1958년 『현대문학』지에 시 「봄밤의 말씀」 「눈길」 「천은사운(泉隱寺韻)」 등이 추천되어 작품활동을 시작했다. 첫 시집 『피안감성』(1960)을 펴낸 이래 고도의 예술적 긴장과 열정으로 작품세계의 변모와 성숙을 거듭해 왔다. 시선집 『어느 바람』(2002), 서사시 『백두산』 전7권(1987~1994), 연작시편 『만인보』 전26권(1986~2007), 『고은시전집』 전2권(1984), 『고은전집』 전38권(2002)을 비롯해 시 소설 산문 평론에 걸쳐 150여 권의 저서를 간행했고, 1989년 이래 영어·독일어·프랑스어·스웨덴어를 포함한 10여 개 언어로 시집·시선집이 번역되어 세계 언론과 독자의 뜨거운 호응을 불러 일으켰다.

한국문학작가상, 단재상, 중앙문화대상, 유심작품상, 대한민국 예술원상 등과 스웨덴 시카다상, 캐나다 그리핀공로상 등을 수상했으며, 현재 세계 시아카데미 회원(한국 대표)으로 세계시단에서 꾸준히 활동하고 있다.

附录1 韩国主要地名

ㄱ

가락동	可乐洞	개포동	开浦洞
가란도	佳兰岛	개화산	开化山
가례면	嘉礼面	거문도	巨文岛
가리봉	加里峰	거제도	巨济岛
가야면	伽倻面	거창	居昌
가야산	迦倻山	거창군	居昌郡
가양대교	加阳大桥	경기도	京畿道
가엽산	迦叶山	경동시장	京东市场
가좌로	加佐路	경복궁	景福宫
가파도	加波岛	경산	庆山
가평	加平	경상남도	庆尚南道
간성	杆城	경상도	庆尚道
갈월동	葛月洞	경상북도	庆尚北道
갈현동	葛岘洞	경선	旌善
감포	甘浦	경의선	京义线
갑사	甲寺	경인선	京仁线
강구면	江口面	경주	庆州
강남	江南	경주괘릉	庆州挂陵
강릉	江陵	경포대	镜浦台
강원도	江原道	경회루	庆会楼
강진	康津	계도	鸡岛
강화군	江华郡	계도	契岛
강화도	江华岛	계룡면	鸡龙面
개도	盖岛	계룡산	鸡龙山
개도	开岛	계명산	鸡鸣山
개도	介岛	계양면	桂阳面
		계족산	鸡足山

附录1 韩国主要地名

고경면	古镜面	구리	九里
고령	高灵	구미	龟尾
고산서원	孤山书院	구봉산	九峰山
고성	固城	구산	龟山
고성	古城	구암사	龟岩寺
고성군	固城郡	구의동	九宜洞
고창	高敞	구절산	九节山
고흥군	高兴郡	구천협곡	九川峡谷
공덕동	孔德洞	구파발	旧把拨
공주	公州	국망봉	国望峰
공주송산리	公州宋山里	국사당	国师堂
과천	果川	국사봉	国师峰
관동팔경	关东八景	국수봉	国守峰
관매도	观梅岛	국수봉	国秀峰
관악구	冠岳区	국지산	菊芝山
관훈동	宽勋洞	국화도	菊花岛
광나루	广津	군산	群山
광덕사	广德寺	군산공원	群山公园
광명	光明	군위	军威
광산군	光山郡	군자동	君子洞
광양	光阳	군포	军浦
광장동	广壮洞	굴불사	掘佛寺
광주군	广州郡	굴산사지	屈山寺址
광주시	光州市	금릉군	金陵郡
광한루	广寒楼	금산군	锦山郡
광화문	光化门	금산사	金山寺
광희문	光熙门	금오산	金乌山
괴산군	槐山郡	금정산	金井山
교대	教大	금정산	琴井山
구도	龟岛	금척리	金尺里
구도	拘岛	금호	琴湖
구례	求礼	금화읍	金化邑
구로공단	九老公团	기계면	杞溪面
구룡도	九龙岛	길향사	吉祥寺

김제	金堤	녹도	鹿岛
김천	金泉	녹천	鹿川
김포	金浦	논산	论山
김해군	金海郡	논현	论岘
김해삼산리고분	金海三山里古坟	능산리고분	陵山里古坟
김해죽오성	金海竹乌城		

ㄴ

ㄷ

		다가공원	多佳公园
나주	罗州	다대포	多大浦
나주대안리고분군	罗州大安里古坟群	다도해	多岛海
나주덕산리고분군	罗州德山里古坟群	다산면	茶山面
나주신촌리고분군	罗州新村里古坟群	단양	丹阳
낙동강	洛东江	단양팔경	丹阳八景
낙산사	洛山寺	달성	达城
낙성대	落星垡	당고개	堂岭
낙영산	落影山	당산철교	堂山铁桥
낙화암	落花岩	당진	唐津
난지도	蓝芝岛	당진평야	唐津平野
남가좌동	南加佐洞	대곡	大谷
남고산성	南固山城	대구	大邱
남대문	南大门	대덕군	大德郡
남양주	南杨州	대덕산	大德山
남영동	南营洞	대림	大林
남원군	南原郡	대복사	大福寺
남한산성	南汉山城	대성군	大城郡
남해	南海	대소산	大小山
내방	内方	대송도	大松岛
내원사	内院寺	대전	大田
내원암	内院庵	대정	大静
내장산	内藏山	대죽도	大竹岛
냉천동	冷泉洞	대천읍	大川邑
노량진	鹭梁津	대청호	大清湖
노령산맥	芦岭山脉	대치	大峙
노서리	路西里	대학로	大学路
노유동	老游洞	대화	大化

대흑산도	大黑山岛	마이산	马耳山
덕수궁	德寿宫	마장동	马场洞
덕유산	德裕山	마천	马川
도갑사	道岬寺	마포구	麻浦区
도계읍	道溪邑	마포대교	麻浦大桥
도담삼봉	岛潭三峰	만장굴	万丈洞
도동	桃洞	망원동	望远洞
도동서원	道东书院	망해사	望海寺
도림동	道林洞	면목동	面牧洞
도봉구	道峰区	명동	明洞
도봉산	道峰山	명정전	明政殿
도산서원	陶山书院	명주군	溟州郡
도선사	道诜寺	모슬포	慕瑟浦
독거도	独巨岛	모진동	毛陈洞
독도	独岛	목도	木岛
독립문	独立门	목동	木洞
독바위	缸岩	목석원	木石苑
독산	秃山	목포	木浦
돈화문	敦化门	몽덕도	蒙德岛
동교동	东桥洞	몽촌토성	梦村土城
동대문구	东大门区	무교동	武桥洞
동두천	东豆川	무녀도	巫女岛
동선동	东仙洞	무성서원	武城书院
동숭동	东崇洞	무악재	母岳岭
동작구	铜雀区	무안	务安
동해	东海	무장	茂长
동호대교	东湖大桥	무주	茂朱
동화사	桐华寺	묵방산	墨方山
두륜산	头轮山	문경	闻庆
두악산	斗岳山	문묘	文庙

ㅁ

마금산온천	马金山温泉	문수산성	文殊山城
마두	马头	문전동	文井洞
마산시	马山市	미륵산	弥勒山

문산 | 汶山

미아리	弥阿里	부곡	富谷
민어도	民渔岛	부군당	府君堂
밀양	密阳	부산	釜山

ㅂ

부소도	扶所岛
박달산	朴达山
반등산	半登山
반월도	半月岛
반포	盘浦
반포대교	盘浦大桥
방배	方背
방이동	芳荑洞
방학	放鹤
방화	傍花
백령도	白翎岛
백록담	白鹿潭
백록동	白鹿洞
백마강	白马江
백석	白石
범어사	梵鱼寺
법주사	法住寺
변산반도	边山半岛
보길도	甫吉岛
보령군	保宁郡
보문동	普门洞
보성	宝城
보신각	普信阁
보은군	报恩郡
본동	本洞
봉림사	凤林寺
봉상시	奉常寺
봉원동	奉元洞
봉정사	凤停寺
봉천	奉天
봉화	奉化

부소도	扶所岛
부소산	扶苏山
부암동	付岩洞
부용산	芙蓉山
부인사	符仁寺
부자정	父子亭
부천	富川
부평	富平
북가좌동	北加佐洞
북악산	北岳山
북평읍	北坪邑
북학지	北学址
북한산	北汉山
북한산성	北汉山城
분황사	芬皇寺
불광	佛光
불국사	佛国寺
비로봉	毗卢峰
비룡폭포	飞龙瀑布
비원	秘苑
비자림	榧子林

ㅅ

사가정	四佳亭
사당동	舍堂洞
사직동	社稷洞
사천군	泗川郡
삭녕	朔宁
산군부리	山君不离
산방산	山芳山
산방산	山房山
산청군	山清郡

삼가	三嘉	선산	善山
삼각산	三角山	설악산	雪岳山
삼각지	三角地	섬진강	蟾津江
삼랑사	三郎寺	섬천	陕川
삼선동	三仙洞	성균관	成均馆
삼성	三成	성남	城南
삼성혈	三姓穴	성산대교	城山大桥
삼송	三松	성산일출봉	城山日出锋
삼일포	三日浦	성수	圣水
삼척읍	三陟邑	성수대교	圣水大桥
삼천포	三千浦	성주	星州
삼청동	三清洞	세검정	洗剑亭
삼화사	三和寺	세곡동	细谷洞
삽교호	插桥湖	세종로	世宗路
상암동	上岩洞	소금강	小金刚
상주	尚州	소래산	苏来山
상주군	尚州郡	소수서원	绍修书院
새절	新寺	소아도	小芋岛
서강대교	西江大桥	소양강	昭阳江
서강읍	西江邑	소요산	逍遥山
서교동	西桥洞	속리산	俗离山
서구	西区	속초	束草
서귀포	西归浦	송광사	松广寺
서대문구	西大门区	수락산	水落山
서린빌딩	瑞麟大楼	수로왕릉	首露王陵
서빙고동	西冰库洞	수산면	水山面
서산	瑞山	수색	水色
서천군	舒川郡	수서동	水西洞
서초구	瑞草区	수원	水原
석계	石溪	순창	淳昌
석굴암	石窟庵	순천	顺天
석당산	石堂山	승주군	升州郡
석수	石水	시흥	始兴
석촌동	石村洞	식장산	食藏山

신대방	新大方	여주	骊州
신림	新林	역삼	驿三
신사동	新沙洞	연기군	燕岐郡
신안군	新安郡	연신내	延新内
신천동	新川洞	연천군	涟川郡
신촌	新村	연화산	莲花山
신풍	新丰	연희동	延禧洞
신흥사	神兴寺	염리동	盐里洞
신흥사	新兴寺	영광군	灵光郡
쌍계사	双溪寺	영덕	盈德
쌍봉사	双峰寺	영동군	永同郡
		영동대교	永东大桥
		영등포구	永登浦区

ㅇ

아산	牙山	영암군	灵岩郡
아현동	阿岘洞	영양	英阳
안국동	安国洞	영월	宁越
안동	安东	영일군	迎日郡
안면도	安眠岛	영종도	永宗岛
안산	安山	영천	永川
안압지	雁鸭池	영풍문고	永丰书店
안양	安养	예산	礼山
암사동	岩寺洞	예술의전당	艺术殿堂
압구정동	狎鸥亭洞	예장동	艺场洞
애기봉	爱妓峰	예지원	礼智院
애월	涯月	오금동	梧琴洞
약사사	药师寺	오대산	五台山
양구군	样口郡	오등산	五等山
양산	梁山	오륙도	五六岛
양양면	襄阳面	오산	乌山
양재동	良才洞	오이도	乌耳岛
양천구	阳川区	옥구군	沃沟郡
양평군	样平郡	옥수동	玉水洞
양화	杨花	올림픽대교	奥林匹克大桥
여수	丽水	옹진군	瓮津郡
여의도	汝矣岛	와룡팔경	卧龙八景

완도	莞岛	월정사	月精寺
완주군	完州郡	월출산	月出山
용담사	龙潭寺	위례성	慰礼城
용두산	龙头山	위봉산성	威凤山城
용두암	龙头岩	유가면	瑜伽面
용마산	龙马山	유릉지	裕陵址
용산구	龙山区	유성	儒城
용연사	龙渊寺	유주산	榆朱山
용인	龙仁	유치면	有治面
우면동	牛眠洞	유학산	游鹤山
우이도	牛耳岛	육도	陆岛
우장산	雨装山	육십현	六十岘
운니동	云泥洞	율곡로	栗谷路
운주사	云柱寺	율곡면	栗谷面
운현궁	云岘宫	율도	栗岛
울도	蔚岛	율양천	栗阳川
울릉도	郁陵岛	율치	栗峙
울산	蔚山	융릉	隆陵
울주	蔚州	은석사	银石寺
울진	蔚珍	은선폭포	隐仙瀑布
웅진	熊津	은성탄광	恩城炭矿
원각사	圆觉寺	은적산	恩积山
원당	元堂	은진	恩津
원주	原州	은풍현	殷丰县
원효산	元晓山	은해사	银海寺
월계	月溪	을지로	乙支路
월광사	月光寺	음성군	阴城郡
월명산	月明山	음암면	音岩面
월미도	月尾岛	음죽	阴竹
월산면	月山面	음집벌국	音汁伐国
월성	月城	읍도	邑岛
월송정	越松亭	응봉	鹰峰
월악산	月岳山	응암동	鹰岩洞
월암산	月岩山	응암산	鹰岩山

의령군	宜宁郡	일산역	一山驿
의림지	义林池	일영대계	日影台契
의봉산	仪凤山	일운면	一运面
의상대	义湘台	일원동	逸院洞
의성군	义城郡	일월산	日月山
의왕면	仪旺面	일죽면	一竹面
의정부	议政府	일화산	日华山
이만봉	二万峰	임계면	临溪面
이산도	二山岛	임고면	临皋面
이산지	理山池	임곡역	林谷驿
이양역	梨阳驿	임류각	临流阁
이죽면	二竹面	임성리역	任城里驿
이천군	利川郡	임실면	任实面
이촌	二村	임오산	林乌山
이충무공지	李忠武公址	임존산성	任存山城
이태원	梨泰院	임진각	临津阁
익도	翼岛	임천지	林川池
익산군	益山郡	임청각	临清阁
인릉	仁陵	임피면	临陂面
인봉	印峰	임하	临河
인사동	仁寺洞	임해진	临海津
인여도	人女岛	입곡지	入谷池
인왕동	仁旺洞	입도	笠岛
인왕리	仁旺里	입석지	入石池
인왕산	仁王山	입실리유적	入室里遗迹
인정전	仁政殿	입암산성	笠岩山城
인제	麟蹄	입장지	笠场池
인지면	仁旨面	입파도	立波岛

ㅈ

인천	仁川	자개문	子开门
일광면	日光面	자라도	者罗岛
일당산	一堂山	자란도	紫兰岛
일로역	一老驿	자모산	子母山
일리역	一里驿	자수궁지	慈寿宫址
일미도	一尾岛		

附录1 韩国主要地名

자양동	紫阳洞	장연면	长岩面
자은면	慈恩面	장의사지	藏义寺址
자제사	慈济寺	장자도	壮子岛
작도	鹊岛	장장목도	长长木岛
작도	作岛	장재지	壮才池
작두산	鹊头山	장전	长箭
잠도	蚕岛	장죽도	长竹岛
잠실	蚕室	장충단길	奖忠坛路
장거도	长巨岛	장충동	奖忠洞
장경교	长庆桥	장치산	场峙山
장고도	长鼓岛	장항역	长项驿
장곡사	长谷寺	장흥고지	长兴库址
장교천	长桥川	장흥면	长兴面
장군대	将军台	재도	斋岛
장기지	场基池	재동백송	斋洞白松
장녕전	长宁殿	재원도	在远岛
장도	长岛	저도	猪岛
장동	仓洞	적곡면	赤谷面
장동성	壮洞城	적도	赤岛
장락산	长乐山	적량면	赤良面
장릉	庄陵	적성현	赤城县
장릉	章陵	적오산성	赤鳌山城
장벽산	长壁山	전곡면	全谷面
장병도	长柄岛	전도	全岛
장사도	长蛇岛	전도	田岛
장산	壮山	전등사	传灯寺
장생포	长生浦	전라남도	全罗南道
장선천	长善川	전라도	全罗道
장성봉	长城峰	전라북도	全罗北道
장수광산	长水矿山	전의면	全义面
장수지	长水池	전주	全州
장안동	长安洞	절명도	绝明岛
장안면	长安面	절부암	节妇岩
장암산	壮岩山	점곡면	点谷面

335

점촌역	店村驿	천관산	天冠山
접도	蝶岛	천마산	天摩山
정각사	正觉寺	천안	天安
정동	贞洞	천제연	天帝渊
정림사지	定林寺址	천지연	天地渊
정읍	井邑	천호대교	千湖大桥
제물포	济物浦	철원	铁原
제주도	济州岛	청계천	清溪川
제천	堤川	청구	青丘
조치원	鸟致院	청담	清潭
종각	钟阁	청담대교	清潭大桥
종로구	钟路区	청도	清道
주왕산	周王山	청량리	清凉里
죽도	竹岛	청량산	清凉山
죽엽산	竹叶山	청송	青松
중곡동	中谷洞	청와대	青瓦台
중구	中区	청주	清州
중원군	中原郡	청파동	清坡洞
증산	缯山	춘성군	春城郡
지리산	智异山	춘천	春川
지축	纸杻	충무로	忠武路
직지사	直指寺	충주	忠州
진도	珍岛	충청남도	忠清南道
진양군	晋阳郡	충청도	忠清道
진주	晋州	충청북도	忠清北道
진해	镇海	치악산	雉岳山

ㅊ

창경궁	昌庆宫	칠갑산	七甲山
창녕군	昌宁郡	칠곡	漆谷

ㅌ

창덕궁	昌德宫	탑동	塔洞
창신동	昌信洞	탑동공원	塔洞公园
창원	昌原	탑십리동	踏十里洞
창전동	仓前洞	태백시	太白市
척산	尺山	태안군	泰安郡

태종대	太宗台	함평	咸平
통도사	通度寺	해운대	海云台
통영	统营	해인사	海印寺
		행당동	杏堂洞

ㅍ

파주	坡州	행주	幸州
판문점	板门店	현석동	玄石洞
팔공산	八公山	현충사	显忠祠
평창	平昌	협재	挟才
평촌	坪村	홍도	红岛
평택	平泽	홍은동	弘恩洞
포석정	鲍石亭	홍제	弘济
포천	抱川	홍천	洪川
포항	浦项	화계사	华溪寺
표선	表善	화곡동	禾谷洞
표충사	表忠寺	화성	华城
풍납토성	风纳土城	화양	华阳
		화엄사	华严寺

ㅎ

하남	河南	화정	花井
하회촌	河回村	황남리	皇南里
학동	鹤洞	황룡사	黄龙寺
한강철교	汉江大桥	황오리	皇吾里
한나산	汉拿山	효자동	孝子洞
한남동	汉南洞	후암동	厚岩洞
한림	翰林	흑산군도	黑山群岛

附录2　韩国民俗用语

ㄱ

가람집	栖身之处
가래	三人锹
가리비	虾夷扇贝
가마발	轿帘
각지다	棱角分明,有棱有角
갈돌	磨石
감주	甜酒
감칠맛	好味道
갓테	箍
강강수월래	羌羌水越来
강정	江米条
개구리덤	蛙堤
갯골	港汊
갯벌	滩涂
갯줏집	客栈
거드름춤	摆身缓步舞
결혼잔치	结婚典礼
겹담	双重墙
곁길	小巷,小路
고들빼기	苦荬菜
고리짝	柳条箱
고사지	枯枝
고주망태	酒鬼
골방	小屋,后屋
구렛나루 수염	络腮胡
굴피집	橡树皮房
굿음악	巫俗音乐
긁쟁이	耙
깃방석	坐垫
깨기옷	夹衣
깨끼춤	扬州别山台快步舞
꼭두각시놀이	傀儡戏
꽁지머리	马尾发式

ㄴ

남비	锅
넋 건지기굿	招魂戏
넝마	破旧不堪,褴褛
노리개	佩饰
녹말국수	凉粉
놈팡이	心上人,鬼家伙
놋다리밟기	踏铜桥
높새바람	东北风

ㄷ

다듬잇돌	捣衣石
다리품앗	跑腿钱
달동네	贫民窟
당꼬바지	束腿裤
당초무늬	唐草纹
대구바지	大口裤
대금	大芩
대살	篾条
대오리	竹篾
대청마루	厅堂
더벅머리	蓬头散发
덕목	道德品格

338

도당굿	都堂祭	묵나물	干野菜
도리매듭	桃李花结	물꼬	闸口,水口
도읍지	都城,都邑	밀따리쌀	晚红稻米
독무덤	瓮棺葬,石室墓	밑반찬	佐餐小菜
돈다발	一叠叠钞票	**ㅂ**	
동네 어귀	村口	바닥난방	火炕取暖
동바루놀이	背架游艺	바라춤	钹舞
동이 나다	断档	발부리	脚尖
동정	韩服领边	밤저굿	宵夜戏
돼지꿈	发横财,交好运	방앗간	舂米间
되레	反而	밭담	田埂
두레 일놀이	农活互助游艺	배 멍에	船轭
뒷바라지	照料	배뱅이굿	白冰戏
들굿	原野巫歌	버선장	布袜柜
들목	入口,村口	범부춤	凡夫舞
땜장이	焊工,焊补匠	별신굿	别神祭
떨잠	颤簪	별채	别栋
똑딱이 핀	扣式发卡	봉헌물	供品
똘똘 뭉치다	团结一致	부싯돌	钻燧取火
똥개	杂种狗	부지	占地
뜸돌	炙石	불대장	火夫
띠배굿놀이	浮船赛神游艺	불륜	婚外恋,乱伦
ㅁ		비리	违法勾当,不正之风
마고자	韩式罩衫	비법	秘诀,诀窍
마을굿	村祭	뼈덩사발	扁口碗
막걸리	米酒,马格利酒	삐까번쩍하다	富丽堂皇
맛술	料酒	**ㅅ**	
망묵굿	亡默戏	사랑방	舍廊房
망태	草兜	사물놀이	四物游艺
맞두레	双人戽车	사범	教练
매김소리	领唱	삭월세	按月付租
매듭노리개	花结佩饰	산간 논	梯田,山田
모듬살이	聚居	산굼부리	山嘴
목쇼장	木梳匠	산대놀이	山台戏
무명자루	棉布袋	살포시	轻盈,轻柔
무혼굿	招魂祭	살풀이	驱鬼戏,驱邪舞

삽주	苍术	시상식	颁奖典礼,颁奖仪式
삿대질	指手画脚	시선뱃놀이	诗仙船游戏
상놈	常民	시왕맞이굿	迎十王戏
새남굿	超度亡灵戏	식혜	蜜糯汤
새재	鸟岭	신행길	新婚之途
새판을 짠다	革新局面	실타래	线挂
샌님잡이	抓书呆子	십장생	十长生
생머리	垂下的长发	싸구려	便宜货
선머슴	冒失鬼	싸라기	碎米
선보이다	推出,亮相	씨끔굿	净亡灵
선술집	小酒店	씨돝	种猪
선착장	码头	씻김굿	净亡灵戏
섭리	规律,天理		
성수기	旺季	아가미젓	鱼鳃酱
성주굿	城主祭	아래채	下房
성주풀이	城主巫歌	아트씻김굿	亡灵艺术
성퇴무늬	暗纹	안댁굿실	内堂巫术
성향	趋向,趋势	앙감질	单腿跳
섶	襟	앙금	积怨
세경놀이	农神游艺	양반다리	盘腿
소갈	止渴	어룽지다	模糊
소매통	袖筒	어방놀이	鱼舫游艺
소줏고리	酿酒坛	어불성설	无稽之谈,天方夜谭
소쿠리	筐	얼레	风筝线轴,钓鱼线轴
속사정	内情	엇시조	连时调
솜대	淡竹	연건평	建筑面积
솟대	货杆	연고주의	裙带关系,亲缘主义
솟대장이패	苏涂牌	연등회	燃灯会
솟을빗꽂살창	凸格窗	열무김치	小萝卜泡菜
쇠괭이	铁镐	염낭끈	小荷包绳
수막새	滴水瓦	염낭본	小型本,袖珍本
수정과	水正果(一种韩国传统饮品)	염원제	愿望祭
순두부	豆腐脑	엿판	板状饴糖
습중량	毛重	영감놀이	老翁游艺
시금파리	碎瓷片	영등살	灵登煞
시나위	心方曲,神方曲(韩国俗乐)	영아차	灵芽茶

영안실	太平间	입회인	证人
오광대 야류	五广大野游（元宵节期间，韩国庆尚南道一带举行的一种假面舞）	**ㅈ**	
		자개농	螺钿箱笼
		잡곡 미수	杂粮油茶
오구굿	超度戏	장돌뱅이	赶集的人
오려송편	早稻松饼	장승굿놀이	长丞祭（村落守护神祭）
오롯이	忠实地	장옷	面纱斗篷
오목대접	高钵	장지	壁纸
오목사발	深碗	재가신도	俗家信徒
오밤중	三更半夜	재래식시장	老市场，传统市场
오방진굿	五方阵舞	전갈	传唤
오신반	五辛盘	조각보	百衲袱
오신채	五辛菜	조개탄	煤球
오일장	五日集	조랑말	矮脚马
옥개 받침	檐板	조수간만	潮汐落差
옴중탈	疥疮面具	조이기법	雕花工艺
옹기시루	陶器蒸笼	좀도리 쌀독	小口米缸
왕초	破烂王，乞丐头儿	줄북	农乐鼓
외곬인생	执着的人生追求	쥐불놀이	鼠火游艺
외뿔박이도깨비	独角妖魔	지신밟기놀이	祭地神戏
용말놀이	龙马游戏	집 귀막이 굿	驱鬼舞
용틀임 바위	盘龙岩	짚여물	秸秆
웃목	炕梢	짱껭뽕을 하다	猜拳
유경	黄铜镜	차제	这时，当时
융단폭격	地毯式轰炸	처용무	《处容舞》
은동곳	银簪	철새도래지	候鸟栖息地
은산별신제	恩山别神祭	취발이탈	醉鬼面具
의타심	依赖心理	치정극	言情剧
이불호성	被套	**ㅌ**	
익살극	滑稽剧	탈놀이	假面剧
인두	烙铁	탕평채	荡平菜（荡平为韩国地名）
일대기	传记	토속신앙	民间信仰
일방로	单行线	통견	绮纱
일품	上品	통치마	筒裙
입도선매자금	预付款	툇마루	木廊台
입춘굿놀이	立春赛神游艺		

ㅍ

판소리	盘瑟俚
판톨이	场地戏
팔사틀	八丝架
포장마차	路边酒篷
푸닥거리굿	驱邪戏
품바타령	吆喝声
품새	姿势
풍농 굿놀이	祈丰游艺
풍물굿	农乐
풍물집이	吹鼓手
풍탁	风铃

ㅎ

하적호	河淤塞湖,河床湖
학벌주의	学阀门派
한가위날	嘉俳日
한계령풀	界岭草
한과	韩式油炸糕
한지	高丽纸
해녀놀이	海女游艺
해산물뚝배기	海鲜砂锅
향삼죽악기	乡三竹乐器（大笒、中笒、小笒的统称）
호장줄	虎杖条
호화양장본	精装本
혼수감	嫁妆
화랑춤	花郎舞
화류계	红灯街
황토찜질	黄土热敷

附录3 韩国当代流行语

최신 유행어/신조어

1. 가방끈/**学历**: 70년대부터 학력이라는 의미로 사용되기 시작해서 꾸준히 계속 사용되고 있다. 주로 "길다", "짧다"와 호응되어 쓰인다.
   예문: A: 언니 같이 눈 높고 [가방끈] 긴 사람은 시집가기 정말 어렵겠어!

2. 고딩/**高中生**: 고등학생을 의미하는 은어.

3. 고속철도/**高铁,快速列车**: "KTX(Korea Train Express) 고속철도"는 2004년 4월 1일 개통된 고속전철로 기존의 4시간 10분(새마을호 기준)이 소요되는 서울~부산 구간을 2시간 40분에 주파해 '전국 3시간 생활권'을 구현하는 차세대 교통수단으로 2004년 인터넷 인기검색어 2위를 기록했다. 이에 "KTX 증후군"이라는 신조어도 생겨났다. 새로 생긴 고속철도와 대비해서 일반열차 탑승객들의 고초를 비유한 말로 콩나물(Kongnamul, 묘芽) 시루(缸), 늘어난 운행시간(Time), 비싸진(Expensive) 운임을 뜻한다.
   예문: KTX 고속철도가 등장하더니 KTX 증후군이 말이 아냐.

4. 공구/**团购**: "공동구매"의 줄인 말. 온라인 상에서 특정 상품을 구매하려는 사람들을 모집하여 공동구매를 함으로써 보다 싼 가격으로 상품을 사는 경우를 말한다.
   예문: ① PC를 인터넷 쇼핑몰에서 [공구]하다. ② 수요자 입장에서뿐만 아니라 공급자의 입장인 중소기업들도 [공구] 싸이트의 덕을 톡톡히 보고 있다.

5. 공주병/**公主病**: 자기가 이쁘고 고귀한 공주인 양 착각하고 행세하는 여자를 가리키는 말.指自认为长得漂亮、故作高贵公主的样子的女人,她们的主要特点是娇气、做作。
   예문: 재는 [공주병]이 심각해.

6. 경품족/**抽奖族**: 경품 당첨비법 등을 서로 공유하고 경품 이벤트만 골라 전문적으로 응모하는 사람들을 경품족이라 한다.

7. 김치냉장고/**泡菜冰箱**: 95년 처음 등장한 김치 보관용 냉장고로, 한국의 땅속 온도가 11월 하순에는 평균 5℃, 12월 초순부터 이듬해 2월까지 0~-1℃가 유지되는 것을 이용한 전통 김장독의 핵심 원리를 이용하여 만들어진 제품으로 일반 가정의 보급률이 2004년 57%로 추정될 정도로 인기를 얻고 있다.

8. 기러기 아빠/**大雁爸爸**: 자식의 유학을 위해 자신은 국내에 남아있고 자식과 아내를 해외에 보낸 뒤 자신은 돈을 벌어 해외로 보내는 가족 현상을 비유해서 혼자 떨어져 지내는 남편을 가리키는 말이다. 현재 사회적으로 많은 문제가 세기되고 있으나 꾸준히 증기히는 추세이다.
   예문: 이과장도 알고보니 [기러기 아빠]군.

9. 기똥차다/**不可思议**: 예상을 뛰어넘어 막힌 귀가 뚫릴 정도로 신통하고 힘찬 기백을 나타내는 일이나 사건을 일컫는다.
   예문: 매일 오락게임만 하고 놀던 네가 서울대학에 들어가다니 [기똥찬] 일이다.

10. 남친, 여친/**男友、女友**: 남자 친구/여자 친구의 준말.
    예문: 어제 [남친]의 생일이었어.

11. 냄비근성/**三分钟热度型**: 한국 사람의 성격이 냄비가 빨리 끓고 빨리 식듯이 어떤 일이 있으면 쉽게 흥분하다가 시간이 지나면 다 잊어버리는 것을 비유해서 생긴 말이다.
    예문: 우리 나라 사람들은 [냄비근성]이 강하다.

12. 담임샘/**班主任**: '담임 선생님'을 줄여서 변형시킨 신조어로, 초·중·고교생들이 흔히 쓰는 말.
    예문: 우리 반 [담임샘] 별명은 '노브레인(No Brain)'이야.

13. 당근/**当然**: "당연하다"는 뜻으로 젊은이들 사이에 쓰이는 유행어.
    예문: A: 너도 갈거지? —— B: [당근]이지

14. 다모 폐인/(**茶母废人**)/**走火入魔**: TV드라마 "다모(茶母)"에 중독돼 일상생활에 심각한 지장을 받는 지경에 달한 사람들을 일컫는 말로, 여기에서 "~~폐인"이라는 각종 표현이 생겨나고 있다.
    由于热衷于某一件事情而走火入魔, 以至于影响了正常的生活和工作。

15. 디카/**数码相机**: 디지털 카메라의 준말.

16. 대박/**一炮走红, 一鸣惊人**: 주로 "대박이 터지다"의 형식으로 쓰여 '흥행이 크게 성공하다', '큰 돈을 벌다'는 뜻을 나타낸다. 도박판에서 사용하는 경우가 많으므로 大博이란 한자에서 왔다고 보는 사람도 있고, 흥부가 큰 박을 터뜨려 횡재를 하는 장면을 연상하는 사람도 있으나 이 말의 유래가 정확히 무엇인지 확인할 수 있는 단서는 없다.
    예문: 영화 <오아시스>는 당초 예상을 깨고 [대박]을 터뜨렸다.

17. 로또/**乐透彩票**: 로또(Lotto)는 2003년 1월 한국 최초로 발행된 최고 당첨금액의 제한이 없는 복권을 일컫는 말로 정식명칭은 온라인연합복권인데 폭발적인 인기를 끌고 있다. 이로 인해 "한 방에 인생역전"이라는 말까지 덩달아 유행하고 있다.

18. 리플, 댓글/**答复, 回复**: Reply(리플라이: 대답하다, 응수하다)의 준말 형태로 쓰는 통신언어로, 게시판에서는 Re로 쓰기도 한다.
    예문: [리플] 좀 많이 달아 주세요.

19. 문자 메시지/**短信(SMS)**
    예문: ① 아까 내가 보낸 [문자 메시지] 받았어? ② 약속 장소 정해지면 [문자 메시지]로 보내줄 께.

20. 명퇴/**提前退休**: "명예퇴직(名譽退職)"의 줄임말로 IMF 때부터 유행되어 쓰이고 있다.
    예문: [명퇴] 후 어떤 계획이 있으십니까?

21. 미시족(Miss族)/**新时代家庭主妇**: 결혼 후에도 미혼여성(Miss) 같이 젊어보이는 신세대 주부를 뜻한다. 외모상으로는 미혼여성과 똑같은 미니스커트 반바지 차림 등의 캐주얼 옷을 즐겨 입으며 과감하고 적극적으로 자기 연출을 하는 등 미스 때와 같은 생활 패턴을 보인다. 또한 남편과 가사분담을 하는 등 동등한 남녀 관계를 추구하는 20대 후반에서 30대 사이의 신세대 주부들을 일컫는다.

예문: 20대는 물론이고 30대 [미시족]에게도 어필할 수 있는 디자인이다.

22. 밀레니엄(Millennium)/**千禧年**

23. 메신저(Messenger)/**信使,时时聊,聊天室**
    예문: 저녁 때 [메신저]에서 보자.

24. 방콕/**无所事事,"家蹲儿"**: "방에만 콕 처박혀 있다"라는 의미의 준말로, 할 일 없이 집에서 빈둥거리는 것을 의미한다.
    예문: 어제 뭐했냐? 그냥 [방콕]했지 뭐.

25. 백수/**无职业者,待业者**: 직업이 없는 무직자를 가리키는 말.
    예문: 나 요즘 [백수]야.

26. 백조(白鳥)/**女性无职业者,女性待业者**: 직업이 없는 여성 무직자를 가리키는 말.
    예문: 나 요즘 [백조]로 전락했어.

27. 블로그(web log)/**博客**: 인터넷을 의미하는 웹(web)과 자료를 뜻하는 로그(log)의 합성어로 자신의 관심사에 따라 자유롭게 글을 올릴 수 있는 일종의 개인 사이트 또는 개인 미니홈피.

28. 사오정/**弱智,迟钝,呆傻**: a. 다른 사람의 말귀를 제대로 못 알아 듣는 사람, 즉 상대방이 말한 의도를 금방 알아차리지 못하고 반응이 느린 사람을 일컫는 말로 각종 유머 시리즈가 있다.
    b. "45세 정년"의 준말로, 과거에는 정년이 60세였으나 최근 경기 침체와 실업 증가로 직장에서 45세만 되어도 정년 연령에 해당한다는 위기감을 표현한 말.
    예문: 너 [사오정]이니? 말을 왜 이렇게 못 알아들어?
    예문: [사오정]이 되면 직장을 떠날 준비를 해야 하는 현실이 서글프다.

29. 삼팔선/**38岁开始的下岗危机**: "38세 퇴출"의 준말로 최근 경기 침체와 실업 증가로 직장에서 38세만 되어도 퇴출/해직 당할 수도 있다는 위기감을 표현한 말. "38岁就出局"的缩略语。由于近期经济低迷和失业率的增加,到38岁就有可能被解雇的一种表现职业危机感的流行语。

30. 쉰세대/**过时的一代**: 빠르게 변하는 생활방식에 적응한 신세대와 비교하여 적응이 늦는 구세대를 "신(新)"이라는 음과 비슷한 음을 가졌으면서도 전혀 다른 뜻(쉬다: 变味儿)을 가진 음(쉰)을 이용하여 구세대를 우스꽝스럽게 대조하기 위해 사용하는 유행어. 주로 40-50대를 지칭한다. 指那些无法适应快节奏生活,较年轻人适应能力比较慢的四五十岁的中年人。落伍的一代。
    예문: 채팅 한번 안 해 봤다니 [쉰세대]로구만.

31. 아이맥스 영화/**超大银幕电影**: 초대형 화면으로 감상하는 영화를 말함.

32. 아침형 인간(사람)/**早起型**: 오후에 활동을 하는 사람들보다는 아침 일찍 일어나서 활동을 하는 사람이 사회생활에서 전진적이고도 성공적인 삶을 살아가는 확률이 높다는 뜻에서 요즈음 많이 사용되는 신조어. 意为比起下午活动的人,早上早点起来活动的人在社会生活中获得成功的概率更高。
    예문: [아침형 인간/사람]이 보다 많은 분야에서 성공적인 삶을 누리고 있다고 하는 통계가 나왔다.

33. 얼짱/(PPMM)**漂亮美眉**,(SSGG)**帅哥**: "얼굴이 짱 예쁘다"고 해서 붙여진 신종어인데, '얼굴+짱'의 줄임말로 청소년 사이의 은어에서 출발하여 보편화 되었다. 이 외 몸짱, 겜짱, 노래짱 등 나양한 표현들이 생겨났다. "脸蛋真漂亮"的缩략语,指美女、帅哥。

예문: 요즘 드라마에서는 꽃미남 총각과 [얼짱] 아줌마가 대거 등장하고 있다.

34. 얼큰이/**大脸盘**: 얼굴이 보통 사람보다 큰 사람을 놀림조로 이르는 말. 指脸形比一般人大的人，带有讽刺意义。

35. 여피족(Yuppie族)/**雅皮士，高级白领**: Young Urban Professional 의 머리글자 YUP에 히피(Hippie) 를 본떠 IE를 붙인 말로, 도시나 도시 근교에서 지적인 전문직에 종사하며 고소득을 올리는 젊은 이들을 말한다. 指住在城市或城市近郊，专门从事高级脑力劳动，且收入不菲的年轻人。

36. 왕따/**被排斥，被疏远，被孤立**: "따돌림"의 속된 말. 두 사람 이상이 집단을 이루어 특정인을 소외시켜 반복적으로 인격적인 무시 또는 음해하는 언어적·신체적 일체의 행위. 원래는 은어였으나, 요즈음엔 그 말이 급속도로 번져나가 은어의 성격을 잃게 되었다.
예문: ① 얼마 전에 네가 성훈이를 [왕따] 시키면서 괴롭혔다면서? ② [왕따]는 학교 뿐만 아니라 직장 등 여러 곳에서 일어나고 있다.

37. 올인(All In)/**没错，绝对，百分之百**: 도박에서 "모든 것을 건다/배팅한다(赌上全部)"는 뜻으로 쓰이는데, TV드라마 <올인> 방영 이후 "100% 그것이다"라고 확신함을 표현하는 말로 쓰이는 유행어이다.
예문: 이번 유로2004는 포르투갈이 우승한다에 [올인]!

38. 원츄, 강추/**盖帽儿，极力推荐**: "I WANT YOU", "아이원츄", 혹은 "WANT YOU(원츄)"라는 표현에서 유래된 말로, "추천한다", "최고다", "멋지다" 등의 뜻으로 자주 쓰인다. "강력 추천"이라는 의미로 "강추"라는 표현도 많이 쓰이는데 인터넷상에서 어떤 글이나 홈페이지, 사진 등을 올린 이가 강력추천 한다는 뜻으로 글 머리말에 많이 쓰인다.
예문: ① 이 사진 정말 [원츄]. ② 네 의견 [원츄].

39. 얼리어답터(early-adopter)/**超前一族，第一个吃螃蟹的人，敢于尝试新生事物的人**: 신제품이 나오면 남보다 빨리 구입해 사용해보는 사람들을 말함. 指新产品一出来，就会首先购买使用的人。

40. 오프라인 모임/**网下聚会**: 온라인(on line) 상에서의 만남(대화)이 널리 보편화 되면서, 이와 대비되는 개념인 "오프라인(off line)"이라는 용어 역시 유행하고 있다. 예를 들어 인터넷 동호회 등과 같이 회원들끼리 직접 만나는 자리를 의미한다. 随着网上(on line)见面(对话)的普及，与此相对应的off line用语逐渐流行。指因特网上某团体、某协会的会员直接见面。

41. 웰빙(well-being)/**追求生活品质**: "well-being"은 사전적으로는 행복이나 안녕을 의미하는데, 최근에는 바쁜 일상과 인스턴트 식품에서 벗어나 건강한 육체와 정신을 추구하는 라이프 스타일이나 문화 코드로 새롭게 해석되고 있으며, 사회 전반적으로 급속하게 유행하고 있다. 이에 따라 웰빙족(well-being族), 웰빙푸드(well-being food) 등 각종 단어까지 생겨나고 있다. "웰빙족"은 2000년 이후 새롭게 등장한 인간형으로, 육체적·정신적 건강의 조화를 통해 행복하고 아름다운 삶을 추구하는 사람들을 일컫는다. 웰빙족은 고기 대신 생선과 유기농 식품을 선호하고, 화학조미료와 탄산음료를 꺼린다. 레스토랑 식사 대신 가정에서 만든 슬로푸드(slow food)를 선호한다. 동시에 요가-피트니스-단학 등을 통해 몸과 마음의 건강을 추구하며, 아로마 테라피-라이트 테라피 등 심신을 안정시키는 자연요법에도 관심이 많다.
예문: ① 생활 수준이 높아질수록 [웰빙]족은 계속 늘어갈 전망이다. ② [웰빙]푸드로 유기농 쌀, 유기

농 야채, 생식 등에 대한 관심이 더욱 높아지고 있으며, 이 외에도 [웰빙]붐을 타고 요가, 명상 등이 인기를 얻고 있다.

42. 에듀테인먼트(edutainment)/**寓教于乐**: 교육(education)+오락(entertainment)의 뜻을 가진 신조 어이다.

43. 외계어/**乱码**: 최근 채팅이나 게시판 등 사이버 공간에서 유행하고 있는 언어파괴적 표기현상 을 말한다. 最近流行于聊天室、留言板等网络空间的破坏语言的标记现象。
    예문: 학계에서는 최근 급속히 확산되는 [외계어] 범람현상에 심각한 우려를 나타내고 있다.

44. 작업(하다)/**泡妞**。
    예문: 나 지금 [작업] 중이야.

45. PC방/**网吧**: 피씨방.

46. 촛불집회/**烛光集会, 烛光游行**: 서울 광화문에서 시민들이 촛불을 켜들고 평화적으로 집회를 하는 것을 말한다. 미군 장갑차 여중생 사망사건 때 촛불집회를 시작으로 최근에는 탄핵정국 에 반대하는 촛불집회가 있었다.
    예문: 광화문에서 탄핵정국에 반대하는 시민들이 모여 [촛불집회]를 가졌다.

47. 홈피/**网页**: "홈페이지"의 준말.

48. 컴맹/**电脑盲**: 컴퓨터+맹인(盲)의 준말.

49. 태클/**找茬儿, 出难题, 揪小辫子, 为难人**: "tackle"은 원래 축구 경기에서 발을 걸어 상대방을 넘어뜨려 상대방의 공격을 차단하거나 공을 빼앗기 위하여 사용하는 기술을 말하는데, 이런 의미에서 발전하여 요즘은 남의 말에 대해 논리적 혹은 비논리적으로 그 말의 틀린 점을 지적하는 일 또는 다른 사람이 한 말에 대해서 반문을 하거나, 꼬치꼬치 캐물어서 먼저 말을 한 사람에게 무안을 주는 행위 등을 가리키는 말로 많이 사용되고 있다.
    예문: ① 너 왜 자꾸 성훈이한테 [태클] 걸고 그러냐? 내가 언제 [태클] 걸었다고 그래? ② 이 말 하면 또 [태클] 들어오겠지?

50. 폰카/**拍照手机, 手机内置数码相机**: "휴대폰에 내장되어 있는 카메라"라는 뜻의 약어. 내장형과 외장형이 있으며 CCD(Charge Coupled Device)와 CMOS(Complementary Metal Oxide Semiconductor)의 방식이 있다.
    예문: [폰카] 중 최고 화소수가 300만 화소라며?

51. 플래시몹(flash mob)/**闪电聚会**: 인터넷으로 약속한 후 모여 집단적으로 '이상 행동'을 벌인 후 사라지는 번개모임을 말하는데, E-mail로 조직된 예술적 퍼포먼스, 고의적인 엉뚱함으로 표현된다. 通过因特网约定, 集体举行"异常活动"后迅速消失的聚会。

52. 쏘다/**做东, 买单**: 젊은이들 사이에서 쓰이는 유행어로 "한턱을 내다"는 의미.
    예문: ① 내가 오늘 [쏠께]. ② 내가 다음에 확실하게 한번 [쏠께].

53. 싸이월드/**个人网页的一种**: 싸이월드(www.cyworld.com)는 디카나 폰카로 찍은 사진을 올리고 그날그날 남기고 싶은 얘기를 써서 올려 타인과 공유하는 일종의 개인 미니 홈페이지로 대단한 인기를 누리고 있다. 특히 젊은층 사이에서 폭발적인 인기를 누리고 있는데 이로 인해 "싸이질 (싸이월드 미니홈피를 운영하는 일)", "1촌(一寸) 관계" 등과 같은 새로운 표현도 등장하고 있다.

예문: ① 너 [싸이] 주소 좀 알려줘. ② 우리 [1촌]이잖아. (두 사람의 관계가 부모나 형제처럼 가깝거나 친하다는 것을 표현)

54. 꽃미남/美男子: 꽃처럼 예쁜 잘생긴 남자를 의미함.
    예문: 요즘 드라마에서는 [꽃미남] 총각과 얼짱 아줌마가 대거 등장하고 있다. 长得像花一样漂亮的男子。根据上下文,可翻译成"小白脸,美男子"等。

55. 컬러링/彩铃: 단조로운 기계음의 통화연결음 대신에 가입자가 원하는 음악이나 다양한 소리로 바꿔 들려주는 통신부가서비스. 유무선 통신사별로 컬러링·링투유·필링·링고 등의 브랜드로 서비스 되는데, 이 중 최초로 서비스 되어 널리 알려진 '컬러링'으로 통칭된다.
    예문: STV '파리의 연인'과 KTV '풀하우스'가 드라마 시청률 1위 자리를 놓고 치열한 경쟁을 벌이는 가운데 드라마 OST도 [컬러링] 시장에서 전쟁이 붙었다.

56. 칼퇴근/正点下班,按时下班: 퇴근 시간이 되면 칼(刀) 같이 퇴근하는 것을 말하는데 정시 퇴근 대신 많이 쓰인다.
    예문: ① 이대리, 오늘도 [칼퇴근]이군. ② 요즘 젊은이들은 직장 상사 눈치를 전혀 보지않고 칼퇴근을 한다.

57. 3D직종/3D 职业: Difficult, Dirty, Dangerous (어렵고, 더럽고, 위험한) 일을 뜻하는 신조어이다. 指从事累(Difficult)、脏(Dirty)、险(Dangerous)的工作。
    예문: 우리 사회는 아직도 기능인 경시 및 신분보장 미흡 등으로 이공계 및 [3D직종] 기피현상 등이 계속되고 있다.

58. 투잡스족/兼职族: "Two Jobs + 족(族)". 즉, 직업이 두 가지라는 뜻. 장기화된 취업란으로 정규직 보다 아르바이트직이 많아져서 등장한 신조어.
    예문: 10년을 하루같이 [투잡스족]으로 아등바등 살면서 어렵사리 내 집 마련의 꿈을 이루었다.

59. 아점/早午餐: 아침 겸 점심 식사를 일컫는 말.
    예문: A: 밥이나 같이 먹자. B: 나 방금 [아점] 먹어서 배 부른데.

60. 정모/网友聚会: "정식 모임"의 준말로, 인터넷 커뮤니티나 클럽회원들의 정식 모임 등을 의미한다.

61. 삐지다/闹别扭: "기분이 상하다, 토라지다"의 속어.
    예문: 지영이는 왜 그리 잘 [삐지]니?

62. 쿨하다/性格直爽,豪爽: 성격이 시원시원하거나 어떤 일에 대해 좋은, 시원한, 맘에 들 때 사용하는 말.
    예문: 그 사람 정말 [쿨]해.

63. 깽판을 치다/胡作非为,捣乱: 어떤 사건이나 일 또는 계약관계, 임금 등에 불만을 갖고 현장에서 큰소리를 치거나 물건 등을 파괴하고 담당자에게 시비를 걸면서 폭행까지 불사하는 행동을 하는 것을 일컫는다. 비슷한 말로 '개판치다'가 있다.
    예문: 불만이 있으면 논리 정연한 말로 해결을 해야지 완력을 행사하며 [깽판을 치]는 것은 무식한 소치이다.

64. 카페/网上论坛: 보통 회원제로 운영되는 인터넷 게시판의 한 종류를 말한다. 누구나 쉽게 만들 수 있으며, 회원 관리가 되고 카페 랭킹(ranking) 등 여러 가지 기능이 있어 일반 인터넷 게시판과는 성격이

다르다. 주의할 것은 '인터넷 카페(Internet Café)'에는 '인터넷 게시판'이라는 뜻과 '한국을 제외한 지역의 PC방'이라는 두 가지 뜻이 있다.
예문: 우리 [카페] 주소는 http://cafe.daum.net/example1234이다.

65. 띠동갑/**同属相,属相相同**: 12살 차이가 나는 경우에 태어난 해의 띠가 같다는 의미로 쓰이고 있다.
예문: 알고 보니 [띠동갑]이네요.

66. 꼬시다/**引诱,哄骗,甜言蜜语**: "이성에게 어떤 작용(감언이설 등)을 해서 교제를 시작하다"는 뜻으로 쓰는 말. '꾀다'가 변한 형태이나 의미에 차이가 있다.
예문: 너 조심해. 그 사람 여자 [꼬시는]데 천재야.

67. 토를 달다/**顶嘴**: '말대꾸하다'의 유행어.
예문: 하여간 내가 말만 하면 너는 꼭 [토를 달]더라.

68. 쫀쫀하다/**小气,不大方**: 남자가 대범하지 못하고 잘게 노는 것을 비꼬아 하는 말이다.
예문: 사내대장부가 왜 그리 [쫀쫀하게]구냐?

69. 1인 가구/**单人家庭**: 가구원이 한 명인 가구로 독립적으로 취사, 취침 등의 생계를 유지하는 가구를 말한다.
예문: 최근 한국이 고령화 사회로 진입하면서 1인 가구수의 비중이 높아지고 있다.

70. TMI/**海量信息**: 너무 과한 정보(Too Much Information)의 준말. 자신이 전혀 관심이 없는 내용이거나 달갑지 않은 정보, 굳이 알고 싶지 않은 이야기를 듣게 되는 경우 사용한다. 영어권 국가에서는 2000년대부터 사용했지만 트위터를 통해 최근 한국에서도 널리 사용된다.
예문: 부담없이 재밌게 정보를 공유하는 TMI가 새로운 소통 트렌드로 자리매김하고 있다.

71. 고독사/**孤单至死**: 주변 사람들과 단절된 채 홀로 살다 사망하는 것.
예문: 과거 고독사는 독거노인에게만 집중되었지만 최근에는 전사회적인 문제가 되었다.

72. 골드미스/**金剩女(金小姐)**: 올드 미스(Old Miss)에서 파생된 말로 학력이 높고 경제적 능력이 되는 30~40대 미혼 여성을 의미한다.
예문: 최근 결혼보다는 자신의 삶에 집중하는 '골드미스'가 급격히 늘어나는 추세다.

73. 귀촌/**回归田园**: 회사에서 은퇴한 50~60대나, 다른 삶을 꿈꾸는 20~30대가 도시에서 농촌이나 어촌으로 이주하는 현상을 말한다.
예문: 농림축산식품부에 따르면 지난해 귀농·귀촌인구는 51만 6817명에 달하는 것으로 나타났다.

74. 금수저/**富二代(金饭碗)**: 부모의 능력과 재력이 너무 좋아 아무런 노력과 고생을 하지 않음에도 풍족함을 즐길 수 있는 자녀들을 말한다. 금수저-은수저-흙수저 순으로 사회 계급을 나누기도 한다.
예문: 통계에 따르면 성인이 되기 전부터 집을 가진 일명 '금수저'가 2만명을 넘는 것으로 나타났다.

75. 꿀팁/**喜讯**: 꿀이 '매우 좋은'이라는 뜻으로 확장되어 쓰이면서, '매우 좋은 유용한 정보'라는 뜻을 말한다.
예문: 불꽃축제를 앞두고 더욱 즐겁게 감상할 수 있는 '꿀팁'을 공유하자.

76. 내로남불/**只许州官放火,不许百姓点灯**: '내가 하면 로맨스, 남이 하면 불륜'의 준말로, 90년대 정치권에서 유래한 뒤 현재까지 널리 쓰이고 있다.

예문: 정치권에서는 이러한 조치는 전형적인 내로남불이라며 비난하고 있다.

77. 노키즈존/幼儿禁区: 영유아와 어린이를 동반한 고객의 출입을 제한하는 곳을 말한다.
예문: 조사에 따르면 경기도민 44.4%가 노키즈존은 업주의 영업상 자유에 해당한다고 생각하고 있다고 한다.

78. 돌싱/离异: 돌아온 싱글의 줄임말로 이혼한 여성이나 남성을 이르는 말이다.
예문: 매년 이혼율이 꾸준히 상승하면서 돌싱 남녀가 점점 늘어나고 있다.

79. 돌직구/严厉指责: 야구에서 매우 빠르고 강한 패스트볼을 이르는 말이었지만 지금은 솔직하고 막강한 한마디를 뜻한다.
예문: 팀장은 열심히 일하지 않는 직원들에게 돌직구를 날렸다.

80. 딩크족/丁克家族: 정상적인 부부생활을 영위하면서 의도적으로 자녀를 두지 않는 맞벌이 부부를 일컫는 용어.
예문: 미혼 성인남녀 10쌍 중 4쌍은 '딩크족' 생활을 계획하고 있다고 한다.

81. 먹방/吃播: 먹는 방송의 줄임말로, 2000년대 후반부터 널리 쓰이기 시작했다.
예문: 여자 연예인들은 먹방을 찍기 전 두 끼씩 굶는다고 한다.

82. 블랙컨슈머/黑顾客: 악성을 뜻하는 블랙(black)과 소비자를 뜻하는 컨슈머(consumer)의 합성신조어로 기업들을 상대로 부당한 이익을 취하고자 제품을 구매한 후 고의적으로 악성 민원을 제기하는 사람을 말한다.
예문: 식당을 운영하다보면 블랙컨슈머를 대응하는 것이 가장 어렵다.

83. 파워블로거/超级博客: 방문자가 많아 영향력이 큰 인터넷 블로그를 운영하는 사람을 말한다. 인터넷 여론을 지배하는 힘 때문에 기업들이 입소문 마케팅의 핵심으로 주목하고 있다.
예문: 충청북도는 관광명소를 전국에 널리 알리기 위하여 전국 파워블로거 20명을 초청했다.

84. 생얼/素颜: 화장을 하지 않은 민낯을 말한다.
예문: 요즘 피부가 푸석해져서 생얼로 외출할 수가 없어요.

85. 소확행/小确幸: 소소하지만 확실한 행복의 줄임말로 일상에서 느낄 수 있는 작지만 확실하게 실현 가능한 행복을 말한다.
예문: 행복하게 잘 살기 위해서는 소확행의 자세가 필요하다.

86. 스펙/资历: 영어단어 specification의 준말로 직장을 구하는 사람들 사이에서 학벌이나 학점, 토익 점수 등의 평가요소를 말한다.
예문: 최근 여러 대기업에서 스펙을 보지 않고 신입사원을 뽑겠다고 나섰다.

87. 안티팬/黑粉: 영어의 접두사 anti-에서 온 말로 어떠한 대상에 대하여 반대하고 공격하는 집단을 통틀어 이르는 말이다.
예문: 한 여가수가 안티팬에게 공격을 당해 충격을 주고 있다.

88. 여신/女神: 신화 속 여신과 같이 아름다운 여성을 말한다.

89. 욜로족/YOLO族: 인생은 한 번 뿐(You Only Live Once)의 줄임말로 현재의 행복을 위한 소비하는 생활 습관을 말한다.

예문: 최근 많은 젊은이들이 욜로족을 선언하며 여행을 떠나기를 주저하지 않고 있다.

90. 워라벨/**工休平衡**: 일과 삶의 균형(work-life balance)의 준말로 개인의 일과 생활이 조화롭게 균형을 유지하고 있는 상태를 의미한다.
예문: 워라벨이 강조되는 요즘, 야근을 줄이고 퇴근 후 자기계발의 시간을 갖는 직장인들이 많아지는 추세다.

91. 주말농장/**周末农场**: 주말을 이용하여 가족 단위로 채소 등을 가꾸는 도시 근교의 농업 체험장을 말한다.
예문: 그녀의 마음속 한 구석엔 주말농장에 대한 로망이 있었다.

92. 지옥철/**地狱铁**: 대한민국에서 출퇴근 시간대의 혼잡한 지하철을 비꼬며 마치 지옥에 있는 것 같다고 해서 생겨난 말이다.
예문: 서울 지하철의 별칭은 지옥철이다.

93. 취준생 / 공시생/**待业**: 취업준비생의 줄임말로 취업율이 급격히 떨어지며 정규직 채용에 실패한 사람들을 뜻한다.
예문: 취준생의 32%는 구직활동을 시작한 후 부정적인 성격으로 변했다고 밝혔다.

94. 하우스푸어/카푸어/**房奴**: 집주인이지만 대출금 상환 부담 때문에 가난하게 사는 사람을 말하는 신조어로 영어 house poor에서 비롯됐다.
예문: 무차별적인 서울 인근의 신도시 조성으로 수많은 하우스푸어들이 양산됐다.

95. 혼밥족/**独食族**: 불편한 관계에서 벗어나 혼자만의 여유를 즐기고 싶어하는 솔로들이 증가하면서 혼자 밥을 먹는 사람들을 부르는 말이다.
예문: 혼밥족의 폭발적 증가에 따라 혼밥족을 겨냥한 외식업체들의 움직임이 분주하다.

96. 황혼이혼/**黄昏离婚**: 한 부부가 자녀를 낳아 다 성장시킨 후에 인생의 황혼기로 불리우는 50~60대에 이혼하는 이혼의 유형이다.
예문: 지난해 전체 이혼 건수는 전년에 비해 감소한 반면, 이른바 황혼 이혼 건수는 증가한 것으로 나타났다.

97. 훈남/흔남 / 훈녀/흔녀/**暖男**: '보고 있으면 훈훈해진다'라는 뜻으로 미남,미녀보다는 더 광범위한 개념을 포괄하는 단어. 여자는 훈녀라고 부른다.
예문: 의문의 훈남과 함께 커피를 마시는 사진이 인터넷에 올라왔다.

98. 힐링/**康复**: 힐링(Healing)은 치유를 뜻하는 영어로 바쁜 생활속에서 몸과 마음의 치유를 원하는 사람들이 늘어나며 유행처럼 번지고 있다.
예문: 언젠가부터 우리사회에 힐링이라는 단어가 유행이다.

99. 캥거루족/**啃老族(袋鼠族)**: 학교를 졸업해 자립할 나이가 되었는데도 부모에게 경제적으로 기대어 사는 젊은이들을 일컫는 용어다.
예문: 자신을 경제적, 정신적으로 부모에게 의존해 사는 캥거루족이라고 생각하는 직장인이 10명 중 4명이나 되는 것으로 나타났다.

100. 품절녀/**已婚女性**: 이미 결혼을 한 여성을 말하며 보통 인기가 많은 여성이 결혼을 해서 선택할 수 없다는 의미를 지닌다.
    예문: 결혼 소식을 알리자 친구들은 품절녀 대열에 들어섰다며 축하를 건넸다.

"十二五"普通高等教育本科国家级规划教材

《韩中翻译教程》(第四版)学习辅导书信息

尊敬的老师:

您好!

为了方便您更好地使用《韩中翻译教程》(第四版),我们特向使用该书作为教材的教师赠送教学用书《韩中翻译教程(第四版)学习辅导书》。该学习辅导书是内部材料,非公开出版物,里面有练习题和翻译作业的所有参考答案。如有需要,请完整填写"教师联系表"并加盖所在单位院(系)公章或培训中心公章,免费向出版社索取。

北京大学出版社

教 师 联 系

教材名称	《韩中翻译教程》(第四版)					
姓名:		性别:		职务:		职称:
E-mail:		手机号码:			邮政编码:	
供职学校:			所在院系:			(章)
学校地址:						
教学科目与年级:			班级人数:			
通信地址:						

填写完毕后,请将此表邮寄给我们,我们将为您免费寄送《韩中翻教程(第四版)学习辅导书》。谢谢合作!

北京市海淀区成府路205号　　　　市场营销部电话:010 62750672
北京大学出版社外语编辑部　刘虹　　外语编辑部电话:010-62759634
邮政编码:100871